中国社会科学院
庆祝中华人民共和国成立70周年书系
总主编 谢伏瞻
国家哲学社会科学学术研究史

# 新中国农业农村发展研究70年

魏后凯 / 主编
杜志雄 苑鹏 / 副主编

中国社会科学出版社

图书在版编目（CIP）数据

新中国农业农村发展研究70年／魏后凯主编. —北京：中国社会科学出版社，2019.12

（庆祝中华人民共和国成立70周年书系）

ISBN 978-7-5203-5752-4

Ⅰ.①新… Ⅱ.①魏… Ⅲ.①农业经济发展—研究—中国—1949-2019 ②农村经济发展—研究—中国—1949-2019 Ⅳ.①F323

中国版本图书馆CIP数据核字（2019）第268523号

| 出 版 人 | 赵剑英 |
|---|---|
| 责任编辑 | 刘晓红 |
| 责任校对 | 刘 娟 |
| 责任印制 | 王 超 |

| 出　　版 | 中国社会科学出版社 |
|---|---|
| 社　　址 | 北京鼓楼西大街甲158号 |
| 邮　　编 | 100720 |
| 网　　址 | http://www.csspw.cn |
| 发 行 部 | 010-84083685 |
| 门 市 部 | 010-84029450 |
| 经　　销 | 新华书店及其他书店 |
| 印刷装订 | 北京君升印刷有限公司 |
| 版　　次 | 2019年12月第1版 |
| 印　　次 | 2019年12月第1次印刷 |
| 开　　本 | 710×1000　1/16 |
| 印　　张 | 28 |
| 插　　页 | 2 |
| 字　　数 | 390千字 |
| 定　　价 | 159.00元 |

凡购买中国社会科学出版社图书，如有质量问题请与本社营销中心联系调换
电话：010-84083683
版权所有　侵权必究

# 中国社会科学院
## 《庆祝中华人民共和国成立70周年书系》
## 编撰工作领导小组及委员会名单

**编撰工作领导小组：**

组　长　谢伏瞻

成　员　王京清　蔡　昉　高　翔　高培勇　杨笑山
　　　　姜　辉　赵　奇

**编撰工作委员会：**

主　任　谢伏瞻

成　员　（按姓氏笔画为序）

卜宪群　马　援　王　巍　王立胜　王立峰
王延中　王京清　王建朗　史　丹　邢广程
刘丹青　刘跃进　闫　坤　孙壮志　李　扬
李正华　李　平　李向阳　李国强　李培林
李新烽　杨伯江　杨笑山　吴白乙　汪朝光
张　翼　张车伟　张宇燕　陈　甦　陈光金
陈众议　陈星灿　周　弘　郑筱筠　房　宁
赵　奇　赵剑英　胡　滨　姜　辉　莫纪宏

夏春涛 高　翔 高培勇 唐绪军 黄　平
黄群慧 朝戈金 蔡　昉 樊建新 潘家华
魏后凯

**协调工作小组：**

**组　　长** 蔡　昉

**副组长** 马　援 赵剑英

**成　员**（按姓氏笔画为序）

王子豪 王宏伟 王　茵 云　帆 卢　娜
叶　涛 田　侃 曲建君 朱渊寿 刘大先
刘　伟 刘红敏 刘　杨 刘爱玲 吴　超
宋学立 张　骅 张　洁 张　旭 张崇宁
林　帆 金　香 郭建宏 博　悦 蒙　娃

# 总　序

## 与时代同发展　与人民齐奋进

谢伏瞻[*]

今年是新中国成立 70 周年。70 年来，中国共产党团结带领中国人民不懈奋斗，中华民族实现了从"东亚病夫"到站起来的伟大飞跃、从站起来到富起来的伟大飞跃，迎来了从富起来到强起来的伟大飞跃。70 年来，中国哲学社会科学与时代同发展，与人民齐奋进，繁荣中国学术，发展中国理论，传播中国思想，为党和国家事业发展作出重要贡献。在这重要的历史时刻，我们组织中国社会科学院多学科专家学者编撰了《庆祝中华人民共和国成立 70 周年书系》，旨在系统回顾总结中国特色社会主义建设的巨大成就，系统梳理中国特色哲学社会科学发展壮大的历史进程，为建设富强民主文明和谐美丽的社会主义现代化强国提供历史经验与理论支持。

### 壮丽篇章　辉煌成就

70 年来，中国共产党创造性地把马克思主义基本原理同中国具体实际相结合，领导全国各族人民进行社会主义革命、建设和改革，

---

[*] 中国社会科学院院长、党组书记，学部主席团主席。

战胜各种艰难曲折和风险考验，取得了举世瞩目的伟大成就，绘就了波澜壮阔、气势恢宏的历史画卷，谱写了感天动地、气壮山河的壮丽凯歌。中华民族正以崭新姿态巍然屹立于世界的东方，一个欣欣向荣的社会主义中国日益走向世界舞台的中央。

我们党团结带领人民，完成了新民主主义革命，建立了中华人民共和国，实现了从几千年封建专制向人民民主的伟大飞跃；完成了社会主义革命，确立社会主义基本制度，推进社会主义建设，实现了中华民族有史以来最为广泛而深刻的社会变革，为当代中国的发展进步奠定了根本政治前提和制度基础；进行改革开放新的伟大革命，破除阻碍国家和民族发展的一切思想和体制障碍，开辟了中国特色社会主义道路，使中国大踏步赶上时代，迎来了实现中华民族伟大复兴的光明前景。今天，我们比历史上任何时期都更接近、更有信心和能力实现中华民族伟大复兴的目标。

中国特色社会主义进入新时代。党的十八大以来，在以习近平同志为核心的党中央坚强领导下，我们党坚定不移地坚持和发展中国特色社会主义，统筹推进"五位一体"总体布局，协调推进"四个全面"战略布局，贯彻新发展理念，适应我国社会主要矛盾已经转化为人民日益增长的美好生活需要和不平衡不充分的发展之间的矛盾的深刻变化，推动我国经济由高速增长阶段向高质量发展阶段转变，综合国力和国际影响力大幅提升。中国特色社会主义道路、理论、制度、文化不断发展，拓展了发展中国家走向现代化的途径，给世界上那些既希望加快发展又希望保持自身独立性的国家和民族提供了全新选择，为解决人类问题贡献了中国智慧和中国方案，为人类发展、为世界社会主义发展做出了重大贡献。

70年来，党领导人民攻坚克难、砥砺奋进，从封闭落后迈向开放进步，从温饱不足迈向全面小康，从积贫积弱迈向繁荣富强，取得了举世瞩目的伟大成就，创造了人类发展史上的伟大奇迹。

**经济建设取得辉煌成就**。70年来，我国经济社会发生了翻天覆地的历史性变化，主要经济社会指标占世界的比重大幅提高，国际地位和国际影响力显著提升。经济总量大幅跃升，2018年国内生产总值比1952年增长175倍，年均增长8.1%。1960年我国经济总量占全球经济的比重仅为4.37%，2018年已升至16%左右，稳居世界第二大经济体地位。我国经济增速明显高于世界平均水平，成为世界经济增长的第一引擎。1979—2012年，我国经济快速增长，年平均增长率达到9.9%，比同期世界经济平均增长率快7个百分点，也高于世界各主要经济体同期平均水平。1961—1978年，中国对世界经济增长的年均贡献率为1.1%。1979—2012年，中国对世界经济增长的年均贡献率为15.9%，仅次于美国，居世界第二位。2013—2018年，中国对世界经济增长的年均贡献率为28.1%，居世界第一位。人均收入不断增加，1952年我国人均GDP仅为119元，2018年达到64644元，高于中等收入国家平均水平。城镇化率快速提高，1949年我国的城镇化率仅为10.6%，2018年我国常住人口城镇化率达到了59.58%，经历了人类历史上规模最大、速度最快的城镇化进程，成为中国发展史上的一大奇迹。工业成就辉煌，2018年，我国原煤产量为36.8亿吨，比1949年增长114倍；钢材产量为11.1亿吨，增长8503倍；水泥产量为22.1亿吨，增长3344倍。基础设施建设积极推进，2018年年末，我国铁路营业里程达到13.1万公里，比1949年年末增长5倍，其中高速铁路达到2.9万公里，占世界高铁总量60%以上；公路里程为485万公里，增长59倍；定期航班航线里程为838万公里，比1950年年末增长734倍。开放型经济新体制逐步健全，对外贸易、对外投资、外汇储备稳居世界前列。

**科技发展实现大跨越**。70年来，中国科技实力伴随着经济发展同步壮大，实现了从大幅落后到跟跑、并跑乃至部分领域领跑的历史性跨越。涌现出一批具有世界领先水平的重大科技成果。李四光等人提出"陆相生油"理论，王淦昌等人发现反西格玛负超子，第一颗原子弹装置爆炸成功，第一枚自行设计制造的运载火箭发射成功，在世界上首次人工合成牛胰岛素，第一颗氢弹空爆成功，陈景润证明了哥德巴赫猜想中的"1+2"，屠呦呦等人成功发现青蒿素，天宫、蛟龙、天眼、悟空、墨子、大飞机等重大科技成果相继问世。相继组织实施了一系列重大科技计划，如国家高技术研究发展（863）计划、国家重点基础研究发展（973）计划、集中解决重大问题的科技攻关（支撑）计划、推动高技术产业化的火炬计划、面向农村的星火计划以及国家自然科学基金、科技型中小企业技术创新基金等。研发人员总量稳居世界首位。我国研发经费投入持续快速增长，2018年达19657亿元，是1991年的138倍，1992—2018年年均增长20.0%。研发经费投入强度更是屡创新高，2014年首次突破2%，2018年提升至2.18%，超过欧盟15国平均水平。按汇率折算，我国已成为仅次于美国的世界第二大研发经费投入国家，为科技事业发展提供了强大的资金保证。

**人民生活显著改善**。我们党始终把提高人民生活水平作为一切工作的出发点和落脚点，深入贯彻以人民为中心的发展思想，人民获得感显著增强。70年来特别是改革开放以来，从温饱不足迈向全面小康，城乡居民生活发生了翻天覆地的变化。我国人均国民总收入（GNI）大幅提升。据世界银行统计，1962年，我国人均GNI只有70美元，1978年为200美元，2018年达到9470美元，比1962年增长了134.3倍。人均GNI水平与世界平均水平的差距逐渐缩小，1962年相当于世界平均水平的14.6%，2018年相当于世界平均水平的85.3%，比1962年提高了70.7个百分点。在世界银行公布的人均GNI排名中，2018年中国排名第71位（共计192个经济体），比1978年（共计188个经济体）提高104位。组织实施了一系列中长期扶贫规划，从救济式扶贫到开发式扶贫再到精准扶贫，探索出一条符合中国国情的农村扶贫开发道路，为全面建成小康社会奠定了坚实基础。脱贫攻坚战取得决定性进展，贫困人口大幅减少，为世界减贫事业作出了重大贡献。按照我国现行农村贫困标准测算，1978年我国农村贫困人口为7.7亿人，贫困发生率为97.5%。2018年年末农村贫困人口为1660万人，比1978年减少7.5亿人；贫困发生率为1.7%，比1978年下降95.8个百分点，平均每年下降2.4个百分点。我国是最早实现联合国千年发展目标中减贫目标的发展中国家。就业形势长期稳定，就业总量持续增长，从1949年的1.8亿人增加到2018年的7.8亿人，扩大了3.3倍，就业结构调整优化，就业质量显著提升，劳动力市场不断完善。教育事业获得跨越式发展。1970—2016年，我国高等教育毛入学率从0.1%提高到48.4%，2016年我国高等教育毛入学率比中等收入国家平均水平高出13.4个百分点，比世界平均水平高10.9个百分点；中等教育毛入学率从1970年的28.0%提高到2015年的94.3%，2015年我国中等教育毛入学率超过中等收入国家平均水平16.5个百分点，远高于世界平均水平。我国总人口由1949年的5.4亿人发展到2018年的近14亿人，年均增长率约为1.4%。人民身体素质日益改善，居民预期寿命由新中国成立初的35岁提高到2018年的77岁。居民环境卫生条件持续改善。2015年，我国享有基本环境卫生服务人口占总人口比重为75.0%，超过中等收入国家66.1%的平均水平。我国居民基本饮用水服务已基本实现全民覆盖，超过中等偏上收入国家平均水平。

**思想文化建设取得重大进展**。党对意识形态工作的领导不断加强，党的理论创新全面推进，马克思主义在意识形态领域的指导地位更加巩固，中国特色社会主义和中国梦深入人心，社会主义核心价值观和中华优秀传统文化广泛弘扬。文化事业繁荣兴盛，文化产业快速发展。文化投入力度明显加大。1953—1957年文化事业费总投入为4.97亿元，2018年达到928.33亿元。广播影视制播能力显著增强。新闻出版繁荣发展。2018年，图书品种51.9万种、总印数100.1亿册（张），分别为1950年的42.7倍和37.1倍；期刊品种10139种、总印数22.9亿册，分别为1950年的34.4倍和57.3倍；报纸品种1871种、总印数337.3亿份，分别为1950年的4.9倍和42.2倍。公共文化服务水平不断提高，文艺创作持续繁荣，文化事业和文化产业蓬勃发展，互联网建设管理运用不断完善，全民健身和竞技体育全面发展。主旋律更加响亮，正能量更加强劲，文化自信不断增强,全党全社会思想上的团结统一更加巩固。改革开放后,我国对外文化交流不断扩大和深化,已成为国家整体外交战略的重要组成部分。特别是党的十八大以来,文化交流、文化贸易和文化投资并举的"文化走出去"、推动中华文化走向世界的新格局已逐渐形成,国家文化软实力和中华文化影响力大幅提升。

**生态文明建设成效显著**。70年来特别是改革开放以来,生态文明建设扎实推进,走出了一条生态文明建设的中国特色道路。党的十八大以来,以习近平同志为核心的党中央高度重视生态文明建设,将其作为统筹推进"五位一体"总体布局的重要内容,形成了习近平生态文明思想,为新时代推进我国生态文明建设提供了根本遵循。国家不断加大自然生态系统建设和环境保护力度,开展水土流失综合治理,加大荒漠化治理力度,扩大森林、湖泊、湿地面积,加强自然保护区保护,实施重大生态修复工程,逐步健全主体功能区制度,推进生态保护红线工作,生态保护和建设不断取得新成效,环境保护投入跨越式增长。20世纪80年代初期,全国环境污染治理投资每年为25亿—30亿元,2017年,投资总额达到9539亿元,比2001年增长7.2倍,年均增长14.0%。污染防治强力推进,治理成效日益彰显。重大生态保护和修复工程进展顺利,森林覆盖率持续提高。生态环境治理明显加强,环境状况得到改善。引导应对气候变化国际合作,成为全球生态文明建设的重要参与者、贡献者、引领者。[1]

新中国70年的辉煌成就充分证明,只有社会主义才能救中国,只有改革开放才能发展中国、发展社会主义、发展马克思主义,只有坚持以人民为中心才能实现党的初心和使命,只有坚持党的全面领导才能确保中国这艘航船沿着正确航向破浪前行,不断开创中国特色社会主义事业新局面,谱写人民美好生活新篇章。

---

[1] 文中所引用数据皆来自国家统计局发布的《新中国成立70周年经济社会发展成就系列报告》。

# 繁荣中国学术　发展中国理论
# 传播中国思想

70年来，我国哲学社会科学与时代同发展、与人民齐奋进，在革命、建设和改革的各个历史时期，为党和国家事业作出了独特贡献，积累了宝贵经验。

## 一　发展历程

——**在马克思主义指导下奠基、开创哲学社会科学**。新中国哲学社会科学事业，是在马克思主义指导下逐步发展起来的。新中国成立前，哲学社会科学基础薄弱，研究与教学机构规模很小，无法适应新中国经济和文化建设的需要。因此，新中国成立前夕通过的具有临时宪法性质的《中国人民政治协商会议共同纲领》明确提出："提倡用科学的历史观点，研究和解释历史、经济、政治、文化及国际事务，奖励优秀的社会科学著作。"新中国成立后，党中央明确要求："用马列主义的思想原则在全国范围内和全体规模上教育人民，是我们党的一项最基本的政治任务。"经过几年努力，确立了马克思主义在哲学社会科学领域的指导地位。国务院规划委员会制定了1956—1967年哲学社会科学研究工作远景规划。1956年，毛泽东同志提出"百花齐放、百家争鸣"，强调"百花齐放、百家争鸣"的方针，"是促进艺术发展和科学进步的方针，是促进中国的社会主义文化繁荣的方针。"在机构设置方面，1955年中国社会科学院的前身——中国科学院哲学社会科学学部成立，并先后建立了14个研究所。马克思主义指导地位的确立，以及科研和教育体系的建立，为新中国哲学社会科学事业的兴起和发展奠定了坚实基础。

——**在改革开放新时期恢复、发展壮大哲学社会科学**。党的十一届三中全会开启了改革开放新时期，我国哲学社会科学从十年

"文革"的一片荒芜中迎来了繁荣发展的新阶段。邓小平同志强调"科学当然包括社会科学",重申要切实贯彻"双百"方针,强调政治学、法学、社会学以及世界政治的研究需要赶快补课。1977年,党中央决定在中国科学院哲学社会科学学部的基础上组建中国社会科学院。1982年,全国哲学社会科学规划座谈会召开,强调我国哲学社会科学事业今后必须有一个大的发展。此后,全国哲学社会科学规划领导小组成立,国家社会科学基金设立并逐年开展课题立项资助工作。进入21世纪,党中央始终将哲学社会科学置于重要位置,江泽民同志强调"在认识和改造世界的过程中,哲学社会科学和自然科学同样重要;培养高水平的哲学社会科学家,与培养高水平的自然科学家同样重要;提高全民族的哲学社会科学素质,与提高全民族的自然科学素质同样重要;任用好哲学社会科学人才并充分发挥他们的作用,与任用好自然科学人才并发挥他们的作用同样重要"。《中共中央关于进一步繁荣发展哲学社会科学的意见》等文件发布,有力地推动了哲学社会科学繁荣发展。

——**在新时代加快构建中国特色哲学社会科学**。党的十八大以来,以习近平同志为核心的党中央高度重视哲学社会科学。2016年5月17日,习近平总书记亲自主持哲学社会科学工作座谈会并发表重要讲话,提出加快构建中国特色哲学社会科学的战略任务。2017年3月5日,党中央印发《关于加快构建中国特色哲学社会科学的意见》,对加快构建中国特色哲学社会科学作出战略部署。2017年5月17日,习近平总书记专门就中国社会科学院建院40周年发来贺信,发出了"繁荣中国学术,发展中国理论,传播中国思想"的号召。2019年1月2日、4月9日,习近平总书记分别为中国社会科学院中国历史研究院和中国非洲研究院成立发来贺信,为加快构建中国特色哲学社会科学指明了方向,提供了重要遵循。不到两年的时间内,习近平总书记专门为一个研究单位三次发贺信,这充分说明党中央对哲学社会科学的重视前所未有,对哲学社会科学工作者的关怀前所未有。在党中央坚强领导下,广大哲学社会科学工作者增强"四个意识",坚定"四个自信",做到"两个维护",坚持以习近平新时代中国特色社会主义思想为指导,坚持"二为"方向和"双百"方针,以研究我国改革发展稳定重大理论和实践问题为主攻方向,哲学社会科学领域涌现出一批优秀人才和成果。经过不懈努力,我国哲学社会科学事业取得了历史性成就,发生了历史性变革。

## 二 主要成就

70年来,在党中央坚强领导和亲切关怀下,我国哲学社会科学取得了重大成就。

**马克思主义理论研究宣传不断深入**。新中国成立后,党中央组织广大哲学社会科学工作者系统翻译了《马克思恩格斯全集》《列宁全集》《斯大林全集》等马克思主义经典作家的著作,参与编辑出版《毛泽东选集》《毛泽东文集》《邓小平文选》《江泽民文选》《胡锦涛文选》等一批党和国家重要领导人文选。党的十八大以来,参与编辑出版了《习近平谈治国理政》《干在实处 走在前列》《之江新语》,以及"习近平总书记重要论述摘编"等一批代表马克思主义中国化最新成果的重要文献。将《习近平谈治国理政》、"习近平总书记重要论述摘编"翻译成多国文字,积极对外宣传党的创新理论,为传播中国思想作出了重要贡献。先后成立了一批马克思主义研究院(学院)和"邓小平理论研究中心""中国特色社会主义理论体系研究中心",党的十九大以后成立了10家习近平新时代中国特色社会主义思想研究机构,哲学社会科学研究教学机构在研究阐释党的创新理论,深入研究阐释马克思主义中国化的最新成果,推动马克思主义中国化时代化大众化方面发挥了积极作用。

**为党和国家服务能力不断增强**。新中国成立初期,哲学社会科学工作者围绕国家的经济建设,对商品经济、价值规律等重大现实问题进行深入研讨,推出一批重要研究成果。1978年,哲学社会科学界开展的关于真理标准问题大讨论,推动了全国性的思想解放,为我们党重新确立马克思主义思想路线、为党的十一届三中全会召开作了重要的思想和舆论准备。改革开放以来，哲学社会科学界积极探索中国特色社会主义发展道路，在社会主义市场经济理论、经济体制改革、依法治国、建设社会主义先进文化、生态文明建设等重大问题上，进行了深入研究，积极为党和国家制定政策提供决策咨询建议。党的十八大以来，广大哲学社会科学工作者辛勤耕耘，紧紧围绕统筹推进"五位一体"总体布局、协调推进"四个全面"战略布局，推进国家治理体系和治理能力现代化，构建人类命运共同体和"一带一路"建设等重大理论与实践问题，述学立论、建言献策，推出一批重要成果，很好地发挥了"思想库""智囊团"作用。

**学科体系不断健全**。新中国成立初期，哲学社会科学的学科设置以历史、语言、考古、经济等学科为主。70年来，特别是改革开放以来，哲学社会科学的研究领域不断拓展和深化。到目前为止，已形成拥有马克思主义研究、历史学、考古学、哲学、文学、语言学、经济学、法学、社会学、人口学、民族学、宗教学、政治学、新闻学、军事学、教育学、艺术学等20多个一级学科、400多个二级学科的较为完整的学科体系。进入新时代，哲学社会科学界深入贯彻落实习近平总书记"5·17"重要讲话精神，加快构建中国特色哲学社会科学学科体系、学术体系、话语体系。

**学术研究成果丰硕**。70年来，广大哲学社会科学工作者辛勤耕耘、积极探索，推出了一批高水平成果，如《殷周金文集成》《中国历史地图集》《中国语言地图集》《中国史稿》《辩证唯物主义原理》《历史唯物主义原理》《政治经济学》《中华大藏经》《中国政治制度通史》《中华文学通史》《中国民族关系史纲要》《现代汉语词典》等。学术论文的数量逐年递增，质量也不断提升。这些学术成果对传承和弘扬中华民族优秀传统文化、推进社会主义先进文化建设、增强文化自信、提高中华文化的"软实力"发挥了重要作用。

**对外交流长足发展**。70年来特别是改革开放以来，我国哲学社会科学界对外学术交流与合作的领域不断拓展，规模不断扩大，质量和水平不断提高。目前，我国哲学社会科学对外学术交流遍及世界 100 多个国家和地区，与国外主要研究机构、学术团体、高等院校等建立了经常性的双边交流关系。坚持"请进来"与"走出去"相结合，一方面将高水平的国外学术成果译介到国内，另一方面将能够代表中国哲学社会科学水平的成果推广到世界，讲好中国故事，传播中国声音，提高了我国哲学社会科学的国际影响力。

**人才队伍不断壮大**。70 年来，我国哲学社会科学研究队伍实现了由少到多、由弱到强的飞跃。新中国成立之初，哲学社会科学人才队伍薄弱。为培养科研人才，中国社会科学院、中国人民大学等一批科研、教育机构相继成立，培养了一批又一批哲学社会科学人才。目前，形成了社会科学院、高等院校、国家政府部门研究机构、党校行政学院和军队五大教研系统，汇聚了 60 万多专业、多类型、多层次的人才。这样一支规模宏大的哲学社会科学人才队伍，为实现我国哲学社会科学建设目标和任务提供了有力人才支撑。

### 三 重要启示

70 年来，我国哲学社会科学在取得巨大成绩的同时，也积累了宝贵经验，给我们以重要启示。

**坚定不移地以马克思主义为指导**。马克思主义是科学的理论、人民的理论、实践的理论、不断发展的开放的理论。坚持以马克思主义为指导，是当代中国哲学社会科学区别于其他哲学社会科学的根本标志。习近平新时代中国特色社会主义思想是马克思主义中国化的最新成果，是当代中国马克思主义、21 世纪马克思主义，要将这一重要思想贯穿哲学社会科学各学科各领域，切实转化为广大哲学社会科学工作者清醒的理论自觉、坚定的政治信念、科学的思维方法。要不断推进马克思主义中国化时代化大众化，奋力书写研究阐发当代中国马克思主义、21 世纪马克思主义的理论学术经典。

**坚定不移地践行为人民做学问的理念**。为什么人的问题是哲学社会科学研究的根本性、原则性问题。哲学社会科学研究必须搞清楚为谁著书、为谁立说，是为少数人服务还是为绝大多数人服务的问题。脱离了人民，哲学社会科学就不会有吸引力、感染力、影响力、生命力。我国广大哲学社会科学工作者要坚持人民是历史创造者的观点，树立为人民做学问的理想，尊重人民主体地位，聚焦人民实践创造，自觉把个人学术追求同国家和民族发展紧紧联系在一起，努力多出经得起实践、人民、历史检验的研究成果。

**坚定不移地以研究回答新时代重大理论和现实问题为主攻方向。**习近平总书记反复强调："当代中国的伟大社会变革，不是简单延续我国历史文化的母版，不是简单套用马克思主义经典作家设想的模板，不是其他国家社会主义实践的再版，也不是国外现代化发展的翻版，不可能找到现成的教科书。"哲学社会科学研究，必须立足中国实际，以我们正在做的事情为中心，把研究回答新时代重大理论和现实问题作为主攻方向，从当代中国伟大社会变革中挖掘新材料，发现新问题，提出新观点，构建有学理性的新理论，推出有思想穿透力的精品力作，更好服务于党和国家科学决策，服务于建设社会主义现代化强国，实现中华民族伟大复兴的伟大实践。

**坚定不移地加快构建中国特色哲学社会科学"三大体系"。**加快构建中国特色哲学社会科学学科体系、学术体系、话语体系，是习近平总书记和党中央提出的战略任务和要求，是新时代我国哲学社会科学事业的崇高使命。要按照立足中国、借鉴国外，挖掘历史、把握当代，关怀人类、面向未来的思路，体现继承性、民族性，原创性、时代性，系统性、专业性的要求，着力构建中国特色哲学社会科学。要着力提升原创能力和水平，立足中国特色社会主义伟大实践，坚持不忘本来、吸收外来、面向未来，善于融通古今中外各种资源，不断推进学科体系、学术体系、话语体系建设创新，构建一个全方位、全领域、全要素的哲学社会科学体系。

**坚定不移地全面贯彻"百花齐放、百家争鸣"方针。**"百花齐放、百家争鸣"是促进我国哲学社会科学发展的重要方针。贯彻"双百方针"，做到尊重差异、包容多样，鼓励探索、宽容失误，提倡开展平等、健康、活泼和充分说理的学术争鸣，提倡不同学术观点、不同风格学派的交流互鉴。正确区分学术问题和政治问题的界限，对政治原则问题，要旗帜鲜明、立场坚定，敢于斗争、善于交锋；对学术问题，要按照学术规律来对待，不能搞简单化，要发扬民主、相互切磋，营造良好的学术环境。

**坚定不移地加强和改善党对哲学社会科学的全面领导**。哲学社会科学事业是党和人民的重要事业，哲学社会科学战线是党和人民的重要战线。党对哲学社会科学的全面领导，是我国哲学社会科学事业不断发展壮大的根本保证。加快构建中国特色哲学社会科学，必须坚持和加强党的领导。只有加强和改善党的领导，才能确保哲学社会科学正确的政治方向、学术导向和价值取向；才能不断深化对共产党执政规律、社会主义建设规律、人类社会发展规律的认识，不断开辟当代中国马克思主义、21世纪马克思主义新境界。

《庆祝中华人民共和国成立70周年书系》坚持正确的政治方向和学术导向，力求客观、详实，系统回顾总结新中国成立70年来在政治、经济、社会、法治、民族、生态、外交等方面所取得的巨大成就，系统梳理我国哲学社会科学重要学科发展的历程、成就和经验。书系秉持历史与现实、理论与实践相结合的原则，编撰内容丰富、覆盖面广，分设了国家建设和学科发展两个系列，前者侧重对新中国70年国家发展建设的主要领域进行研究总结；后者侧重对哲学社会科学若干主要学科70年的发展历史进行回顾梳理，结合中国社会科学院特点，学科选择主要按照学部进行划分，同一学部内学科差异较大者单列。书系为新中国成立70年而作，希望新中国成立80年、90年、100年时能够接续编写下去，成为中国社会科学院学者向共和国生日献礼的精品工程。

是为序。

# 目 录

**第一章 总论** …………………………………………………… (1)
  第一节 构建对传统小农的社会主义改造理论 ……………… (2)
  第二节 探索社会主义计划经济体制的农业经济理论 ……… (5)
  第三节 建立中国特色社会主义市场经济的农业农村
           发展理论 ……………………………………………… (10)
  第四节 走向城乡融合的农业农村发展理论 ………………… (26)
  第五节 结语 …………………………………………………… (44)

**第二章 农业增长研究** ………………………………………… (47)
  第一节 农业地位变化 ………………………………………… (47)
  第二节 农业增长研究进展 …………………………………… (50)
  第三节 农业增长研究的跃迁 ………………………………… (63)

**第三章 农业农村现代化研究** ………………………………… (68)
  第一节 关于农业现代化内涵的研究 ………………………… (68)
  第二节 农业现代化研究的演进 ……………………………… (73)
  第三节 中国农业农村现代化的路径选择 …………………… (85)

**第四章 粮食问题与粮食安全研究** …………………………… (97)
  第一节 粮食短缺情况下保障粮食供应的研究 ……………… (98)
  第二节 粮食价格双轨制的探索 ……………………………… (107)

第三节　放开粮食消费市场后引发的"谁来养活
　　　　　中国"的大讨论 ………………………………… (114)
　　第四节　放开粮食收购市场后粮食价格波动的研究 ……… (119)
　　第五节　新形势国家粮食安全的研究 ……………………… (123)
　　第六节　总结与展望 ………………………………………… (126)

第五章　农业和农村产业发展研究 ……………………………… (129)
　　第一节　农业和农村产业结构研究 ………………………… (129)
　　第二节　农业区划与布局研究 ……………………………… (138)
　　第三节　农业产业组织研究 ………………………………… (146)
　　第四节　乡镇企业发展研究 ………………………………… (159)

第六章　农业经营组织与制度研究 ……………………………… (172)
　　第一节　改革开放前农业经营组织与制度的研究脉络 …… (173)
　　第二节　改革开放后农业经营组织与制度研究 …………… (180)
　　第三节　农业经营组织与制度研究的总结与展望 ………… (196)

第七章　农业支持保护政策研究 ………………………………… (199)
　　第一节　计划经济下的农业支持保护理论 ………………… (200)
　　第二节　市场化进程中的农业支持保护理论研究 ………… (204)
　　第三节　加入世界贸易组织以来的农业支持保护
　　　　　理论研究 ………………………………………… (208)
　　第四节　中国农业支持保护理论研究的趋势与展望 ……… (214)

第八章　农地产权制度研究 ……………………………………… (218)
　　第一节　农地产权制度的含义 ……………………………… (219)
　　第二节　建立集体所有制 …………………………………… (224)
　　第三节　实行家庭联产承包责任制 ………………………… (236)
　　第四节　强化产权稳定性 …………………………………… (241)

第五节　实行三权分置 …………………………………………（247）
第六节　建立农地流转市场 ……………………………………（250）
第七节　结论与讨论 ……………………………………………（254）

## 第九章　农村金融研究 …………………………………………（257）
第一节　农村金融研究的起步与停滞 …………………………（257）
第二节　农村金融理论借鉴与经验总结 ………………………（263）
第三节　探寻中国农村金融发展模式 …………………………（266）
第四节　构建中国农村金融理论与制度 ………………………（272）

## 第十章　农村反贫困研究 ………………………………………（294）
第一节　发展减贫理论 …………………………………………（295）
第二节　扶贫攻坚理论 …………………………………………（306）
第三节　精准扶贫理论 …………………………………………（314）
第四节　综合性反贫困战略研究 ………………………………（321）
第五节　贫困定义与测量研究 …………………………………（326）

## 第十一章　生态经济研究 ………………………………………（336）
第一节　生态经济研究前期的理论探索 ………………………（337）
第二节　生态平衡理论的主要创新 ……………………………（341）
第三节　生态经济协调发展理论的创新 ………………………（348）
第四节　可持续发展理论的创新 ………………………………（354）
第五节　绿色发展理论的创新 …………………………………（359）

## 第十二章　城乡关系研究 ………………………………………（371）
第一节　改革开放前消除城乡对立研究 ………………………（373）
第二节　1979—2002年城乡协调发展研究 …………………（378）
第三节　2003—2012年城乡统筹与一体化研究 ……………（384）
第四节　2013年以来城乡融合发展研究 ……………………（391）

**第十三章　乡村治理研究** ………………………………………（399）
　第一节　乡村治理研究的核心问题与方法 ………………（399）
　第二节　传统农村社会性质研究 …………………………（405）
　第三节　乡村治理的公正性目标研究 ……………………（413）
　第四节　乡村民主自治研究 ………………………………（421）

**后　记** ……………………………………………………………（427）

# 第 一 章
# 总 论

新中国成立70年来,在中国共产党的领导下,中国社会经济面貌发生了翻天覆地的变化,中华民族实现了从站起来到富起来、再到强起来的伟大飞跃。中国农业农村发展从资源约束的总量、速度呈扩张型增长,转向促进人与自然和谐发展,优化结构、提升质量的内涵式增长,对中国经济社会发展、实现全面建成小康社会发挥了重要支撑作用,为促进世界农业农村发展尤其是保障世界粮食安全和全球减贫事业做出了巨大贡献。

新中国成立后,中国农业农村发展研究历程曲折,经历了从新中国成立初期改变原有的欧美范式、全面效仿苏联模式建立社会主义农业农村发展理论,到20世纪50年代后期尝试构建计划经济体制下的中国社会主义的农业农村发展理论,再到改革开放以来,以研究改革与发展中的重大理论与实践问题为导向,建设与发展中国特色的社会主义农业农村发展理论,发展到今天,初步形成了较为完备的中国社会主义农业农村发展研究理论体系。这一理论体系是中国特色社会主义理论体系的重要组成部分,不仅为丰富和发展马克思主义基本原理做出了中国的原创性贡献,也为促进中国农业农村现代化建设,特别是推进中国农村改革与发展提供了重要理论支撑。

学术研究必须服务于国家战略需求和发展实践。新中国成立70年来,中国的农业农村发展理论研究是与国家战略需求和发展实践紧密联系在一起的。根据国家战略需求的变化，我们大致可以把新中国70年农业农村发展研究分为五个阶段：第一个阶段是1958年之前，重点是构建对传统小农的社会主义改造理论；第二个阶段是1958—1977年，主要是探索社会主义计划经济体制的农业经济理论；第三个阶段是1978—2001年，主要是构建适应中国特色社会主义市场经济的农业农村发展理论；第四个阶段是2002—2012年，重点是在城乡统筹的理念下探索农业农村发展理论；第五个阶段是2013年至今，主要是探索城乡融合发展的农业农村现代化理论。按照这一思路，本章着重分阶段对新中国成立70年来中国农业和农村发展理论研究进行梳理。

## 第一节　构建对传统小农的社会主义改造理论

新中国成立后，中国进入从新民主主义向社会主义过渡时期，党的七届二中全会提出中国要由新民主主义社会发展到将来的社会主义社会。1953年，中共中央提出了党在过渡时期的总路线，即在相当长的时期内，逐步实现国家的社会主义工业化，并逐步实现国家对农业、手工业和资本主义工商业的社会主义改造。1953年年底，中共中央做出《关于发展农业生产合作社的决议》，引导农民走社会主义道路成为中国共产党在农村的核心任务。

早在延安时期，毛泽东同志就指出，中国几千年来的个体分散经济使农民自己陷入永远的穷苦，逐步集体化是克服这种情况的唯一办法，集体化实现的唯一道路就是依据列宁所说的经过合作社，在将来发展为苏联式的被称为集体农庄的那种合作社。[1] 按照马克

---

[1] 毛泽东：《组织起来》，《毛泽东选集》第3卷，人民出版社1991年版，第931—933页。

思、恩格斯、列宁等马克思主义经典作家的论述，改造传统农业和小农生产经营方式的途径是通过合作化的道路，实现农业社会化大生产。斯大林将列宁的合作化理论改变为农业集体化改造理论，并在苏联全面推行，成为当时包括中国在内的各社会主义国家模仿学习的对象。

新中国成立后，围绕对小农的社会主义改造的道路选择问题，毛泽东、刘少奇等最高领导人之间出现了意见分歧。毛泽东要求全党把农业互助当作一件大事去做[①]，并同意启动试办集体农庄的计划。[②] 毛泽东强调组织起来，向社会主义过渡；而刘少奇则提出新民主主义革命一般不破坏私有财产的制度，不能过早轻易动摇农民的私有制，主张先机械化，后合作化，不要急于搞农业生产合作社。[③] 1953年12月，中共中央通过了《关于发展农业生产合作社的决议》，确立了由临时互助组到常年互助组到初级农业生产合作社再到高级农业生产合作社的合作化运动道路。

这一时期针对党内社会主义改造道路是先机械化还是先合作化，是先供销合作还是先生产合作的路线争鸣，一些学者独立探索，提出自己的学术观点。有学者认为，需要合作化为机械使用创造条件[④]，但西方资本主义发展过程中存在工厂手工业阶段，说明没有机械化也可以实现农业集体化；[⑤] 也有学者提出，生产关系应当适应生产力的发展，不具有国家工业化和机器耕种的条件，就无法改造分

---

[①] 毛泽东：《把农业互助当作一件大事去做》，《毛泽东文集》第6卷，人民出版社1999年版，第214页。

[②] 毛泽东：《关于试办集体农庄的意见》，《毛泽东文集》第6卷，人民出版社1999年版，第219页。

[③] 薄一波：《若干重大决策与事件的回顾》（上卷），中共中央党校出版社1991年版，第58、62页。

[④] 王思华：《关于我国过渡时期国家工业化与农业合作化的相互适应问题》，《经济研究》1956年第1期。

[⑤] 庄鸿湘：《农业合作化与生产关系一定要适合生产力性质的规律》，《经济研究》1956年第3期。

散、落后的小农经济，无法发挥合作化的生产关系优势，也就无法实现自愿基础上的农业集体化。关于生产与供销合作社的优先发展顺序，张闻天认为必须遵循"从供销到生产"的规律，通过供销合作为农业合作化提供资金、技术、物质支持，使农村合作社由初级形式向高级形式发展，并把供销合作社发展为生产合作社作为农业集体化的中心环节①。这场讨论最终以毛泽东1955年在中央召开的省、市、自治区党委书记会议上所作的《关于农业合作化问题》②的报告，批判邓子恢"小脚女人走路"而画上句号，明确在中国条件下，必须是先合作化，后机械化③。1981年党的十一届六中全会通过的《中国共产党中央委员会关于建国以来党的若干历史问题的决议》指出，"在一九五五年夏季以后，农业合作化以及对手工业和个体商业的改造要求过急，工作过粗，改变过快，形式也过于简单划一，以致在长期间遗留了一些问题"。

20世纪50年代初中期，学术界的研究重点是围绕构建中国社会主义农业合作经济理论展开。王思华考察了个体经济、合作经济的经济法则以及过渡时期的经济特点，认为农业合作化与社会主义工业化是不可分割的，必须在步骤上相互适应④。完善农业生产经营组织，解决合作社社员激励成为一个研究热点，于光远等认为，必须对社员个人收入的各种形式规定适当比例；⑤ 林子力等通过案例分析，总结提炼出合作社的季节包工制（小包工）、包工包产制（大

---

① 《张闻天选集》，人民出版社1985年版，第401、427、438页。

② 毛泽东：《关于农业合作化问题》，《毛泽东文集》第6卷，人民出版社1999年版，第418—443页。

③ 薄一波：《若干重大决策与事件的回顾》（上卷），中共中央党校出版社1991年版，第327页。

④ 王思华：《关于个体经济、合作社经济的经济法则和中国过渡时期经济的基本经济法则问题》，《经济研究》1955年第1期；《关于我国过渡时期国家工业化与农业合作化的相互适应问题》，《经济研究》1956年第1期。

⑤ 于光远等：《论半社会主义的农业生产合作社的产品分配》，《经济研究》1955年第2期。

包工）等激励机制创新；① 周诚则认为计件制是劳动报酬制度的基本形式，包产制是其中的先进方法，应贯彻生产责任制②。

1956年，毛泽东同志在《论十大关系》中系统阐述了国家、合作社和农民的关系，提出不能采取苏联把农民挖得很苦的政策，要处理好国家与农民、合作社与农民的关系，国家和农民、合作社和农民都必须兼顾，不能只顾一头，并将此提升到国家政权稳定的高度。他指出，无论只顾哪一头，都是不利于社会主义，不利于无产阶级专政的，这是一个关系到六亿人民的大问题。③ 围绕完善高级农业合作社的制度，张友仁论证了接受已放弃剥削的富农分子参加农业生产合作社的可能性和必要性；④ 宋海文认为自留地及其家庭副业经济是高级社经济中必不可少的部分；⑤ 关梦觉、宋涛则提出提高农业生产力是巩固和发展农业生产合作社的重要手段。⑥

## 第二节 探索社会主义计划经济体制的农业经济理论

1958年10月，人民公社制度全面建立，加上先前实行的农产品

---

① 林子力等：《田家府村光辉农业生产合作社调查报告》，《经济研究》1955年第4期。

② 周诚：《农业生产合作社的劳动组织与劳动报酬》，《教学与研究》1955年第12期；《论农业生产合作社的生产责任制及其贯彻的途径》，《教学与研究》1956年第12期。

③ 毛泽东：《论十大关系》，《毛泽东文集》第7卷，人民出版社1999年版，第23—49页。

④ 张友仁：《论中国消灭富农的途径》，《经济研究》1956年第6期。

⑤ 宋海文：《农业生产合作社中自留地问题的探讨》，《经济研究》1957年第4期。

⑥ 关梦觉：《历史唯物主义的原理与我国高级农业生产合作社的现实》，《经济研究》1957年第1期；宋涛：《积极改良农业生产技术对于进一步巩固农业合作社的作用》，《经济研究》1958年第2期。

统购统销制度及户籍制度，中国形成了以行政手段直接管理农业要素配置、农业生产经营活动及农产品分配的计划经济管理体制，这一体制一直持续到改革开放初期。

随着社会主义计划经济体制的全面建立，学术界的研究重点转向如何摒弃苏联农业经济学模式的影响，推动社会主义农业经济学在中国的建立和发展。周诚提出，社会主义农业经济学和农业企业学的研究对象是农业中社会主义生产关系产生和发展的规律，社会主义经济规律在农业中的表现形式和运用形式，以及社会主义农业的领导与管理。[①] 1959年11月，中国人民大学农业经济教研室编著的《社会主义农业经济学》出版，成为社会主义计划经济体制下的农业经济理论构建的一个重要标志，这之后陆续出版了一系列的社会主义农业经济学教材，主要内容包括农业现代化、农业合作化、农村人民公社化，以及人民公社生产管理制度和国营农场等。

在这一时期，学术界围绕中央推进农业现代化的路线、政策和方针，开展了不懈的探索，重点围绕以下方面，对社会主义计划经济体制下的农业经济理论进行完善和丰富。

## 一 丰富马克思主义经典作家关于农业是国民经济基础的理论

马克思主义经典作家提出了超越劳动者个人需要的农业劳动生产率是一切社会的基础的著名论断，许涤新从农业是国民经济其他部门的劳动提供者、原料供应者、工业产品的重要市场以及国家积累的重要来源等方面，对此进行了系统论证[②]，与早期发展经济学农业贡献论的学说不谋而合。周叔莲从人类社会历史发展中的农业作用做出进一步论证，认为农业的基础地位是指农业是人力生存之本，

---

① 周诚：《关于社会主义农业经济学与社会主义农业企业组织学的对象问题的管见》，《教学与研究》1958年第2期。

② 许涤新：《农业在国民经济中的地位和作用》，《人民日报》1962年8月28日。

是一切生产的起点；是其他一切劳动部门独立化和进一步发展的基础①。董辅礽提出，农业是国民经济的基础这一政治经济学命题的最本质的含义，在于确定农业劳动在社会总劳动分配中的地位和作用。从社会总劳动和社会分工的角度来看，农业劳动基本上是必要劳动，农业劳动和农产品的社会属性，决定了超越于劳动者个人需要的农业劳动生产率是国民经济的基础。②

## 二 建立与发展农、轻、重关系的理论

毛泽东 1956 年在《论十大关系》中指出要处理好重工业同轻工业、农业相互发展的关系，后来进一步明确为在优先发展重工业基础上，工业和农业同时并举的方针。武力认为，毛泽东工农业并举的思想，将农业现代化纳入了工业化范畴来考虑，与当时无论是以苏联为首的社会主义国家还是西方主流经济学家相比，都是一个较大贡献。③ 1962 年，党的八届十中全会决定对国民经济进行调整，明确提出"以农业为基础，以工业为主导"的国民经济发展总方针。季崇威、何畏、房维中等从不同角度深入论证其必然性④，张霖文认为这是只有中国社会主义制度条件下才存在的规律，是结合中国实践对马克思列宁主义的丰富和发展。⑤ 俞明仁将此进一步阐释为以农业为国民经济基础、积极发展轻工业，以重工业为经济建设中心，

---

① 周叔莲：《不能把农业提供劳动力、市场、资金的作用说成是"非基础"作用》，《光明日报》1962 年 10 月 22 日。

② 董辅礽：《怎样从本质联系上理解农业是国民经济发展的基础》，《经济研究》1963 年第 7 期。

③ 武力：《1949—2006 年城乡关系演变的历史分析》，《中国经济史研究》2007 年第 1 期。

④ 季崇威：《我国工业应当积极支援和促进农业的发展》，《经济研究》1958 年第 2 期；何畏：《关于发展农业的问题》，《经济研究》1958 年第 3 期；房维中：《论工业和农业同时并举》，《经济研究》1958 年第 7 期。

⑤ 张霖文：《不能这样理解"工农业同时并举"》，《经济研究》1958 年第 10 期。

实行"以钢为纲"的重工业优先发展战略[1]。对于贯彻以农业为基础，王耕今认为，其正确道路是实行"以粮为纲、全面发展、多种经营"的方针，把粮食生产放在第一位的同时，重视发展经济作物，促进农业多种经营[2]。中黄、汪旭庄、史景星等分别撰文认为，农轻重关系就是把农业放在首要地位，按照农业、轻工业、重工业的次序来安排经济生活，把工业部门的工作转移到以农业为基础的轨道上，以加速农业发展并逐步实现农业现代化[3]。

### 三 提出改进农业生产经营组织体系的学术思想

农村全面实行人民公社体制后，学界的研究重点转向完善对人民公社制度的理论认识和制度改进。乌家培等认为人民公社的集体所有制有了全民所有制的成分[4]，朱剑农认为具备了共产主义萌芽[5]，关梦觉认为是实现共产主义的捷径[6]。对此，贺笠认为，人民公社并未突破集体所有制范畴[7]，张卓元指出向全民所有制过渡首先由国家逐步支配和决定公社的公共积累及收入分配[8]。许涤新提出它并不意味着要取消商品生产，反而要大力发展商品生产，促使公社

---

[1] 俞明仁：《论农业、轻工业和重工业的相互关系》，《经济研究》1960年第2期。

[2] 王耕今：《经济作物在国民经济中的地位和作用》，《经济研究》1963年第1期。

[3] 中黄：《以农业为基础发展工业》，《经济研究》1963年第2期；汪旭庄：《论社会主义制度下工业和农业相互结合的规律》，《经济研究》1963年第6期；史景星、叶孝理、陈惠丽：《论轻工业支援农业》，《经济研究》1963年第11期。

[4] 乌家培等：《试论人民公社化运动中农村分配制度的变革》，《经济研究》1958年第10期。

[5] 朱剑农：《论人民公社的共产主义萌芽》，《经济研究》1958年第12期。

[6] 关梦觉：《人民公社是通往共产主义的捷径》，《经济研究》1958年第12期。

[7] 贺笠：《我国目前农村人民公社是集体所有制呢？还是全民所有制呢？》，《经济研究》1958年第12期。

[8] 张卓元：《关于人民公社向全民所有制过渡问题的探讨》，《经济研究》1958年第11期。

增加收入和积累。①

围绕人民公社制度的完善，陈大伦提出人民公社的统一领导与分级管理②，葛致达分析了财务管理和经济核算的完善③，冯田福研究了生产队包工、包产、包成本和超产奖励的"三包一奖"激励机制④。

### 四　引入价值规律改善农业计划管理的学术思想

围绕在计划经济体制下如何给予农业生产组织自主权，范若一认为要根据农业生产成本和供求状况制定农产品价格，以发挥价值规律的作用；⑤刘日新认为，应从直接规定面积和产量指标过渡到实行商品量计划，由生产队（大队）自己决定面积和产量⑥；汪祥春等认为，必须加强对农业生产计划的管理并和农产品征购计划实行统一管理⑦，要因地制宜地以人民公社为基本单位编制农业生产计划⑧；曾洪业、夏光仁认为，要在发展农业生产的基础上扩大农产品收购，通过确定恰当的留购比例、正确规定农产品收购价格等兼顾国家、集体和个人的利益；⑨周诚则认为，提高农业生产经济效果要坚持总经济效果最高、最大效果优先充分投资、全部生产资源充分

---

① 许涤新：《论农村人民公社化后的商品生产和价值规律》，《经济研究》1959年第1期。
② 陈大伦：《人民公社经济组织工作中的统一领导与分级管理》，《经济研究》1959年第4期。
③ 葛致达：《谈谈农村人民公社的财务管理和经济核算》，《经济研究》1960年第Z1期。
④ 冯田福：《论"三包一奖"制度》，《经济研究》1961年第2期。
⑤ 范若一：《略论农副产品的价格政策》，《经济研究》1959年第2期。
⑥ 刘日新：《关于改进我国农业计划制度的商榷》，《经济研究》1961年第7期。
⑦ 汪祥春等：《我国农业生产的计划管理问题》，《经济研究》1965年第3期。
⑧ 张作鼎：《对农业计划方法的两点看法》，《经济研究》1965年第5期。
⑨ 曾洪业、夏光仁：《关于农产品收购的几个问题》，《经济研究》1962年第11期。

利用的原则。①

### 五　关于农业现代化内涵的学术探索

毛泽东把农业增产措施概括为"八字宪法",即土、肥、水、种、密、保、管、工。对此,刘瑞龙认为土壤是基础,水、肥、种是前提,合理密植是中心,保、管、工是基本保证;② 许涤新认为贯彻"八字宪法",要把中心任务转到实行技术改革。③ 在毛泽东同志做出"农业的根本出路在于机械化"的论断后,学术界主流研究侧重强调农业机械化④,也有一些研究强调应同时推进电气化⑤、水利化⑥、化学化⑦,刘志澄等提出"四化"之间要做到平衡协调发展。⑧

## 第三节　建立中国特色社会主义市场经济的农业农村发展理论

党的十一届三中全会后,市场化取向的经济体制改革率先从农村开始。这些改革举措包括实行家庭联产承包责任制,废除人民公社体制,建立起家庭承包经营为基础、统分结合的双层经营体制;改革农产品统购统销制度,逐步放开农产品交易,推动农产品流通

---

① 周诚:《关于农业生产经济效果的几个问题》,《经济研究》1963 年第 11 期。
② 刘瑞龙:《农业"八字宪法"的形成和发展》,《农业科学通讯》1959 年第 20 期。
③ 许涤新:《论农业在国民经济中的地位和发展农业生产的关键》,《经济研究》1962 年第 12 期。
④ 孟庆彭:《农业机械化的几个问题》,《经济研究》1964 年第 2 期。
⑤ 左湖:《农业电气化的几个问题》,《经济研究》1963 年第 3 期。
⑥ 王树春:《关于水利化问题的初步探讨》,《经济研究》1964 年第 1 期。
⑦ 王志明:《谈谈农业化学化》,《前线》1964 年第 2 期。
⑧ 刘志澄等:《农业"四化"的综合发展同经济效果的关系》,《经济研究》1964 年第 2 期。

的市场化；恢复农业银行，改革农村信用社，发展民间金融，构建多元化的农村金融体系；不断探索市场经济条件下的农村发展道路，促进乡镇企业发展和农村劳动力转移，推动农业产业化经营和农业现代化进程；确立农村实行村民自治制度，构建乡村治理新格局；多措并举，逐步构筑适应社会主义市场经济要求的农村新经济体制框架。在改革大潮中，理论研究者以研究改革的重要关键问题，促进改革向纵深推进为己任，为"摸着石头过河"提供理论参考和理论支撑，初步形成了中国特色社会主义市场经济的农业农村发展理论框架。

### 一 农村基本经营制度理论的发展与完善

"文化大革命"结束后，首先是拨乱反正，解放思想。1978 年，继真理标准大讨论后，胡乔木提出按照经济规律办事，反对政治统帅经济、长官意志，并提出调动农民积极性，缩小工农业产品交换价格的剪刀差，承认生产队的自主权，充分实现按劳分配原则[①]。此文被后人认为是在经济理论上吹响了中国改革开放的号角[②]，为党的十一届三中全会确立解放思想、实事求是的思想路线，做了充分的理论准备。

农村改革始于改革人民公社传统农业生产经营体制，确立家庭经营在农业生产中的基础性地位。围绕社会上对包产到户是走阳关道还是独木桥[③]的激烈争鸣，王贵宸和魏道南较早地将包产到户确定为一种农业生产组织内部的责任制形式，认为这种联系产量的责任制是把生产责任制和计算劳动报酬形式结合在一起，把对集体生产

---

① 胡乔木：《按照经济规律办事 加快实现四个现代化》，《人民日报》1978 年 10 月 6 日。

② 丁晓平：《胡乔木"在经济理论上为中国吹响了改革开放的号角"》，《党史博览》2018 年第 9 期。

③ 吴象：《阳关道与独木桥——试谈包产到户的由来、利弊、性质和前景》，《人民日报》1980 年 11 月 5 日第 2 版。

负责和社员个人物质利益更紧密地联系起来;① 杨勋认为不能将包产到户作为"权宜之计",应公开承认其合理性和合法性,使其在社会主义农业经济管理中取得合法的地位。② 吴象认为以联系产量为特点的生产责任制,有包产到户、联产到劳、专业承包联产计酬三种主要形式,在中国农村集体经济发展史上有重大意义,并指出其发展趋势都将走向分工协作、专业化、社会化。③

针对当时社会上存在着认为党的农村经济政策是发展资本主义、扶持小生产,王小强批判新中国的农业集体化道路实际上是以平均主义为核心的"农业社会主义",不是科学社会主义,人民公社制度是在贫困基础上平均配给的"共产主义",提出应该从思想上彻底清算农业社会主义。④ 此文在当时农经界产生了广泛影响。周其仁提出要区分两种小生产,不能将自然经济下的小生产和商品经济下的小生产混为一谈,中国的小农仍处在自然经济条件下,只有发展成为商品经济下的小生产,才有可靠的社会主义大农业。⑤ 这两篇文章应用马克思主义的唯物史观,从思想根源上有力清算了"文化大革命"时期遗留的"左"倾僵化思想余毒。

陆学艺认为,从包产到户中演变出来的包干到户,按合同分配,进一步克服了平均主义,也是公有制经济的一种责任制形式⑥。包产到户发展前景广阔,必将是专业化、社会化生产,农户将走向专业

---

① 王贵宸、魏道南:《联系产量的生产责任制是一种好办法》,《农业经济问题》1980 年第 1 期。
② 杨勋:《包产到户是一个重要的理论和政策问题》,《农业经济丛刊》1980 年第 5 期。
③ 吴象:《农业联系产量责任制的三种主要形式》,《中国社会科学》1981 年第 4 期。
④ 王小强:《农业社会主义批判》,《农业经济问题》1980 年第 2 期。
⑤ 周其仁:《两种小生产不能混为一谈》,《农业经济问题》1980 年第 9 期。
⑥ 陆学艺:《包产到户的动向和应明确的一个问题》,《农业经济丛刊》1981 年第 5 期。

户，并在此基础上走向联合。① 联产承包责任制重新认识了家庭经营形式在农业生产中的地位和作用，丰富和发展了马克思主义经典作家关于社会化大生产和小生产关系的理论②。

家庭联产承包责任制激发了农民生产积极性，推动了粮食等主要农产品的产量连续 6 年大丰收，但 1985 年农业出现大减产，社会上和学术界出现质疑家庭经营合理性的现象。杜润生指出，家庭经营长期存在的可能性将更大，发展和完善联产承包责任制对建设具有中国特色的社会主义农业有极其重要的意义；③ 陆学艺则认为减产的原因主要是政府投入减少而造成的农业发展物质基础受到削弱，农民的（粮食）生产积极性受到挫伤，他提出应进一步加强农业在国民经济中的基础性地位，增加农业投资，深化农产品流通体制改革，解决农产品卖难，积极稳妥地完善农村合作经济体制，解决一家一户办不好的事情。④

20 世纪 80 年代后期，针对解决家庭联产承包责任制出现的问题在于集中农户土地、发展农业规模经营的呼声，很多学者提出了不同的看法，认为规模经营应适度，与农村非农产业、农村劳动力的转移程度、社会化服务体系建设、农业机械化水平，以及生产资料所有制、相关法律政策等相适应⑤。《中国农村经济》编辑部为此专门举办研讨会。研讨会上，王耕今认为规模大小不是决定性的问题。决定性的问题是使农民能从中得到利益，从中能激励积极性，这样才能使农民扩大对土地的投入，提高土地产量。郭书田强调实行规

---

① 陆学艺、王小强：《包产到户的发展趋势》，《农业经济论丛》1981 年第 5 期。
② 陆学艺、张晓明：《马克思主义的合作理论和联产承包责任制（续）》，《哲学研究》1984 年第 5 期。
③ 杜润生：《联产承包制与中国社会主义农业发展道路》，《农业经济问题》1985 年第 7 期。
④ 陆学艺：《农业面临比较严峻的形势》，《农业经济丛刊》1986 年第 5 期。
⑤ "种植业适度经营规模研究"联合课题组：《关于发展农业规模经营若干问题的研究》，《中国农村经济》1987 年第 1 期。

模经营，必须充分尊重农民的意愿和自主权。卢文提出当前中国大部分地方不具备搞土地集中的适度规模经营条件，应在家庭承包经营的基础上，搞好统一服务、统一规划或联合经营，形式可以是社区合作经济组织和家庭经营相结合的有统有分，或各家庭联合组成的合作农场或联合体，也可以是"公司+农户"。张晓山认为农业生产中规模经济的关键是生产要素的配置是否经济合理，许多国家都试图通过实行农业规模经济来解决实现农业现代化的问题，其结果大都不成功。徐更生认为，规模经济依靠扩大规模来降低生产成本，而不是用提高单位面积产量的方法来提高经济效益的，它同中国人多地少的国情不尽相符。蔡昉认为规模只是生产函数中一个独立的变量，农业比较利益、农业机械化程度和技术创新精神都不受经营规模的单一决定。提高农业生产水平、增强农业发展后劲，主要应从政策入手，而不应以偏概全。[①] 1990 年，邓小平在谈论农业问题时指出，"中国社会主义农业的改革和发展，从长远的观点看，要有两个飞跃。第一个飞跃，是废除人民公社，实行家庭联产承包为主的责任制。这是一个很大的前进，要长期坚持不变。第二个飞跃，是适应科学种田和生产社会化的需要，发展适度规模经营，发展集体经济。这是又一个很大的前进，当然这是很长的过程"[②]。这一论述明确了发展适度规模经营的基本条件和需要的历史阶段。

进入 20 世纪 90 年代末，随着农业产业化经营在山东潍坊的率先兴起，围绕农村基本经营制度的创新与完善，学术界的研究达到了一个高潮。牛若峰较早提出农业产业一体化经营的理论框架，认为农业产业的一体化经营将形成新的农业发展道路，是农业经营体制的第二次改革。[③] 在他们看来，农业产业化经营是以龙头企业为有

---

① 《中国农村经济》编辑部：《农业适度规模经营学术讨论会观点综述》，《中国农村经济》1989 年第 4 期。

② 邓小平：《邓小平文选》第三卷，人民出版社 1993 年版，第 355 页。

③ 牛若峰：《农业产业一体化经营的理论框架》，《中国农村经济》1997 年第 5 期。

效载体组织引导小农户联合进入大市场，用现代工业提供的技术装备农业，用现代生物科学技术改造农业，用现代经营理念和组织方式管理农业，推进农业现代化进程①。胡定寰从经营学的微观角度，认为农业产业化经营的有利之处是在相对稳定的价格下拥有稳定的、有相对质量保障的生产资料供应来源或产品需求市场，降低推销产品的费用，促进企业设备投资和技术开发，② 由此将研究视角拓展到微观层面的工商企业经营学领域。刘玉满则强调农业产业化的核心是从微观组织化到宏观组织化，其突破口是培育产业组织体系，③ 从而将研究重点由关注龙头企业为代表的市场微观主体建设，提升到构建现代农业产业化组织体系的高度。一些学者还应用产权理论分析农业产业化经营组织创新，周立群、曹利群认为，农业产业化经营模式反映出商品契约和要素契约具有一定的通融性和互补性，区分两者并不是那么重要，契约形式的安排和选择具有多样性和灵活性，这在一定程度上证伪了科斯和张五常关于企业和市场的区别就是要素契约和商品契约的区别的观点④，推进了制度经济学的契约理论发展。

随着农业产业化的蓬勃发展，主流研究逐步转向分析不同农业产业化经营模式，揭示不同市场参与者的利益联结机制，从福利经济学视角关注农民的利益保障，如杜吟棠认为，"公司+农户"与合作社相比，缺乏与农民利益的紧密结合，今后可能作为一种竞争性

---

① 牛若峰、夏英：《农业产业化经营的组织方式和运行机制》，北京大学出版社2001年版。

② 胡定寰：《微观农业产业化的理论及其应用——我国现代农业产业组织理论的初探》，《中国农村观察》1997年第6期。

③ 刘玉满：《培育农业产业组织体系推动农业产业化发展》，《中国农村经济》1998年第12期。

④ 周立群、曹利群：《商品契约优于要素契约——以农业产业化经营中的契约选择为例》，《经济研究》2002年第1期。

制度安排与"合作社+农户"模式并存。① 郭晓鸣等认为,农民合作社一体化模式在各种产业化组织模式中是制度最优设计的模式,因为合作社将市场交易成本最小化,有效地保障了农户的经济利益并提供正向激励。② 苑鹏认为在"公司+合作社+农户"名义下,实际存在着四种不同的农业产业化经营模式,农户在不同模式下的经济角色及其福利改善存在明显差异,只有在农民合作社创办龙头企业的纵向一体化模式下,农户福利增进才达到最大化。③

## 二 探索构建市场化取向的农产品流通和贸易理论

1984年,中央提出发展"有计划的商品经济",允许承包土地有偿转让,全面确立了农户的市场微观主体地位。1985年,中央又启动农产品统派购制度改革,将粮食、棉花统购改为合同定购,取消了生猪、水产品、蔬菜等农产品派购。在这一背景下,如何坚持和推进市场化改革,发挥市场在资源配置中的基础性作用,成为理论研究的重点内容。学术界提出首先应转变观念、改革传统体制。丁声俊认为,应转变传统高度集中粮权的计划经济思想,将高度集中、封闭式的国营粮食商业独家经营体制改革为国营粮食商业为主导的、开放式的、多渠道的流通体制。④ 围绕农产品流通体制改革的具体思路和方案,学者们提出放开市场、打破垄断、培育各类新型市场流通主体的主张,如周其仁认为应扩大市场机制来调节农产品供求中的新矛盾,在农产品购销方面逐步放开价格,由国家参与市

---

① 杜吟棠:《"公司+农户"模式初探——兼论其合理性与局限性》,《中国农村观察》2002年第1期。

② 郭晓鸣等:《龙头企业带动型、中介组织联动型和合作社一体化三种农业产业化模式的比较》,《中国农村经济》2007年第4期。

③ 苑鹏:《"公司+合作社+农户"下的四种农业产业化经营模式探析——从农户福利改善的视角》,《中国农村经济》2013年第4期。

④ 丁声俊:《对我国粮食流通战略转变的探讨》,《农业经济问题》1984年第7期。

场调节。① 改革的重点是为大规模节约交易费用、扩大运用市场机制、培育各类市场组织铺平道路。② 朱守银则提出，市场化改革应实行口粮的市场化供应，取消国家对城市居民的口粮补贴，建立对低收入者的收入补偿制度和补偿救济金；同时，国家按市场价向农民进行粮食合同订购，打破国营粮食商业系统的垄断地位。③ 这一时期的对策研究，推动了中国农产品流通体制的改革以及农产品集贸市场和城镇居民粮食消费市场的形成。

进入 21 世纪，围绕解决农产品卖难、提高农产品流通效率等重点问题，学术界更注重从农业的产业属性构建农产品流通理论，但对策性研究仍是主流。纪良纲强调应重点发展农民合作销售组织、代理批发商和贸工农一体化经营组织，促进形成农产品流通多元化主体的竞争机制。④ 罗必良等提出，农业自然属性使得农产品流通具有很强的生产性，并受市场半径限制，农产品流通的组织制度选择应提高农产品的交易效率。⑤ 张闯、夏春玉认为，农产品流通渠道存在权力结构的过度失衡问题，严重倾向于龙头企业，政府应弥补农产品流通中介组织发育缺陷，提升农产品流通合作社的规模与实力。⑥ 安玉发针对农产品卖难买难长期交替出现，认为应强化政府的流通秩序、农产品源头质量安全监管职能，从法律上明确农产品流

---

① 周其仁：《农村商品经济的发展和产业结构的变革》，《经济研究》1985 年第 2 期。
② 发展研究所综合课题组：《农民、市场和制度创新——包产到户八年后农村发展面临的深层改革》，《经济研究》1987 年第 1 期。
③ 朱守银：《以市场为主体，改革粮食流通体制》，《财政科学》1989 年第 3 期。
④ 纪良纲：《农产品流通主体结构研究》，《农业经济问题》1996 年第 1 期。
⑤ 罗必良等：《农产品流通组织制度的效率决定：一个分析框架》，《农业经济问题》2000 年第 8 期。
⑥ 张闯、夏春玉：《农产品流通渠道：权力结构与组织体系的构建》，《农业经济问题》2005 年第 7 期。

通设施的公益性职能，发挥批发市场的主导性作用①。

随着中国进入工业化快速推进和经济体制转轨阶段，粮食进出口贸易的性质和国内外粮食市场的关系发生根本性变化。在农产品贸易方面，叶兴庆认为，粮食将长期净进口并成为影响国内粮价的一个重要因素，将国内外两个粮食市场并轨有利于降低国内粮食市场价格的波动幅度，应当对不同类型粮食确定不同并轨思路。②程国强研究发现，在中国农产品出口中，劳动密集型产品占绝对优势，出口份额呈扩大趋势，土地密集型产品的地位进一步弱化，而中国农产品进口未能显示出中国的农业资源禀赋特征。③关于加入WTO对中国农业的影响，卢锋和梅孝峰认为，会增加粮食、油料等土地密集型大宗农产品进口，促进蔬菜、水果、水产品等劳动密集型产品出口。④加入WTO后，市场经济条件下农业的支持保护问题成为学术界的一个重要研究领域，其核心要义和主流观点是走向市场化。

### 三 对农村工业化道路和乡镇企业产权制度改革的探索

改革开放后，在城乡分割体制下，中国农村工业化的推进首先是源自农村内部乡镇工业的大发展，邓小平把它称为乡镇企业"异军突起"。⑤早期的主流研究始终坚持把乡镇企业发展置于农村现代化进程中，从破除城乡二元经济结构的宏观战略视角考察乡镇企业

---

① 安玉发：《中国农产品流通面临的问题、对策及发展趋势展望》，《农业经济与管理》2011年第6期。

② 大米和小麦等基本口粮品种可实行"数量联动、价格隔绝"，其他粮食则可实行数量和价格双联动。参见叶兴庆《我国粮食贸易的历史性转折与政策取向》，《经济研究》1996年第11期。

③ 程国强：《中国农产品贸易：格局与政策》，《管理世界》1999年第3期。

④ 卢锋、梅孝峰：《我国"入世"农业影响的省区分布估测》，《经济研究》2001年第4期。

⑤ 《邓小平文选》第三卷，人民出版社1993年版，第238页。

对农业农村发展的影响。如郭书田等把乡镇企业的兴起看成是农村经济发展的"第二个奇迹";① 黄祖辉等提出应将农村工业化、城市化和农民市民化进程协调一致;② 陈吉元、胡必亮以刘易斯两部门模型为基础,提出中国经济结构出现了世界上所特有的由农业部门经济、农村工业部门经济和城市部门经济所构成的三元经济结构,其政策含义是农村发展和农业剩余劳动力转移的基点应主要放在农村工业发展上,并以此带动整个国民经济的发展。③ 这一时期学术界掀起了解释乡镇企业发展奇迹的热浪,并对乡镇企业主导下不同类型的农村工业化模式,如苏南模式、温州模式、珠三角模式等进行了比较研究。针对"离土不离乡"式的非城镇化的乡村工业化弊端,如严重浪费土地资源、加剧农村环境污染、缺乏规模经济效益、难以解决农民身份问题等,魏后凯主张从长远看应逐步走"离土又离乡"的城镇工业化道路④。事实上,从 20 世纪 90 年代开始,中国农村工业已在逐步向城镇工业园区集中。

随着西方产权理论的引入,对乡镇企业独特的产权制度安排也日益成为研究热点。周其仁认为,中国经验表明有效的财产权利可以在社会与国家的交易中形成;⑤ 李稻葵认为,不同的经济制度环境将会给出民有、集体或国家所有权安排等不同的最优所有权安排;⑥ 还有学者认为,非正式制度决定了大多数的产权关系并清楚地界定

---

① 郭书田等:《从发展中看我国乡镇企业》,《经济研究》1986 年第 2 期。
② 黄祖辉等:《农村工业化、城市化和农民市民化》,《经济研究》1989 年第 3 期。
③ 陈吉元、胡必亮:《中国的三元经济结构与农业剩余动力转移》,《经济研究》1994 年第 4 期。
④ 魏后凯:《对中国乡村工业化问题的探讨》,《经济学家》1994 年第 5 期。
⑤ 周其仁:《中国农村改革:国家和所有权关系的变化(上)——一个经济制度变迁史的回顾》,《管理世界》1995 年第 3 期。
⑥ 李稻葵:《转型经济中的产权模糊理论》,《经济研究》1995 年第 4 期。

着模糊权利的边界;① 中国乡村生活与西方经典产权理论产生条件不同,乡镇企业组织产权结构是"关系产权",反映的是这个组织与组织内外环境之间长期稳定的各种纽带关系②。中国学者对乡镇企业实践丰富的研究,不仅发展了马克思主义的所有制理论,对西方经典产权理论也提出了新挑战,表明在完全市场经济体制下发展起来的西方产权理论无法很好地解释以中国为代表的转型国家市场主体的模糊产权制度安排,产权制度安排需要与制度环境相匹配。

进入20世纪90年代后期,随着社会主义市场经济体制的建立,乡镇企业走向全面改制,股份制成为主流形式。对此,谭秋成认为,乡镇集体企业产权改革是市场的逐步发育和完善使得乡村政府作为所有者的缺陷暴露、优势丧失,而企业经营者的作用日趋突出,从代理人成为企业的主要控制者。市场化使支配财产权利的规则发挥作用,引起权利朝更能利用者的手中集中。③ 姜长云认为,乡镇企业是城乡分割体制的产物,随着城乡分割体制的瓦解和城乡一体化的发展,乡镇企业存在的合理性将会在历史进程中逐步消失④。杜志雄等的实证研究发现,乡镇企业产权制度改革具有自上而下推动的特征,改制模式选择是地方政府与经营层博弈的结果,生产率提高不是改革最终走向"经营者持大股"的逻辑原因。⑤ 这些研究进一步说明企业产权制度的选择不存在唯一标准,它与外部制度环境密切相关,企业的产权制度是适应制度环境的一个结果,而不是它的

---

① 陈剑波:《制度变迁与乡村非正规制度——中国乡镇企业的财产形成与控制》,《经济研究》2000年第1期。
② 周雪光:《"关系产权":产权制度的一个社会学解释》,《社会学研究》2005年第2期。
③ 谭秋成:《乡镇集体企业中经营者持大股:特征及解释》,《经济研究》1999年第4期。
④ 姜长云:《乡镇企业融资问题新探》,山西人民出版社2001年版。
⑤ 杜志雄等:《乡镇企业产权改革、所有制结构及职工参与问题研究》,《管理世界》2004年第1期。

原因。

## 四 深化农村金融市场改革的学术探索

1993年以来，中国开始进入社会主义市场经济体制建设时期，金融机构也开始商业化转制，学术界为推进农村金融的市场化改革，构建多元化的金融体系做出了重要贡献。路建祥提出，农村金融应包括政府金融、商业金融、合作金融三部分，农村合作金融应成为国家政策金融与商业金融的补充[1]。随着1996年国家正式提出构建以合作金融为基础，商业性金融、政策性金融分工协作的农村金融体系，农村金融改革、金融抑制与金融深化等成为研究重点。张元红的研究发现，农户金融需求存在以生活贷款为主、生产贷款次之的小规模、应急性、多样性特点，由于缺乏抵押物和金融知识，贷款需求被正规金融市场抑制和排斥[2]；何广文发现，金融体制改革造成正规银行以及农村信用社撤离农村，导致金融制度供给不足和市场化收缩效应，加剧金融抑制现象。[3] 谢平认为，农村信用社体制不具备向真正合作制过渡的可能性，信用社的改革应先确定信用社机构组织模式，在全国范围建立纵向行业统一管理模式的方案不可取，缺乏监督的权力集中意味着官僚主义、低行政效率和寻租行为，最终形成利益集团[4]。杜晓山主张中国有必要发育一大批农民自己的信用合作组织，建立为贫困地区农户提供急需的小额、及时、便利的短期贷款并以扶贫为宗旨的"扶贫银行"[5]。叶敬忠等的研究发现，

---

[1] 路建祥：《合作经济与合作金融的永恒性》，《农村金融研究》1996年第1期。
[2] 张元红：《农民的金融需求与农村的金融深化》，《中国农村观察》1999年第1期。
[3] 何广文：《从农村居民资金借贷行为看农村金融抑制与金融深化》，《中国农村经济》1999年第10期。
[4] 谢平：《中国农村信用合作社体制改革的争论》，《金融研究》2001年第1期。
[5] 杜晓山：《农村金融体系框架、农村信用社改革和小额信贷》，《中国农村经济》2002年第8期。

能够从正规金融机构得到贷款的农户不仅仅是富裕的,而且是拥有较高的社会资本①。这一时期的研究,揭示了从传统农业向现代农业转型中的农户特有的金融需求特征,解析了中国农村金融市场的症结所在,并为下一步中国农村金融改革提出了方案,特别强调农村民间金融组织创新的重要性。

围绕农村金融改革如何破题,陆磊提出要解决公共品和私人品界限划分问题,以此作为政府、金融机构和农户定位的基础。他主张政策扶植维持简单再生产的农户,合作金融实现农户初级层次的扩大再生产,商业金融实现经营性农户高级层次的扩大再生产。②冯兴元等则强调,农村金融多元化是满足农村金融服务需求的最优途径,应建立商业金融和合作金融相结合、政策金融和非正式金融作补充的竞争性农村金融秩序③。李静通过对农村合作基金会的研究,认为农村金融风险的形成不是源于不同类型金融组织之间的竞争,而是来自政府行政权力的滥用,培育多元化金融组织将有利于市场充分竞争。④这一时期的研究,针对农村金融市场发育不足、政府干预过度等问题,提出把形成竞争性的农村金融市场作为改革重点,为随后的农村金融体制改革提供了重要的理论支撑。

进入21世纪以来,随着不少学者认为农村金融创新是农村金融发展的关键,普惠金融日益成为研究热点。杜晓山率先提出,以普惠性金融体系的新视角来看待小额信贷,主张建设包括服务穷人在内、可持续发展的农村普惠性金融体系,这种普惠性金融体系框架

---

① 叶敬忠等:《社会学视角的农户金融需求与农村金融供给》,《中国农村经济》2004年第8期。

② 陆磊:《以行政资源和市场资源重塑三层次农村金融服务体系》,《金融研究》2003年第6期。

③ 冯兴元等:《试论中国农村金融的多元化——一种局部知识范式视角》,《中国农村观察》2004年第5期。

④ 李静:《农村合作基金会的行为与政府干预》,载中国社会科学院农村发展研究所编《中国农村发展研究报告(No.4)》,中国社会科学出版社2004年版。

包含微观、中观和宏观三个层面的内容和要求[①]。在小额信贷方面，针对实行市场化利率是否剥削穷人的学术争鸣，杜晓山认为，其背后是"福利型"和"制度型"两种国际流派之争[②]；孙若梅则强调小额信贷是农户生产性贷款的最重要来源，具有改善信贷不平等的潜力[③]。中国小额信贷扶贫实践表明，补贴利率政策是穷人进入主流金融市场的主要障碍之一[④]。随着信贷扶贫被广泛推广，有学者提出，扶贫性特惠金融具有短期、突击式特点，存在扭曲金融市场弊端，容易引发道德风险，虽然可能对精准扶贫产生一定作用，但不具有长期的可持续性。[⑤] 这些成果反映出学术界在农村金融创新的研究中，不仅关注金融支持农户经济的发展问题，而且特别关注金融供给的公平性、公正性及可持续性，彰显出农村金融体系建设要服务弱势群体的价值取向。

## 五 经济、社会、政治多维度下的国家与农民关系研究

毛泽东早在1956年《论十大关系》中，就专门论及国家与农民的关系，认为我们对农民的政策，不像苏联那样，把农民挖得很苦，而是兼顾国家和农民的利益，农业税比较轻，工农业产品的交换，

---

[①] 杜晓山：《小额信贷的发展与普惠性金融体系框架》，《中国农村经济》2006年第8期；《建立可持续性发展的农村普惠性金融体系》，《金融与经济》2007年第1期。

[②] 杜晓山：《序言》，载杜晓山等主编《中国小额信贷十年》，社会科学文献出版社2005年版。

[③] 孙若梅：《小额信贷在农村信贷市场中作用的探讨》，《中国农村经济》2006年8期。

[④] 杜晓山等：《中国公益性小额信贷》，社会科学文献出版社2008年版，第39页。

[⑤] 杜晓山、孙同全：《农村普惠金融理论进展》，载张承惠、潘光伟主编《中国农村金融发展报告（2016）》，中国发展出版社2017年版，第57—58页。

采取缩小剪刀差，等价交换或者近乎等价交换的政策。①

改革开放以来，国家与农民关系的理论研究不断创新。首先在国家与农民的经济交换关系取得突破性进展。如严瑞珍等的实证研究表明农村改革以来工农业产品剪刀差明显缩小②，工农业产品剪刀差问题得到缓解，国家和农民经济关系发生变化。随着农业宏观管理体制改革深化，张晓山等从激活市场主体视角解释中央的方针和政策措施，认为中央政策始终贯穿着调动农民积极性，坚持以保障农民的物质利益和尊重农民的民主权利为基点，创新和发展了马克思主义农业、农村、农民的理论。③

20世纪90年代初，中国进入全面建立社会主义市场经济体制的新阶段。1994年，财税体制改革和中央与地方关系调整，导致中央部门的"条条"与地方政府的"块块"之间的利益格局严重失衡。④在这种情况下，国家与农民的关系问题，尤其是基层政府与农民关系紧张问题成为当时的一个研究重点。朱钢的实证研究表明，财税体制改革并没有提高地方政府增加农业财政投入的积极性，为缓解农业投入不足，需要继续保留乡镇企业的"以工补农"政策；⑤张军主张调整乡镇财政收入制度，建立与事权相适应的财政支持能力和分摊机制；⑥谭秋成则认为，由于地方事权和财权划分不清，乡镇财政承担了应由上级政府负责的事务，导致乡镇财政支出增加，农

---

① 中共中央文献研究室：《毛泽东文集》（第七卷），人民出版社1996年版，第29—30页。

② 严瑞珍等：《中国工农业产品价格剪刀差的现状、发展趋势及对策》，《经济研究》1990年第2期。

③ 张晓山、李周主编：《中国农村发展道路》，经济管理出版社2013年版，第2页。

④ 同上书，第38页。

⑤ 朱钢：《财税体制、乡村集体企业与农业投入》，《中国农村经济》1997年第10期。

⑥ 张军：《乡镇财政制度缺陷与农民负担》，《中国农村观察》2002年第4期。

民负担加重。① 孙潭镇和朱钢还提出了"制度外财政"概念，认为中国乡镇通过"制度外财政"提供公共物品，处理外部效应，但存在随意性和不稳定性，并加重农民负担，造成政府与农民关系趋于紧张②。如何缓解这种紧张关系，叶兴庆主张重建统一、规范的农村公共资源筹集制度，实现农村公共产品供给由"自上而下"向"自下而上"转变；③ 林万龙则强调创新农村社区公共产品供给制度，构建多元化的公共产品供给主体。④ 由此将国家与农民关系研究扩大到了农村公共政策研究领域。

此外，乡村治理视角下的国家与农民关系变化理论研究也不断创新。孙立平等提出从"总体性的部件组织"转向"独立性的一个整体"概念，认为人民公社制度解体后，国家直接控制农村的总体性组织不复存在，国家整合基层社会能力大为下降，社会基本组织单位不再是国家的"部件"，而是具有一定独立性的"整体"⑤。徐勇提出深化农村税费体制和县乡管理制度改革，建立以公民权为基础的现代公共财政制度，将村民自治推向新的阶段。⑥ 党国英认为解决问题的核心是明确农民的土地财产权，以及作为公民的就业、迁徙、教育和纳税的平等身份权利、经营自主权和民主选举权利。对于基层治理，他提出推广一些地方"两委合一"的制度，加强和改善共产党对乡村社会的领导，探索为中国民主制度改革的新路。⑦ 贺

---

① 谭秋成：《地方分权与乡镇财政职能》，《中国农村观察》2002 年第 2 期。
② 孙潭镇、朱钢：《我国乡镇制度外财政分析》，《经济研究》1993 年第 9 期。
③ 叶兴庆：《论农村公共产品供给体制的改革》，《经济研究》1997 年第 6 期。
④ 林万龙：《乡村社区公共产品的制度外筹资：历史、现状及改革》，《中国农村经济》2002 年第 7 期。
⑤ 孙立平等：《改革以来中国社会结构的变迁》，《中国社会科学》1994 年第 2 期。
⑥ 徐勇：《村民自治、政府任务及税费改革——对村民自治外部行政环境的总体性思考》，《中国农村经济》2001 年第 11 期。
⑦ 党国英：《以市场化为目标改造农村社会经济制度——当前农村政策的一个评论》，《中国农村观察》2002 年第 3 期。

雪峰判断中国社会是快速发展且现代化了的城市和仍然是"温饱有余、小康不足"的小农经济农村，小农经济的基础上无法建立起现代的乡村治理制度体系，他提出村庄治理的核心应是强化农民合作提供公共物品的能力①。

因此，学术界对于国家与农民关系的研究，从早期重点瞄准工农业产品的经济交换关系，到20世纪90年代中期转向关注国民收入的利益分配关系调整，为从源头上构建社会主义市场经济体制下国家与农民的良性互动关系，推进国家治理的现代化提供了重要理论支撑。

## 第四节　走向城乡融合的农业农村发展理论

进入21世纪，中国步入工业化中期的发展新阶段，伴随着经济的持续高速增长，各种社会经济矛盾也在不断凸显，"三农"问题再次成为中国经济社会发展的"瓶颈"制约，农业成为国民经济中最薄弱环节、农村经济社会发展明显滞后、农民是收入水平最低的社会群体，打破城乡二元结构临界点渐近，改革已迫在眉睫②。2002年，党的十六大提出全面建设小康社会，统筹城乡经济社会发展，并首次明确把解决农村、农业、农民的"三农"问题作为全党工作的重中之重。胡锦涛总书记在党的十六届四中全会做出"两个趋向"③的重要论断。2007年，党的十七大报告提出建立以工促农、

---

① 贺雪峰：《乡村治理研究的三大主题》，《社会科学战线》2005年第1期。
② 蔡昉：《城乡收入差距与制度变革的临界点》，《中国社会科学》2003年第5期。
③ 即在工业化初始阶段，农业支持工业、为工业提供积累是带有普遍性的倾向；但在工业化达到相当程度后，工业反哺农业、城市支持农村，实现工业与农业、城市与农村协调发展，也是带有普遍性的倾向。

以城带乡的长效机制，形成城乡经济社会一体化新格局。2012年，党的十八大报告明确把城乡发展一体化作为解决"三农"问题的根本途径。2017年党的十九大报告提出城乡融合发展，"建立健全城乡融合发展体制机制和政策体系"。2019年中共中央、国务院出台《关于建立健全城乡融合发展体制机制和政策体系的意见》，推动城乡融合的农业农村发展理论创新步伐加快。

## 一 从城乡统筹到城乡融合发展的理论创新

武力应用制度变迁理论，对改革前城乡分割二元经济体制形成原因做了分析，认为，中国共产党坚信只有工业化才能解决贫穷落后面貌和农民问题，因而效仿苏联模式，选择建立单一公有制和计划经济体制，推行重工业发展战略，农业发展是为了服务工业化战略[①]。

对于城乡差距水平的变动，宋洪远等使用UNDP的人类发展指数的实证结果显示，1990—2002年，中国城乡差距在快速扩大，他们认为根本原因在于政府的城市偏向政策[②]。魏后凯和刘长全的实证分析发现，城乡居民收入比从2007年的峰值3.14下降到2017年的2.71，城乡居民消费水平比也从2000年的峰值3.65下降到2017年的2.65。他们认为这表明城乡二元结构的制度性因素在破解，中国城乡差距已越过倒"U"形变化的顶点，进入持续稳定缩小的新时期。[③]

围绕如何实现党的十六大报告提出的城乡统筹发展，学界提出很多创新性观点，核心是深化改革。陈锡文提出城乡统筹发展不是

---

[①] 武力：《1949—2006年城乡关系演变的历史分析》，《中国经济史研究》2007年第1期。

[②] 宋洪远、马永良：《使用人类发展指数对中国城乡差距的一种估计》，《经济研究》2004年第11期。

[③] 魏后凯、刘长全：《中国农村改革的基本脉络、经验与展望》，《中国农村经济》2019年第2期。

依靠市场力量，而是依靠政府转变观念前提下的体制机制改革。① 顾益康、邵峰认为要全面推进城乡一体化改革，这是治本之策。厉以宁具体提出消除城乡二元体制，要解决加快农村产权制度改革、完善农民承包地流转制度、倡导和支持农民创业、加强失地农民社会保障等②。陆学艺认为必须对支撑城乡二元结构的核心体制进行改革，包括城乡分治的户籍制度、产权不明晰的土地制度以及城乡不平衡的财政制度③。张晓山认为，城乡统筹的关键是利益格局的调整，让农民享有农村土地增值过程中净收益的索取权，将深化农村改革和深化宏观经济体制改革相结合，建立更为公平的国民收入再分配体系④。

在推进党的十九大报告提出的实施乡村振兴战略、坚持农业农村优先发展和城乡融合发展中，叶兴庆提出应深化对"农业农村农民问题是关系国计民生的根本性问题"这一重大论断的认识，以实施乡村振兴战略统领未来国家现代化进程中的农业农村发展，为解决中国新时代主要矛盾的总抓手。⑤ 郭晓鸣等认为它高度契合了从工业优先发展，到工业反哺农业，再到工农融合发展的世界现代化一般进程，实现乡村与城市文明的共同发展。⑥ 张海鹏指出现阶段城乡土地制度是实现要素有效流动的首要障碍⑦，针对社会上认为以乡村

---

① 陈锡文：《城乡统筹解决三农问题》，《改革与理论》2003年第3期。
② 厉以宁：《走向城乡一体化：建国60年城乡体制的变革》，《北京大学学报》（哲学社会科学版）2009年第6期。
③ 陆学艺：《城乡一体化的社会结构分析与实现路径》，《南京农业大学学报》（社会科学版）2011年第2期。
④ 张晓山：《调整国民收入分配格局　促进城乡统筹发展》，《管理学刊》2011年第5期。
⑤ 叶兴庆：《新时代中国乡村振兴战略论纲》，《改革》2018年第1期。
⑥ 郭晓鸣、四川乡村振兴战略研究智库：《实施乡村振兴战略的系统认识与道路选择》，《农村经济》2018年第1期。
⑦ 张海鹏：《中国城乡关系演变70年：从分割到融合》，《中国农村经济》2019年第3期。

振兴战略代替城镇化战略的认识误区,蔡继明强调要协调推进新型城镇化战略与乡村振兴战略①。曹斌根据日本乡村振兴经验,认为中国应强化乡村振兴的法律体系建设和政策执行协调制度,完善以农民为主体的政策实施机制。

## 二 多理论工具下的农业支持保护政策研究创新

2001年中国加入世界贸易组织(WTO),对外开放水平迅速提高,农业直面国际市场竞争。而1998年以来中国粮食产量连续下降,到2003年粮食总产量相比1998年减少了15.93%。美国学者莱斯特·布朗先前提出的"谁来养活中国?"②,再度引发社会关注,围绕在新阶段实施怎样的国家粮食安全战略,以及应对入市挑战等重大问题,学界广泛应用多理论分析工具深化研究,为完善我国农业支持保护政策提供了重要理论支撑。

朱晶从农业竞争力理论分析中国粮食生产成本高的原因在于农业生产基础设施薄弱,尤其是政府对农业科研的投入不足,因而提出提高农业生产公共投资,增强粮食生产和竞争能力,是应对入世挑战的有效选择。③蔡昉应用比较优势理论分析认为,经济发展到达刘易斯转折点之后,应实施主动的粮食安全战略,按照比较优势建立国际国内价格传导机制,建立有效的生产者激励机制保持生产能

---

① 蔡继明:《乡村振兴战略应与新型城镇化同步推进》,《同舟共进》2018年第12期。

② 1994年,美国学者莱斯特·布朗在《世界观察》杂志上发表《谁来养活中国?》的文章,认为随着人口的增加、消费结构的变化和城市化、工业化的推进,中国在2030年粮食供应将比1994年减少20%,中国将面临巨大的粮食缺口,到时中国不能养活自己,世界也养活不了中国。2008年,他在接受《环球时报》采访时表示,观点并没有改变,谁来养活中国仍然是个问题。参见邱明红《谁来养活中国?》,中国网,http://opinion.china.com.cn/opinion_98_141198.html,2015年11月22日。

③ 朱晶:《农业公共投资、竞争力与粮食安全》,《经济研究》2003年第1期。

力的稳步提高,从而保证供给安全。① 魏后凯、王业强从区域经济理论出发,认为粮食主产区在国家粮食生产和安全中起到至关重要的作用,亟须从国家战略高度,制定实施专门的国家粮食主产区政策,建立健全主产区利益补偿机制。② 罗万纯、刘锐以市场预测理论为工具,通过实证分析粮食价格波动,提出利用价格波动的集簇性预测未来价格波动,引导市场参与主体理性投资,并关注价格上涨因素、采取相应措施。③ 马晓河和蓝海涛从 WTO 农业支持保护一揽子政策视角,分析中国入市准入承诺对农业生产及农民就业和收入的短期冲击,提出改革现行保护价收购政策,逐步转为直接向低收入农业生产者收入补贴;加快农业管理体制改革,提高农业补贴运行效率;利用黄箱补贴,重点加大对特定产品的支持力度。④

### 三 缩小城乡收入差距的对策性研究发展

实现共同富裕,是社会主义的本质特征,是中国共产党人始终追求的执政目标。邓小平曾指出:"社会主义的本质,是解放生产力,发展生产力,消灭剥削,消除两极分化,最终达到共同富裕。"⑤ 习近平总书记强调:"人民对美好生活的向往,就是我们的奋斗目标。……我们的责任,就是要团结带领全党全国各族人民,继续解放思想,坚持改革开放,不断解放和发展生产力,……坚定不移走共同富裕的道路。"⑥

---

① 蔡昉:《刘易斯转折点后的农业发展政策选择》,《中国农村经济》2008 年第 8 期。
② 魏后凯、王业强:《中央支持粮食主产区发展的理论基础与政策导向》,《经济学动态》2012 年第 11 期。
③ 罗万纯、刘锐:《中国粮食价格波动分析:基于 ARCH 类模型》,《中国农村经济》2010 年第 4 期。
④ 马晓河、蓝海涛:《加入 WTO 后我国农业补贴政策研究》,《管理世界》2002 年第 5 期。
⑤ 《邓小平文选》第三卷,人民出版社 1993 年版,第 373 页。
⑥ 《习近平谈治国理政》第一卷,外文出版社 2014 年版,第 4 页。

从国际经验看，发展中国家要步入发达国家之列，必须实现收入差距的稳步缩小。中国城乡收入差距在改革初期保持较低水平，但 1994 年居民收入基尼系数突破 0.4 警戒线以来，始终在高位徘徊。21 世纪初，中国已经位居全球收入差距偏大国家行列[①]。如何避免"中等收入陷阱"，学界开展了广泛的对策性研究，强调实施多维度、多视角、全方位的综合性政策措施，一些研究成果为中央的战略决策发挥了重要作用。如林毅夫提出加强农村基础设施建设，启动农村市场；深化农产品流通体制改革，发育和完善全国统一的大市场；加速科技和体制创新，增强竞争力，发展劳动密集型中小企业，创造就业机会等一系列应对措施。[②] 张红宇提出贯彻落实科学发展观，为农民提供平等的国民待遇，在国民收入再分配中向农民倾斜。[③] 方松海等建议实施教育、金融和基础设施差别化支持方案，重点提升中西部落后地区、中低收入群体收入能力，推动农民收入倍增计划。[④] 常修泽提出实行公民基本公共服务均等化，包括机会、原则及结果的均等化，体现"以人为本"，弥补市场公共品供给失灵。[⑤] 项继权认为要建立服务均衡导向的财政投入机制，深化公共服务部门及事业单位改革，构建城乡一体的基本公共服务体制。[⑥] 张林秀等提出上级政府的公共投资更多地投向贫困地区、偏远山区、农

---

[①] 张卓元等：《中国经济理论创新 40 年》，中国人民大学出版社 2018 年版，第 149 页。

[②] 林毅夫：《"三农"问题与我国农村的未来发展》，《农业经济问题》2003 年第 1 期。

[③] 张红宇：《促进农民增收的长期思路和政府行为》，《农业经济问题》2005 年第 2 期。

[④] 方松海等：《增加农民收入与扩大农村消费研究》，《管理世界》2011 年第 5 期。

[⑤] 常修泽：《中国现阶段基本公共服务均等化研究》，《中共天津市委党校学报》2007 年第 2 期。

[⑥] 项继权：《基本公共服务均等化：政策目标与制度保障》，《华中师范大学学报》（人文社会科学版）2008 年第 1 期。

业生产条件差的地区或少数民族地区,有助于统筹区域发展,降低区域差异。①

### 四 农民工市民化的对策性研究突破

农民工是城乡二元体制的产物,是改革开放过程中成长起来的新型劳动群体,也是平衡城乡、工农差别的新兴力量②。韩长赋认为农民工问题将伴随现代化基本实现而终结,要坚持城乡统筹方略,构建解决农民工问题的社会支持体系。③ 蔡昉认为应该加快户籍制度及其相关制度的改革,清除各种阻碍劳动力流动和人口迁移的制度性障碍。④ 按小城镇、中等规模城市、大城市、直辖市的顺序推进户籍制度改革⑤,逐步剥离户口的福利含义,消除寻租动机,建立可携带的社会保障制度⑥。于建嵘认为保障农民的平等就业权和迁徙自由,需要消除地方保护主义,建立有利于农村剩余劳动力转移的制度规则,并增强农民工维权能力。⑦

蔡昉的实证研究发现,一些地方政府改革户籍制度及其相应的就业、医疗、社会保障制度等,优化了农村劳动力向城市流动的制度环境,降低了农民工到城市的就业成本和居住成本⑧。国务院研究机构的实证测算结果表明,每年增加 1000 万的市民人口,经济增长

---

① 张林秀等:《中国农村社区公共物品投资的决定因素分析》,《经济研究》2005年第11期。

② 《中国农民工战略问题研究》课题组:《中国农民工现状及其发展趋势总报告》,《改革》2009年第2期。

③ 韩长赋:《中国农民工发展趋势与展望》,《经济研究》2006年第12期。

④ 蔡昉:《破解农村剩余劳动力之谜》,《中国人口科学》2007年第2期。

⑤ 蔡昉等:《户籍制度与劳动力市场保护》,《经济研究》2001年第12期。

⑥ 王美艳、蔡昉:《户籍制度改革的历程与展望》,《广东社会科学》2008年第6期。

⑦ 于建嵘:《基本公共服务均等化与农民工问题》,《中国农村观察》2008年第2期。

⑧ 蔡昉:《中国劳动力市场发育与就业变化》,《经济研究》2007年第7期。

速度可提高约 1 个百分点，并将促进居民消费和固定资产投资增长，促进发展方式转变。[①] 调查研究表明农民工市民化意愿强烈，但不愿意以放弃农村土地承包经营权和宅基地使用权的"双放弃"换取城镇户籍[②]。对此，国务院办公厅 2011 年出台《关于积极稳妥推进户籍管理制度改革的通知》中明确提出维护落户城镇农民工的宅基地和承包地权益，尊重农民意愿，不得强制收回。2014 年国务院印发《关于进一步推进户籍制度改革的意见》中，进一步强调现阶段不得以退出土地承包经营权、宅基地使用权、集体收益分配权作为农民进城落户的条件。2018 年新修订的《土地承包法》和 2019 年新修订的《土地管理法》都分别做出了相应的规定，如"维护进城务工农民的土地承包经营权，不得以退出土地承包权作为农民进城落户的条件"，及"进城落户农民工依法自愿有偿退出宅基地"。

## 五 关于实施"三权分置"研究的理论创新

党的十八大以来，农村土地制度改革的核心是坚持土地集体所有的前提下，建立和完善承包地"三权分置"制度。习近平总书记指出，"完善农村基本经营制度，需要在理论上回答一个重大问题，就是农民土地承包权和土地经营权分离问题"[③]。

早在 20 世纪 80 年代联产承包制普遍实行之后，就有学者关注到了农村因离土或离土离乡出现的土地转包新现象。周其仁、邓英淘、白南生通过案例研究认为，基于我国基本国情和农村专业化、社会化发展水平，这种现象会陆续发生，但在未来 20—30 年内不会快速扩大，因而应提倡以农户之间的转包为主要形式，防范外部风

---

[①] 国务院发展研究中心课题组：《农民工市民化对扩大内需和经济增长的影响》，《经济研究》2010 年第 6 期。

[②] 国务院发展研究中心课题组：《农民工市民化进程的总体态势与战略取向》，《改革》2011 年第 5 期。

[③] 习近平：《在中央农村工作会议上的讲话（2013 年 12 月 23 日）》，《十八大以来重要文献选编》（上），中央文献出版社 2014 年版，第 670 页。

险，使得离土农民有退路。① 韩俊曾预测农民土地权利的界定将从所有权和承包经营权的"两权分离"，走向所有权、承包权和经营权的"三权分离"。② 陈锡文认为农村土地流转过程中出现了所有权、承包权、经营权"三权分离"的现象，只有准确理解中央关于"长久不变"的精神，才能够为"三权分置"建立理论基础和配套制度。③ 叶兴庆提出产权是所有制的核心，农地产权制度是农村土地制度中最基础的制度安排，发挥好"三权分离"的积极作用，预防可能带来的负面效应，关键是要合理界定农地所有权、承包权、经营权的权能范围。④ 孙宪忠提出创设物权性质的土地经营权，⑤ 肖卫东、梁春梅认为经营权人对经营的农村土地享有占有、使用、受限处分和经营收益的权能，⑥ 蔡立东、姜楠建议承包权与经营权的立法构造为"用益物权—次级用益物权"⑦。针对"三权分置"后，是否保留土地承包经营权，王小映提出"三权分置"是集体土地所有权、土地承包经营权和土地经营权的分置⑧。高圣平认为土地所有权、承包权、经营权的权利束理论是产权经济学的分析框架，此次《土地承包法》坚持土地所有权、承包经营权、经营权的法律体系内在逻辑，

---

① 周其仁、邓英淘、白南生：《土地转包的调查和初步分析》，《农业经济丛刊》1983年第10期。

② 韩俊：《中国农村土地制度建设三题》，《管理世界》1999年第3期。

③ 陈锡文：《关于农村土地制度改革的两点思考》，《经济研究》2014年第1期。

④ 叶兴庆：《从"两权分离"到"三权分离"——我国农地产权制度的过去与未来》，《中国党政干部论坛》2014年第6期。

⑤ 孙宪忠：《推进农地三权分置经营模式的立法研究》，《中国社会科学》2016年第7期。

⑥ 肖卫东、梁春梅：《农村土地"三权分置"的内涵、基本要义及权利关系》，《中国农村经济》2016年第5期。

⑦ 蔡立东、姜楠：《农地三权分置的法实现》，《中国社会科学》2017年第5期。

⑧ 王小映：《"三权分置"产权结构下的土地登记》，《农村经济》2016年第6期。

全面反映了"三权分置"的思想。①

学界还对承包权与经营权分离后可能出现的负面影响开展前瞻性研究。张力、郑志峰提出应避免"经营权一权独大、符号化所有权、虚化承包权",遏制工商资本兼并农地和改变农地用途的冲动。②杨一介提出建立以小农生产经营现代化为目标的多元化农业经营主体制度。③ 此外,学术界还密切关注实施"三权分置"对不同类型农户的影响问题。王常伟、顾海英研究表明,对农地依赖弱的农户更倾向于退出承包权,拥有城镇住房抑制了农户承包权的退出意愿,现有农地退出政策使最有条件退出农地承包权的农户反而倾向于选择持有农地承包权④。李韬和罗剑朝的实证研究发现,土地承包经营权抵押贷款缓解了小农户贷款难的问题,小农户比大农户响应土地承包经营权抵押贷款更为积极。⑤ 学界关于土地"三权"分置制度的研究成果,为下一步深化农地制度改革,完善农地的相关法律规定,提供了重要理论指导。

### 六 实现小农户与现代农业有机衔接的研究争鸣

党的十九大报告明确提出"实现小农户和现代农业发展有机衔接"。叶敬忠等认为,国家形成了小农户与现代农业发展有机衔接的政策框架与蓝图,未来应跳出偏重生产力的"小农消亡论"预设框架,挖掘小农自身丰富的自然社会关系,开创现代农业向生态化、

---

① 高圣平:《完善农村基本经营制度之下农地权利的市场化路径》,《社会学研究》2019年第2期。

② 张力、郑志峰:《推进农村土地承包权与经营权再分离的法制构造研究》,《农业经济问题》2015年第1期。

③ 杨一介:《论"三权分置"背景下的家庭承包经营制度》,《中国农村观察》2018年第5期。

④ 王常伟、顾海英:《城镇住房、农地依赖与农户承包权退出》,《管理世界》2016年第9期。

⑤ 李韬、罗剑朝:《农户土地承包经营权抵押贷款的行为响应——基于 Poisson Hurdle 模型的微观经验考察》,《管理世界》2015年第7期。

个性化以及生活化的综合性变革,激活以小农为主体的中国特色农业现代化之路。① 姚洋认为小农户在农业生产领域具有无可比拟的优势,有必要重新审视小农经济对中国发展的历史作用,且中国农业现代化不能抛弃"小农经济"。② 崔红志、刘亚辉认为改革开放以来,党和政府始终坚持家庭承包经营的基础性地位,采取多种措施促进小农户与现代农业发展有机衔接,但存在对小农生产的合理性和长期性认识不足、农村土地制度改革滞后、新型农业经营主体与小农户的利益联结机制不完善、面向小农户的农业社会化服务体系建设滞后等问题。③

对于实现小农户生产现代化的组织形式或实现路径选择,学术界仍然存在不同的看法。一是合作化路径。徐旭初、吴彬认为在诸多路径中作为小农组织化核心载体的农民合作社扮演着重要角色,是一种非常适用且合意的关键载体。④ 张晓山提出农业产业化经营中的"公司+农户"的形式或是内部化于合作社之中,或是公司越来越多地利用合作社作为中介来与农民进行交易。⑤ 但潘劲认为对农民合作社发展总体状况应有理性判断,不应放大合作社对农民的实际带动能力,现实中的大多数合作社由农村中的强势群体主导,小农户受益有限。⑥ 苑鹏、曹斌等对八省 12 县的实证研究发现,没有开

---

① 叶敬忠等:《小农户和现代农业发展:如何有机衔接》,《中国农村经济》2018 年第 11 期。

② 姚洋:《小农生产过时了吗》,《北京日报》2017 年 3 月 6 日第 18 版。

③ 崔红志、刘亚辉:《我国小农户与现代农业发展有机衔接的相关政策、存在问题及对策》,《中国社会科学院研究生院学报》2018 年第 9 期。

④ 徐旭初、吴彬:《合作社是小农户和现代农业发展有机衔接的理想载体吗?》,《中国农村经济》2018 年第 11 期。

⑤ 张晓山:《农民专业合作社的发展趋势探析》,《管理世界》2009 年第 5 期。

⑥ 潘劲:《中国农民专业合作社:数据背后的解读》,《中国农村观察》2011 年第 4 期。

展运营的"空壳社"是合作社发展中较为普遍的现象①。二是公司农场化道路。何秀荣认为建立农民专业合作组织只具有局部性和短期性作用，不具有摆脱小农缺陷和建立起现代农业的总体性和长期性作用，应促进农地经营权向种田大户集中，以企业为母体的租赁式公司农场和以农地股份制为基础的公司农场将成为中国未来农业微观组织的重要形态。② 三是家庭农场中心论。朱启臻等认为，最为理想的模式是多种经营的综合性农场，规模下限是家庭成员的生计需要，规模上限是现有技术条件下家庭成员所能经营的最大面积。③杜志雄认为应把家庭农场作为新型农业经营主体的核心来培育。④ 家庭农场的出现顺应了当前中国农业发展的新趋势，理应成为未来中国农业经营体系当中最主要的形式。⑤ 四是服务规模经营论。赵晓峰、赵祥云研究发现农业生产性服务的发展使小规模经营仍有发展潜力，通过农业服务领域规模经营实现农业现代化更符合现阶段中国国情⑥。张露、罗必良认为培育外包服务市场，能够有效诱导农户卷入分工，并由此将小农生产引入现代农业的发展轨道。⑦ 苑鹏、丁

---

① "促进农民专业合作社健康发展研究"课题组：《空壳农民专业合作社的形成原因、负面效应与应对策略》，《改革》2019年第4期。

② 其根本原因在于，现代企业形态能够以低交易费用快速有效地扩大农场规模，从而使其在国内产业竞争和国际农业竞争中具有比其他农业组织强得多的经济抗力。何秀荣：《公司农场：中国农业微观组织的未来选择？》，《中国农村经济》2009年第11期。

③ 朱启臻等：《论家庭农场：优势、条件与规模》，《农业经济问题》2014年第7期。

④ 杜志雄：《家庭农场处于农业产业振兴核心地位》，《农村经营管理》2018年第5期。

⑤ 杜志雄、王新志：《加快家庭农场发展的思考与建议》，《中国合作经济》2013年第8期。

⑥ 赵晓峰、赵祥云：《农地规模经营与农村社会阶层结构重塑——兼论新型农业经营主体培育的社会学命题》，《中国农村观察》2016年第6期。

⑦ 张露、罗必良：《小农生产如何融入现代农业发展轨道？——来自中国小麦主产区的经验证据》，《经济研究》2018年第12期。

忠兵认为，完善多种形式的农业社会化服务体系，是实现小农户与现代农业发展有机衔接的必由之路。①

以上学术争鸣立足于中国多元化的新型经营主体创新，基于不同的研究立场，或从小农主体论出发，或基于农业效率论，背后存在着对小规模农户性质的判断差异。对此，王贵宸曾提出，小规模的家庭经营不等于小农生产方式，随着生产力水平的提高和社会化大生产的出现，小农生产方式不存在了，但小规模的家庭经营会因为符合农业的特点而长期存在下去。②

习近平总书记在 2007 年曾指出，中国发展现代农业既不能照搬美、加大规模经营的模式，也不能采取日、韩依靠高补贴、高价格维持小规模农户高收入的做法，必须探索出一条具有中国特色的现代农业发展之路。③ 2014 年，在中央全面深化改革领导小组第五次会议上，他明确指出，推进中国农业现代化问题，既要解决好农业问题，也要解决好农民问题，走出一条中国特色农业现代化道路。并强调发展农业规模经营要与城镇化进程和农村劳动力转移规模相适应，与农业科技进步和生产手段改进程度相适应，与农业社会化服务水平提高相适应。④

## 七 实现农业农村高质量发展的研究推进

党的十九大报告提出，"我国经济已由高速增长阶段转向高质量发展阶段"，推动高质量发展是实施乡村振兴战略的基本要求和重大导向。围绕农业农村高质量发展，学界对推进农业供给侧结构性改

---

① 苑鹏、丁忠兵：《小农户与现代农业发展的衔接模式：重庆梁平例证》，《改革》2018 年第 6 期。

② 王贵宸：《关于改造小农的若干理论问题》，《中国农村观察》1999 年第 1 期。

③ 陈锡文主编：《走中国特色社会主义乡村振兴道路》，中国社会科学出版社 2019 年版，第 102、127 页。

④ 《习近平主持召开中央全面深化改革领导小组第五次会议》，《人民日报》2014 年 09 月 30 日第 1 版。

革，农村第一、第二、第三产业融合发展，以及农业农村绿色发展等提出了一系列重要观点。

关于农业供给侧结构性改革，姜长云、杜志雄认为其核心要义是按照创新、协调、绿色、开放、共享的新发展理念，提高供给体系的质量、效率和竞争力，增强供给体系对需求体系和需求结构变化的动态适应和反应能力。① 孔祥智强调通过土地制度改革形成适应市场经济要求的新型农业经营主体，通过结构调整实现农业领域去产能、降成本、补短板。② 黄季焜认为农业供给侧结构性改革的关键是市场改革和政府职能的转变，完善市场价格形成机制，解决食品安全、食物安全、资源安全等领域的市场失灵问题是政府的主要职能。③ 于法稳认为发展生态农业应成为实现农业供给侧结构性改革的有效途径，这也是实现农业生产与水土资源及其环境协调发展、高质量发展的重要手段④。

关于农业绿色发展，周宏春认为它是满足消费升级、提供生态产品的需要，生产方式绿色化应成为农业发展方向，要因地制宜地推广无公害农业、绿色农业、有机农业的发展⑤。于法稳具体提出将农业绿色转型发展提升到国家战略高度，加强相关立法建设，建立由财政、社会共同参与的财政金融支持机制和绿色农业生态补偿机制，引导农业经营主体走集约化、规模化发展道路，强化监督监管

---

① 姜长云、杜志雄：《关于推进农业供给侧结构性改革的思考》，《南京农业大学学报》（社会科学版）2017年第1期。

② 孔祥智：《农业供给侧结构性改革的基本内涵与政策建议》，《改革》2016年第2期。

③ 黄季焜：《农业供给侧结构性改革的关键问题：政府职能和市场作用》，《中国农村经济》2018年第2期。

④ 于法稳：《生态农业：我国农业供给侧结构性改革的有效途径》，《企业经济》2016年第4期。

⑤ 周宏春：《乡村振兴背景下的农业农村绿色发展》，《环境保护》2018年第7期。

机制等。①

关于农村第一、第二、第三产业融合发展，学界延续了当年农业产业化经营的研究范式，在关注产业效率、提升农业竞争力的同时，也强调维护和增进小农户利益的社会政策含义。马晓河认为，通过产业联动、产业集聚、技术渗透、体制创新等方式，进行生产要素跨界集约化配置，使得农村第一、第二、第三产业之间协同发展，有利于农民分享三次产业"融合"的红利，吸引现代要素改造传统农业，拓展农业功能培育农村新的增长点②。孟春、高雪姮认为，三产融合互动代表着未来的发展趋势，要充分利用我国制造业的比较优势和服务业的发展动力，拓宽农业的内涵和外延。三产融合中，面对资金、技术、生产、营销等实力雄厚的工商资本，要以增加弱势群体小农户收入为前提，否则即不可为③。

**八　生态文明建设研究的重要进展**

党的十七届四中全会首次提出生态文明、社会文明，与物质文明、精神文明、政治文明并举，形成"五个文明"。党的十八大报告进一步提出经济建设、政治建设、文化建设、社会建设和生态文明建设的"五位一体"。党的十九大报告提出中国要成为全球生态文明建设的重要参与者、贡献者、引领者。李周认为，生态经济学是在人类跨越短缺阶段后形成的，其核心内容是生态系统和经济系统的互适和互补，追求经济效益和生态效益的边际平衡及生态经济效益的最大化。中国生态经济理论自20世纪80年代创立以来，在经历了以维护生态平衡为核心到以生态与经济协调发展为核心的研究转

---

①　于法稳：《中国农业绿色转型发展的生态补偿政策研究》，《生态经济》2017年第3期。

②　马晓河：《推进农村一二三产业深度融合发展》，《黑龙江粮食》2015年第3期。

③　孟春、高雪姮：《大力推进三产融合　加快发展现代农业》，《发展研究》2015年第1期。

换后，随着1995年中国政府率先响应联合国可持续发展战略，提出走可持续发展之路，生态经济学的研究进入生态环境与社会可持续发展研究的新阶段[①]。

俞可平认为生态文明是人类文明的高级形态，建设社会主义生态文明，是贯彻落实科学发展观的客观要求。科学发展观的本质，就是经济与社会、地区与地区、城市与农村、人与人、人与社会、人与自然、今人与后人之间的协调发展。生态文明建设应当与小康社会、和谐社会、节约型社会建设以及联合国千年发展目标的实现互相协调，整体推进[②]。李良美认为，生态文明的提出，是人类对灰色文明泛滥所导致恶果的积极反思，是推崇绿色发展的积极实践，大大拓展了人类文明的含义和内容。[③] 潘家华认为，生态文明是我国对全球可持续发展贡献的中国智慧和中国方案，生态文明以生态公正和社会公正为价值基础，不同于工业文明功利主义的伦理价值观。习近平同志的"两山论"指出了人类文明发展的导向是"人与自然的和谐，经济与社会的和谐。生态优先和绿色发展是中国生态文明建设的一次重大理论突破，但需要依靠科技创新、新型工业化和城镇化道路、建立系统完整的生态文明制度体系等去实现[④]。因此，进入21世纪以来，学界关于生态文明研究的理论创新，随着国家将生态文明建设列入"五位一体"总体布局，以及中国现代化进程的推进，已经上升到推动人类发展方式转变、构建新的社会发展形态的全局性、根本性的战略高度。

---

[①] 李周：《论生态经济研究视野的拓展》，《企业经济》2018年第1期。
[②] 俞可平：《科学发展观与生态文明》，《马克思主义与现实》2005年第4期。
[③] 李良美：《生态文明的科学内涵及其理论意义》，《毛泽东邓小平理论研究》2005年第2期。
[④] 潘家华：《新时代生态文明建设的战略认知、发展范式和战略举措》，《东岳论丛》2018年第3期。

## 九 反贫困理论研究的不断推进

早在中国政府 1985 年启动实施大规模反贫困措施以来，学术界围绕贫困原因、贫困瞄准、扶贫战略和政策等重点领域开展了一系列的研究。朱玲认为，虽然中国扶贫研究在世界上起步较晚，但中国作为选择社会主义道路的发展中大国，扶贫研究反映出体制转换时期的政策变革，并与实践紧密结合，发展富有中国特色的缓解贫困理论，为当今世界的反贫困提供了有益的新经验。中国扶贫理论强调在社会经济发展过程中把贫困地区和人口区分出来给予帮助，体现了中国政府在追求效率的同时顾及平等的意图。[①] 蔡昉认为，中国的反贫困战略是增长拉动的涓滴效应战略，以主动作为的开发式扶贫为典型形式，使得经济发展的反贫困效应得到最大化利用。[②]

在扶贫战略和政策研究方面，康晓光在 20 世纪 90 年代就提出以贫困地区为对象的反贫困战略并不是最有效的，应当以贫困农户和贫困农户占绝大多数的自然村为对象；[③] 吴国宝 20 世纪 90 年代中期的实证分析认为，中国扶贫战略改进应更好地发挥市场机制作用，逐步实现从以区域开发扶贫为主的战略向直接瞄准贫困人口的扶贫战略转变，形成就地开发扶贫、帮助贫困劳动力迁移和输出与配套的农村社会保障体系相结合的三轨式扶贫战略。[④] 朱玲从案例研究发现制度性安排在实现扶贫预期目标中的重要性，虽然这在国际社会已有广泛讨论，但中国扶贫领域尚未引起充分关注。她认为应通过探寻制度创新，发现改善扶贫效率的途径。[⑤] 对于中国政府、社会、

---

① 朱玲：《中国扶贫理论和政策研究评述》，《管理世界》1992 年第 4 期。

② 蔡昉：《穷人的经济学——中国扶贫理念、实践及其全球贡献》，《世界经济与政策》2018 年第 10 期。

③ 康晓光：《90 年代我国的贫困与反贫困问题分析》，《战略与管理》1995 年第 4 期。

④ 吴国宝：《对中国扶贫战略的简评》，《中国农村经济》1996 年第 8 期。

⑤ 朱玲：《制度安排在扶贫计划实施中的作用——云南少数民族地区扶贫攻坚战考察》，《经济研究》1996 年第 4 期。

企业多元化主体参与反贫困的机制，李周认为政府扶贫和社会扶贫形成很强的互补性。政府扶贫属于第二次分配，讲求公平；社会扶贫属于第三次分配，讲求责任。而第三次分配是中国分配体系中的短板。[1] 刘文璞和吴国宝的研究发现，反贫困政策对贫困地区的经济增长产生了有效的影响，穷人从地区经济增长中受益，特别是农业发展对减贫有重要作用。[2] 对中国改革30年的减贫经验总结发现，中国大规模减贫的主要推动力量是经济增长，特别是农业和农村经济的持续增长。有针对性的开发式扶贫投资对减贫也起到了补充作用。[3] 学者们关于中国扶贫战略的研究成果显示，中国反贫困的基本原理是通过深化市场化取向改革，促进贫困地区的经济发展，加速农业农村现代化进程，为穷人直接参与经济发展创造更多的就业和市场机会，最终实现脱贫。同时，构建"政府领导、群众主体、社会参与"的扶贫运行机制[4]，提供根除贫困的制度保障。学界关于对中国扶贫经验的总结提炼与理论创新，为世界减贫、根除人类各种贫困提供了中国解决方案。

近年来，围绕习近平总书记提出的实施精准扶贫方略，檀学文、李静认为，习近平精准扶贫思想是行动理论，核心内容是精准扶贫、精准脱贫、脱贫攻坚和"绣花功夫"抓扶贫。[5] 黄承伟认为，精准扶贫、精准脱贫基本方略是对马克思主义反贫困理论的创新与发展，是中国扶贫开发与贫困治理理论的一次成功转型与突破升华，具有

---

[1] 李周：《社会扶贫的经验、问题与进路》，《求索》2016年第11期。
[2] 刘文璞、吴国宝：《地区经济增长和减缓贫困》，山西经济出版社1997年版。
[3] 汪三贵：《在发展中战胜贫困——对中国30年大规模减贫经验的总结与评价》，《管理世界》2008年第11期。
[4] 李培林、魏后凯主编：《中国扶贫开发报告（2016）》，社会科学文献出版社2016年版，第1页。
[5] 檀学文、李静：《习近平精准扶贫思想的实践深化研究》，《中国农村经济》2017年第9期。

深远的实践意义和广泛的理论价值①。庄天慧等认为精准扶贫具有丰富的理论内涵，主要表现为扶贫"对象—资源—主体"精准、扶贫"目标—过程—结果"精准以及"微观—中观—宏观"的不同扶贫层级精准。中国扶贫开发的重要经验是政府主导，全社会参与，脱贫攻坚呈现出专项扶贫、惠农政策扶贫、行业扶贫、社会扶贫等多方力量、多种举措相互结合、互为支撑的"大扶贫"新格局。②汪三贵等指出精准扶贫将成为未来中国农村扶贫的主要方式，实践中需要完善精准识别机制、精准扶贫考核机制，探索和建立贫困户的受益机制，改革扶贫资金管理体制，以提升精准扶贫成效。③

学界还开展了2020年后的常规性扶贫战略研究。何秀荣认为，2020年后的反贫困将进入更长期的减缓相对贫困阶段，反贫困任务的重点应是提高脱贫标准与缩小相对贫困并行，向特殊群体、多维贫困、城市贫困拓展，重视如何阻断贫困的代际传递，贫困标准设定与计算等。④

## 第五节 结语

探索中国特色社会主义农业农村现代化道路，离不开中国特色社会主义农业农村发展理论体系的支撑。新中国成立70年来，几代理论研究者薪火相传，坚持以马克思主义为指导，以为中国最广大人民的最根本利益服务为宗旨，解放思想、实事求是，坚持不懈地

---

① 黄承伟：《中国扶贫开发道路研究：评述与展望》，《中国农业大学学报》（社会科学版）2016年第5期。

② 庄天慧等：《精准扶贫内涵及其与精准脱贫的辩证关系探析》，《内蒙古社会科学（汉文版）》2016年第5期。

③ 汪三贵、郭子豪：《论中国的精准扶贫》，《贵州社会科学》2015年第5期。

④ 何秀荣：《改革40年的农村反贫困认识与后脱贫战略前瞻》，《农村经济》2018年第11期。

致力于探究中国农业农村发展规律。他们努力站在中国改革与发展的时代潮头，著书立说，建言献策，为创立与发展中国特色的农业农村现代化理论体系，推动中国特色的农业农村现代化发展，做出了极其重要的理论与思想贡献。

中国特色社会主义发展丰富多彩的实践探索，为农业农村发展理论的创新提供了丰厚土壤。在"百花齐放、百家争鸣"方针的引导下，几代理论研究者立足中国实践，坚持马克思主义基本原理，吸收借鉴国外有益的理论及科学方法，围绕构建小农社会主义改造理论，改善农业计划管理体制，深化农业是国民经济的基础地位认识，助推中国农村改革，确立和完善家庭承包经营为基础、统分结合的双层经营体制，开放农产品市场和农村要素市场，发展乡镇企业，加速农村劳动力转移，保障国家粮食安全，深化农村土地制度、农村金融体制、农村财政体制、农村宏观管理体制改革，探索中国特色的农村工业化、城镇化和农业现代化发展道路，破除城乡二元体制壁垒，缩小城乡差距，探索中国特色的反贫困战略、乡村治理机制、可持续农业发展方式，构建城乡融合发展的新型城乡关系等重大实践和理论问题，开展了卓有成效的研究，提出了一系列新观点、新思想、新理论，为推动中国农业农村改革与发展，让农民分享现代化改革成果，促进社会进步发挥了极其重要的作用，初步形成了中国特色社会主义的农业农村发展理论体系。这一理论体系，丰富与发展了马克思主义小农的社会主义改造理论和现代化理论，深化了马列经典作家关于农业是国民经济基础的认识，创新性地提出了中国"农业农村农民问题是关系国计民生的根本性问题"的重大判断，创新了社会主义土地集体所有制有效实现机制，形成了中国特色的农业农村现代化发展道路理论，构建起中国特色的社会主义扶贫理论，为在新时代加快农业农村现代化提供了宝贵经验和理论准备。中国特色的农业农村发展理论体系是中国智慧的重要结晶，是中国理念、中国方案的重要组成部分，为发展中国家的农业农村发展提供了有益借鉴。

但也要注意到，中国特色的农业农村发展理论体系还是初步的，站在国际研究前沿的中国学派尚没有形成，学科体系、学术体系、话语体系建设水平与发达国家还有相当大的差距，中国学界在国际农业农村发展领域的学术思想、学术观点及学术话语上的能力水平，同中国农业的相对国际地位及其重要性还不相称。

当前，中国特色社会主义进入了新时代，需要加快构建小规模农户为基本经营主体的发展中大国的农业农村现代化发展理论体系。习近平同志2015年5月17日在哲学社会科学工作座谈会上的讲话中指出，"理论创新只能从问题开始"，"理论创新的过程就是发现问题、筛选问题、研究问题、解决问题的过程。马克思曾深刻指出：'主要的困难不是答案，而是问题'。"在当前社会主要矛盾转变为人民日益增长的美好生活需要和不平衡不充分的发展之间的矛盾的新时代下，从"三农"问题仍然是党和国家工作的重中之重的现实出发，中国农业农村发展理论研究将围绕坚持农业农村优先发展和城乡融合发展这一时代和实践赋予的重大课题而展开。这不仅是未来中国农业农村发展研究的重点所在，也是不断推进实践基础上的理论创新、制度创新，推进农业农村发展的学科体系、学术体系、话语体系建设的关键所在。

# 第 二 章

# 农业增长研究

新中国70年的农业增长研究可以分为两类。一类是基于国内外历史上和现实中的经验探索中国农业增长战略与路径，回答中国农业增长应该如何实现的问题；另一类是基于成熟的经济学方法和中国农业增长的实际数据，包括统计数据和调查数据，把农业增长的因素解释清楚，回答中国农业增长是如何实现的问题。基于本书的主题，本章着重梳理第一类研究成果的进展。

农业增长研究主要是对现实经济现象的归纳，并随着新的经济现象的涌现而拓展。从这个维度看，70年的农业增长研究采用了政治经济学、技术经济学、行为经济学、发展经济学、产权经济学、制度经济学和新古典经济学等研究方法。

## 第一节 农业地位变化

### 一 农业是国民经济的基础

农业是人类历史上最古老的物质生产部门，它在很长的历史时期内是唯一的物质生产部门。然而，农业是国民经济的基础并不是源自重农主义学派，而是从整个国民经济考察农业地位和作用的结果。只有从事农业的劳动者生产的产品出现剩余，才有可能使一部分劳动者从事农业以外的其他物质生产活动和精神生产活动，所以农业是生产者生存和一切生产的先决条件，是国民经济其他部门独立和发展的基础，一切非生产部门存在和发展的基础。

张友仁从粮食、原料、劳动力、资金、外汇和国内市场六个方面论证了农业对国民经济的贡献。针对农产食物有可能随着科学技术的发展被人造食物所代替，到那时农业就不再是国民经济的基础的论点，张友仁指出，绿色植物可以利用免费的太阳能制造有机物质，人造食物的生产可以从自然界免费获得空气、水和碳素，却不可能免费获得所需的能量。人们不会把巨大的自然力抛弃一边，采用不同自然合作的"单干"做法。针对农业提供的原料有可能随着化学工业的发展而被化工原料所代替，农业为工业特别是轻工业提供原料的重要意义将不复存在，即农业在工业尚未完全发展时是国民经济的基础，完全发展后不再是基础的论点，他认为，农业在国民经济中的基础地位，决不会因为一部分作为工业原料的农产品会被工业品所代替而改变。[①]

方青认为，论述农业是国民经济的基础，需要把农业是国民经济的基础，同农业是当前的首要工作这两件事区分开。农业是国民经济的基础，指人们要吃饱穿暖之后，行有余力办别的事；科学、文化、教育事业以及国民经济各个部门的发展总是农业这一部门发展的结果。农业是当前一切工作中的首要工作，并不是一切时代、一切国家都适用的。将两者混淆起来，会贬低"农业是国民经济的基础"在理论上的重要意义，不能使人们深刻地认识到发展农业生产在中国目前情况下的特别重要的意义。[②]

董辅礽认为，农业是国民经济的基础，是一个政治经济学命题。

---

① 张友仁：《农业是国民经济发展的基础》，《北京大学学报》（哲学社会科学版）1963 年第 3 期。

② 方青：《关于经济研究工作如何为农业服务的问题》，《经济研究》1963 年第 5 期。

这个命题的本质含义，在于确定农业劳动在社会总劳动分配中的地位和作用。社会分工是一个与生产力密切联系的生产关系问题，它规定着从事不同活动的人们之间的交换其活动的关系。农业劳动的具体属性和农产品的使用价值，是使农业成为国民经济基础的物质前提，但不能直接用它来说明农业是国民经济的基础。他认为，从社会总劳动和社会分工的角度来看，农业劳动基本上是必要劳动，它所创造的产品基本上是必要产品和生产必要产品所需的生产资料。这是农业劳动和农产品的社会属性。这种社会属性同农业劳动的具体属性有密切联系，但不能把农业劳动和农产品的具体属性等同于它们的社会属性。它们具有这样的社会属性是历史发展的结果。正是农业劳动和农产品的社会属性，而不直接是它们的具体属性和使用价值，决定了超越于劳动者个人需要的农业劳动生产率是国民经济的基础。[①] 强调农业是国民经济的基础，旨在强调制订国民经济计划必须以农轻重为序，各项事业的发展必须考虑农业的承受能力，忽视了农业的制约作用，必然会导致国民经济比例失调，严重影响经济发展的速度。

## 二 农业是生态保护的基础

农业的功能是随着观察视野的扩大而拓展的。农业是国民经济的基础是观察视野聚焦于农业的实物生产功能时的认识。一旦观察视野拓展到农业的非实物生产功能，农业就不仅是生产农产品的产业，还是生产各种生态系统服务价值的产业。随着生态系统保育、修复和建设力度的不断加大，耕地生态系统、森林生态系统、草地生态系统和湿地生态系统都会进入顺向演替状态，并对经济社会可持续发展施加越来越大的正面影响。此时，农业不仅是国民经济的基础，还是维护良好的生态环境的基础，实现绿色发展的基础。农

---

① 董辅礽：《怎样从本质联系上理解农业是国民经济发展的基础》，《经济研究》1963年第7期。

村不仅是农业生产和农民居住的场所，还是保育、修复、建设生态系统和提供生态系统服务的重要场所。①

### 三　农业是文化传承的基础

随着观察视野的进一步扩大，农业还会成为文化传承的基础。农耕文化是指植根于长期累积、持续改进的实践经验并世代相传的乡村生产生活方式，它们通过独特的技术体系、制度安排、文化风俗和生态景观表现出来。农业的这些非物质产品供给早就存在，但对它们的需求是最近几十年快速形成的。中国农业文化遗产及其保护工作得到不少国家的推崇和肯定，其经验和做法成为联合国粮农组织制定相关制度的决策参考。农业文化遗产的保护和传承是相关地区所有居民和机构的共同责任。保护和传承的重点是由联合国粮农组织认定的全球重要农业文化遗产和由农业部认定的中国重要农业文化遗产。农耕文化保护与传承必须同发展生态农业、建设美丽乡村、促进乡村振兴等融为一体，方能把它的独特价值充分释放出来。②

## 第二节　农业增长研究进展

最近70年放在长达5000年的中华文明史中是短暂的一个片段，然而这个片段的农业增长研究却发生了非同寻常的变化。最初30年，农业增长研究的主题是消除农产品短缺，最主要的手段是增加耕地、水资源、劳动力等物质生产要素投入，以提高各种农产品的产出水平；改革初期，农业增长研究的主题仍然是消除农产品短缺，

---

① 李周等主编：《农业经济学》，中国社会科学出版社2017年版。
② 李文华等：《农业文化遗产保护：生态农业发展的新契机》，《中国生态农业学报》2012年第6期。

但最主要的手段是释放被国家实施的农业经济管理体制束缚的生产力。20世纪90年代末农产品短缺问题基本得到解决之后，农业增长研究的主题转向提高农业生产效率，使农民可以安心务农。近几年农业增长研究的主题转向实现第一、第二、第三产业融合发展。

## 一 提高物质生产要素利用广度和强度的农业增长

70年的前40年，中国处于农产品总供给不足阶段。农业增长的主要手段是扩大耕地面积、改善耕地灌溉条件、提高耕作强度，甚至以降低农产品质量换取农产品数量，以实现实物总产出最大化。具体地说，就是把可开垦的土地充分开垦出来，把可用于灌溉的水资源充分利用起来，把可种植农作物的时间充分利用起来，以单产较高的籼稻替代单产较低的粳稻，以单产较高的杂交水稻替代单产较低的常规水稻，以三熟制替代二熟制，以二熟制替代一熟制等。因此，这个阶段是中国历史上耕地面积、灌溉面积、复种指数和高产作物种植面积都增长得最快的阶段。在经济发展水平很低，非农部门吸纳农业剩余劳动的能力很低的情形下，这些措施不仅是促进农业增长的主要措施，还是切实可行地削减农业劳动力冗余度的主要措施。[①] 从短期看，这些措施达到了预期效果；从长期看，它造成了森林、草地、湿地破坏、地下水位下降和耕地地力耗竭等一系列后果，极大地妨碍了土地可持续利用和农业可持续发展。

## 二 提高物质生产要素利用效率的农业增长

以增加物质生产要素投入和提高它们的利用强度来增加农产品产出，是最简单的农业增长方式。但它的作用会受到资源稀缺性的制约而变得越来越小，因而只能作为农业增长的短期措施。从长期看，农业增长必须建立在提高物质生产要素利用效率的基础上。具

---

① 李远岑：《现阶段我国农业中的剩余劳动力问题》，《教学与研究》1957年第2期。

体途径如下：（1）通过技术创新，提高物质生产要素的利用效率；（2）通过制度创新激发劳动者的生产经营积极性，提高物质生产要素的利用效率；（3）通过组织创新优化农业生产方式，提高物质生产要素的利用效率；（4）通过物质生产要素流向利用效率更高的地方，提高农业生产效率；（5）通过人才、技术、资本等稀缺资源流入和农业剩余劳动力等冗余资源流出，提高农业生产效率。

（一）优化农业技术体系

任何国家的农业创新都是由农民、农业企业家、农业技术人员和科学家做出来的，中国也不例外。中国的特色在于：政府会花很大工夫把这些成果汇集起来，并把它们凝练成一个在应用上具有指导性的文件，进而以自上而下的方式来发挥它们在提高农业生产效率方面的作用。所以，介绍这个文件的核心内容是论述农业创新进展的最为简洁的做法，例如农业"八字宪法"。时任农业部常务副部长刘瑞龙对农业"八字宪法"的来龙去脉写过一篇文章。他在文章中写道：1955年制订的《全国农业发展纲要（草案）》中，[①] 提出了增加农作物产量的十二项增产措施。经过反复研究，毛泽东同志从中概括出包括土、肥、水、种、密、保、管、工八个因素的农业"八字宪法"。[②] 其中，土是指深耕、土壤改良、土壤普查和土地规划；肥是指合理施肥；水是指兴修水利和合理用水；种是指培育和推广良种；密是指合理密植；保是指植物保护和病虫害防治；管是指田间管理；工是指工具改革。它们之间的关系为：土壤是基础，水、肥、种是前提，合理密植是中心，保、管、工是保证。刘瑞龙指出，农业"八字宪法"是从生产实践中总结出来的农业增产措施

---

[①] 1955年11月间，毛泽东同志在杭州和天津分别同14个省、区党委书记共同商定了农业十七条，这是《全国农业发展纲要》的雏形。同年12月十七条发至各省征询意见，1956年1月形成"农业四十条草案"；此后经过两年实践，于1957年下半年和1958年作了两次修改，1960年4月，《全国农业发展纲要》在二届人大第二次会议正式通过并发布。

[②] 刘瑞龙：《"八字宪法"的形成和发展》，《农业科学通讯》1959年第20期。

的完整体系，农业"八字宪法"每个因素的作用的充分发挥还有待于深入探索，而且它的应用效果会随着农业生产发展、生产条件改善和科学研究深入不断提高。农业技术措施从形成到推广应用有一个滞后期，即农业增产措施通常需要经过一定时间才能见效，大体上要七八年到十年。如果忽略了滞后期影响而错过了五年，就有可能耽误十五年。[1]

（二）改进农业生产组织与制度

农业增长效率的提高，既要从优化农业生产技术体系入手，又要从改进农业生产组织与制度入手。所不同的是，前者以增加效益的方式提高农业增长效率，后者以降低成本的方式提高农业增长效率。

1. 减少农业集体经济组织内部的摩擦成本

20世纪60年代，研究的重点是探索有利于农业集体经济组织经营管理，有利于灵活使用和调动人力、畜力和有利于激发社员生产积极性的集体经济组织的基本核算单位，以尽量减少农业集体经济组织内部"一平二调"导致的摩擦成本。学者们通过调查研究发现，人民公社不宜以人民公社和生产大队作为基本核算单位，而应该以生产小队作为自负盈亏的基本核算单位，少量生产小队无力或不宜经营的活动由大队或公社经营，作为生产队基本所有制的补充。把生产小队作为农业集体经济组织的基本核算单位是由中国农业生产以人力、畜力和中、小型农具为主，便于农村干部组织生产与财务管理、便于贯彻按劳分配原则、便于调动农民生产积极性等因素决定的。它既维护了资源条件好、生产能力强的生产小队的权益，又让资源条件差、生产能力弱的生产小队有了追赶的目标和激励。[2]

学者们最初认为，农业生产要素具有很强的可分性，即便是机械，也可以制造出适合小规模农地的农业机械，如大棚里使用的旋

---

[1] 刘瑞龙：《"八字宪法"的形成和发展》，《农业科学通讯》1959年第20期。

[2] 郑礼：《对农村人民公社三级所有、队为基础的不同理解》，《经济学动态》1964年第13期。

耕机。后来发现，小型机械只能替代劳动，大型机械不仅能够替代劳动，还可以为提高土地生产率做贡献。黑龙江垦区的实践表明，大型农机可以将原来需单项完成的耙茬、深松、合墒、碎土和镇压等作业一次复合完成，并彻底打破犁底层对作物生长的制约。完成一亩地的同等作业量，可节油20%—30%，节约大豆、玉米种子2千克，节肥6千克，增产10千克，综合节本增效20—30元。[①] 由此出现了地块规模应与农业机械相匹配的问题。

从长期看，农业机械的应用极大地提高了农业作业的一致性，农户不再因为农业作业质量测量和监督难而坚持独自作业了，这是现实中农业作业商业性外包市场越来越兴旺的重要原因。从理论上讲，农地流转市场和农业作业服务市场的发展，不仅会衍生出企业化的农业发展模式，还有可能衍生出集体化的农业发展模式。集体化的程度则决定于规模经济效益、产权排他成本、产权内部协调成本之间的关系。

从图2—1可以看出，若假设：（1）一片耕地的利用户数为M、产权排他成本函数为$C_1 = f(m)$、产权内部协调成本函数为$C_2 = g(m)$。（2）两个函数均具有严格凸性，则产权配置的总成本函数为$TC = C_1 + C_2 = f(m) + f(g)$。$TC' = C_1' + C_2' = f(m^*) + g(m^*)$，在$TC' = 0$的那个点（$m^*$）上，产权排他成本和产权内部协调成本之和最小化，是产权的最优配置。

产权排他成本和内部协调成本的影响因素有认知、制度和技术。其中，共同体内部的认知趋同和制度改进，会降低内部协调成本，使图2—1的$C_2$曲线向下移动。在新的均衡条件下，产权排他程度降低，产权主体增多，构成成员数量更多的共同体。技术进步会降低产权排他成本，使图2—1中的$C_1$曲线向下移动，在新的均衡条件下，产权排他程度提高，产权主体减少，构成成员数量更少的共同

---

① 来永见：《浅析大马力农机在垦区的发展优势》，《农业开发与装备》2014年第10期。

体。图2—1的含义是：农业产权有很多种组合方式。究竟对应于哪种状态，要根据特定的情形做具体分析。

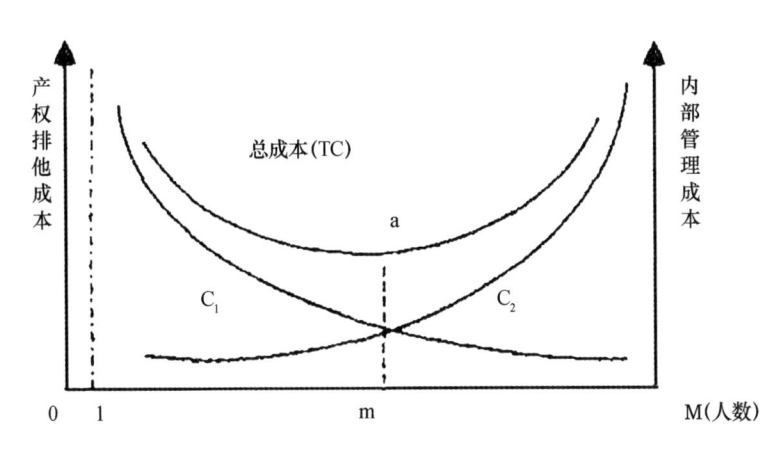

**图2—1 产权排他成本、内部协调成本同产权主体人数的关系**

## 2. 降低农业生产的监督成本

1958年全国农村实行人民公社体制以后，形成了集体经营为主体、个体经营为补充的农业经营模式。这种农业经营模式实际上为学者观察农民参加集体生产劳动和经营自留地、饲养自留畜的行为差异提供了必要条件。最早利用这个条件做农户行为差异研究的是中国共产党的高级领导人陈云同志。陈云的调查是在他的家乡上海市青浦县小蒸公社进行的。

小蒸曾是青浦县养猪最多的地方。1958年公社化后出现猪越养越少、越养越差的情况。针对这个问题和其他一些问题，陈云于1961年住在小蒸的农家做了15天调查。他在调查中发现：由于私养猪的盈亏都是社员的，社员饲养很精心，并想方设法地为猪找饲料，所以私养猪的生长情况很好；特别是母猪产仔时社员往往睡在猪栏旁边守护，会把瘦弱的奶猪放在奶水最多的第三个奶头上吃奶，奶猪是认奶头的，以后就会固定在第三个奶头上吃奶，这样奶猪就长得比较均匀。由于公养猪的盈亏同饲养员的关系不大，饲养员喂猪时只管把饲料倒入猪食槽，根本不管哪头猪吃得多，哪头猪吃得少；公社养猪场管理很弱，猪圈卫生极差；由于饲料不足，肉猪营养不良，生长缓慢，积肥较少；母猪产仔时饲养员也不太关心，甚至产几头都不知道；苗猪都在乱草堆里，毛色黄黄；苗猪不仅产得少，甚至有的被冻死。陈云由此得出私养同公养相比"三省"（省饲料、省劳力、省成本）"二增"（增肥料、增收入），要迅速恢复和发展养猪事业，多产苗猪，必须让社员私养母猪的调查结论。陈云通过走访农户还得出一年种两季粮食作物的收益不如种一季粮食作物和一季经济作物等调查结论。陈云基于收益关联性对农民行为的影响，凝练出生产队要留足自留地、生猪饲养要"公私并举、私养为主"和调整单一粮食作物种植结构等观点，并写在《按中央规定留足自留地》《母猪应该下放给农民私养》《种双季稻不如种蚕豆和单季稻》三个专题调查报告中，为中央调整农村政策提供了重要依据。[1]

3. 降低农业生产的机会成本

70年里的前30年农业追求种植强度最大化，不仅同国家追求农产品产量最大化目标有关，还同那时处于劳动力无限供给，追加农业劳动的机会成本几乎为零的阶段有关。随着农民非农就业机会的增多，农地的种植强度会越来越决定于农业劳动的机会成本。20世纪80年代初，江浙一带就出现了降低农地耕作强度的诉求，并用三三得九不如二五得十的形象比喻，来解释这种诉求在经济上的合理性。

为了追求粮食产量，江浙平原地区从1970年开始推广稻稻麦三熟制，到1974年基本普及。从统计数字看，三熟制同二熟制相比，平均每亩耕地一年的总产量多出200斤左右，有利于完成国家征购任务。然而进一步研究发现，它的实际效果并非如此。一是产品质

---

[1] 洪梅芬：《50多年前，陈云怎么做调查》，《解放日报》2015年6月1日。

量差。为了争取农事季节，不得不把品质好、生长时间长的小麦、粳稻换成品质差、生长时间短的大麦、籼稻。二是要素投入多。三熟制比二熟制相比，增加了种子、肥料、农药投入，尤其是劳动投入。三是经济收益低。三熟制的总收入为每亩130.06元，低于二熟制的每亩140.97元。干部和群众认为"多收万斤粮，不如办个小工厂"，所以他们发展社队工业的积极性很高，务农积极性却不高。农民能接受增产与增收相统一的种植制度和种植方法，但接受不了诸如三熟制这样投入多、费力大、收入少的种植制度和种植方法。①

在保障国家粮食安全的前提下适当降低耕作强度，让农村劳动力流向收益更高的非农产业，不仅有利于提高农民的收入，而且会对维护农地肥力，减少灌溉用水、化肥和农药投入量，扭转地下水位下降和化肥农药污染等产生积极的作用。循着这种思路，近些年来出现了在最适宜农作物生长的季节种植一季，即二五得十不如一十得十的做法就不足为奇了。

4. 降低农民增收的风险成本

改革初期，中国处在低收入发展中国家行列。此时的农户最重视的是减少风险还是增加收入，学者们就此对农户行为进行了调查。卢迈和戴小京针对农户收入有了较大提高，农业投资却明显减少；产业结构调整条件有了较大改善，农户经营专业化程度却进展甚微；市场需求有了较大变化，农民反应却加剧了它的波动三种现象进行了调查。得到的研究结果是：农户既有稳定收入要求，又有增加收入愿望。稳定收入项目预期上限较低，下限却较高，虽然难以致富，却可大体保证温饱；致富项目收入上限较高，下限却太低，有可能发生危及温饱的风险。鉴于农民无法在一个经营项目或一个职业选择上同时满足这两个目标，他们普遍把致富目标附着在稳定收入的内核上，即愿意为降低风险而牺牲一部

---

① 王耕今等：《关于稻麦三熟制的几个问题——在上海和苏南地区的调查》，《农业经济丛刊》1980年第1期。

分收入。从全国6.6万农户家计调查看，无论是以收入水平分组还是商品率分组，农户人均粮食、油料播种面积和生猪饲养数量都非常接近，说明绝大多数农民都把稳定收入作为内核。[①]虽然农户想获得更多的产量或收入，但由于缺乏抵御经济风险的能力，采用的是产量最稳健的农业技术，不敢轻易采用收入更多风险也更大的新技术。这样的农户行为既不利于微观层面上的农户增收，也不利于宏观层面上的农产品供需平衡。所以，要促进农民增收和农业增长，政府必须采取下列措施：第一，除承担农业新技术研发责任外，还要承担农业技术推广的责任。让农民亲眼看到农业新技术的绩效。第二，对采用新技术所需的要素给予补贴。例如，通过补贴把良种价格控制在适宜水平内，降低农户采用新品种的成本。第三，建立健全农业保险制度。把小概率发生的风险损失分摊在多个年度里，使农户有能力承受。

5. 消除冗余资源的隐蔽成本

农业生产效率的提高，除了优化生产技术体系、农业生产组织方式和激励农民积极性外，还要把未对农业生产做贡献却要分得农业收入的冗余资源消除掉。它的核心问题是把农业剩余劳动力转移出去。

1952年10月31日中央劳动就业委员会公布的《关于解决农业剩余劳动力问题的方针和办法》[②]，可能是最早关注中国农业剩余劳动力的一份文件。中国农业劳动力剩余研究可能始于1957年。李远岑根据农村男女劳动力数量和"全国农业发展纲要"规定的人工日数与实际人工日数的差，以及1955年26000多个合作社平均每个劳动力96个劳动日的调查结果，推算出中国农业剩余劳动力的数量。他发现，农业劳动力的剩余与没有充分利用农业劳动力有关。一是合作社发展多种经营受到人为阻碍。二是农村部分干部片面理解

---

① 卢迈、戴小京：《现阶段农户经济行为浅析》，《经济研究》1987年第7期。
② 何康、王郁昭主编：《中国农村改革10年》，中国人民大学出版社1990年版。

1953年4月17日政务院发布的"关于劝止农民盲目流入城市"的指示，不加区别地阻止农村劳动力进入城市，引起1956年春季建筑业劳动力紧张局面。三是有些合作社规定，社员在外所得工资除去伙食费、旅费外全部缴给合作社，由社里折计劳动日的做法，影响了社员外出做工的积极性。他认为，农村人口转变为城市人口是长期措施，近期措施是发展农村金融、贸易、文化教育等事业，发展劳动密集型农业、副业和农业基础设施，重点是发展费力价高的经济作物或土特产品。①

农业实行联产承包责任制以后，尤其是有外出打工者的农户的承包地上的劳动投入明显减少，产量减少却很有限，使农业生产中的隐蔽失业现象明显地表现出来了。将农业部门冗余的劳动力转移到非农部门，可以显著地增加农户收入，可以提高农业增长绩效，所以研究农业剩余劳动力转移成为一个极为重要的课题。有关研究主要集中在四个方面：一是农业剩余劳动力估计。由于剩余劳动力的定义、估算方法和数据来源不一致，估算数据有较大出入。二是改善农业剩余劳动力转移条件。具体包括：改革城市管理体制机制，为农村劳动力转移提供宽松的政策环境；加强地区间劳务市场的协调和信息交流，做好农业劳动力转移培训，为跨地区农业劳动力流动提供各种服务；城市产业结构调整应该充分满足农业劳动力转移的要求。三是确保农业劳动力转移与收入差距缩小相一致。具体的策略是：劳动力转移必须反映由农业向非农产业转移这种结构变化；必须以接受地的拉力为主；劳动生产率以及每个劳动力拥有的产值在城乡之间的分配从不均等趋于均等；迁移是不受制度约束的自由流动行为及其长期结果。② 四是劳动力转移进程的评估。阿瑟·刘易

---

① 李远岑：《现阶段我国农业中的剩余劳动力问题》，《教学与研究》1957年第2期。

② 蔡昉、王美艳：《为什么劳动力流动没有缩小城乡收入差距》，《经济学动态》2009年第8期。

斯在《劳动力无限供给条件下的经济发展》① 一文中，开创性地提出了发展中国家如何时间最快、代价最小地完成二元经济结构转换的理论和方法，并提出了两个转折点。其中，第一个转折点出现在"绝对剩余"消失殆尽，劳动力转移开始影响工资水平之时；第二个转折点发生在"相对剩余"转移完毕，两部门边际产品相等之际。李天祥、朱晶认为，转折点是否到来，一要根据两个转折点的理论含义来判断，不宜直接把现实中出现工资上涨现象作为刘易斯转折点到来的标志，而不考虑它是市场自发产生还是政府干预的结果。二要用一些国家如韩国20世纪70年代初在出现转折点的经济现象，即农业在国民经济中的比例显著下降、农业劳动力人口占就业总人口比重明显降低，工业化、城市化比例达到60%—70%和行业间实际工资差距缩小等现象做比较。三要考虑中国是大国，各地区劳动力市场供求状况有很大差异，它们通过转折点的时期会有所不同。②

### 三 提高全要素生产率贡献率的农业增长

农业增长研究最初是围绕着物质生产要素展开的。并经历了由增加土地、资本、劳动力等农业生产要素投入到提高土地、资本、劳动力的利用强度，再到提高土地、资本、劳动力的利用效率的转变。由于农业增长出现了由物质要素生产率驱动到全要素生产率驱动的转型，现在的农业增长研究是围绕着非物质生产要素展开的。强调的是技术、组织、制度、管理、生态等因素对农业增长的作用。

农业全要素生产率的定义是日益完善的。最初，有些学者把农业全要素生产率等同于农业科技进步的贡献率。其实农业全要素生

---

① Lewis, W. A., 1954, "Economic Development with Unlimited Supplies of Labor", *The Manchester School of Economic and Social Studies*, 22 (2): 139 – 191.
② 李天祥、朱晶：《中国的刘易斯转折点到了吗——一个综述研究》，《经济问题探索》2012年第6期。

产率是除劳动、资本、土地等物质生产要素投入外所有要素带来的农业增长，它们包括技术、制度、组织、管理、生态等。这方面研究的深化，使生产函数、基于数据包络分析的曼奎斯特生产率指数和随机前沿分析方法等得到了广泛应用。

国内较早对农业全要素生产率开展研究的是冯海发和林毅夫。冯海发对1949—1988年中国农业全要素生产率进行了测算，这期间的贡献率为20.5%；[1] 而林毅夫则发现农业联产承包责任制实施前后，农业全要素生产率有显著提高，并将其归结为制度变迁的贡献。[2]

全炯振运用非参数Malmquist生产指数模型和参数随机前沿函数模型相结合的SFA-Malmquist生产率指数模型做出的测算结果表明：中国农业全要素生产率属于技术诱导性的增长模式，具有明显的波动性（阶段性）和地区间增长的不平衡性。[3] 农业全要素生产率是造成农业生产率地区差距的重要原因。[4] 王兵等估计了技术进步和技术规模变化、农业从业人员受教育水平提高、机械化普及对提高全要素生产率的作用。[5] 孙骏等估计了对外开放对农业全要素生产率变动的作用[6]。

气候变化造成的自然灾害频发是引起农业全要素生产率波动的

---

[1] 冯海发：《中国农业总要素生产率变动趋势及增长模式》，《经济研究》1990年第5期。

[2] JustinYifu Lin, 1992, "Rural Reform and Agricultural Growth in China", The American Economic Review, 82 (1): 34 – 51.

[3] 全炯振：《中国农业全要素生产率增长的实证分析：1978—1997年——基于随机前沿分析（SFA）方法》，《中国农村经济》2009年第9期。

[4] 辛翔飞：《中国农业劳动生产率省际间差异实证分析》，《世界经济文汇》2008年第2期。

[5] 王兵、杨华、朱宁：《中国各省农业效率和全要素生产率增长——基于SBM方向性距离函数的实证分析》，《南方经济》2011年第10期。

[6] 孙骏、蔡贤恩：《对外开放对福建农业全要素生产率增长的影响研究——基于DEA与VAR的实证分析》，《技术经济》2010年第10期。

主要因素。① 王奇等基于随机前沿生产函数分析方法将中国农业1992—2010 年的绿色全要素生产率（GTFP）与全要素生产率（TFP）进行比较分析。结果表明，纳入环境要素后技术效率的下降趋势和技术进步的增长趋势都有所放缓。②

郭萍等运用 Fre-Primont 生产率指数测度中国农业全要素生产率，再运用 Shapley 值不平等分解法对中国农业全要素生产率地区差异进行测度与分解。结果表明：中国农业全要素生产率地区差异的 57%来自农业剩余混合效率地区差异的贡献③。

**四 资源有效配置理论拓展**

通常认为，在市场经济中的农民会根据要素价格的变化去选择那些能够替代日益稀缺的生产要素的技术，从而一个经济中的科研投资方向也会受到影响。按照诱致性技术创新假说，在竞争性市场环境下，一个经济中要素禀赋的相对丰裕度不同，会导致技术变迁有效路径的不同。

在初级要素市场受到限制的经济体中的技术变迁是否遵循诱致型技术创新假说所隐含的路径？回答这个问题对于检验诱致性技术创新假说的适用范围具有重要的理论意义，对于认识 20 世纪 50 年代以来中国农业技术演变历程和确定以后的农业科研方向具有重要的指导价值。

林毅夫放松了竞争性市场的假设，研究市场竞争被抑制的情况下技术创新的方向和科研资金的最优配置。他的实证检验证明，只要技术投入市场是有效的，即使初级要素市场不存在，或者受到限

---

① 金怀玉、菅利荣：《中国农业全要素生产率测算及影响因素分析》，《西北农林科技大学学报》（社会科学版）2013 年第 2 期。

② 王奇等：《中国农业绿色全要素生产率变化研究：1992—2010 年》，《经济评论》2012 年第 5 期。

③ 郭萍等：《中国农业全要素生产率地区差异的变动与分解——基于 Fre-Primont生产率指数的研究》，《经济地理》2014 年第 2 期。

制，诱致性技术创新假说仍然成立。[1] 在社会主义经济中，分散的公共研究机构在分配研究资源时，也会对要素禀赋和市场需求做出有效的反应。他以杂交水稻的创新与扩散作为一个案例检验了诱致性技术创新假说在计划经济中的有效性。[2] 其结论是，即便产品和要素价格扭曲，仍然可以根据各种要素的边际生产率确定科研资源配置的优先序。

## 第三节　农业增长研究的跃迁

70年来，农业增长理论研究发生了三次跃迁。一是从物质生产要素跃迁到全要素，二是从就农业论农业跃迁到第一、第二、第三产业相融合，三是从追求当期农产品产出跃迁到提升农业生产能力。

### 一　农业增长从超常规增长向常规增长跃迁

同改革初期的农业高增长相比，1985年以后中国农业增长有所放慢。为什么会出现这种变化，是广大群众关心的问题，也是研究者必须回答的问题。农产品是需求收入弹性较低的生活必需品，当长期困扰国民的温饱问题基本解决之后，农业的年增长率保持3%或高于人口增长率一个百分点就可以了，这是农业由超常规增长回归常规增长的主要原因。陈锡文对这个问题做了系统的回应。他指出，农业超常规增长旨在解决城乡居民农产品基本需求得不到满足引发的温饱问题，常规增长旨在解决城乡居民生活质量改善引发的膳食结构提升问题。中国农业超常规增长的主要措施是：实行家庭联产

---

[1] Justin Yifu Lin, 1990, "Prohibition of Factor Market Exchanges and Technological Choice in Chinese Agriculture", *Journal of Development Studies*, 27 (4): 1-15.

[2] Justin Yifu Lin, 1992, "Hybrid Rice Innovation in China: A Study of Market-Demand Induced Technological Innovation in a Centrally-Planned Economy", *The Review of Economics and Statistics*, 74 (1): 14-20.

承包责任制，促进粮食等初级农产品大幅增产；放松就业管制，促进城镇工业快速发展；改革农副产品统派购制度，放开畜产品、水产品和水果、蔬菜购销和价格。农业常规增长的主要措施是开展技术创新，促进技术进步，提高农业全要素生产率的贡献率。由超常规增长转入常规增长引起的增速下降并不是迟滞和衰退，而是具有客观必然性的农业增长转型，也是必须努力完成的农业增长转型。试图依靠新文件、新政策使农业保持超常规增长既不现实，也无必要。①

## 二 农业增长从物质要素驱动向非物质要素驱动跃迁

在低收入发展阶段，可近似用GNP或GDP来衡量农业增长水平。超越了这个发展阶段后，新的标准应该是：达到一定经济发展水平的人均物质消耗越少，农业增长与发展的质量就越高。中国作为一个人均拥有资源极少的人口大国，必须走出与国情和时代特征相符的发展道路，完成资源驱动到科学驱动的转型。所谓科学驱动，就是用科学革命、科学发现和技术发明、技术创新驱动，它的实现程度可以用全要素生产率的贡献率来衡量。② 所有年份都可以计算全要素生产率，所有部门都可以计算全要素生产率，所有国家或地区都可以计算全要素生产率，所以用全要素生产率来衡量经济增长的质量，不同时期、不同部门和不同国家经济增长的质量就具有了可比性。

## 三 农业增长从部门封闭向部门融合跃迁

最近30年，中国的农业发展环境和农产品供需格局都发生了

---

① 陈锡文：《中国农村经济：从超常规增长转向常规增长》，《经济研究》1987年第12期。

② 邓英淘：《新发展方式与中国的未来》，上海人民出版社2013年版；《新能源革命与发展方式跃迁》，上海人民出版社2013年版；《再造中国，走向未来》，上海人民出版社2013年版。

极其深刻的变化。农业增长研究根据这些变化做出了相应调整。第一，食物产出要由增加食物供给量转向增加高营养食物供给量，再转向增加绿色食物供应量，以满足国民由吃饱、吃好到吃健康的需求变化。第二，供需平衡要由基于一种资源、一个市场转向基于两种资源、两个市场，以适应国家经济体系融入全球化的要求。第三，产出体系要由单一农产品转向农产品、休闲产品、文化产品，以适应国民到农业农村休闲娱乐和体验文化的新需求。第四，农业目标要由提高当期农业效益转向增强农业可持续性，以满足后代人的需求。为了使农业增长进行这个跃迁，农业基础设施建设不仅要考虑农业生产和农作物的需求，还要考虑农田生态系统的需求。农地整治不仅要使耕种和地块面积变得更大、更平整，更便于耕作，还要合理配置生物栖息地、廊道和水环境，为农作物天敌保留生存空间和生存环境。农业增长要从单目标拓展为多目标，从自我循环拓展为开放循环，从考虑当代人权益拓展为兼顾当代人和后代人权益。

## 四 农业增长从产出最大化向生产能力最大化跃迁

农业增长在很长时期研究的是农业产量和收入最大化。近些年来开始转向提高农业生产能力，并发生了藏粮于仓到藏粮于地、藏粮于技的转变。"藏粮于地、藏粮于技"战略的提出，是中国农业增长目标由实物产出或收入最大化跃迁到生产能力最大化的标志。"藏粮于地、藏粮于技"有三层含义。一是实行土地休耕。在粮食供过于求时降低耕作强度，实现"用地"和"养地"相协调，减轻土地利用压力、粮食库存压力和仓储财政负担。二是提升耕地产能。中国有26%的耕地的土壤有机质含量不足1%，整体有机质含量低于欧洲同类土壤的一半。耕地基础地力对粮食生产的贡献仅为50%左右，比发达国家低20—30个百分点。亟须开展土地整治或农田基础设施建设，增加土层厚度，改善土体结构，提高土壤有机质含量和耕地土壤水肥气热的转换效率,提高土地的基础地力。[1] 三是开展生态建设。通过配置农田保护带、生态沟渠等措施,提升农田生命共同体中的生物多样性,提高农田应对气候变化和抵御自然灾害的能力,促进农业可持续发展。[2]

应采取的技术措施是:在全国土壤资源普查的基础上,按照土地平整、集中连片、土壤肥沃,水利设施、农电配套,生态良好、抗灾能力强的要求,做好耕地整治,并形成一套不同区域和不同耕地质量的保护措施与地力提升的技术模式。具体措施是:第一,建立国家尺度耕地土壤和水资源天—空—地一体化监测和预警平台。基于耕地质量监测、土壤污染调查、测土配方施肥和相关社会经济数据库,构建国家尺度耕地土壤质量和水肥资源利用大数据平台。定期向社会公开发布各市、县耕地地力升降的监测结果,促进各级政府加强耕地质量建设与管理。第二,建立土壤—水—肥—耕作综合管理研究平台。包括高效肥料和改良剂研发平台,改土设施研发平台,土壤污染防控与修复技术研发平台。以超算平台和云计算技术为依托,分区分类提出耕地水肥资源高效配置利用方案、土壤障碍削减技术和模式,为政府部门、企业、推广人员和农户改善耕层结构和养分库容,提升有机质和生物功能等,提供咨询服务。第三,培育一批区域级土壤修复创新型科技企业。第四,实施应对气候变化的流域水资源综合管理政策和措施,实现流域水资源的稳定供应和合理利用。第五,研发耕地保育和清洁生产的系列作物品种和肥料选育耐逆(盐碱、干旱、铝毒和重金属污染)植物品种以及高效培肥的绿肥品种;研制复混肥和新型缓(控)释肥料,发展生物有机肥和多功能肥料,研发农业耕作施肥和改土治污培肥机械,建立

---

[1] 汤勇华、黄耀:《中国大陆主要粮食作物地力贡献率及其影响因素的统计分析》,《农业环境科学学报》2008年第4期。

[2] 郝晋珉:《"藏粮于地",关键是提高耕地质量》,《中国国土资源报》2017年3月9日。

高产高效和环境安全的种植体系,降低水、肥资源投入水平,节本增效。①

应采取的管理措施是:制定系统的可操作性强的法律和耕地质量验收管理办法,编制土壤污染防治计划和土壤生物功能提升计划。明确耕地主管部门及监管责任,确保职责清晰、管理规范;把耕地质量提升纳入国民经济和社会发展规划,将所需经费纳入财政预算。各级政府必须拿出一定比例的土地出让收入用于耕地质量和农业生产条件改善。建立耕地质量保护机制。耕地占用单位或个人应补充与其占用质量相当的耕地。加强农药监管力度。耕地使用者要按照有关法律法规和标准使用农药,降低农药在耕地中的残留量。建立农民改善耕地质量的补贴制度。鼓励集体和农民为农田治理投工投劳,引导农民运用综合农艺、生物和工程措施提高耕地质量。以科技下乡、流动咨询服务、办培训班、发放施肥建议卡等形式普及测土配方施肥知识,引导农民科学施肥。推广水旱轮作模式,新垦、复垦耕地培肥技术,加速土壤熟化。②

---

① 沈仁芳等:《"藏粮于地、藏粮于技"战略实施中的土壤科学与技术问题》,《中国科学院院刊》2018年第2期。
② 钟钰、秦富:《变"藏粮于民"为"藏粮于地"》,《黑龙江粮食》2009年第1期。

# 第三章

# 农业农村现代化研究

农业农村现代化是国家现代化的基础和支撑，是农业农村的根本出路。过去70年中国农业农村所走过的历程就是农业农村向现代化迈进的历程，也是学术界对农业农村现代化研究不断深入的历程。70年来，农业现代化研究具有鲜明的阶段性，经历了从学习到认知到探索的过程。农业现代化的理论也从单一的生产力范畴，向生产力与生产关系相结合的范畴扩展，从单纯农业生产技术的现代化，向生产组织管理、产业融合、市场化、生态可持续、人的现代化和农村现代化等领域延伸，同时把农业农村现代化置于工业现代化和国家现代化之中来研究，取得了丰富的成果。

## 第一节　关于农业现代化内涵的研究

近一百多年来，世界范围的农业生产技术和生产方式发生了质的飞跃，一些国家率先将现代科学技术运用到农业中来，大大提高了农业生产力。现代科学技术的应用与自由市场经济体制的结合，促进了农业经济结构的调整和变革。实现了自然经济下采用人力、畜力、手工工具、铁器等方式，靠世代积累的经验经营的传统农业，不断向运用现代科学技术、现代工业武装的，现代经济科学方法管理的现代农业的转变。

新中国成立以后，中国开启了农业现代化的征程，借鉴国外农业现代化的经验，将农业科学技术引入农业，以改造在中国持续了千年之久的传统农业。同时，理论界对农业现代化的研究也逐步深入，对农业现代化的认识从以前的单一生产领域向与农业生产有关的产前产后延伸，从单一的农业现代化，扩展到农村现代化和农民现代化。

## 一 既定生产关系下单一生产力视角的农业现代化内涵

新中国成立后，中国农业经历了短暂的农户家庭经营后，便走向了合作化道路。自20世纪50年代中后期到1978年农村改革前的20年里，中国农业采取的是人民公社制度下的生产队集体统一经营模式，在这一既定的生产关系下，理论界主要是从生产力的角度，研究农业生产工具、生产要素和生产技术的现代化。在较长的时间内，大多以"化"来概括农业现代化的内涵。最早提出的农业现代化的内涵是以机械化、化学化、水利化和电气化为内容的"四化"。农业实现了这"四化"就可以称为现代化农业了。这期间，对"四化"中先"化"什么，后"化"什么也存有不同的争论。

## 二 生产力与生产关系相适应范畴内的农业现代化内涵

1978年农村改革，农村生产关系发生了变化，农业生产由生产队统一经营改为了小规模的农户家庭经营，农户拥有生产经营自主权和生产剩余的控制权，同时也成为农业现代化资金的承担者。对农业现代化内涵的讨论也突破了仅限于生产力范畴的局限，把农业生产的组织管理科学化、社会化、商品化也纳入了农业现代化的内涵中来，提出了新"四化"，即机械化、科学化、社会化和商品化。这一时期，农业现代化仍以"化"来概括农业的现代内涵。

1979年召开的东北地区农业现代化讨论会提出，农业现代化就是用现代工业装备和现代科学技术武装农业，用现代经济科学方法管理农业生产，大幅度提高劳动生产率、土地利用率和土地生产率。

不再使用"化"来概括了,石山认为这是前进了一大步。1980年有些科学家提出,农业现代化的本质就是把农、林、牧、副、渔各业生产全部建立在科学的基础之上,创造一个高产的生产系统和一个优美的高效的生态系统。把生态问题引入现代化的范畴,并提出两个系统,这又前进了一步。①农业的社会化是指农业由孤立、封闭的生产方式向分工、协作、开放的生产方式转化,它是科学化的必然结果,也是现代农业的重要特征之一。现代农业科技对传统农业的改造体现在三个方面,一是以机械动力代替人畜力动力,二是以化学投入品为主的无机农业代替传统投入品的有机农业,三是现代育种技术代替自然选种。农业生产力提高的结果是农业生产的社会分工越来越细,生产专业化和社会化的程度越来越高,从而在专业化和社会化的基础上实现了经营的一体化。②从系统工程的视角来看,农业是一个"自然环境—生物—人类社会"交织在一起的复杂系统,有五大特征,即本质是科学化,特点是商品化,标志是社会化,基础是集约化,关键是知识化。③

农业现代化是一个随着科学技术和工业的发展而不断发展的过程,农业在国民经济中逐步变成了从事种植业和畜牧业生产的狭义部门,农业社会化水平在提高,农业要素的国际化水平也在不断提高。④农业现代化的内涵不断延伸,从以前的单一生产过程的现代化,向生产组织管理、商品化、市场化、农工商综合经营、专业化、产业化、产业融合发展等方面延伸;从单一的种植业现代化,向农、林、牧、渔业现代化扩展,从农业现代化向农村现代化、农民现代化扩展。

---

① 石山:《发展农业、农村经济的新思想与农业现代化》,《河北学刊》1984年第2期。
② 郑林庄:《农业现代化与农业生产效率》,《中国社会科学》1981年第2期。
③ 石山:《现代农业的五大特征》,《自然辩证法研究》1985年第3期。
④ 孙振远:《农业现代化问题再认识》,《世界农业》1989年第11期。

## 三 经济政治社会文化和生态协调发展的农业现代化

20世纪60年代以来,西方出现了现代化研究热潮。西方研究者认为,现代化是指从农业社会向工业社会的转变,这种转变是全方位的,包括政治、经济、社会、文化等方面。农业现代化不仅仅是农业生产部门内部的事,也应包括农村政治、经济、文化、社会等方面的转变。[①] 中国学者对农业现代化内涵的认识,从开始的学习、模仿现代化国家的做法,到认识和了解农业现代化的实质和含义,再到探索农业现代化的中国道路,丰富和发展了农业现代化的理论。

20世纪80年代中期至90年代初期,理论界对农业现代化内涵的理解聚焦在三个方面:一是以科学化、集约化、社会化和商品化概括农业现代化内涵;二是用现代科技、现代装备、现代管理、现代农民来概括农业现代化内涵;三是认为生态农业或可持续发展农业才是真正意义上的农业现代化。农业现代化就是用先进的科学技术和现代工业设备武装农业,运用现代的科学管理方法,对传统农业进行全面的、综合的技术改造,大幅度提高农业劳动生产率、土地生产率和农产品的商品率,建立社会主义的大农业。[②] 刘巽浩把农业现代化的内涵归纳为四个方面,即物质装备现代化、技术现代化、经营管理现代化和资源环境优良化。这四个方面相互联系、缺一不可。既不能因强调第一条而将农业现代化简单地归结为"石油农业",也不能因为生态热将第四条扩展为"生态农业"。农业现代化可以归结为将粗放低效封闭式的自给性传统农业转变为由现代工业、现代科学技术与现代经营管理武装的集约高效持续发展的开放式商品农业过程。[③]

---

① 傅晨:《基本实现农业现代化:涵义与标准的理论探讨》,《中国农村经济》2001年第12期。
② 戴谟安、李友华:《农业现代化的几个经济问题》,《东北农学院学报》1979年第2期。
③ 刘巽浩:《21世纪的中国农业现代化》,《农业现代化研究》1994年第4期。

农业现代化的概念如果仅仅限于农业产前、产中、产后的现代化，还不能准确概括中国的现状。中国是一个农业大国，也是一个农村人口大国，至今仍有40%的人口常住在农村。有学者认为农业现代化建设是一个长期的过程，也是一个复杂的系统工程，它不仅包括农业现代化，还包括农村、农民的现代化。农业现代化的资金来源与农村剩余劳动力出路是制约农业现代化的两大问题。[①] 朱道华、冯海发则认为，社会主义市场经济体制的确立使中国的农业现代化建设面临着一个根本性的转折，即由计划经济条件下的农业现代化发展转向市场经济条件下的农业现代化发展，这种转折意味着今后中国的农业现代化发展必须遵循市场经济的基本法则。[②]

还有学者认为，农业现代化是农业系统的一种深刻变化，它包括从传统自给型农业向市场化初级现代农业再到知识化高级现代农业的两次转变、农业效率和农民收入的持续提高、农民福利和生活质量的持续改善、保持农产品供需平衡和国家粮食安全、国家农业地位和国际农业体系的变化等内容。[③]

2012年以来，中国提出坚持走中国特色新型工业化、信息化、城镇化、农业现代化道路，推动信息化和工业化深度融合、工业化和城镇化良性互动、城镇化和农业现代化相互协调，促进工业化、信息化、城镇化、农业现代化同步发展。"四化同步"的本质是"四化"互动，是一个整体系统。工业化创造供给，城镇化创造需求，工业化、城镇化带动和装备农业现代化，农业现代化为工业化、城镇化提供支撑和保障，而信息化推进其他"三化"。党的十九大报告又提出实施乡村振兴战略，按照产业兴旺、生态宜居、乡风文明、

---

[①] 张仲威：《中国农业现代化若干问题的探讨》，《农业现代化研究》1994年第3期。

[②] 朱道华、冯海发：《市场经济条件下农业现代化发展的若干规律》，《农村经济与社会》1994年第2期。

[③] 何传启：《农业现代化是国家现代化的基石》，《学习时报》2015年7月20日第3版。

治理有效、生活富裕的总要求，建立健全城乡融合发展体制机制和政策体系，加快推进农业农村现代化。这是中央首次提出农业农村现代化的概念，是对农业现代化的传承和升级。

尽管农业现代化研究已有近70年的时间，但是，迄今为止，还没有对农业现代化形成一个统一的定义。[①] 农业现代化是一个历史范畴，是对古代农业、近代农业而言的。它是一个动态的概念，农业科技不断进步，农业现代化的水平和层次也在不断提高。农业现代化又是一个世界性的范畴，各国资源禀赋不同，采用的技术路线不同，选择的现代化方式也各异。[②]

## 第二节　农业现代化研究的演进

### 一　农业现代化研究的起步阶段

（一）以"四化"为主的农业现代化

20世纪五六十年代，中国开始研究农业现代化问题，起步阶段的研究大多是借鉴现代化国家的具体做法和实现形式来概括中国的农业现代化愿景。最具代表性的是用"四化"概括农业现代化的内涵，即机械化、化学化、水利化和电气化。"四化"针对的是农业生产领域，因此，这一时期是从农业技术变迁引起生产方式革新的角度来理解农业现代化，实际上是农业生产领域的现代化。对以"四化"为主的农业现代化取得高度的认同，与新中国成立初期中国农业发展所处的阶段和农业在国民经济恢复时期的重要作用有关。当时中国处于典型的以人畜力为动力来源，以家庭为经营单位，自给

---

[①] 何传启：《中国现代化报告（2012）——农业现代化研究》，北京大学出版社2012年版，第6页。

[②] 王淑云：《农业现代化概念和我国农业现代化的起步问题》，《财经科学》1980年第3期。

自足的传统农业时期。而新中国成立之初的国民经济恢复期，急需增加粮食和农畜产品的供给，为国民经济服务，因此，提高土地生产率最为迫切。重视工业技术在农业中的运用，用现代机械和动力替代手工工具和人畜力，增加现代投入品的施用，可以快速提高粮食产量。认为只要在农业中实现了机械化、化学化、水利化和电气化，农业生产能力就可以大幅度提升，就是实现了农业现代化。因此，农业现代化的内涵就被理解为农业的机械化、化学化、水利化和电气化。[①]

"四化"的优先序是一个讨论最为激烈的问题。对于"四化"的重点是什么，优先实现哪一"化"，存在不同观点。有人认为应首先发展机械化，因为机械化是动力，动力是基础，水利化需要动力，化学化也需要动力。也有人认为，应重点发展水利化，水是农作物生长的必要因素，实现了水利化才可以确保农作物的生长。此外，中国水旱灾害频繁，必须进行江海治理和兴修水利。主张首先发展化学化的理由是化学的应用是经济效益最为明显的措施，化肥的增产效果明显，成本低，是科技在农业中运用的最直接体现。主张首先发展电气化的理由是电气化对于机械化、水利化和化学化都有促进作用，与我们条件相似的日本在农业电气化方面的成功经验值得我们借鉴。也有观点认为，不能理解为农业现代化就是机械化，而是以农业机械化为中心的包括水利化、化学化和电气化在内的农业现代化。[②] 农业机械化要因地制宜，大、中、小结合，优先在垦荒区实施，然后是粗放耕作区，最后是精耕细作区。

1959年4月29日，毛泽东同志在《党内通信：致六级干部的公开信》中提出了"农业的根本出路在于机械化"这一论断。1966年7月在湖北召开了第一次全国农业机械化现场会，布置到1980年基

---

① 傅晨：《基本实现农业现代化：涵义与标准的理论探讨》，《中国农村经济》2001年第12期。

② 孙连成：《论我国农业机械化的几个问题》，《社会科学战线》1978年第4期。

本实现农业机械化的任务。1971年8月和1978年1月,分别召开了第二次、第三次全国农业机械化会议,以加快实现农业机械化。王耕今和孙德山在《向着现代化迈进的中国农业》一书中,认为提高农业劳动生产率是我国农业面临的重要问题。农业现代化就是"要使我国农业在公社化基础上,逐步实现机械化、水利化、化学化和电气化,广泛运用现代科学技术在农业生产中凡是可以使用机器操作的地方通通使用现代机器;能够兴修水利的地方都有水利设施,做到耕地集约化、园田化、水利系统河网化;更加普遍地使用化学肥料,农药和其他化学产品;使农业生产建立在现代化的技术基础上"①。

詹武总结了以"四化"为主的农业现代化的几种提法。一是中国的农业现代化的目的和任务就是应用先进的技术促进农业的发展满足国家对农产品的需要;二是农业现代化就是用现代科学技术和现代工业装备农业;三是从运筹学的角度出发认为要应用各有关学科的理论与技术,对地方自然资源作最有效的综合利用,使通过农业劳动生产的物资在经济价值和营养价值上取得最大的效果,从而高速度地发展;四是农业现代化就是最大限度地采用现代化技术手段,高效率、低成本、大面积、大幅度地促进太阳能的转化和利用;五是农业现代化就是在农业生产上最大限度地实现机械化、电气化、水利化,广泛地应用现代科学技术,大幅度提高劳动生产率。②

(二)生产力与生产关系相适应的农业现代化

实现农业现代化必须坚持生产力与生产关系相适应的原则,不能超越生产力的发展水平搞农业现代化,也不能脱离特定的生产关系搞农业现代化。

---

① 王耕今、孙德山:《向着现代化农业迈进的中国农业》,农业出版社1959年版。

② 詹武:《对〈100个经济问题〉中农业经济部分的说明》,《经济学动态》1978年第12期。

新中国成立初期,中国尚未建立独立的工业体系,工业现代化的水平不高,如何处理工业现代化和农业现代化的关系是一个需要回答的问题。多数研究认为,二者是相辅相成的关系,不能因为我们没有建立现代工业体系,就不能开展农业技术革新,同样,工业现代化也不可能建立在落后农业基础上。在现代化这个问题上,不能等待工业化。20世纪60年代初期,理论界对农业现代化的讨论集中于农业现代化同工业现代化的关系,农业技术改革的中心和重点以及农业现代化的实现路径方面。[①]

人民公社时期,中国农业中的生产关系是集体所有制下的集中统一经营。实现农业集体化与实现农业现代化是建设社会主义农业的两个方面,前者为后者创造了条件,后者又反过来巩固了前者的成果,两者是相互促进的。[②] 因此,中国发展农业的根本路线是在农业集体化的基础上实现农业的技术改革,实现农业现代化。[③] 但是,人民公社初期的"一大二公"和后来的"三级所有,队为基础"的制度安排,超越了中国农业的发展阶段,忽视了农业仍处于落后状态,家庭经营仍是最适合的经营单位这一客观事实。尽管人民公社时期农业化学品施用量、农业机械总动力和农田水利建设都有较大的增加,但这并没有带来农业本质上变革,最终因农业效率低下而解体。

农村改革后确立的家庭承包经营与集体经营相结合的双层经营体制使家庭经营回归农业,生产关系调整又给农业现代化带来了新的挑战。在经济落后、粮食短缺和小农户经营为主的情况下,搞农业现代化无从谈起。理论界认为,从经济概念来理解农业现代化的内容,应该包括两个方面,一是农业生产力的现代化,包括生产工

---

① 中杰:《关于我国农业现代化问题的讨论》,《经济研究》1963年第12期。

② 刘恩钊、林兆木:《试论农业集体化与农业现代化的关系》,《教学与研究》1964年第1期。

③ 郑玉林、束长星:《农业现代化的当前重点问题》,《江淮学刊》1964年第31期。

具的现代化,劳动对象的现代化和劳动力的现代化,二是生产力组织的现代化,包括生产力布局的现代化、农业经营体制的现代化、农业企业管理的现代化和管理手段的现代化。①

1978 年,中国农林科学院情报所编写的《农业现代化概念》中把农业现代化概括为"七化",即大地园林化、操作机械化、农田水利化、品种良种化、栽培科学化、饲养标准化、公社工业化。② 这一概括也基本上仅限于生产力的范畴,没有突破生产关系和意识形态的界限。杨纪珂提出了农业现代化的十个方面的问题,除了与生产力有关的试验田与大田的关系、土壤改良、水分利用、科学育种、农业机械化外,还涉及了淡水鱼养殖现代化、农业经济管理现代化和计划生育现代化问题。③ 由此把农业现代化的内容延伸到了生产力之外。

农业现代化不仅包括生产力现代化和生产关系现代化,还应包括上层建筑现代化。其中,农业上层建筑的现代化是指政府管理农业的机构、农业政策、农业思想的现代化。农业生产力的现代化是农业现代化的基础,起决定作用;农业生产关系的现代化作用于农业生产力的现代化,决定农业上层建筑的现代化;没有农业上层建筑的现代化,农业现代化是难以建立起来的,也是不全面的。④

(三)农业生产组织与管理的现代化

20 世纪七八十年代,在农业现代化认识上的一个重大进展是对农业现代化内涵的理解增加了现代经营管理的内容。人们认识到农业现代化的本质是科学化,不仅要用现代科学技术和生产手段装备农业,还要以先进的科学方法组织和管理农业;不仅生产过程要科学化,农业的组织和管理也要科学化。农业现代化被表述为农业生

---

① 夏振坤:《农业现代化讨论中几个有争论的问题的商榷》,《华农科技》1979 年第 2 期。
② 《农业现代化概念》,《江苏农业科技》1978 年第 1 期。
③ 杨纪珂:《农业现代化的几个问题》,《宁夏农业科技》1978 年第 6 期。
④ 梁荣:《农业产业化与农业现代化》,《中国农村观察》2000 年第 2 期。

产技术的现代化、农业生产手段的现代化和农业经营管理现代化。①农业现代化的内涵从单纯的生产技术领域扩展到生产过程的组织与管理领域。

20世纪90年代对农业现代化内涵的研究进一步深化,表现在三个方面:第一,从广义和狭义分别去理解农业现代化。狭义的农业现代化仅仅指农业生产部门的现代化,而广义的农业现代化不仅包括农业生产部门的现代化,还要包括支撑和制约农业部门发展的社会经济内容,如农村非农产业发展水平、农村城镇化水平、农村经济的总体发展水平、农民的生活水平和素质提高。第二,农业现代化既是一种从传统农业向现代农业转变的过程,也是为加快这一转变过程所采取的种种政策措施的总和。第三,可持续发展是农业现代化的核心内容。20世纪七八十年代,可持续发展观在全球兴起,成为人类经济和社会发展的基本指导思想。按照可持续发展的思想,农业现代化的完整含义就是用现代科学技术和生产手段装备农业,以先进的科学方法组织和管理农业,提高农业生产者的文化和技术素质,把落后的传统农业逐步改造成为既具有高度生产力水平,又能保持和提高环境质量以及持续发展的现代农业的过程。②

## 二 农业现代化研究的深化阶段

### (一) 市场化下的农业现代化

改革开放后,计划经济逐步废除,农业中出现了商品生产。当时对中国农业提出了"两个转化",即传统农业向现代农业的转化,自给半自给的农业经济向商品经济的转化。农业的商品化越来越受到关注,认为这是农业现代化的重要特征。在1984年召开的中国农

---

① 傅晨:《基本实现农业现代化:涵义与标准的理论探讨》,《中国农村经济》2001年第12期。

② 同上。

经学会农业现代化经济研究会第三次学术讨论会上,有学者提出,中国的农业现代化必须建立在商品生产发展的基础上,农业既要在外延上扩展生产领域,又要在内涵上提高劳动生产率和土地生产率,但是,两者都必须以提高商品率和商品量为目的,这是中国农业现代化的关键一招。现代化农业必须以市场为条件,要讲究质量、效益,实现优质、高效。农产品只有符合市场的需要才能适销对路,也才能从市场获取信息。要把资源优势转化为产品优势、商品优势,进而转化为资金积累和财富。[①]

詹武认为,我们的目标是农业现代化,我们的手段也要现代化。只有当农业机械化、现代化有了好的经济效果,能给农民带来提高劳动生产率、增产增收、生活提高的实际物质利益时,农民才会真正拥护农业机械化和现代化。而在20世纪70年代末期,这方面尚存在问题。随着农业机械、化学肥料、农药、薄膜的使用,农业生产成本提高了,产量增加了,但是农民收入上不去,增产不增收,挫伤了农民的积极性。[②] 戴谟安、李友华对黑龙江省农业现代化的研究发现,新中国成立以来的30年,黑龙江的农用拖拉机增长187倍,机耕面积从0.4%提高到63%,而农业劳动力增加了一倍多,结果农业劳动生产率没有提高,粮食商品率下降,增产没有增收。[③]

随着社会主义市场经济体制的确立,农业的市场化成为农业现代化的一个重要标志。农业现代化不能只注重农业科技的应用,而不注重经济效益和市场需求。现代农业区别于传统农业的一个特征就是,前者是为市场生产,后者是以自给自足为特点。

---

[①] 《对我国农业现代化的一些新认识——中国农经学会农业现代化经济研究会第三次学术讨论会纪要第一部分摘要》,《农业现代化研究》1984年第6期。

[②] 詹武:《对〈100个经济问题〉中农业经济部份的说明》,《经济学动态》1978年第12期。

[③] 戴谟安、李友华:《农业现代化的几个经济问题》,《东北农学院学报》1979年第2期。

## (二) 能源约束下的农业现代化

纵观现代化的历程，率先实现农业现代化的国家的共同特点是以工业装备农业，农业机械的运作，化学肥料、农药、除草剂的生产等离不开石油能源，这种现代化的农业是高能耗的农业，也被称为"石油农业"。石油农业发展的后果是能源依赖和污染严重。① 这究竟是现代化的必由之路，还是现代化的选项之一。

邓英淘认为，现代化不等于西方化，按照西方已经实现现代化的国家的人均能耗计算，要在十几亿人口的大国实现人人都现代化，那么，世界能源是远远不够的。西方以高能耗为特征的现代化，是一种"有我无你"的现代化，我现代化了，你就别现代化了。中国肯定不能走这种模式的现代化道路。②

西方国家的农业现代化严重依赖高投入的石油和机械，虽然创造了空前水平的劳动生产率，但是带来的弊端也不少。中国要实现跨越式发展，越过"石油农业"，直接跃入由生物工程与其他工程措施相结合，知识和技术密集的、经济繁荣、效益显著、生态平衡的面向未来的农业新阶段。③ 20 世纪 80 年代初期，最早推行"工业式农业"的美国开始从有机农业中找出路，主张发展有机农业，美洲和欧洲一些国家也纷纷开始有机农业试验。④

## (三) 生态可持续的农业现代化

"石油农业"带来的不良后果引起人们对现代农业的怀疑。欧美国家纷纷掀起了一场"生态农业"运动。1972 年成立了"国际有机农业运动联盟"（IEOAM），该运动有很多称号与别称，如有机农业、生态农业、替代农业、生物农业、自然农业、生物动力农业等。其主旨是反对"石油农业"，反对使用化肥、农药、除草

---

① 王永厚：《我国传统农业与农业现代化》，《中国农史》1983 年第 2 期。
② 邓英淘：《新发展方式与中国的未来》，大风出版社 2012 年版，第 6 页。
③ 《对我国农业现代化的一些新认识——中国农经学会农业现代化经济研究会第三次学术讨论会纪要第一部分摘要》，《农业现代化研究》1984 年第 6 期。
④ 王永厚：《我国传统农业与农业现代化》，《中国农史》1983 年第 2 期。

剂、饲料添加剂等化学品，主张生物本身的自我循环、保护环境、保护健康。分为农机农业派、生态农业派和生物动力农业派。① 依靠不可再生的石油能源发展农业，不仅成本高，污染大，还可能因资源枯竭给农业带来更大的灾难。20 世纪 80 年代初，生态农业和可持续农业成为关注的热点。有人认为，可持续发展是农业现代化的核心内容。

中国农业现代化面临农产品数量需求和质量需求的双重提升，农业资源面临的压力越来越大，耕地资源日益稀缺，耕地质量总体偏低。水资源短缺，农业用水利用率低。自然灾害频发，抗灾能力依然较低。农业现代化进程中的环境问题突出，农业生产方式不合理，资源利用效率低下，因秸秆处置、养殖业排放、农村垃圾污水和工业城市污染等带来的环境问题，给农业现代化带来了挑战。②

1987 年 10 月中国农学会农业现代化研究会在武汉召开的全国农业现代化学术活动经验交流会上，不同学者对发展生态农业提出了两种截然不同的观点：一种观点认为中国式的农业现代化应把生态农业作为核心内容，这是基于中国长期存在的掠夺式经营方式，过度使用农业资源，造成了生态恶化。另一种观点则认为中国式农业现代化不能靠"生态农业"这个法宝，提"生态农业"这个口号是弊大于利。因为西方国家是在化学投入品过多，粮食产量过剩的条件下提出"生态农业"的，而中国还存在如何解决温饱的问题。③

经济发展与生态恶化的矛盾已引起世界各国的关注。人类借助科技进步和资本积累的手段，通过耗竭资源的方式来满足人类发展

---

① 刘巽浩：《"生态农业"与农业现代化》，《中国农学通报》1988 年第 1 期。
② 刘旭、唐华俊、尹昌斌主编：《生态文明建设和农业现代化研究》，科学出版社 2017 年版。
③ 邹兴邦：《中国式农业现代化究竟走什么道路出现两种截然不同的观点》，《湖北农业科学》1988 年第 1 期。

的需要，破坏了人与资源的和谐关系，可持续发展成为共识。1991年4月，联合国粮农组织通过的《登博斯宣言》(Den Boson Declaration)对可持续农业做的经典性定义①，强调人类在追求健康而富有生产成果的生活权利时，应当保持人与自然界的和谐关系，而不应当凭借手中的技术和投资，采取耗竭资源、破坏生态和污染环境的方式来追求这种发展权的实现；强调当代人在创造和追求当前发展和消费时，不能以剥夺后代人本应合理享有的同等发展与消费机会为代价。在可持续发展理念下，农业现代化的标志除了劳动生产率或土地生产率外，建立一个良性循环的农业生态系统也是其标志之一。②

（四）家庭经营与农业现代化

改革开放以来，随着家庭联产承包责任制的实施，农业经营体制由人民公社时期的生产队统一经营转变为农户家庭经营和集体经营的双层经营体制，农业经营单位变多了，经营规模变小了，生产队时期集中力量形成的生产力遭到了分解，如何在家庭经营基础上实现农业现代化，是一个需要回答的理论与现实问题。

一种观点认为，农村改革后，人民公社时期形成的与大规模生产相适应的生产力被破坏了，家庭经营体制下农业现代化无从谈起。石山认为这种观点是不对的，是老"四化"的理念在作怪。农业实行家庭联产承包责任制后，极大地调动了农民的生产积极性，农民更加需要科学技术，需要农业机械，需要专业化和社会化，并且可能以更快的速度前进。③家庭经营虽然规模小，但它却促进了专业

---

① 《登博斯宣言》对可持续农业的定义是：可持续农业是指采取某种使用和维护自然资源基础的方式，并实行技术变革和体制性变革，以确保当代人类及其后代对农产品的需求不断得到满足，这种可持续的农业（包括牧业、林业和渔业）能维护土地、水和动植物的遗传资源，环境不退化，并且技术上应用适当，经济上能维持下去，从而能够被社会所接受。

② 夏振坤：《农业现代化讨论中几个有争论的问题的商榷》，《华农科技》1979年第2期。

③ 石山：《中国式农业现代化及其起步》，《经济研究》1983年第1期。

化、社会化的发展，有效地发挥了现有生产条件的作用。①

家庭经营给农业生产带来的活力在短时间内就得到了释放，劳动生产率和土地生产率都得了显著的提高。家庭经营不仅适合中国国情，更符合农业经营规律。已经实现农业现代化的国家，其经营形式也是以家庭经营为主。以美国为代表的规模较大的家庭农场和以日韩为代表的小规模家庭经营都在发展现代农业方面取得了成功。家庭作为农业经营者，成为利润最大化的追求者，也拥有了采纳新技术和生产方式的激励，从而形成农业现代化的根本动力。农村改革40多年来中国农业现代化水平的提高，得益于坚持了农户家庭经营这一基本经营制度。未来的农业现代化发展仍将走以家庭经营为主的现代化道路。

### 三　农业现代化研究的开创阶段

从简单模仿和借鉴现代化国家的经验和做法，到丰富和发展农业现代化理论与内涵，中国农业现代化研究进入了开创现代化理论与探索中国农业现代化方案的新阶段。中国的农业现代化已经不仅仅是农业生产领域的现代化，从本质上说，包含了农业现代化、农村现代化和农民现代化的内容。农业现代化已不再是跟随和模仿别国的现代化，而是要在要素、市场、能源、体制机制的约束性下寻找中国农业现代化的道路。

20世纪90年代中期，农村改革释放的活力逐渐变弱，新旧体制矛盾冲突明显，农村问题比较突出，一些学者把农业、农村、农民问题概括为"三农"问题，随后此概念广为流传。对农业现代化的研究也自然是针对"三农"问题，即包括了农业现代化、农村现代化和农民现代化三个方面。

从系统论的角度看，农业现代化是一个复杂的系统工程。它不

---

① 王大安：《农业"双包"责任制展现了我国农业现代化的光辉前景》，《学习与研究》1983年第7期。

仅包括农业生产过程的现代化、流通过程的现代化,还包括消费过程的现代化;不仅包括农业的现代化、农村的现代化,还包括农民的现代化,是一项涵盖农业现代化、农村城镇化、农村工业化的系统工程。① 因此,农业现代化不只是农业领域中一个方面、一个过程的现代化,而是全方位、全过程的现代化。② 陆学艺在《中国社会主义道路与农村现代化》一书中用农村现代化的四个阶段回答了中国农民往何处去这一历史性命题。他认为中国农村要经历家庭联产承包责任制、乡镇企业、小城镇、城乡一体化和区域现代化四个阶段实现农村现代化,农民走向终结。③ 还有学者提出农村现代化是中国农村由传统农业社会向现代工业社会转变的历史过程,它以二元经济和社会结构为历史起点,以社会主义为道路选择,以温饱、小康、富裕为基本历史阶段,以富强、民主、文明为总体目标,以经济的工业化、政治的民主化、文化的科学化、剩余劳动力的非农化、农村的城镇化、城乡的一体化、农民的职业化为主要内容,是经济和社会的全面发展、整体推进、协调运作的综合进程。④

70年来,中国学者对农业现代化的研究经历了从学习、认知,到探索的过程。农业现代化是一个动态的概念,它伴随着科学技术的不断进步而变化。随着农业发展不同阶段的主要矛盾不断转变,人们对农业现代化的认识也经历了一个从狭隘到广义转变的过程。狭隘的农业现代化仅仅指农业作为一个产业的现代化。初期,中国农业的主要矛盾是农业生产力落后,因而把农业科技进步、现代投入品和对劳动的替代作为现代化的方向,机械化、电气化、水利化

---

① 李云才等:《中国农村现代化研究》,湖南人民出版社2004年版,第12页。

② 张仲威:《中国农业现代化若干问题的探讨》,《农业现代化研究》1994年第3期。

③ 陆学艺主编:《中国社会主义道路与农村现代化》,江西人民出版社1996年版。

④ 王立胜:《中国农村现代化:思路与出路》,人民出版社2009年版,第357页。

和化学化就成为农业现代化的目标。当科技进步和现代要素投入不再是"瓶颈"的时候，农业主要矛盾转变为如何改变管理方式和管理手段的落后状况，因而把优化农业的组织和管理方式作为现代化的目标。当农业不再是农民解决温饱问题的唯一途径时，农业的市场化程度就成为主要矛盾。而农业市场化带来的对农业资源的掠夺性使用和对环境带来危害时，农业的绿色发展又成为农业现代化的目标。

## 第三节 中国农业农村现代化的路径选择

中国农业现代化的路径选择，一直是学术界较为关注的课题，也存在不同的观点。农业现代化路径是一国农业走向现代化所选择的技术路线及技术采纳的优先序，与农业所处的发展阶段和资源特征有较强的关系。70年来，中国在由传统农业向现代农业转变的过程中，在不同的历史阶段都积累了丰富的实践经验，也经历过失败和挫折。从合作化、集体化下的农业现代化探索，到改革开放后以家庭经营为基础的农业现代化实践，从单一的农业生产现代化到农业农村现代化，中国的农业现代化走过了一条不平凡的道路。

### 一 改革开放前农业现代化道路的探索

新中国成立后，中国开始了农业现代化的探索之路。在完成了土地改革和合作化后，中国农业走向了集体化的道路。在人民公社的制度框架下，毛泽东同志提出了"农业的根本出路在于机械化"这一论断，主导了中国农业现代化的方向。在此基础上中国提出了有步骤地实现农业机械化、水利化、化肥化、电气化，即以"四化"为内容的农业现代化道路。1962年，党的八届十中全会指出，农业问题上的根本出路是：第一步是实现农业集体化，第二步是在农业集体化的基础上实现农业的机械化和电气化。自此中国走向了在集体化基础上，以农业机械化为主要内容的农业现代化道路。20世纪70年代初，中国加大对农业技术、设备的推广与应用力度，兴修水利工程；拟定了1980年基本实现农业机械化的目标，随着国家"四三方案"的实施，中国有计划地从国外引进了一批大型农机设备。

这一时期，学术界争论的焦点是提高土地生产率和提高劳动生产率孰先孰后的问题。土地生产率和劳动生产率都是衡量农业现代化水平的重要指标，二者并不必然互相矛盾。但是，从中国所处的发展阶段和资源禀赋来看，确实存在孰先孰后问题，反映在以"四化"为主要内容的农业现代化路径选择上，存在先"化"什么，后"化"什么的问题。这个问题的意蕴是先发展以提高劳动生产率为主的现代化，还是先发展以提高土地生产率为主的现代化。一种观点认为中国人口多，耕地少，经济底子薄，农业现代化的中心问题是充分利用现代科学技术，提高土地生产率，使每亩耕地生产出更多的粮食和其他农产品，逐步解决中国按人口平均占有农产品不足的问题。另一种观点则认为，农业现代化归根到底是要提高农业劳动生产率，使每个农业劳动力生产出更多的农产品，养活较多的非农业人口，彻底改变几亿人口搞饭吃的局面。[1] 以提高土地生产率为主的现代化所采纳的技术路线是化学化、水利化和电气化为先，以提高劳动生产率为主的现代化所采纳的技术路线是机械化为主导，变劳动密集型农业为技术密集型农业。在农村存在大量剩余劳动力，城市和工业吸纳劳动力的能力低下的情况下，以提高土地生产力为主导的现代化更加符合中国的实际。

从实践上看，1957—1978年，中国化肥使用量增长23.7倍，大中型拖拉机增长38倍，农村电力消费增长180倍。建成了一批大、中型骨干水利工程。土地产出率在一定程度上有所提高，但数据显示，农业劳动生产率却处于下降趋势。1978年的粮食产量比1949年增长1.7倍，而1978年的粮食人均占有量大致相当于1957年的

---

[1] 郑林庄：《农业现代化与农业生产效率》，《中国社会科学》1981年第2期。

水平。

## 二 改革开放后适合中国国情的农业现代化道路探讨

### (一) 改革初期的农村现代化路径讨论

农村改革后,农业经营由集体经营改为农户家庭经营,集体化时期的农业现代化路径面临挑战。1978年,邓小平提出"我国农业现代化,不能照抄西方国家或苏联一类国家的办法,要走出一条在社会主义制度下合乎中国情况的道路"的重要论断。党的十一届三中全会则提出"走出一条适合我国情况的农业现代化道路"的要求。由此,中国再次面临农业现代化的路径选择问题。

这一时期,学术界从传统农业向现代农业转变的视角,探索中国的现代农业转变之路。第二次世界大战后一些率先实现农业现代化的国家,可以归纳为三种类型:一是以美国、苏联等为代表的人少地多的国家,为了解决劳动力不足的问题,首先重视机械化。二是以日本、荷兰、比利时等为代表的地少人多的国家,这些国家主抓化学化,其次才是水利化和机械化。三是以英国、法国、德国等为代表的人地均衡的国家,对机械化、水利化和化学化都比较重视。中国传统农业具有悠久的历史,自战国、秦汉时期就逐渐形成了一套以精耕细作为特点的传统农业生产技术。直至新中国成立前夕,中国一直停留在传统农业发展阶段,逐步形成了以劳动投入密集、土地生产力较高的传统农业类型。新中国成立后,农业中使用新的生产要素的品种和数量不断增加,新技术对农业增长的影响愈益显著,从总体上看,进入20世纪90年代,中国的农业已不是典型意义上的传统农业,正处在由传统农业向现代农业转化的阶段。[①]

改造传统农业的重点是以现代投入品替代传统投入品,在有限的土地上生产出更多的农产品,以满足人们对食物的需求。杜润生

---

① 李周 等:《论我国农业由传统方式向现代方式的转化》,《经济研究》1990年第6期。

在1988年年底召开的全国农村工作会议上指出，农业现代化是现代要素对传统要素的替代，而这些要素都不能从农业内部提供。美国发展机械化是因为美国农业劳动力短缺，所以要用机械代替劳动力。中国人多地少，土地资源短缺，代替土地的首先是化肥、水利和良种。①

有观点认为，只强调提高土地生产率或提高劳动生产率都没有抓住主要矛盾。中国在实现农业现代化的过程中必须注意投入农业生产的各项资源的有效利用，尽力提高各项资源的综合生产率，即农业生产效率，这才是现代农业的本质②。

20世纪80年代，中国的粮食短缺问题还未解决，粮食生产仍是农业的重点。多次受邀到湖南省桃源县考察的日本农业专家田村三郎认为，中国农业现代化的根本在于建立起能充分满足全国人民的需求、稳定地向全国人民提供丰富的农产品的栽培技术。机械化固然能起到提高劳动生产率的作用，然而，在城市和农村工业还不够发达的时候，机械化似乎不是十分重要的。③ 因为中国的农产品单产和家畜的出肉率都显著低于欧美和日本，改革栽培技术和家畜饲养技术是当务之急。④ 李周等的研究也发现，我们过去盲目模仿苏联的农业增长模式，把农业机械化放在了不应有的位置。对于中国而言，更重要的是推行节约土地型农业技术，片面强调节约劳动型农业技术是不符合国情的。⑤

这一时期，研究者提出了不同的农业现代化模式。如有的用

---

① 杜润生：《传统农业现代化》，《山区开发》1989年第1期。
② 郑林庄：《农业现代化与农业生产效率》，《中国社会科学》1981年第2期。
③ 田村三郎、刘传玉：《我对中国农业现代化的看法》，《世界农业》1984年第11期。
④ 田村三郎、姚佩君：《对中国农业现代化的考察》，《农业现代化研究》1980年第1期。
⑤ 李周 等：《论我国农业由传统方式向现代方式的转化》，《经济研究》1990年第6期。

"飞鸟型"农业来刻画农业现代化的系统性和整体性。以种植业为"主体",以农、林、牧、副、渔业全面发展和农工商综合经营为"两翼"。以生态环境、基础设施建设和小城镇建设为"立足点",社会主义精神文明,是中枢神经,是"鸟头"。[①] 于光远提出了"十字形大农业",其中横是指农、林、牧、副、渔业,竖是指农产品加工业和农业服务业。[②] 朱道华在"十字形大农业"基础上提出了"开放型的系统农业",认为现代农业结构的模式是由许多十字形纵横交错地构成了网状,这个"网"与工业和其他部门的"网"相连接,是一个开放的系统。[③]

(二) 社会主义市场经济下的农业现代化模式

20 世纪 90 年代初期,中国提出要建设社会主义市场经济体制的目标。农业现代化要适应市场经济的需要,既要把农业生产建立在现代科学技术的基础上,又要遵守市场经济规则,提高经济效益。因此,现代化的农业是一种高科技含量、高资本投入、低劳动投入、高消耗、高产出、高商品率和高度社会化的农业。[④]

市场经济下的农业技术采纳和应用要以经济效率为原则,现代化农业应是建立在科学决策的基础上。中国一度片面追求农业机械化,背离了中国农业劳动力相对丰富的要素结构特点,这种选择脱离了中国的国情,1993 年中国农业机械总动力约为 3.2 亿千瓦,是 1952 年的 168.3 倍,而同期全国农村劳动力也由 1.8 亿人增加到 3.4 亿人,这种共增现象带来农业机械的大量闲置。集体化选择导致了农业效率的损失,政府在农业技术推广方面出现了严重失误,对农业现代化建设与生态环境保护的关系缺乏明确认识,农业现代化建

---

① 李昌:《从黑龙江省海伦综合科学实验基地看我国的农业现代化》,《农业现代化研究》1982 年第 6 期。
② 于光远:《"十字形大农业"小议》,《农业经济问题》1982 年第 6 期。
③ 朱道华:《我国农业发展战略探讨》,《经济研究》1983 年第 4 期。
④ 傅晨:《基本实现农业现代化:涵义与标准的理论探讨》,《中国农村经济》2001 年第 12 期。

设与农业增长存在着某种不同步,改革以来农业的高增长并没有带来农业现代化基础条件的明显改善。①

在社会主义市场经济条件下,农业现代化更是一个复杂的经济、社会、生态、政治、文化系统,因此,要综合考虑各方面因素,协调处理好相关关系,包括土地生产率与劳动生产率的关系,有机农业与无机农业的关系,经济效益与生态效益的关系,物质投入与科技投入的关系,生产手段现代化与制度现代化的关系,农业产业化与农民组织化的关系,土地经营规模与社会化服务的关系,农村城镇化与城乡一体化的关系,政府主导与农民主体的关系,总结自己经验与借鉴国外经验的关系。②

(三)农业产业化是实现现代化的重要途径

20世纪90年代农业产业化这一概念被提出,受到了广泛的关注,被认为是中国深化改革中出现的一种新型的扶持、保护和促进农业发展的新机制,是继家庭承包制、乡镇企业之后的又一次农村经济体制的制度创新。③

农业产业化是在家庭联产承包责任制基础上,为农民进入市场,采用先进科技,优化农村经济结构,促进产业发展和升级的政策选项。通过种养加、农工商一体化经营,把农民带入市场中来。其基本模式是公司加农户,以公司或企业为龙头,以农产品基地为依托,形成规模化经营。主要形式有农产品加工企业或流通企业为龙头,以农产品基地为依托的生产、加工、销售一体化经营;以农产品市场、专业批发市场为龙头,以农产品基地为依托的生产、销售、服务一体化经营;以各类中介组织为龙头,以农产品基地为依托,实行生产、加工、销售一体化经营;以各类技术协会、科技实体为龙

---

① 李成贵:《中国农业现代化建设的评价与反思》,《调研世界》1996年第5期。

② 顾焕章:《论面向21世纪我国农业现代化进程中的十大关系》,《中国农村经济》1997年第7期。

③ 张卓元主编:《当代中国经济学理论研究(1949—2009)》,中国社会科学出版社2009年版,第212页。

头，以农产品基地为依托，实行技术服务与生产、加工、销售一体化经营。农业产业化的构成要素有龙头企业、主导产业、农产品基地、利益机制和管理制度。这五个要素相辅相成，互为作用。[①] 这些不同模式的共同点是以农产品基地为纽带，把农户和企业连接起来，共同参与市场竞争。

农业产业化是"最具全局性和长远战略意义的突破和创新"，是走出"一条适合中国国情的实现农业现代化之路"，[②]是中国从传统农业向现代农业转变的良好途径，是农业现代化的桥梁和纽带。[③] 农业产业化是以市场为导向，以经济效益为中心，将产前、产中、产后有机连接起来，实现生产专业化、布局区域化、经营一体化、服务社会化、管理企业化。产业化的农业具有现代农业的特征，是现代化农业的一种体现形式。

农业产业化是实现农业现代化过程中制度创新的主要途径，它加速了农业现代化过程中的技术变革，在某种程度上可以改变农业的弱势地位，并为农业现代化吸引更多外部资金，它也是世界农业现代化变迁中的共同选择。[④]

（四）迈入 21 世纪的农业现代化

进入 21 世纪，中国农业面临着新的矛盾。农业现代化进程是农业生产持续地采用现代农业科技的过程，科技进步促成了农业现代化层次的不断递进。由此有学者提出了农业现代化的两层次论，即第一个层次的农业现代化进程是为了提高农业的土地生产率和劳动生产率，满足人们对农产品数量不断增长的需要，在此基础上增加农民收入。第二个层次的农业现代化进程是在第一个层次基础之上，

---

[①] 尹成杰：《关于农业产业化经营的思考》，《管理世界》2002 年第 4 期。

[②] 牛若峰：《中国农业产业化经营的发展特点与方向》，《中国农村经济》2002 年第 5 期。

[③] 梁荣：《农业产业化与农业现代化》，《中国农村观察》2000 年第 2 期。

[④] 李成贵：《中国农业现代化的最佳路经：产业化》，《当代经济科学》1996 年第 2 期。

为了提高农业生产效益，维持农业持续高速发展，满足人们对产品质量和种类的需求，从而提高农民收入。在中国，第一层次农业现代化追求农业科技的主要特征是农业机械化、农业电气化、农业化学化和农业水利化。第二层次农业现代化追求农业科技的主要特征是农业标准化、农业信息化、农业生物化、农业设施化和与之配套的管理现代化等。①

工业化、信息化、城镇化和农业现代化"四化同步"是在工业化、城镇化深入发展中同步推进农业现代化，即在"三化同步"的基础上发展而来的。既然是同步发展，农业现代化就不再是"三农"的现代化，而是与工业化、信息化、城镇化同步推进。理论界对城镇化与农业现代化的关系研究给予了特别关注。有学者认为，新型城镇化是对传统城镇发展方式的扬弃，不是简单的城市人口比例增加和面积扩张，而是要在产业支撑、人居环境、社会保障、生活方式等方面实现由"乡"到"城"的转变。"四化"同步下的农业现代化包括农业产业现代化、职业农民现代化、农村社会现代化三个方面。②农业现代化依赖城镇化，同时又推动城镇化不断发展。实现农业现代化不仅是中国农业发展的目标，还是保证城镇化持续、健康发展的重要基础与途径。农村经济与城镇经济脱节，农业与非农产业脱节，农民与城镇市民脱节成为新时期制约中国农业现代化与城镇化协调发展的重要障碍。③

中国的农业现代化和城镇化发展水平不断优化提升，农业现代化与城镇化的耦合度在1996—2013年从失调阶段进入了耦合协调阶段。但是中国当前的农业现代化与城镇化水平的匹配化程度仍然偏

---

① 张冬平、黄祖辉：《农业现代化进程与农业科技关系透视》，《中国农村经济》2002年第11期。

② 胡守勇：《新型城镇化与农业现代化的内在逻辑》，《农民日报》2014年7月30日第3版。

③ 刘玉：《农业现代化与城镇化协调发展研究》，《城市发展研究》2007年第6期。

低。在"四化同步"发展的大环境下,协调城镇化和农业现代化的发展,重点在于推动农业现代化。[①]

进入21世纪后,我国经济进入持续高增长阶段,社会主义现代化建设步伐加快。但是,农业现代化仍面临许多困难与约束,党的十七大报告中指出,我国农业基础薄弱、农村发展滞后的局面尚未改变。这是因为我国是在传统农业部门没有得到改造时提前发动工业化的,农业的技术基础尚未得到根本的改变,农业劳动生产率的提高主要来源于农业劳动力的转移的效应。[②] 对农产品的需求仍处于持续较快增长阶段,城镇化快速推进,农业资源约束日益严峻,农业科技贡献率仍然不高。加快建设现代农业就是要走具有中国特色的农业现代化道路。要统筹城乡经济社会发展,实施工业反哺农业,城市支持农村的方针,着力提高农业综合生产能力[③]。2007年中央一号文件《中共中央国务院关于积极发展现代农业扎实推进社会主义新农村建设的若干意见》指出,发展现代化农业是社会主义新农村建设的首要任务。要用现代物质条件装备农业,用现代科学技术改造农业,用现代产业体系提升农业,用现代经营形式推进农业,用现代发展理念引领农业,用培养新型农民发展农业。为此,提出要建立促进现代农业建设的投入保障机制,提高现代农业的设施装备水平,强化建设现代农业的科技支撑,健全发展现代农业的产业体系,发展适应现代农业要求的物流产业,造就建设现代农业的人才队伍,创新推动现代农业发展的体制机制,加强党对农村工作的领导。

---

[①] 辛岭、胡志全:《我国农业现代化与城镇化协调发展研究——基于1996—2013年数据的实证分析》,《北京联合大学学报》(人文社会科学版)2016年第4期。

[②] 洪银兴:《中国特色农业现代化和农业发展方式转变》,《经济学动态》2008年第6期。

[③] 陈锡文:《走中国特色农业现代化道路》,《求是》2007年第22期。

### 三 新时代的农业农村现代化探索

党的十八大以来,中国现代化建设进入新时代,开启了全面建成小康社会、加快推进社会主义现代化的新征程。党的十九大报告清晰擘画全面建成社会主义现代化强国的时间表、路线图。在2020年全面建成小康社会、实现第一个百年奋斗目标的基础上,再奋斗15年,到2035年基本实现社会主义现代化。从2035年到21世纪中叶,在基本实现现代化的基础上,再奋斗15年,把中国建成富强民主文明和谐美丽的社会主义现代化强国。党的十九大提出了实施乡村振兴战略,加快推进农业农村现代化的战略任务。2018年《中共中央国务院关于实施乡村振兴战略的意见》又明确提出加快实现由农业大国向农业强国转变,到2035年基本实现农业农村现代化。正如习近平总书记所指出的,"农业农村现代化是实施乡村振兴战略的总目标","没有农业农村现代化,就没有整个国家现代化"。[1]

新时代的农业农村现代化具有极其丰富的内涵,既体现了"五位一体"总布局的内容,又涵盖了农业、农村和农民的现代化。"产业兴旺、生态宜居、乡风文明、治理有效、生活富裕"是乡村振兴战略的总要求,是"五位一体"总布局在农业农村领域的具体体现,也是农业农村现代化的基本特征。同时,离不开城乡融合发展体制机制和政策体系,为推进农业农村现代化提供支撑和保障。[2]

实现农业农村现代化,产业兴旺是重点。通过构建现代化农业产业体系、生产体系、经营体系,培育农村新产业、新业态,促进农村第一、第二、第三产业融合发展。以绿色发展方式提供有竞争力的高品质的农产品。生态宜居是关键。尊重自然、顺应自然、保

---

[1] 习近平:《习近平关于"三农"工作论述摘编》,中央文献出版社2019年版,第20、42页。

[2] 任常青:《农业农村现代化水平评价指标体系的构建》,载魏后凯、闫坤主编《中国农村发展报告(2018)——新时代乡村全面振兴之路》,中国社会科学出版社2018年版,第97—124页。

护自然,通过绿色发展与农村环境治理,实现经济发展与环境优美的高度统一。乡风文明是保障。培育与现代化相适应的包括文明乡风、良好家风、淳朴民风在内的乡村社会文明氛围。治理有效是基础。创新农村社会治理方式,走自治、法治、德治相结合的道路,建立与现代化进程相适应的乡村社会治理体系。生活富裕是根本。现代化提升人们的生活质量,让更多的人分享现代化的成果,消除贫困和不平等。体制机制是支撑。农业农村现代化进程中,始终贯穿着制度建设,现代化的体制机制既是农业农村现代化的支撑,又是农业农村现代化的重要特征。[①]

实现农业农村现代化是一项长期的艰巨任务。魏后凯认为,农业农村现代化既不是农业现代化的简单延伸,也不是农业现代化和农村现代化的简单相加,而是包括农村产业现代化、农村生态现代化、农村文化现代化、乡村治理现代化和农民生活现代化"五位一体"的有机整体。[②]《中国农村发展报告(2018)》总报告课题组以这五个方面现代化作为一级指标,并选取29个二级指标,构建农业农村现代化评价指标体系,对中国农业农村现代化进程进行评价。结果表明,中国全面实现农业农村现代化的进程,从2010年的43.78%提高到2016年的54.02%,目前正处于农业农村现代化的中期阶段,加快推进农业农村现代化任重道远。[③]

2017年12月召开的中央农村工作会议明确提出走中国特色社会主义乡村振兴道路,包括七个方面:一是重塑城乡关系,走城乡融

---

[①] 任常青:《农业农村现代化水平评价指标体系的构建》,载魏后凯、闫坤主编《中国农村发展报告(2018)——新时代乡村全面振兴之路》,中国社会科学出版社2018年版,第97—124页。

[②] 魏后凯:《深刻把握农业农村现代化的科学内涵》,《农村工作通讯》2019年第2期。

[③] 总报告课题组:《走中国特色的乡村全面振兴之路》,载魏后凯、闫坤主编《中国农村发展报告(2018)——新时代乡村全面振兴之路》,中国社会科学出版社2018年版,第3—69页。

合发展之路；二是巩固和完善农村基本经营制度，走共同富裕之路；三是深化农业供给侧结构性改革，走质量兴农之路；四是坚持人与自然和谐共生，走乡村绿色发展之路；五是传承发展提升农耕文明，走乡村文化兴盛之路；六是创新乡村治理体系，走乡村善治之路；七是打好精准脱贫攻坚战，走中国特色减贫之路。中国特色的乡村振兴道路也是实现农业农村现代化的中国道路。

自改革开放以来，中国就存在小规模农户经营与农业现代化的结合问题。一些学者对家庭经营与现代化的关系进行了较为系统的研究。在新时代，小农户与现代化的关系问题再次引起理论界的关注，有其必然原因。小农户的大量存在并将长期存在是中国农业经营的基本特征，小农户的现代化就是中国农业农村现代化的体现。小农户与现代化的有机衔接就是要让小农户参与到社会分工中来，为小农户提供包括生产性服务、经营性服务和金融性服务在内的现代化农业服务。小农户不必然等同于小规模，在健全的市场体制下，小农户可以通过市场的方式实现适度规模经营。

# 第 四 章

# 粮食问题与粮食安全研究

粮食问题，通俗简单理解就是吃饭问题，复杂理解涉及粮食安全和经济社会稳定大局，一直困扰着中国人。新中国成立至今，各个层次对粮食问题的研究从未中断，一个问题解决了，往往又会出现新问题，有的问题如粮食"多了"和"少了"反复出现，即粮食数量不断引起对粮食问题的关注和研究，改革开放后粮食问题又涉及粮食价格、国内生产和进口关系，以及食品安全等诸多议题。需要说明的是，本书的研究，属于广义的研究，既包括相关决策者、政府机构研究者的研究，更包括一般学者的研究，还包括社会大众的主要看法和思考。客观来说，中国历史上虽然长期受粮食问题困扰，但是一直没有清晰的"粮食安全"概念。直到20世纪80年代，中国才引入"粮食安全"概念，后来与中国粮食问题研究融合起来形成了具有中国特色的粮食安全话语体系。概括地说，70年来有关中国粮食问题和粮食安全研究关注的主要是粮食产量、收购量、质量和结构及粮食生产能力、进口格局、储备等供给侧方面的问题，形成了在粮食供求关系不断变化情况下以保障居民粮食消费及其他食物消费为中心的思想体系。尽管当今中国越来越频繁地使用"国家粮食安全"概念和理念，但是中国普遍接受的这一概念和理念，仍然属于中国粮食问题范畴，与国际上通用的"粮食安全"概念存在着明显区别。

## 第一节 粮食短缺情况下保障粮食供应的研究

新中国成立至改革开放初期，经历了一系列重大事件，党的工作中心由农村转向城市，"一五"时期国家选择重工业优先发展的工业化道路，经历了"大跃进"和"文化大革命"，粮食问题十分突出，始终是经济社会研究的重大问题。为了确保经济建设能够推动，受苏联影响国家实行计划经济体制。这一时期，粮食短缺是常态，虽然当时学者的有关研究的文献较难检索，但是保障粮食供应则是中央决策层需要不断研究和探索解决的中心问题之一。新中国成立初期，大城市解放，为了保障城市粮食价格稳定，中央研究后决定从老解放区调运粮食，虽然有成效但也不断地遭到社会批评和农民抵制。尽管如此，中国不仅没有放弃和减少国家调运粮食，反而从国家建设需要进一步加强了粮食生产和控制。1953年，国家开始大规模经济建设，在计划经济体制下，为了保障粮食供应，国家高度重视粮食生产，后来进一步强调以粮为纲全面发展来安排粮食和农业生产；在流通领域对粮食实行统购统销，对其他重要农产品实行派购。为什么要统购统销？统购统销怎样实施？又带来了哪些影响？这些问题不仅当时有研究，改革开放后更是吸引了一些学者的注意和研究。

### 一 新中国成立初期的粮食问题

新中国成立初期，人们就认识到中国的粮食问题，核心就是中国人的吃饭问题和生存问题。在旧中国，粮食问题始终没有得到解决，灾荒多发重发。据研究[1]，从新中国成立前每百年有88年粮食

---

[1] 石础：《粮棉丰收的原因及其意义》，《人民日报》1950年10月20日第5版。

生产因自然灾害减产。当时中央决策层研究认为，灾害频发不仅造成粮食减产，而且带来粮食交易秩序的破坏，加剧粮食分配的不公，直接威胁一部分中国人的生存。一旦灾区出现减产，粮食流通往往会出现区域分割和相互封锁进一步加剧，商人囤积居奇，赚取高额差价，农民贱卖贵买；政府不愿意也没有能力调控粮食供给，粮价剧烈波动。旧中国，饥荒的形成，往往是天灾人祸所致。

1949 年新中国成立，中央决策层在总结过去经验基础上，研究认为要把应对粮价暴涨作为解决粮食问题的首要任务，粮食问题就是如何稳定粮食价格，核心是如何稳定大城市粮食价格，采取的主要措施是平衡区域粮食供求关系，增强政府对粮食的调控能力，扼制粮商等操纵粮价行为，确保大城市等新解放重点地区的粮食价格稳定，要完成这一任务，中央决策层研究后认为要确保粮食供应不断档，重要节点粮食供应充足，以打击粮食投机商。

新中国成立不久，把稳定大城市粮食价格作为首要任务，应是中央决策层根据历史作出的准确判断，也是基于当时随时可能发生的经济社会动荡的现实而作出的重要政策选择。据研究[1]，从 1949 年到 1950 年初，需要政府供应的粮食数量快速增加，大城市粮食供求关系紧张，北京、上海和天津等城市粮商投机，先后出现四次粮食等必需品价格暴涨。

1950 年，开展了第一次全国性的粮食大调运，从东北等地的产粮区调运粮食，保证大城市和经济作物地区以及受灾地区的粮食供应[2]。新中国成立初期的粮食大调运成效怎么样？研究表明，通过粮食大调运，增强了政府调控能力，有效地避免了解放不久的大城市闹春荒问题。所谓闹春荒，就是一年新收获季之前居民口粮青黄不接所带来的粮食紧张情形。春节之后，直至粮食生产年度进入期末，

---

[1] 孙瑜：《国家征购农民粮食主要方式研究》，华夏出版社 2014 年版，第82 页。
[2] 转引自程漱兰《中国农村发展：理论和实践》，中国人民大学出版社 1999 年版，第 104 页。

历史上这一时期通常会出现惶惶不安的粮荒。新中国成立前一般都会在大城市闹春荒期间出现的粮食价格暴涨，在新中国成立后不久便消失了。据研究[①]，1950年三四月间，北京、天津、上海、汉口、广州、福州、成都、西安、沈阳等大城市口粮价格稳步下降，从3月上旬到4月中旬，北京等大城市大米和小米价格下降幅度超过30%，全国其他城市等粮食价格也呈现出不断下跌的态势。如果追溯当今中国粮食市场调控，不难发现新中国成立初期中央就形成了粮食全国"一盘棋"思想，通过粮食大调运可以有效解决粮食供求区域不平衡问题，促进粮食价格的稳定，保障缺粮地区粮食供应。

粮食大调运，粮食从何而来？研究表明，新中国成立初期国家通过征购农民生产的粮食，掌握了粮源，再通过粮食大调运，稳定了粮食价格，从而促进了经济社会全局稳定。据研究[②]，1951/1952粮食年度国家用于保障供应和稳定价格的粮食来自公粮征收和市场收购的比例为61∶39。随着粮食价格的稳定和社会上对政府通过农业税征收粮食加重农民负担的批评，1953年国家掌握的粮食倾向于选择少征多购方式，粮食征购所占比重下调。1952/1953粮食年度来自公粮征收和市场收购的比例调整为56∶44。

新中国成立后，除了注重粮食区域间大调运外，为了增加粮食供给，对粮食生产也高度重视。土地改革，减轻农民负担，兴修水利，推广良种良法，防治病虫害，这一系列举措的结果是1950年粮食获得大丰收。

1950—1952年是新中国成立后的三年国民经济恢复时期，粮食大幅度增产，政府对粮食价格的调控也取得了成效。但是，当时实践中也反映出国家调控粮食市场稳定粮食价格的目标任务与明显不

---

① 王寅生：《今日的粮食问题和粮食政策》，《人民日报》1950年4月28日第5版。

② 薄一波：《若干重大决策与事件的回顾》（上卷），中共中央党校出版社1991年版，第262—263页。

足的能力之间的矛盾趋于严峻,研究者的意见普遍认为政府按当时条件从农民手中收购的粮食量无法满足经济建设需要的粮食供应保障和其他农副产品供应保障。如何在当时粮食生产能力条件下保障日益增多的粮食供应?这应该是粮食统购统销体制形成的思想源头。

## 二 粮食统购统销体制形成

解决中国粮食问题的重要内容之一是改革前后长期实行的粮食统购统销体制。据研究[①],1953年10月16日,中共中央做出了《关于实行粮食的计划收购与计划供应的决议》,要求当年11月底完成各级的动员和准备,12月初开始在全国范围内实行粮食的统购统销;同年11月,政务院通过并发布《政务院关于实行粮食的计划收购和计划供应的命令》,规定了实行粮食统购统销的具体办法。

所谓统购,主要是对农民余粮实行统一收购;所谓统销,就是由国家统一对城市、受灾地区和经济作物主产区居民供应粮食,也就是说由国家供应粮食的人口,不仅仅是城市居民,也包括部分地区的农民。有学者认为"统销"是在城镇中采取配售粮食的办法[②],根据相关历史文献,这种观点实际上是不准确的。

为什么要选择粮食统购统销?最主要原因应该是当时粮食生产无法满足粮食消费需要。在这样的背景下,在计划经济体制下,粮食统购统销是当时唯一可行的选择。1953年在通过减轻农业税向农民征粮负担的同时,国家曾试图通过自由市场购买农民余粮,但是结果从市场上收购粮食不可行,很难在自由市场上按照既定价格收购到足够规模的粮食。这样,粮食供应必然紧张起来。1953年上半年粮食供销矛盾进一步加剧。如何保障粮食供应?据研究[③],当时中

---

① 冯开文、李军:《中国农业经济史纲要》,中国农业大学出版社2008年版,第247页。

② 同上。

③ 程漱兰:《中国农村发展:理论和实践》,中国人民大学出版社1999年版,第104页。

央决策层曾研究提出过多种方案，包括通过合作社运动动员农民增加粮食销售，提高收购价格调动农民增加粮食销售积极性，通过合同预购、用工业品换购农民粮食等，最终这些方案要么行不通，要么没有效果，对粮食实行统购统销成为最后唯一可行的选择。

为什么要对粮食实行统购统销？改革后有研究者[1]对当时中央决策进行分析：陈云认为城市化需要国家保障粮食数量增加，备荒和出口换取工业化急需外汇也需要国家掌握更多的粮源，国家向农民征购粮食是唯一的选择；毛泽东同志认为从根本上解决中国粮食问题是发展粮食生产，农业集体化、机械化和现代化是出路，但是发展粮食生产不是短时间内就能够解决中国粮食问题的，搞好粮食分配是最迫切需要的。后来针对向农民征购粮食时遭到农民抵制的情形，毛泽东进一步提出要通过互助合作与粮食征购对农民进行社会主义改造。这样，是否拥护粮食征购（后来改为计划收购，与计划销售结合起来称为统购统销）上升到是否坚持走社会主义道路这个大是大非的方向性问题。

1953年，我国开始大规模经济建设，工业化和城镇化快速推进，城市居民粮食消费增加，带来了粮食供应持续紧张。为什么出现粮食供应紧张的局势？除城市人口增加外，还有研究表明[2]，新中国成立后，受西方国家对中国封锁和禁运影响，粮食进出口规模十分有限。更为重要的是，为了进口工业化所需设备，国家扩大粮食出口，并停止了粮食进口，使原来城市依靠进口粮的居民要消费国产粮食，同时新中国成立后土地改革，自耕农增加了粮食消费以提高自身的生活水平。粮食消费需求明显增加，而粮食生产能力提升则相对缓慢，粮食供求矛盾越来越突出，这才是粮食统购统销体制形成的最重要客观基础。

粮食统购统销对其他农产品收购销售也产生了广泛影响。粮食

---

[1] 王贵宸：《中国农村合作经济》，山西经济出版社2006年版，第272页。
[2] 孙瑜：《国家征购农民粮食主要方式研究》，华夏出版社2014年版。

之所以实行统购统销体制，不仅认为这是解决当时粮食供销矛盾的唯一可行选择，而且后来进一步认为是通过工农产品价格"剪刀差"提供工业化资金积累的制度保障，并构成计划经济体制的重要内容。受此认识影响，自 1953 年起在构建粮食统购统销体制基础上，国家先后对油料、棉花和上百种农副产品实行征购和派购。直到 1985 年，国家对粮食棉花实行合同定购，持续 32 年的统购统销和派购体制才开始松动并最终走向终结。

如何评价统购统销？这一话题从统购统销体制酝酿建立讨论之初到后来废除，甚至一直到今天，都是决策者和研究者所关注的。

统购统销体制在建立之初就遭到很多反对意见。1954 年，出现了严重的自然灾害，对粮食收成造成极其不利的影响，出现全国性的粮食明显减产，粮食统购统销政策的弊端开始暴露。毛泽东同志在《论十大关系》中指出，1954 年部分地区因水灾减产，向农民强制征收的粮食数量不但没有减少，反而粮食统购增加了；灾荒年份增加粮食统购数量的结果是：农民有意见，党内外也有许多意见。可见，粮食统购统销体制在形成初期是没有得到广泛接受的。

1953 年开始实施统购统销，但是直到 1957 年，农民对粮食统购统销政策仍然存在着抵触情绪，甚至出现部分农民抗拒统购任务，更多农民对统购粮食任务过重不满，也有人认为农民出售的余粮和公粮超过解决前农民承担的地租[①]。

有学者认为粮食统购统销和其他重要农产品派购体制，不仅是国家低价收购农民生产的农产品，剥夺农民利益，为工业化积累资金，而且实际上是对农民食物获取权的剥夺，在灾荒年份加剧农民因饥饿而死亡。有学者[②]研究认为在 1959—1961 年"大跃进"时期农民出现大量死亡，固然与这一时期发生严重自然灾害直接相关，

---

① 《分清粮食问题的大是大非》，《人民日报》1957 年 8 月 15 日第 1 版。
② 林毅夫：《再论制度、技术与中国农业发展》，北京大学出版社 2000 年版，第 263 页。

但是农民食物获取权被剥夺比灾害对他们的死亡的影响更大。

尽管多数研究者普遍对粮食统购统销没有给予积极评价，但是按照历史唯物主义，认识新中国成立后到改革开放初期相当长时期中国实行粮食统购统销体制，无疑要充分认识到这一体制形成和长期固化的客观必然性和两面性。这一体制既发挥了积极作用，最大的积极意义是在新中国成立初期很快稳定了社会，为国家工业化提供最强有力支撑。这一体制也存在着明显弊端，最大的弊端是挫伤了并长期压抑农民发展粮食生产积极性，致使国家长期陷入越想保障粮食供应反而粮食供应越紧张的困境中。当然，粮食统购统销体制的必要性主要取决于粮食生产。改革开放后，家庭联产承包责任制的推行，粮食的不断增产，粮食统购统销自然也就失去了存在的意义。

### 三 改革开放前发展粮食生产的研究

如何发展粮食生产，始终是中国粮食问题研究的中心议题。在粮食短缺时代，凡是能够增产的思路、途径和措施，都会受到重视。但是，如何发挥各地优势处理好粮食生产与全面发展之间关系方面的研究在新中国成立后相当时期内没有进展，在实际中过分强调以粮为纲而忽视了全面发展，结果是没有充分利用食物多样性来缓解口粮消费偏多而生产能力不足的矛盾。

如何从国家现代化全局来认识粮食生产的重要性？毛泽东同志在《论十大关系》中强调重工业是中国现代化建设的重点同时，指出决不可以因此忽视生活资料尤其是粮食的生产。到了"大跃进"时代，粮食生产在农业中地位更是得到前所未有的重视。以粮为纲方针从"大跃进"提出，一直坚持到改革开放初期。1958年"大跃进"运动开始后，到了1959年，有地方提出在农业生产上要以粮为纲[1]。但

---

[1] 《促成1959年更大更好更全面的跃进各省召开会议讨论贯彻六中全会决议》，《人民日报》1959年1月23日第3版。

是,尽管目前较难查到以粮为纲局限性方面的相关文献,而现实中农民对不同国土资源适宜发展怎样的农产品理应是清楚的。笔者曾经在江苏张家港永联村调研时了解到,20世纪60年代该村开垦了大量长江河滩荒地种植粮食,结果粮食单产水平很低,后来放弃粮食种植,围田养鱼,效果好,丰富了食物来源,缓解了农民吃不饱的难题。这种认识到改革开放后在解放思想大讨论中被概括为因地制宜发展农业。可见,如何理解以粮为纲与全面发展之间关系,在当时社会中是存在争议的,不同地方执行以粮为纲政策应该是存在差异的。遗憾的是,改革开放前人们思想受到禁锢,把以粮为纲全面发展简单片面地理解为只抓粮食生产。

从中央决策层来看,"大跃进"开始时提出农业发展要以粮为纲,后来很快同时强调了全面发展。据研究[1],到了1960年,中央文件明确了农业工作要坚持以粮为纲,全面发展方针。政策出台与政策落实落地是两码事,直到改革开放前全国多数地方对农业全面发展没有开展深入研究,估计也不允许公开讨论,更没有全面实施。

"大跃进"时期,有关粮食形势及其出现的饥荒严重性和原因等的探讨,始终是粮食问题研究领域持续关注的话题。从后来回顾的一些文献来看,"大跃进"初期,毛泽东同志根据获得的浮夸数据,曾经对粮食多了怎么办的担忧,并对过剩粮食应如何处理还开展了研究[2]。显然,"大跃进"及其以粮为纲方针的实施,可能当时中央决策层认为,特别是毛泽东认为不仅可以解决中国粮食短缺难题,而且还可能带来粮食的过剩。遗憾的是,事实并非如此,新中国成立后"大跃进"年代中国粮食问题更加突出,粮食短缺致人死亡等恶性事件屡有发生。

从农业生产特别是粮食生产来解释中国粮食供给长期短缺问题,

---

[1] 高芸:《关于"以粮为纲"何时被写入政府文件的考评》,《中共党史研究》2008年第2期。

[2] 同上。

有很多假说。不少理论认为计划经济就是短缺经济，具体看一个将中国粮食供给长期短缺主要归因于农民扩大粮食生产积极性的理论假说。20世纪90年代有学者[1]对"大跃进"严重的饥荒进行了研究，认为研究者之前提出的"连续三年自然灾害、政策失误和当年人民公社化运动中管理不善，以及由人民公社规模过大难以控制引起的激励问题"等传统解释无法得到实证资料支持，从而提出"大跃进"大饥荒是由于剥夺农民退出集体组织的权利才导致农业生产崩溃的结果，才导致了农民失去了发展粮食生产的积极性。

在中国历史上，面对"大跃进"饥荒，中央决策层当时对如何调动农民扩大粮食生产积极性实际上进行了大量研究。20世纪60年代初，经过"大跃进"之后，农业集体化管理体制也得到了调整，最主要的是农村人民公社基本核算单位下放到生产队。在这样的背景下很多地方自发地探索各种形式的农业生产责任制，其中包产到户积极效果明显。当时对于实行包产到户，从一开始就有不同看法。以邓子恢为代表的一批中央决策参与者对包产到户至少没有持完全否定态度[2]。但是，研究表明[3]毛泽东同志在1961年初时对农业生产责任制的态度是同意试验，到了当年末就明确表示农村以生产队为基本核算单位为最后的政策边界，不能再退，"责任田"这类办法没有必要再试行下去。可见，改革开放前有关发展农业生产特别是粮食生产的研究，最主要的话题是农民积极性的问题与走社会主义道路的问题，改革开放前对社会主义道路的认识主要受苏联影响在所有制上追求"一大二公"，对调动农民积极性的举措选择束缚太强，而改革开放后中央提出了要走具有中国特色的社会主义道路，这样

---

[1] 林毅夫：《制度、技术与中国农业发展》，上海三联书店、上海人民出版社1995年版，第16—24页。

[2] 邓子恢：《关于龙胜县的包产到户问题》（1962年4月11日），《邓子恢文集》，人民出版社1996年版，第584页。

[3] 中共中央党史研究室：《中国共产党历史》［第二卷（1949—1978）］，中共党史出版社2010年版，第611页。

调动农民积极性与中国社会主义道路就兼容了，很多认识问题就迎刃而解了。

总之，新中国成立后相当长时期，粮食短缺情况下保障居民粮食供应是改革开放前的经济社会突出问题。新中国成立前，中国就面临着粮食短缺，新中国成立后这一问题仍然突出。粮食短缺反映的是农产品的全面短缺，解决居民吃饭问题成为影响经济社会全局的大事，从中央决策层到社会普通成员都可能试图回答过如何保障粮食供应难题。在当时历史条件下，建立粮食统购统销和重要农产品派购制度，是决策者研究后唯一可行的选择，初期争议很大，后来逐步固化，改革开放后虽然有学者将长期的粮食短缺归因于粮食统购统销，但中央和多数学者从历史唯物主义立场出发试图还原当时的决策思路，并对粮食短缺时代国家解决粮食问题的一系列举措给予了客观评价。

## 第二节　粮食价格双轨制的探索

改革开放后，各地在不断推行家庭联产承包责任制的同时，国家大幅度提高粮食收购价格，粮食迅速增产，1983年全国出现首次农民普遍卖粮难。过去面对的是粮食短缺，研究增加供给是主导范式。当全国出现农民普遍卖粮难，反映的是粮食短期相对过剩和品种失衡，与过去研究面对的背景完全不同，这一时期研究领域在思想上没有做好充分准备。这时普通学者虽然可能已经对粮食市场化改革进行了讨论，但以粮食市场化改革为主题来查阅公开发表的学术文献却令人失望。尽管很难判断改革开放初期国内普通学者对粮食和农业经济发展等市场化改革的贡献，但是有学者将世界上普遍强调的粮食安全理念引入中国。时间不等人。面对农民卖粮难等新问题的出现，主要是中央智库和决策层决定了推动粮食等农产品流通体制改革，实践引领理论研究和探索。用现代经济学观点来看，1985年，农村改革由土地制度二权分制改革转到了粮食价格形成机制和收购制度改革上，具体做法主要是推行粮食合同订购，更多地允许市场价格机制发挥作用，从而形成了政府干预价和市场价共存的格局，称之为价格双轨制。以粮食价格双轨制为中心构建动力机制的农业农村发展阶段大致对应于中央决定1985年鼓励搞活农产品流通到1992年决定放开粮食消费市场这一时期，粮食价格双轨制思想和实践成为中国农业农村渐进式改革的标志之一。

## 一 对新中国首次出现的"卖粮难"研究

改革开放后，家庭联产承包责任制的推行，粮食收购价不断提高，全国粮食大丰收，粮食形势发生了根本性变化，彻底改变了长期以来人们有关中国粮食短缺难以解决的固有认识。关于1983年前后粮食供求关系的根本性变化，事后有学者进行了总结，认为新中国出现的首次农民"卖粮难"，国家面对的不再是如何保障消费者的粮食供应问题，而是无法对农民生产的粮食做到应收尽收，储粮难、运粮难、调粮难成为棘手问题。即便如此，国家只能收购农民生产的部分粮食，也让财政担负起越来越沉重的包袱[1]。

改革开放后中国为什么会出现粮食问题由过去长期短缺到"卖粮难"的根本性转变？尽管事后学者给予了多种多样的解释，有学者认为与经济周期和宏观政策等因素有关[2]，但当时研究者较一致地认为主要是粮食流通体制僵化，导致农民生产的粮食卖不出去，这一研究和认识带来了粮食合同订购制的探索。

1983年前后首次出现的农民"卖粮难"现象，还带来了对中国粮食形势和粮食问题如何判断的研究。根据学者后来的回顾与研究[3]，1984年之后一些有影响的研究认为中国粮食问题已经由短缺

---

[1] 刘振伟：《我国粮食安全的几个问题》，《农业经济问题》2004年第12期。

[2] 姜长云：《改革开放以来我国历次粮食供求失衡的回顾与启示》，《中国农村观察》2006年第2期。

[3] 张留征：《缓解农产品"卖难""买难"和改革流通体制的意见》，《经济研究参考》1996年第1期。

转变为过剩，并制定了调减粮食生产和加大粮食转化（口粮用作饲料、增加工业用粮）力度等的政策措施。

实际上，直到今天，关于中国粮食是紧平衡（经济学意义上）还是相对过剩的判断，研究者之间的观点也存在着明显差异。如果说中国粮食是紧平衡，为什么中国粮食价格偏低和农民生产粮食赚钱难？如果说中国粮食是相对过剩，为什么国家仍然十分重视粮食问题且研究者对粮食问题孜孜不倦地开展研究？这也许反映了中国粮食问题不仅仅是一个重大的经济社会现实问题，而且也是一个具有吸引力的学术问题。

## 二 废除粮食统购体制的探讨

改革开放后，面对粮食普遍卖难问题，社会上开始探索如何转化粮食。这进一步引发了粮食流通体制改革的广泛研究。结果是，无论作为政府机构的研究者，还是一般学者的研究，主张取消粮食统购统销体制成为普遍共识。至于取消粮食统购统销体制后，如何保障粮食供应和评价农民种粮收益变化？应该说分歧是客观存在的，甚至研究者的结论大相径庭。

据研究[1]，为了解决改革开放后粮食生产偏多带来的农民卖粮难和财政负担加重的难题，在部分农产品市场已经逐步放开并取得积极成效的基础上，1985年1月中共中央发布了《关于进一步活跃农村经济的十项政策》，决定对粮食统购统销体制进行彻底改革，取消粮食统购，改为合同订购，合同订购以外的粮食可以自由上市。

20世纪80年代中后期，中国对粮食购销体制改革进行的探索，既希望要确保粮食收购和供应，又能够减轻财政负担。怎样才能保障国家从农民手中收购到粮食？这在当时一直还是社会普遍关心的，也是迫切需要研究回答的重大问题。制度设计者研究后并没有将粮

---

[1] 宋洪远等：《改革以来中国农业和农村经济政策的演变》，中国经济出版社2000年版，第85页。

食市场一步到位地放开，而是放开了一部分粮食市场。1985年《中共中央国务院关于进一步活跃农村经济的十项政策》明确取消粮食统购，国家不再向农民下达粮食统购任务，但是同时建立合同订购，即在设计上由国家委托的粮食收购部门在播种前与农民协商签订订购合同，目的在于政府通过订购价格保留对部分粮食流通的控制；订购以外的粮食才可以到市场进行自由交易。

为什么要破除粮食统购统销体制？对粮食统购统销流通体制的改革，初期主要基于僵化的粮食流通体制导致农民普遍的卖粮难的研究和认识，着力破除的是粮食收购环节的计划体制。破除粮食统购统销体制的动力源自哪里？总体上说，新中国成立后国家实施第一个五年计划建立了粮食统购统销制度，初期虽然遭到农民抵制和社会舆论的一些批评，但是粮食统购统销体制的约束力不但没有削弱，反而加强，特别是"大跃进"时期强制征收农民粮食严重影响到农民生存需要。改革开放后，粮食大丰收，出现农民卖粮难，国家财政负担加重，如何处置粮食过多难题成了新的粮食问题。从粮食统购统销体制存废的历史来看，决定因素不是农民力量，而是国家的需要。因此，粮食问题的转化反映的是国家与农民关系的变化。解决中国粮食问题，就需要处理好国家与农民的关系。

取消粮食统购对粮食生产产生了怎样的影响？20世纪90年代中后期，改革粮食购销体制，与家庭联产承包责任制在全国普遍推行相对应，按照当时"交够国家的，留足集体的，剩下都是自己的"制度要求，合同订购农民生产的粮食理应能够得到执行，然而事实却是合同订购的农民粮食，收购时出现了较大困难。1985—1987年，全国物价总水平上涨较多，而粮食合同订购价保持不变，农民种粮积极性受挫，粮食生产出现了滑坡或者徘徊，出现农民不愿或者没有条件按照合同交售粮食。1988年，中央研究决定后再一次大幅度提高粮食合同订购价格，很快全国粮食生产又呈现出大丰收景象，新的粮食供求矛盾又进一步显现并呈现出加剧趋势。

粮食合同订购价格的提高，1989—1992年农民种粮积极性又被调动起来，导致新一轮粮食购销突出矛盾，同时由于对粮食统购统销改革没有系统性，特别是供应城镇居民的粮食价格没有相应提高，从而形成了粮食价格的"倒挂"，财政给予的补贴负担越来越重。20世纪90年代初，在国家不希望进一步增加财政负担的情况下，粮食自由贸易份额越来越大，国家收储的粮食，出库销售越来越困难，导致第二次全国普遍的农民卖粮难。放开粮食消费市场及这一改革能否保障中国粮食供应及怎样保障粮食供应的探讨，成为20世纪90年代中期前后相关研究领域的重大课题。

粮食购销体制改革对农民利益产生了怎样影响？粮食统购统销，研究者普遍认为国家通过工农产品价格剪刀差"剥夺"了农民。换言之，粮食统购统销让农民利益受损。取消粮食统购统销制度后，农民利益，特别是粮农利益是否增加了？研究者注意到，取消粮食统购制度初期，粮食价格低迷没有立竿见影好转，国家在取消统购政策的同时也取消了农业生产资料补贴，结果是化肥等农业生产资料价格大幅度上涨，农民利益受损，种粮积极性下降，粮食供应偏紧态势再度呈现[1]。可见，计划经济体制粮食统购统销，种粮农民利益受损，这种观点似乎没有太多争议，而合同订购，允许发挥市场机制作用，或者完全放开市场，种粮农民利益就一定有保障吗？事实胜于雄辩。粮食市场化改革，粮农利益未必一定得到保障。如何保障粮农利益？应该还需要深入研究探讨才能解决。

### 三 对粮食价格双轨制的研究

大致来说，自1985年到1992年，国家由放松粮食统购政策到最终放弃粮食统购政策，不再强制从农民手中购买粮食，选择国家直接控制的合同订购和自由交易的市场机制，合同订购由国家确定价格，自由交易的价格随行就市，研究者通常将这一时期的粮食购销体制改革实践称为粮食价格双轨制探索。之所以这样划分和界定，

---

[1] 孙瑜：《国家征购农民粮食主要方式研究》，华夏出版社2014年版，第176页。

主要是学者们考虑到这一时期是由粮食统购统销终结向粮食市场建立的过渡阶段。当然，粮食价格双轨制是否是反映粮食计划经济向市场经济过渡的渐进式改革举措，仍然存在一定的争议。除此之外，粮食价格双轨制条件下政策对粮食生产和供给能否产生影响？更是引起了研究者的学术讨论。不管怎样进行回顾、概括和总结，中国取消粮食统购统销，建立粮食市场体系，应该是一个渐进过程，而在这一进程中，粮食价格形成机制是核心，是最值得研究的。

有学者并不认同粮食价格双轨制是粮食统购统销向粮食市场体制的过渡性举措。有学者[①]认为粮食价格双轨制除在"大跃进"时期外普遍存在，1953年建立粮食统购统销体制后的多数年份，农民除被迫以较低计划价格向国家出售一定数量粮食外，余粮和其他农产品也可以通过地方集市销售，统购价和集市价构成了粮食双轨价。

尽管粮食双轨价在农村计划经济中存续较长时间，但从粮食价格形成机制及其影响来说，把粮食统购统销体制向市场体制过渡的体制作为粮食价格双轨制可能更加合理。在计划经济体制下，农村集市基本上也是封闭或者准封闭的，至少是分割的，各地尽管在不同时段可能允许农村集市交易，但其范围和程度存在着很大差别，集市上粮食价格很难反映全面的供求关系，根本谈不上市场价格形成机制。再说反映中国渐进式改革的粮食价格双轨制和其他重要物资价格双轨制限定在计划经济向市场经济过渡的特有现象，是顺理成章的。

粮食价格双轨制的研究中关于政府定价和提高政府定价水平怎样影响农民生产粮食积极性和粮食供给的文献，是具有重要学术价值的。一般认为在粮食价格双轨制中政府提高强制征购粮食的价格对农民增加粮食供给是无效的，主要理由是政府定价水平偏低且强制征购数量是固定的。但是，也有研究认为政府强制征购农民生产的粮食数量也可能是内生的。这样，政府征购的粮食价格提高对调

---

① 林毅夫：《再论制度、技术与中国农业发展》，北京大学出版社2000年版，第126页。

动农民种粮积极性是有效的。

结合中国的改革与发展实践,不难发现粮食双轨制中提高政府收购价或者给予农民更多经济补偿对农民发展粮食生产积极性具有明显影响。据研究[1],1986—1989年,国家逐年提高粮食合同订购价格,并从1987年开始对合同订购粮食实行化肥、柴油和预购定金"三挂钩",同时扩大粮食市场调节范围,粮食生产由1986年到1988年徘徊转变为1989年和1990年的连续两年大丰收,粮食合同订购由前期的农民抵制转变和消极卖粮转变为改革后第二次全国性普遍的农民卖粮难,说明粮农利益不仅仅是粮食价格问题。

### 四 粮食安全理念的引入及其影响

改革开放后,中国才将世界粮食安全的理念或者概念引入国内。"粮食安全"这一概念在世界上最初是20世纪70年代由联合国粮农组织提出。从查阅公开的学术期刊文献来看,较早引入粮食安全概念的是20世纪80年中后期的原农牧渔业部外事司高级农经师吴天锡[2]。到1987年,国内对粮食安全的研究逐渐增多,且由政府部门向学术研究机构转移。国内学者开始研究粮食安全理论和政策及其在中国的应用[3]。

从有效创新理论来看,20世纪80年代国内探讨的"粮食安全"话题总体属于概念引进阶段。学者对粮食安全的研究,更多关注粮食储备[4],直到1994年,国务院研究室[5]还专门开展了粮食安全与储备问题研究。直到此时,国内对粮食安全的研究主要是概念的引入,

---

[1] 宋洪远等:《改革以来中国农业和农村经济政策的演变》,中国经济出版社2000年版,第87页。

[2] 吴天锡:《世界粮食安全政策》,《世界农业》1983年第6期。

[3] 周猛:《粮食安全的理论和实践及对我国的启示》,《技术经济》1987年第10期。

[4] 厉为民:《世界粮食安全储备及安全储备水平》,《农业经济问题》1987年第3期。

[5] 国务院研究室粮食问题研究组:《粮食安全与储备问题研究》,《经济研究参考》1994年第12期。

关注的对象主要是世界或者全球而不是国内。随着国内对世界粮食安全研究的深入，中国在大力发展粮食生产的同时，开始重视粮食储备。1990年，国务院决定建立国家粮食专项储备制度，到1991年，国家专项储备粮达到400亿公斤左右[①]。

## 第三节　放开粮食消费市场后引发的"谁来养活中国"的大讨论

　　1993年，放开粮食消费市场，粮票退出历史舞台。放开粮食消费市场后，直到1995年，几年的粮食消费市场价格明显上涨，也带来食品消费价格的不断上涨。正当国内学者对有关粮食价格与消费价格上涨之间关系开展深入研究的时候，国际上有学者提出"谁来养活中国"的命题，这一命题很快引起了中国国内的大讨论。尽管到了1996年中国又经历了一次相对较长时间的农民卖粮难，但是出于对"谁来养活中国？"这一话题的考虑，特别是往往又与国际上"中国威胁论"互为支撑的考虑，中国首次发表了粮食白皮书。总体上说，放开粮食消费市场虽然经历了一些波折，但是粮食消费市场最终有效地解决了粮食购销价格倒挂带来的财政负担过重以及国有粮食企业流通效率不高等难题，也较好地满足了居民食物消费结构升级对粮食需求提出的更多更高更加丰富的要求。

### 一　中国是怎样养活自己的回应

　　20世纪90年代中期，我国经济快速增长，但通货膨胀也比较明显，经济体制转轨出现粮食价格剧烈波动。在此背景下，国外有学者[②]研究提出"谁将养活中国"，这曾引起国内外广泛关注，特别是

---

①　国务院研究室粮食问题研究组：《粮食安全与储备问题研究》，《经济研究参考》1994年第12期。

②　徐雪：《谁来养活中国？》，《中国农村经济》1995年第4期。

国内学术界的反应值得一提。在此背景下，国内学者围绕中国中长期粮食供给消费前景和发展战略及政策体系开展了广泛研究。

1994年，美国世界经济观察研究所所长莱斯特·布朗在美国媒体上相继发文鼓吹中国经济实力提高将进口全球大量贸易粮从而对全球粮食安全构成威胁，他的研究结果引起了大量关注，到1995年在国内广泛传播。根据布朗估计，中国到2030年将需要进口2.1亿—3.7亿吨粮食，当时全球粮食国际贸易量仅仅2亿吨，这样中国经济发展有实力会买断世界市场供给，导致全球粮价上涨，将其他低收入国家挤出世界粮食市场，也与其他缺粮国家争夺粮源。

布朗提出"谁来养活中国"这个命题之后，引起了中国政府机构研究者和其他研究者的强烈反响，学者们从不同视角开展了广泛研究，有些研究比较深入。最重要的是，当时中国政府组织一批专家开展研究，并于1996年10月由国务院新闻办公室对外发表《中国的粮食问题》白皮书，在科学论证基础上，运用大量数据和事实说明新中国成立后解决了人民的吃饭问题，进一步根据未来中国的粮食消费需求，坚定地回答了中国能够依靠自己的力量实现粮食基本自给，为此提出解决中国粮食问题的目标任务主要包括：努力改善生产条件，千方百计提高粮食综合生产能力；推进科教兴农，转变粮食增长方式；综合开发利用和保护国土资源，实现农业可持续发展；深化体制改革，创造粮食生产、流通的良好政策环境[1]。

总体上说，为了论证中国有能力养活中国人，国内多数学者对中国粮食生产潜力、粮食供求关系等进行了深入研究。有研究者[2]认为中国通过增加农业投入和加快科技进步等途径实现粮食供求平衡。

---

[1] 国务院新闻办公室：《中国的粮食问题》，《人民日报》1996年10月25日第1版。

[2] 朱希刚：《跨世纪的探索：中国粮食问题研究》，中国农业出版社1997年版。

也有学者把布朗的"谁来养活中国"理解为解决中国的吃饭问题是靠进口还是依靠国内生产的问题。还有研究者[1]认为：中国过去成功养活自己，关键因素是农业科研、现代技术和家庭耕作制度；未来中国农业政策选择对粮食安全会带来影响，开放可能会让中国放弃粮食自给自足政策，但并不意味着中国将丧失养活自己的能力。

总之，20世纪90年代中期，国内学者回答"谁来养活中国"这个问题时，较深入地研究了怎样解决中国人吃饭问题。在强调依靠科技进步和挖掘耕地资源发展粮食生产的同时，学者们还提出了要面向国土资源，广辟食物来源，着力发展草食畜牧业和水产业，满足居民食物消费结构升级对肉禽蛋奶水产品等需要，这些研究成果至今仍然具有价值。

## 二 关于粮食国内生产与国际贸易关系的研究

尽管国内学者普遍从粮食生产能力、增长潜力论证中国能够养活自己，但也有学者从资源禀赋和农产品比较优势等视角主张要重视粮食等重要农产品的国际贸易。有学者[2]从国际贸易原理出发对中国解决粮食问题进行反思后认为过分强调粮食自给会影响农业资源的配置效率，有学者[3]主张中国应通过实行较为自由化的粮食和其他农产品贸易体制来解决粮食问题。

20世纪90年代中期，国内对21世纪前30年中国粮食供求关系进行了广泛研究，普遍认为中国粮食产需将会出现缺口，但主要依靠自身力量解决中国粮食问题的态势不会改变，不会威胁世界粮食安全，并主张解决中国粮食问题要立足国内发展农业生产并适度进口[4]。如果与2013年中央提出的新形势国家粮食安全战略内容比较，

---

[1] 林毅夫：《中国粮食供给能力的过去与未来》，《战略与管理》1998年第4期。
[2] 蔡昉：《从比较优势与贸易利益看中国粮食供求问题》，《国际经济评论》1997年第2期。
[3] 卢锋：《粮食巨额亏损的深层根源》，《调研世界》1999年第3期。
[4] 陈吉元、韩俊：《人口大国的农业增长》，上海远东出版社1996年版，第50页。

不难发现，20世纪90年代中期国内学者研究已经提出了立足国内并适度进口解决中国粮食问题的观点。

20世纪90年代中期，国内学者回答"谁来养活中国"时，不仅论证了依靠国内资源和发展国内农业科技等自身力量可以解决中国粮食问题，而且从经济上和资源环境代价上论证了适度进口粮食，调剂国内品种余缺，弥补产需缺口的合理性。

### 三 关于国有粮食企业深化改革的研究

粮食消费市场放开后，针对国内粮食价格受多种因素影响不断上涨，国家采取了多种措施激励农民扩大粮食生产。1996年后，粮食连续增产，1998年粮食总产量曾达到历史最高水平的5.12亿吨。为了避免农民卖粮难，国家通过财政对收储费用补贴和收购资金贷款利息补贴方式鼓励国有粮库按照保护价多收购农民生产的粮食，结果带来财政用于粮食储备的支出快速增长。

解决粮食价格购销倒挂带来财政负担的问题，中央在研究基础上于1998年提出以"三项政策、一项改革"，即1998年《国务院关于进一步深化粮食流通体制改革的决定》中提出的"按保护价敞开收购农民余粮、粮食收储企业实行顺价销售、粮食资金封闭运行"的"三项政策"和"加快国有企业改革"的"一项改革"[1]为核心内容的粮食流通体制改革。实践表明，"三项政策、一项改革"推行和实施的实际效果并不理想，也受到一些学者的批评。

总体上，"三项政策、一项改革"进展不顺利，成效远不及预期[2]。1998年到2000年，一方面按保护价敞开收购农民余粮的政策目标难以贯彻到位，另一方面粮食库存积压、亏损严重，改革

---

[1] 宋洪远等：《改革以来中国农业和农村经济政策的演变》，中国经济出版社2000年版，第96页。

[2] 韩鹤忠：《粮食流通体制改革：何为大思路——粮食流通体制改革面临的主要问题与政策取向》，《调研世界》2002年第9期。

粮食收购政策，甚至放开粮食收购市场，成为一些政策研究者的观点。

为了解决粮食购销价格倒挂问题，又针对"三项政策、一项改革"显露的突出问题，国家采取了先试点，边试点边研究，推动渐进式改革。2000年国家决定将南方早籼稻、红小麦和北方春小麦退出保护价收购范围，实行购销市场化。到2001年国家进一步让浙江等沿海8个主销区率先实行区域性粮食购销市场化。据研究[①]，从2002年年初开始，有关方面就着手研究主产区如何放开粮食购销问题，并推动了地方自主进行粮食流通全面市场化改革。

推动粮食市场化改革，特别是放开粮食消费市场后，粮食价格波动与通货膨胀之间关系引起了学者的关注。一些学者研究后得出了通货膨胀时期粮食价格上涨并非仅仅主要是自身供求关系变化引起的。有学者[②]对20世纪90年代中期中国粮食价格剧烈波动研究后认为通货膨胀预期导致这一时期社会大规模存粮从而带来粮食价格明显上涨。

## 四 20世纪90年代中期粮食安全概念的本土化

到1995年，粮食安全相关概念和理念逐渐为国内学者广泛接受并转化为政策性语言，特别是学者开始深入研究。1995年，针对中国粮食价格大幅度上涨所引发的严重通货膨胀，陈锡文撰文指出中国粮食价格大幅度上涨，不仅仅是通货膨胀问题，更是粮食安全问题[③]。

虽然1990年国家建立了粮食专项储备制度，但是在平抑粮食价格等方面作用有限，有学者提出影响中国粮食安全的还有其他更加

---

① 叶兴庆：《新一轮粮改的突破及其局限性》，《中国农村经济》2004年第10期。
② 卢锋、彭凯翔：《中国粮价与通货膨胀关系（1987—1999）》，《经济学（季刊）》第1卷第4期。
③ 陈锡文：《粮食安全问题不可忽视》，《经济工作导刊》1995年第11期。

重要的因素，特别是稳定的政策和统一的市场[①]。

客观来说，20世纪90年代中期粮食安全在前期引入中国后已经越来越受到重视，但是对于"粮食安全"这一概念的内涵实际上并不清晰，"粮食安全"这一概念的外延也不严谨，特别是有关中国特色的粮食安全理论等研究仍然是极其缺乏的。

## 第四节 放开粮食收购市场后粮食价格波动的研究

在前期研究和大量实践的基础上，2004年启动的粮食流通体制改革，全面放开了粮食收购和粮食价格形成机制，标志着粮食收购市场的全面建立。在全面放开粮食收购市场和建立新型的粮食支持保护体系的同时，国家还建立粮食市场调控机制。这一机制最初的设想是当粮价过低时启动最低收购价，增加粮食政策性储备规模在粮价过高时通过抛储平抑粮食市场价格。当然，后来最低收购价政策演变成了"托市"收购政策，受到广泛批评。

从2004年到2012年，放开粮食收购市场后有关中国粮食问题研究中的粮食价格波动研究值得关注。在世纪之交一段时间内，中国推进农业结构战略性调整，深入推进粮食流通体制改革，旨在减轻国家财政负担，在放开粮食消费市场而试图控制粮食收购市场的顺价销售思路为国有粮食企业寻找出路，但在这一过程中由于粮食顺价销售实际无法行得通，以及按保护价敞开收购农民销售粮食"名存实亡"等原因，结果出现了粮食生产总体不断下滑，在2003年粮食种植面积相对较低时又遭遇较严重自然灾害，粮食总产量由1998年的5.1亿吨下降到2003年的4.3亿吨，从当年第四季起粮

---

① 钟甫宁：《稳定的政策和统一的市场对我国粮食安全的影响》，《中国农村经济》1995年第7期。

市场产生了反应。进入21世纪后，特别是2003年秋粮收获后粮食价格开始了新一轮的上涨周期，引起了研究者对新中国成立，特别是改革开放以来中国粮食生产和市场波动的关注，认为粮食生产波动是中国粮食问题的重要表现，粮食生产波动对经济社会健康发展带来不利影响，主张要靠政策支持措施来防御粮食生产超常性波动[1]。

除了研究者基于2004年后相当长时间粮食价格和其他农产品价格上涨事实对过去的粮食生产和市场波动开展研究外，更多研究则结合历史和国际国内因素对2004年粮食等价格上涨的原因给出解释[2]。概括来说，关于引起2004年后粮食价格不断波动上涨的主要因素，尽管学者间的争议非常大，但是共同的主要因素大致包括宏观经济因素、需求因素、成本因素、国内托市收购政策因素，以及国际因素和农产品金融化趋势。

2004—2013年，中国经济高速增长，多数年份采取积极财政政策和货币政策，为粮食价格不断上涨创造了条件，甚至有学者认为是通货膨胀带来了粮食价格上涨。需求因素也是这一时期影响粮食价格不断上涨的重要因素，特别是石油价格上涨及生物能源技术发展，可以将玉米加工成燃料乙醇，对粮食产生了大量新的需求，加上化肥等农业生产资料价格上涨的影响，从而拉动粮食价格不断上涨。多数学者认为放开粮食收购市场后，特别是2009年后，直到新形势国家粮食安全战略提出，甚至到2015年，粮食价格不断上涨，并维持高位运行，主要是受国家托市收购政策影响。

研究中国粮食价格上涨的因素，也有研究文献考虑到国际因素。加入世界贸易组织后，中国农业对外开放不断扩大，大豆等进口数量越来越多，国际市场价格波动传导机制作用越来越明显，直接间接地

---

[1] 尹成杰：《关于我国粮食生产波动的思考及建议》，《农业经济问题》2003年第10期。

[2] 卢锋、谢亚：《我国粮食供求与价格走势（1980—2007）——粮价波动、宏观稳定及粮食安全问题探讨》，《管理世界》2008年第3期。

影响到国内粮食价格的不断上涨。除了这些研究结论外，还有研究者认为粮食等期货市场和电子交易的发展，粮食等农产品市场出现了金融化的趋势，资本进入粮食市场从而加剧了粮食价格的波动。

还有研究进一步拓展，回答粮食价格上涨与通货膨胀之间的关系。粮食和食品消费价格上涨一般都会认为带来 CPI 的提高[①]，这主要是由于食品消费支出在居民消费支出中占有相当大的比重以及食品价格消费价格上涨最明显。

2004 年后粮食问题方面研究的重要进展除了在供求关系影响价格基础上对一些新的因素进行了深入研究外，另一个进展是在对国家粮食安全形势的判断，或者是对粮食连年增产同时出现粮食价格不断上涨现象的解读，提出了中国粮食紧平衡和国家粮食安全的潜在风险，粮食需要缺口扩大、供求结构矛盾和农业资源利用可持续性问题成为新的突出问题。这些研究对 2013 年中央提出新形势下国家粮食安全奠定了基础。

2004—2013 年中国粮食连年增产的情况下却出现了价格的不断上涨，在对策上研究者似乎没有取得明显进展，甚至有研究认为粮食已经进入高价时代。回应粮食市场价格不断上涨的政策选择，主要是 2007 年后持续提高粮食最低收购价格和临时收储价格。粮食市场价格在上涨的同时，为什么国家政策性收储的粮食价格也跟着不断提高？从理论上说，这主要是出于对成本推动粮食价格的认同。由于 2004—2008 年中国粮食市场价格总体上在不断上涨，但是农业生产资料价格也在上涨，粮食以外其他农产品和商品价格也在上涨，如果在 2009 年后不同步提高粮食政策性收购价格，这似乎就会影响农民增收，影响农民种粮积极性。

进入 2013 年后，出现了国际粮食价格大幅度下跌的情形，这却没有引起研究者的广泛高度重视，仍然维持不断提高国内最低收购

---

[①] 黄季焜等：《本轮粮食价格的大起大落：主要原因及未来走势》，《管理世界》2009 年第 1 期。

价格和临时收储价格的政策措施，结果导致国际国内粮食价格严重倒挂，国际粮食市场价格明显高于国际价格，正是由于政策研究的滞后性和实施的惯性带来了粮食2013—2015年的高产量、高库存和高进口。研究粮食价格形成机制和收储制度改革显得越来越迫切。2004年以来，学术界对中国粮食问题和粮食安全的研究总体上滞后于政策制定者的研究，滞后于政策的实施。这种状况很难发挥学者研究的价值，需要改善。

除粮食价格研究是热点外，2003—2012年中国粮食连年增产连年丰收。这是为什么？一般认为这与粮食支持保护政策建立及实施直接相关，研究者也给予了相当大的关注，如建立粮食直接补贴制度，稻谷小麦实行最低收购价政策，玉米实行临时收储政策；粮食支持保护政策措施应用于其他农产品的范围不断扩大，越来越多的研究者开始侧重政策实施的效应评估。关于具体的粮食支持保护政策深入讨论，有专门章节论述，本章从略。

2004—2012年，粮食经济研究领域除重点对粮食价格和连年增产进行研究外，还出现了放开粮食收购市场后国内粮食问题的研究与粮食安全的研究总体上出现了融合的态势。这一时期把中国粮食问题与粮食安全融合起来进行研究，突出表现是对中国粮食安全问题的研究，如黄季焜[1]、张晓山[2]的研究成果初步表明中国粮食的研究已经由重点对粮食问题研究向粮食安全研究过渡。为什么会出现将中国粮食问题与粮食安全融合起来进行研究？最主要有两方面原因，一是国内粮食形势变化迫使研究主题转变，二是2007年、2008年一些国家发生了严重的粮食危机（实际上是食物危机）。

尽管2003年粮食减产导致当年第四季度开始的粮食价格不断上涨，一直持续到2013年，但是这一时期传统意义上的粮食供给保障问题并不突出，全面放开粮食收购市场的改革并没有出现反复。怎

---

[1] 黄季焜:《中国的食物安全问题》,《中国农村经济》2004年第10期。
[2] 张晓山:《中国的粮食安全问题及其对策》,《经济与管理研究》2008年第8期。

样来研究中国粮食问题？按照传统套路来研究中国粮食问题，虽然也有一些文献，但这显然难以成为研究的主流，甚至出现边缘化。现实中的粮食供给保障问题不突出，且2004年起中国粮食连续增产了13年，同期粮食价格和食品消费价格不断上涨，有时上涨幅度还比较大，部分消费者食物消费负担还比较重，其间还发生了严重的全球粮食危机，但是中国粮食供给充裕始终没有改变，表明消费者能否买得到粮食和其他食物，已经不属于粮食的重要问题了。既然这样，应开展怎样的粮食研究呢？这一学术问题需要研究者在新时代深入思考并给予回答。

## 第五节　新形势国家粮食安全的研究

新中国成立后，粮食问题和粮食安全始终是中央决策层和学术界着力研究解决的重要问题。从现有文献来看，大致可以说20世纪90年代前，粮食问题一直是中国面临的主要问题之一。进入21世纪后，保障粮食供应的矛盾似乎非常不突出了。这样，保障国家粮食安全就成了中国粮食问题的中心。

凡是熟悉国际上特别是联合国粮农组织有关粮食安全概念和理论的学者应该很清楚，中国的粮食安全内涵是具有独特性的，中国一般强调的是国家粮食安全。

谁最先提出国家粮食安全？国家粮食安全框架的提出是学者的研究成果，还是中央首先提出后学者进行阐释的？查阅相关文献，不难发现国家粮食安全主要是中央在中国加入世界贸易组织前提出的，也就是大约在2000年提出的。作为21世纪第一个五年计划，"十五"计划建议中使用了"粮食安全"概念[①]，这一"粮食安全"

---

① 丁声俊：《国家粮食安全及安全体系建设》，《国家行政学院学报》2001年第4期。

概念，就是指国家粮食安全，而不是国际上通用的粮食安全。2000年中央经济工作会议和中央农村工作会议上也强调了确保国家粮食安全目标[①]。

什么是国家粮食安全？尽管中央正式提出了国家粮食安全概念，其中也着重强调了粮食生产能力，但是学者开展相关研究对国家粮食安全概念并没有清晰界定，甚至有时将国家粮食安全与粮食安全等同起来。到2004年，针对2003年全国粮食减产带来粮食价格明显上涨，研究领域进一步提出"国家粮食安全战略"概念，特别是将保持95%左右的粮食自给率作为国家粮食安全战略的核心指标[②]。在中国，国家粮食安全主要不是表明粮食供应的现实问题，而主要应是针对粮食供应风险、粮食价格风险和食用卫生安全风险等而言的。

到了2005年，有学者[③]清晰地界定了国家和家庭两个层次的粮食安全，认为国家粮食安全就是解决能不能买得到的问题，而家庭粮食安全更加关注价格和收入是否买得起的问题。

通过对中国提出的国家粮食安全概念的考证，不难发现进入21世纪后随着智库建设的不断推进，中国的粮食安全理念建立与政策选择往往是由中央主导的。2013年年底召开的中央经济工作会议和中央农村工作会议，明确提出了新国家粮食安全战略，核心是"以我为主、立足国内、确保产能、适度进口、科技支撑"和"谷物基本自给、口粮绝对安全"。

中央文件中首次出现的新形势国家粮食安全战略，并不意味着没有学者和智库的研究和贡献。只是从公开发表的文献来看，关于新形势国家粮食安全的丰富内涵是在中央提出后研究者进行阐述的。

2013年年底召开的中央农村工作会议，提出了新国家粮食安全

---

① 叶兴庆：《加快建立国家粮食安全体系》，《内部文稿》2001年第5期。

② 刘良实：《做好粮食宏观调控保证国家粮食安全》，《宏观经济研究》2004年第3期。

③ 柯炳生：《我国国家粮食安全问题的战略思考及其政策建议》，《改革》2006年第2期。

战略，主要内容包括"以我为主、立足国内、确保产能、适度进口、科技支撑"，确保"谷物基本自给、口粮绝对安全"。如何理解和实施新形势国家粮食安全战略？相比过去以解决我国粮食问题为主要内容的粮食安全战略相比，突出特点体现在：一是解决中国人吃饭问题由过去强调立足国内资源实现粮食基本自给向处理好国内生产与进口两个途径转变，国内生产仍然为主，进口只能适度；二是国内生产不仅仅注重当期粮食产量，更要注重长远发展和可持续发展，做到"藏粮于地、藏粮于技"来确保产能，以应对紧急情况发生后国内粮食和食物供应的保障；三是将过去的粮食自给率目标调整为口粮绝对安全和谷物基本自给两个目标，有效地区别了不同粮食品种在国家粮食安全中的重要性，划出了国家粮食安全底线。2018年，中美经贸摩擦发生，有关更加宽泛的粮食安全理念正在全社会形成，大豆产业安全越来越受到重视，研究也开始起步。

无论是参与相关研究的党政机构内学者，还是高校学术机构的学者，对国家粮食安全的研究重点转向阐述和评估，学者们通过超前研究从而提出具有远见性创新观点在公开文献中则难以见到。

为什么要实施新国家粮食安全战略？有学者[1]认为这主要是中央着眼未来综合考虑到粮食供求格局、农业资源环境承载能力以及政策连续性和稳定性而作出的重大决策。也有学者[2]主张这是中央应对现有粮食供求矛盾带来新的粮食不安全态势而提出的，认为中国粮食过度生产和超额储备虽然带来了粮食充裕供给，这种格局却使财政补贴负担越来越重，土地和水等资源环境压力越来越大，生产成本居高不下，市场供求关系扭曲，这些新的粮食问题的解决需要实施新的国家粮食安全战略。

---

[1] 叶兴庆：《国家粮食安全战略的新变化及其实现路径》，《中国党政干部论坛》2014年第2期。

[2] 马晓河：《新时期我国需要新的粮食安全制度安排》，《国家行政学院学报》2016年第3期。

## 第六节 总结与展望

新中国成立后粮食问题的研究一直在国家经济社会发展中居于重要位置。从现有文献来看，特别是改革开放后学者的研究来看，新中国成立后粮食问题的研究，特别是粮食供给保障和粮食价格稳定的政策研究，主要是由政府决策者根据实际情况来开展的和推进的。大致来说，新中国成立后到改革开放前，学者对中国粮食问题的研究较少，学术研究成果十分有限，而中央决策层的研究成果直接转化为政策措施并加以实施。改革开放后学者通过文献研究新中国成立后到改革开放前粮食重大政策，主要依据是当时推行的体制机制、政策及其决策者选择的依据。

新中国成立以来，研究者探讨的粮食问题，本质上主要是保障粮食供应和稳定粮食价格，而探讨的国家粮食安全问题，主要是国内生产与进出口之间的关系问题，是中国人吃饭依赖国际市场的风险问题。随着中国现代化的不断推进，尽管口粮安全绝对重要，但是居民消费口粮越来越少，中国粮食问题和粮食安全研究未来必将由关注少数粮食作物生产为中心的解决中国粮食问题理念向逐步树立起大食物观念的转变，由研究保障粮食增产和自给率向同时关注粮食数量、质量、安全并最终向保障中国人健康安全营养转变。

新中国成立后，如何解决中国人吃饭问题，从高层决策者，到科研人员和社会其他成员，开展了大量研究。为了解决中国粮食问题，根据当时国家建设任务和粮食供求形势，决策层和其他研究经过探讨探索，先后经历了采取措施稳定粮食价格，构建粮食统购统销体制，尝试粮食合同订购，放开粮食市场等粮食购销体制，同时加强农业基础设施建设和推广应用优良品种等提高粮食产量，由以问题为导向的研究最终到采取措施或者构建制度框架再到体制机制改革，无论对在粮食短缺情况下有效保障了粮食供应，还是对粮食供求关系随着时间推移不断发生变化情况下确保国家粮食安全，都发挥了重要作用。不仅如此，粮食领域的研究，还直接影响了其他粮食生产领域的科技创新和其他农产品生产流通体制构建。简言之，新中国成立后的粮食问题和粮食安全的研究，总体上是有效创新。毫无疑问，新时代仍然需要对粮食安全进行大量深入研究，需要从大视角开展研究，而不是局限于中国的粮食安全研究就是口粮安全研究。

展望未来，中国粮食问题和粮食安全研究将进一步突出以构建具有中国特色的粮食生产体系和保障体系为重点课题，同时会吸收世界上具有普遍性的全面食物安全供给保障的研究成果与做法，将脱贫攻坚确定的不愁吃标准及最低生活保障和社会救助等举措归集实施以特定人群或者人口吃饭为对象的精准粮食安全战略。换言之，考虑到中国资源条件和对外开放新格局构建，确保粮食生产能力和适当粮食进口仍将是国家粮食安全研究领域需要重点回答的问题。考虑到全面建成小康社会后中国彻底全面消除饥饿，即确保零饥饿的严格要求，按照任何人在任何情况下任何时候都有权获得健康有活力人生需要食物营养的标准，从理论构建、理念树立到具体举措，国内的相关研究创新任重道远。

展望未来，有关中国粮食问题粮食安全的研究对世界与人类的贡献也会不断显现。中国粮食安全成就举世瞩目，总结和传播中国粮食安全理论与举措，会成为世界对中国智慧与中国方案期待的重要组成部分。与国际上粮食安全方面的认识相比，无论是粮食口径，还是粮食安全概念与理论，都存在着比较大的差异。无须讳言，这些差异在一定程度上阻碍着中国与世界就粮食安全治理方面的交流与合作。

为了贡献全球粮食安全，中国的粮食概念除尊重传统外也会尽可能地与国际接轨。国内不同语境中的粮食内涵和外延是不同的。有时中国的粮食就是指口粮，主要限于稻米和麦面；有时中国的粮食就是指食物。国际上的粮食安全通常是指食物安全，不仅包括中国按照国际通用口径将粮食进一步细分的谷物、豆类和薯类，而且包括粮食以外的其他食物。为了参与全球粮食安全治理而开展有效对话，规范使用相关概念并加强基础性研究是必须的。

无论是在国内还是在国外，与粮食安全（food security）直接相关的是食品安全（food safety）。粮食安全与食品安全之间是什么关系？通常来讲，国际组织使用的粮食安全主要强调作为食物获取权保障任何人的足够消费数量，而食品安全则强调的是食物营养和卫生安全，对消费者的健康直接产生影响。但是，国际组织并没有将食品安全与粮食安全完全对立起来，以食品安全为基础的粮食安全是广义的粮食安全。粮食安全不仅仅局限于数量方面的关注，而是要以质量和卫生安全为基本前提。在中国，粮食安全和食品安全通常情况下是独立使用的，前者也是强调供给数量的充裕，后者侧重强调食物营养和卫生安全。尽管如此，中国的国家粮食安全无疑也是建立在食品安全前提下的。

# 第五章

# 农业和农村产业发展研究

在新中国成立以来的各个发展阶段，探索符合中国国情的农业现代化与农村产业发展道路一直是国家最重要的任务之一。实践上，农村三次产业结构与农、林、牧、渔业结构不断调整，农业区划和布局逐步演变，农业产业组织形式不断发展。理论上，关于农业与农村产业发展的研究既服从服务于时代要求、国家战略，又通过对中国发展实践、教训、成就和经验的学术探索与创新思考，丰富和发展了农业与农村产业发展的理论体系，为其注入中国视角的理论创新。农业与农村产业发展内容广泛，在发展实践和理论研究上都可以从产业结构、产业布局与产业组织三个角度去概括。另外，改革开放后异军突起的乡镇企业成为农村产业发展的重要亮点，围绕乡镇企业发展也涌现出大量创新性成果。因此，本章分别从产业结构、产业布局、农业产业组织及乡镇企业发展四个方面对相关理论研究和创新进行梳理和总结。

## 第一节 农业和农村产业结构研究

新中国成立以来，中国农业农村产业结构的调整主要是基于宏观经济发展形势而做出的改变。这方面研究理论创新较少，主要从政策实施的角度进行学术探讨。本节主要从两个维度三个阶段探究中国农业和农村产业结构。两个维度主要是指大农业内部农、林、牧、副、渔的结构调整以及农业和其他产业的结构调整。三个阶段是按照新中国成立70年来农业结构调整的三个主要时间段：第一个阶段是，新中国成立之初，"以粮为纲"与农业、轻工业和重工业谁先发展的问题。第二个阶段是，由计划经济向市场经济过渡过程中，如何调整农业农村产业结构的问题。第三个阶段是，城乡统筹与融合发展进程中，如何调整农业农村产业结构解决中国农业生产中总量不足到结构性失衡的矛盾。

## 一 计划经济下的农业农村产业结构理论研究

新中国成立到改革开放，中国工农业发展方针主要经历了三次变化：由最初的"工业领导农业、农业支持工业"的方针转变为"工农业并举"，再到后来的"农业为基础，工业为主导"的方针[①]。由于工业发展的规模和速度超出了农业的供给能力，工农业的发展关系长期处于失调的局面[②]。在大农业内部，由于农业战线上"左"的错误，农民种植经济作物或者副业容易被"割资本主义的尾巴"[③]。在这种背景下，中国农业产业结构以粮食生产为主。这段时间主要围绕中国工农业优先发展问题以及"以粮为纲"的农业生产问题展开探讨。

（一）不同产业之间优先发展重工业的探讨

"以粮为纲"，大力支持重工业的发展是这段时间的主题。武力等认为，从1953年到1978年，中国产业结构发展的主要特征是依

---

① 高军峰：《1949—1978年新中国工农业发展方针的历史演变》，《毛泽东思想研究》2011年第21期。

② 史春风：《〈论十大关系〉导读》，中国民主法治出版社2012年版，第2—3页。

③ 杜润生：《农村工作的历史性转变》，刘未鸣主编《筑牢大国根基》，中国文史出版社2018年版，第2—5页。

靠政府力量，优先发展重工业。他认为中国之所以发展重工业，原因有两个：一是中国历史上重工业一直处于落后的局面；二是当时国际环境的压迫[①]。这一经济发展战略背景下，中国实施"进口替代"政策，通过出口农产品换回中国工业发展的生产资料。从理论上讲，以粮食生产为主的"农业生产计划是国民经济的重要组成部分，是克服农业生产的无政府状态，防止局部地区自给自足偏向的有效方法，是保证军需民用、工业原料以及外销物资生产，提高人民生活，使中国逐步走上工业化的有效手段"[②]。但是从实施的效果看，这一制度模式的实施始终没能解决好农产品的供给问题，供给短缺和配给消费是当时农业和整体国民经济的常态[③]。

（二）粮食作物和林、牧、副、渔业生产之间关系的讨论

严瑞珍分析中国粮食和畜牧业的内在关系，并且较早地从定量角度分析了畜牧养殖量和粮食产量的关系。他认为粮食和畜牧业之间可以相互利用对方副产品进行发展，粮食占主导和决定地位，但是当时以粮食生产为主的人民公社或国营农场发展畜牧业也可以促进粮食生产部门的发展。同时，他认为只有两大部门发展了，才有可能提供必要数量的粮食及资金来支持其他各个生产部门，特别是生产周期较长且需要长期投资的生产部门发展（例如，果树栽培、林业等）[④]。詹武认为，由于中国人多地少、耕地不足，要想加快农业现代化，应当农、林、牧、副、渔并举，并且将农、林、牧、渔放在同等地位。除了耕地，还要把丰富的森林、草原、水等资源有

---

[①] 武力、温锐：《1949 年以来中国工业化的"轻、重"之辨》，《经济研究》2006 年第 9 期。

[②] 董辅礽主编：《中华人民共和国经济史》上卷，经济科学出版社 1999 年版，第 107、238、258 页。

[③] 黄祖辉：《中国农业供给侧结构调整：历史回顾、问题实质与改革重点》，《理论参考》2017 年第 2 期。

[④] 严瑞珍：《以粮食生产为主的农业企业农牧关系的初步探讨》，《经济研究》1964 年第 3 期。

效利用起来，以满足人民丰富多样的物质和文化需要。同时，有利于建立良性生产循环、良好生态环境，为工业等产业提供原材料，促进农副工商一体化经营，促进农产品出口，增加外汇收入，进而有利于巩固工农联盟①。

## 二 市场化进程中的农业农村产业结构理论研究

1982 年，杜润生主持起草了第一个中央一号文件，文中提出了家庭联产承包责任制。家庭联产承包责任制的实施促进了农民生产的积极性以及自主性，农业产业结构逐渐由单一的粮食生产转向多种作物生产以及家庭副业的生产。1987 年，第五个中央一号文件中重点强调："把确立农民自主权，发展市场体系，优化产业结构作为农村改革和发展的重点目标。"在市场经济刺激下，中国农产品产量显著增加，但是中国农业生产逐渐开始出现"增产不增收"以及"卖粮难"的局面。2000 年，中共中央农村工作会议提出，必须大力推进农业和农村经济结构战略性调整，全面提高农业和农村经济的质量和效益，增加农民收入。在这一政策背景下，通过梳理文献可以得出中国农业产业结构的调整主要从经济发展、市场需求、区域特点和农民增收四个方面探讨了中国农业产业结构的调整。

### （一）根据经济发展阶段调整农村产业结构

严瑞珍对农业与农村产业结构调整做了系统、深入的经济分析，认为中国农村产业结构调整主要分三个层次：第一层次是种植业内部产业结构；第二层次是农、林、牧、副、渔的产业结构；第三层次是农业、农村工业及服务业的产业结构。他认为这三个层次在不同的经济发展阶段有一定的先后次序②。并且，他认为中国粮食水平

---

① 詹武：《完整执行"农林牧副渔并举"方针加快农业现代化步伐》，《经济研究》1979 年第 3 期。

② 严瑞珍：《对当前农村产业结构调整动向的经济分析》，《农业经济问题》1985 年第 2 期。

的发展和农村产业结构调整之间具有内在的联系机制。他进一步揭示：当人均拥有粮食在500—550斤以下时，农村多种形式的产业结构是无法形成的；人均超过500—550斤时，农村产业结构开始调整，但调整余地不大；人均粮食超过800斤时，农村产业结构以较大和较高的速度进行调整[1]。夏永祥等认为在20世纪初，中国农业和农村经济发展到了一个新阶段，出现了农产品结构性过剩，剩余劳动力亟待转移的现象，主要从非农产业结构角度提出农业和农村经济结构调整的必要性，并对中国农村产业结构调整的效应进行了计算[2]。

（二）根据市场需求调整农村产业结构

农产品销售从计划经济向市场经济转变的过程中，导致一段时间生产过剩，市场不健全的状况。因此出现了部分学者探讨中国市场发育和农产品生产的关系。王耕今等[3]学者以稻麦三熟耕作制度的弊端为例，认为应在国家间接性计划的指导下，根据自身需求和特点，让生产队根据市场需求选择种植模式和种植方法，只有发挥农民的自主性，才能更好地促进农民增产增收，使农业生产又好又快地发展起来。王耕今等人上述的研究对于当时扭转粮食种植制度发挥了重要作用。武力等认为在这段时间，中国农村发展非农产业所缺乏的不是资金、技术和产权制度，而是市场需求。尽管农村有生产成本很低的劳动力和土地，非农产业依然没有发展起来的关键是没有"买方市场"[4]。李周等认为，当时中国农业正处在传统农业向现代农业转变阶段，农业生产中依然存在着资源配置激励不协调、

---

[1] 严瑞珍：《中国农村产业结构发展模式的研究》，《理论月刊》1985年第2期。

[2] 夏永祥、余其刚：《从非农产业结构看我国农业和农村的经济结构调整》，《中国软科学》2001年第8期。

[3] 王耕今等：《关于稻麦三熟制的几个问题——在上海和苏南地区的调查》，《农业经济丛刊》1980年第1期。

[4] 武力、温锐：《1949年以来中国工业化的"轻、重"之辨》，《经济研究》2006年第9期。

技术结构和要素不协调等问题,应该坚持以计划经济为主,搞好计划经济和市场运作的最佳耦合,使市场机制为中国农业转化做出贡献。李周等认为计划指导下的市场经济体系逐步建立之时,单一经营和城乡分割的产业结构应该向多种经营和多部门综合发展转变①。詹武在分析中国农业发展的战略目标时,认为中国农业应当通过调整、改革和发展向集约的、合理的、经济实惠的商品经济发达的社会主义现代化农业目标发展,同时满足中国人口和工业发展过程中对于粮食和农产品的需求。他认为调整单一化的农业生态结构,建立粮食与经济作物,农业与林、牧、副、渔紧密结合,农工商综合发展的合理的农村经济结构②。

(三) 根据区域特点调整农村产业结构

中国国土面积较大,不同地区的气候条件以及经济发展差异较大,部分学者提出根据不同的区域特点调整农村产业结构。魏后凯③认为中国三次产业结构和轻重工业结构逐渐趋于协调,但是地区产业结构的深层次矛盾却有所加剧。他认为中国沿海与内地间,各省之间以及各地区间存在资源禀赋差异,这为各地区形成合理的区际分工格局和地区产业结构提供了基础。但是,他认为当时中国市场发育还不完善,资源配置的效率不高。在当时的制度下,应该强调国家计划和政策的指导作用。徐祖珈④则认为中国地区差异较大,应该因地制宜发展农业农村的产业结构。他认为在经济发达地区,应该将产业结构建立在国内外市场需求基础上,逐步形成以贸工农为主要特征的农村产业结构;在中等发达地区,调整好农业内部结构,

---

① 李周 等:《论中国农业由传统方式向现代方式的转化》,《经济研究》1990年第6期。
② 詹武:《在社会主义市场经济体制下要着力解决农产品"买难""卖难"问题》,《农业经济问题》1994年第2期。
③ 魏后凯:《论中国地区产业结构的调整》,《财经问题研究》1992年第9期。
④ 徐祖珈:《中国农村产业结构的分类及发展预测》,《中国农村观察》1986年第2期。

加强农业技术改造，逐步形成以种养加工为主要类型的农村产业结构。在经济不发达地区，积极发展与本地区资源相适应的林牧业及采矿业的发展。

（四）因增产不增收诱致调整农村产业结构

随着中国粮食产量的增加，中国农民出现了一定的"增产不增收"问题。基于此，杜润生根据当时中国农业和农村的增收问题，认为调整产业结构可以为农民创造大量的就业机会。中国土地资源和劳动力资源不平衡，应该通过非农产业的发展来转移农业劳动力，以实现耕地经营的合理规模[1]。陈锡文等认为，农业战略性结构调整要与"如何实现眼前农产品平衡和农民收入的增加"以及"如何使农业成为一个有活力的产业"结合起来考虑。他根据当时的农业状况，提出农业战略性调整的四个方向：一是全面提高农产品的质量；二是合理调整农业生产的区域布局；三是扩大农产品的转化和加工；四是积极实施发展小城镇的大战略[2]。陆学艺总结了当时中国农业农村发展中"增产不增收"问题，提出加速农村劳动力到城镇工作，促进农民增收的观点。他认为农村中存在的主要问题是农产品销售困难、进城农民工回流、乡镇企业发展受阻、农村市场不旺、城乡关系严重失衡等。他根据存在的问题，提出了农业和农村发展的"新任务"是继续深化改革，进一步把农民从计划经济体制的束缚中解放出来，大力推进城镇化建设，促进第二、第三产业发展，使更多的农业剩余劳动力转移到城镇就业，使农民更加富裕起来[3]。

---

[1] 杜润生：《经济转换时期的中国农业》，《党校科研信息》1995年第13期。
[2] 陈锡文等：《论新阶段农业和农村经济的战略性结构调整》，《管理世界》2000年第1期。
[3] 陆学艺：《走出"城乡分治，一国两策"的困境》，《特区展望》2000年第3期。

## 三 城乡统筹与融合发展进程中的农业农村产业结构理论研究

21世纪初，中国农业生产开始向延长产业链和提高农产品质量方向发展。《中共中央关于制定国民经济和社会发展的第十一个五年规划建议》明确提出，"调整农业生产结构、转变农业增长方式、提高农业综合生产能力"。同时在最低收购价和临时收储政策刺激下，中国粮食产量连续增加，库存不断累加[1]。与此同时，随着中国消费者收入的增加，消费者对农产品需求结构发生变化。中国农业生产的主要矛盾已经由过去的总量不足转变为结构性失衡。在这一政策背景下，中国农村生产主要倾向于特色农产品、畜牧养殖、肉奶加工以及附加值更高的产品调整。

### （一）由总量不足转变为结构性失衡导致农业农村产业结构转变

2013年中央一号文件首次提出"推进农业品牌建设，培育特色高效产业"，之后在2014年、2015年、2016年、2018年和2019年的中央一号文件中都对"实施产业兴村强县行动，推动一村一品、一县一业发展"做了更深入的要求。除农产品外，居民对于乳制品和肉类等畜产品需求逐渐增加[2]。为了满足居民对畜产品需求的增加，中国政府不断增加对养殖业的支持，例如，2011年在全国主要草原省区实施草原生态保护补助奖励政策、2015年中央一号文件以及随后的中央农村工作会议中提出"粮改饲"政策试点。学者在这方面的理论研究较少，主要是围绕中国农产品结构性失衡的矛盾开展农业转型升级方面的研究。例如，魏后凯[3]认为中国农业发展将进

---

[1] Huang JiKun, Yang GuoLei, 2017, "Understanding Recent Challengesand New Food Policy in China", *Global Food Security*, Vol. 12, No. 12.

[2] Sheng Yu, Song LiGang, 2018, "Agricultural Productionand Food Consumptionin China：Along-term Projection", *China Economic Review*, Vol. 53, No. 8.

[3] 魏后凯：《中国农业发展的结构性矛盾及其政策转型》，《中国农村经济》2017年第5期。

入全面转型升级的新阶段，应该改变之前"保增产"的农业政策，围绕降成本、提质量、增效益，促使农业政策由增产导向转变为质效导向。陈锡文认为，21 世纪以来，中国农业进入快速发展阶段，农业取得巨大成就，农民收入快速增加。但是，中国农业却出现了供过于求和供不应求并举的现象，他认为应该加快推动农业供给侧结构改革，提高农业的综合效益和竞争力[①]。杨春等认为，实施"粮改饲"政策，要着重处理好种粮与种草、牧草种加销、种草与养畜等的相互关系。在实施"粮改饲"政策过程中，应该通过合理引导，充分调动农民的积极性[②]。

（二）在三产融合中通过延长农业生产链条调整农业生产结构

党的十九大报告中明确提出实施乡村振兴战略，并且 2018 年中央一号文件明确指出乡村振兴的总要求是"产业兴旺、生态宜居、乡风文明、治理有效、生活富裕"。"产业兴旺"充分体现了产业发展在农村发展中的重要作用。2019 年，中共中央、国务院发出《关于坚持农业农村优先发展，做好"三农"工作的若干意见》以及党的十九大报告明确提出，要实施乡村振兴战略，转变中国目前产业结构，促进农村第一、第二、第三产业融合发展。部分学者就三产融合发展方面提出了较多的政策建议。李周则认为目前中国提出的"产业兴旺"是过去"生产发展"的替代，应该在发展生产的基础上培育新产业、新业态和完善产业体系，使农村经济更加繁荣。并且推进农村第一、第二、第三产业融合发展，促进农业产业链延伸，为农民创造更多就业和增收机会[③]。叶兴庆基于中国乡村振兴的背景，认为发展中国乡村产业，不能只搞农业，应该促进经济多元化。

---

[①] 陈锡文：《加快推进农业供给侧结构性改革促进我国农业转型升级》，《农村工作通讯》2016 年第 24 期。

[②] 杨春、韩振：《"粮改饲"试点推进探索》，《农业展望》2017 年第 10 期。

[③] 李周：《深入理解乡村振兴战略的总要求》，《理论导报》2018 年第 2 期。

在乡村发展过程中，应该充分利用乡村自然资源和人文资源优势，大力发展乡村的休闲旅游产业、传统工艺等①。陈锡文认为，"推动城市涉农加工制造产业向县域合理转移，是以工促农、以城带乡的重要举措。通过制定鼓励政策，引导农产品加工业向县域集聚，支持城市加工制造企业通过收购、兼并、技术转让、产品扩散、分包加工等方式，参与县域企业改造升级"②。

## 第二节 农业区划与布局研究

农业区划本质上是在充分考虑地区农业生产条件的相似性和差异性，综合分析农产品生产与消费关系、地区主体功能与人地关系地域特点基础上，按照农业地域系统演化机制与分异规律进行分区划片的综合技术过程。它是优化国土空间利用的核心问题之一，也是农业经济地理研究的重要领域之一。农业区划既反映了农业发展基础条件和一定时期的农业生产特征及其空间格局，也在一定程度上预示农业转型发展与国土空间利用的未来趋向，为优化现代农业区域布局、推进农业现代化和实施乡村振兴战略提供科学依据。农业区划是农业自然地域分异与劳动地域分工交互作用的产物，是历史形成的客观实体，它既有继承性，又有发展的阶段性。新中国成立以后，基于中国农村经济发展过程，关于农业区划理论研究可以分为计划经济和市场经济两个阶段。

### 一 计划经济下的农业区划理论研究

新中国成立后，中国农业区划的核心问题就是在计划经济的分

---

① 叶兴庆：《振兴乡村首先要振兴乡村产业》，《中国乡村发现》2018年第3期。
② 陈锡文：《统筹城乡经济社会发展，建立"以工促农，以城带乡"的成效机制，积极推进社会主义新农村建设》，刘未鸣主编《筑牢大国根基》，中国文史出版社2018年版，第227—234页。

工条件下，确保自上而下的关于资源配置和生产指标的指令性计划能够落实到基层单位。农业区划研究不仅为中国摸清资源家底、分析农业生产条件与现状积累了大量资料和数据，也对提高因地制宜发展农业的认识起到了积极作用。在指导生产方面，还为发挥资源潜力，调整生产布局，选建商品基地等提供了大量的科学依据[1]。但是，也不能不认识到，该时期的农业区划研究比较重视生产，忽视消费，重视物质产品供应条件，忽视人的需求变化。

（一）新中国成立初期农业区划与布局研究应运而生（1949—1952年）

中国农业区划工作起步较晚，最早的农业区划文章是胡焕庸1934年发表的《江苏省农业区域》和1936年的《中国之农业区域》二文，并没有用"区划"一词[2]。新中国成立后，中国学术界开始学习苏联的农业区划和经验，正式开展了农业区划。但是，采用的"农业区划"这个名称虽然译自苏联，但却不是作为"部门经济区划"出现的。在中国开始搞的农业区划，既不是"区域规划"，也不是苏联那种"部门经济区划"，更不是单纯的"分区划片"，而是以分区划片为手段，研究不同地区不同的增产措施，达到因地制宜指导生产的目的[3]。具体而言，农业区划工作是在认识各个地区自然条件的特点和自然规律、掌握各种农作物的生理生态特征和对自然经济条件的要求的基础上，进而确定各地区宜于发展哪些部门、种植哪些作物，不宜于发展哪些部门与种植哪些作物，从而解决农业分区发展与合理配置问题[4]。

新中国成立后，由于国民经济有计划发展的要求，从而在历史

---

[1] 周立三：《中国农业历史性转变与农业区划的深入发展》，《农业区划》1993年第2期。

[2] 胡焕庸：《中国之农业区域》，《地理学报》1936年第1期。

[3] 邓静中：《全国综合农业区划的若干问题》，《地理研究》1982年第1期。

[4] 陈栋生：《农业生产布局要尊重客观规律、讲究经济效果》，《经济问题》1979年第4期。

上第一次有可能根据经济发展规律和科学设想，有意识地对农业区域的形成与发展加以促进和调节，使它从自发性的变为具有计划性的地域单位。当然，正如马克思所言，农业部门的经济再生产过程总是同一个自然的再生产过程交织在一起[①]，所谓计划预期的农业区，仍然必须以客观存在的农业区为基础，以此为出发点。只有符合客观可能条件和经济发展规律加以划区，才有可能使预期设想变为现实。

我国的农业区划是在国家经济计划体系中发展起来的，它既不同于资本主义片面专门化的农业地区，也不同于封建制度下的自然经济单元。而是按照国家经济需要，结合地方农业发展的自然与经济条件而划分成的农业专门化地区，是科学地编制全国各地近期和远景农业发展计划的重要前提[②]。但是，由于社会主义经济规律下的农业区域往往是在调整和改造旧有生产配置与农业区的基础上发展起来的，这就使得旧社会遗留下来的以"小而全""自给自足"为特点的小农经济残余仍然严重地存在着。今后如何适当集中、合理布局，成为农业区划要研究的问题。

（二）农业生产合作社对农业区划的现实需求（1953—1977年）

农业区划是农业生产合作社发展的现实需求。随着各地农业社会主义改造的迅速完成，农业生产合作社已经普遍发展起来。在各个农业生产合作社的长远规划中，都必须根据本社的各种有利条件和国民经济的需要来确定农业专门发展的方向。但是合作社不可能掌握全部国民经济发展的近期与长远计划，只能依据国家农业区划确定未来发展方向。为了因地制宜地分区分类地制定技术指导措施，克服一般化领导的弊端，必须在农业区划研究中坚持一个重要指导

---

① 中央编译局：《马克思恩格斯全集》（第二十四卷），人民出版社1972年版，第398页。

② 周起业：《我国农业区划基本问题的探讨》，《地理学报》1957年第2期。

思想，就是毛泽东同志曾经明确提出的："要因地因时制宜。农业的地区和时间不同，发展的方法也不同。我们指导农业，要依据各种不同地区而采取不同方法……不但在大的区域之间要有分别，就是在一县、一区，有时甚至在一乡之内，也要有这种分别。……从此得出结论，今后工作要实事求是地深入调查研究，按照具体的时间、地点、条件解决问题"[1]。在该思想指导下，我国先后完成了全国性的综合区划、部门区划、农业自然条件区划和技术改革区划，随后又开展了各省区的和县级的区划工作。其工作内容之全面，工作规模之巨大，都居于世界领先地位[2]。当时农业发展面临的巨大任务是要花费最少的劳动量和投资获得最大的农产品产量，并实现农、林、牧、副、渔的多种经营与协调发展，满足人民日益增长的需要[3]。

具体来说，在1953—1955年和1963—1966年间，中国曾两次开展过农业区划工作。自1953年开始，为适应国家"一五"国民经济发展计划，同时为避免当时出现的一些地区推广不适宜作物品种和技术倾向，首次开展全国性的农业区划工作，并于1955年形成了《中国农业区划的初步意见》和《关于划分中国农业经济区划的初步方案》。与此同时，汇集24个省级区划成果，刊印了《全国各省区市农业区划资料汇编》。1955年周立三先生对甘青农牧交错地带，1956年和1959年赵松乔先生对内蒙古和西南农牧交接地带的农业区划分别进行了调查研究，并出现了部门农业区划和作物区划。但是，这一时期的农业区划理论探讨较为薄弱。周起业在《我国农业区划基本问题的探讨》中[4]，认为农业区划的终极目的在于解决农业分区

---

[1] 1942年12月毛泽东在中国共产党陕甘宁边区高级干部会议上所作的《经济问题与财政问题》的报告。转引自周立三《农业区划的意义及其与农业现代化的关系》，《土壤肥料》1979年第6期。

[2] 吴传钧：《农业地理学发展述要》，《地理环境研究》1989年第1期。

[3] 周立三：《试论农业区域的形成演变、内部结构及其区划体系》，《地理学报》1964年第1期。

[4] 周起业：《我国农业区划基本问题的探讨》，《地理学报》1957年第2期。

发展与合理配置问题，在农业区划时必须依据生产与消费相结合、充分利用各地发展农业生产的有利自然条件、充分利用原有农业生产基础、充分考虑交通条件、充分利用各地劳动资源、合理轮种等准则，并就实践层面指明只有合理的国家农业区划才能引导农业生产合作社长远发展。20 世纪 60 年代，邓静中等出版了《中国农业区划方法论研究》一书①，阐述了农业区划的概念和任务，介绍评价了国内外农业区划的经验和成果，比较系统地论述了中国农业区划的原则、种类和分级，对农业自然条件、农业配置原有基础和农业发展规模与远景配置三大问题作了较全面阐述。

1963—1966 年，中国农业区划工作进入高潮，1963 年党中央国务院召开了全国农业科学技术工作会议，把农业自然资源调查和农业区划列为十年全国农业科学技术发展规划的第一项重点项目。这一时期开展了相当广泛的农业自然条件的评价和区划，并对农业自然条件的单要素进行区划，进一步做了系统的大农业部门或单项区划，为农业布局调整提供了有利基础。

## 二　市场经济下的农业区划理论研究

在加快改革开放的形势下，进一步推动经济发展，不仅要积极培育好国内市场，而且要加速进入国际市场。面临着社会主义市场经济分工，农业区划必须考虑以"两个市场"为导向，有效利用和配置国内有限资源的同时，抓住有利时机，输出中国有余的产品来换取国外资源，以弥补国内的不足。

### （一）改革开放形式下的农业区划与布局研究（1978—1999 年）

党的十一届三中全会以后，随着农业和农村经济的调整改革，国务院决定，在全国范围内开展农业资源调查和农业区划工作。这次全国性农业区划工作包括四大部分：①农业自然条件区划，如气

---

① 邓静中等：《中国农业区划方法论研究》，科学出版社 1960 年版。

候、地貌、土壤、水文、植被等单项区划和综合自然区划；②农业各部门（农林牧水产部门）和主要农作物、主要水果区划；③农业技术条件区划，如水利、农机、化肥、土壤改良等区划；④综合农业区划。到1985年，基本上完成了以土地资源、水资源、气候资源和生物资源为主的农业自然资源的普查，以及从国家到省、市、县的综合农业区划和各种专业区划，还开展了农业发展战略研究。代表性区划成果是由周立三院士主持、全国农业区划委员会1981年编制的《中国综合农业区划》，该区划方案根据农业生产条件、特征和发展方向、重大问题和关键措施及行政单位的完整性等原则，将全国划分为10个一级农业区和38个二级农业区，为推进商品粮基地建设和国际可持续农业与农村发展的中国区域实践提供了重要指导。[①]

1986年以后，根据国务院办公厅国发办〔1986〕18号文件的精神，逐步把工作的重点转向农业区域开发和区域规划，目的是提高农业区域资源的计划性和科学性，最大限度地发挥资源优势和提高总体效益[②]。其间围绕农业区域开发，研究编制了全国和省一级的农业区域开发总体规划初步方案，建设了多种形式的试点项目，形成了以《全国农业区域开发总体规划》为代表的一系列研究成果。全国农业区划第三次工作会议确定了今后农业区划工作的基本任务，以待开发农用后备资源调查为基础，以编制农业区域开发总体规划和做好农业开发前期工作为重点，深入开展区划工作。

与丰硕的农业区划实践成果相比，农业区划的理论研究却显得相对薄弱，有不少农业区划的重要理论问题还很少甚至没有深入探讨过。邓静中认为，中国现在所要实行的国家计划指导下的商品经济，既不同于过去完全由国家计划分配任务的产品经济，也不同于

---

① 刘彦随等：《中国农业地域分异与现代农业区划方案》，《地理学报》2018年第2期。

② 王道龙：《总结过去开拓未来——全国农业区划第三次工作会议在北京召开》，《农业区划》1990年第5期。

完全由价值法则支配的市场经济。如何把计划经济要求与市场机制结合起来考虑农业生产布局和农业地域专业化，这是一个有待研究的理论问题。① 周立三等认为中国新时期农业生产布局应当遵循三条基本原则：市场调节和国家宏观调控相结合；资源优势和经济优势相结合；效益原则。② 在农业区划的理论基础方面，诸多学者进行了阐述。马忠玉和高如嵩③认为，农业区划理论包括农业地域分异规律、农业生产力配置理论、人地关系理论、农业生态经济理论和农业发展预测理论。其中农业生产力配置理论包含劳动地域分工理论、农业区位论和社会主义有计划按比例发展规律。李晓等④认为，区域经济理论和农业经济理论是区域农业规划的理论基石，并构建了以资源禀赋理论、产业结构理论、比较优势理论、农业调控理论为内容的"4R"链式理论框架。

走向市场经济的农业区划与布局研究不仅有自然生态条件制约的"自然界线"，而且有价格、成本和利润等因素约束的"经济界限"。在行政指令性计划时代，农业生产布局因受行政指令性干预，而未重视"经济界限"。然而，在市场经济条件下，要求新型的农业区划与布局，以便于实现从以资源开发为主向以技术开发、产品开发的内涵型扩大再生产为主转变，从以产量型生产为主向以质量型、出口创汇型生产为主转变，使中国农业逐步走上以科技为先导的资源节约型和技术密集型的发展道路。在品种布局上，体现为扭转片面追求产量的倾向，根据居民消费水平和消费方式的变化及产品深

---

① 邓静中：《加强农业区划基础理论研究进一步提高农业区划的科学水平》，《农业区划》1987年第5期。
② 周立三、吴楚材、张海亮：《中国农业地理学研究的回顾与进展》，《人文地理》1996年第S1期。
③ 马忠玉、高如嵩：《农业区划学科理论体系雏形探讨》，《经济地理》1991年第2期。
④ 李晓等：《区域现代农业规划理论与方法研究》，《西南农业学报》2010年第3期。

度加工和出口创汇的要求，因地制宜地调整作物的品种结构和布局。[①]

农业发展新阶段对农业本身提出一是质量（优质）问题，二是效益问题，也就是说农业要从数量型农业向质量型农业转变，或者说由数量型农业向数量型和质量型农业并重转变，核心是提高市场竞争力和农产品经济效益，这是农业发展新阶段对农业区划提出的新要求。因此，在农业资源调查、评价、主导产业选择、农业结构调整与布局等都要体现农业发展新阶段的这些新要求。产业选择和布局上除传统农业区划进行适宜性评价外，又加进了市场需求分析评价和经济效益评价的新内容。要做到这一点：一是要把优质高效作为产业选择和布局的重要内容，二是要计算产业的比较优势。

（二）新世纪新阶段的农业区划与布局研究（2000年至今）

进入21世纪以来，为抵御入世后进口农产品的冲击，亟须提高出口农产品竞争力。中国先后发布了《优势农产品区域布局规划（2003—2007年)》《优势农产品区域布局规划（2008—2015年)》、《特色农产品区域布局规划（2006—2015)》。2011年国务院正式发布的《全国主体功能区规划》提出要构筑"七区二十三带"的农业战略格局，其以东北平原、黄淮海平原、长江流域、汾渭平原、河套灌区、华南和甘肃新疆等农产品主产区为主体，以基本农田为基础，以其他农业地区为重要组成。[②]

过去，中国农业区划一向把为农业服务作为主攻方向。[③] 未来，随着农村产业结构的调整，农村功能的拓宽，不仅要为农业服务，而且要围绕"三农"问题的解决，以农业经济、社会、文化和生态

---

[①] 石忆邵：《走向市场经济的中国农业地理学》，《西北大学学报》（自然科学版）1995年第4期。

[②] 陶红军、陈体珠：《农业区划理论和实践研究文献综述》，《中国农业资源与区划》2014年第2期。

[③] 郭焕成：《关于开展农村经济区划研究的若干问题》，《农业区划》1992年第4期。

功能，推进农业现代化、农村城镇化和农民市民化，促进工农、城乡统筹协调发展。面对新形势、新任务和新要求，21世纪农业区划研究的任务也应该向农村人口动态变化与劳动力转移、中国农业如何与世界农业接轨、农业资源综合开发和农业区域发展规划、农村经济区划和区域经济发展等方向转变。具体来说，在研究思路上，要从农业区划到农业区域可持续发展，从研究农业到研究农村经济，从研究高产农业到市场高效农业，从重视经济效益到重视社会和生态效益，从强调农业自然资源因素到强调经济社会人文因素，从单纯的区域划分到"区划—区域规划—区域开发"等一系列工作整体展开，从农业区划的编制迈向实施机制和效果评价领域。在研究方法上，要从传统方法到新技术应用，从定性研究到定性与定量相结合研究，从静态研究到动态研究，从现状研究到预测研究，从农业资源调查到农业资源监测、从国内农业研究到国际农业研究。上述农业研究的这些转变，最重要的是从过分强调农业自然资源的作用，转变到重视市场经济效益上来，从过去单纯地分区划片转变为打破自然和行政界限，实现市场经济区域体系上来，从过去过分强调农业自给自足转变为发展农业专业化和商品化上来。[①]

## 第三节　农业产业组织研究

农业产业组织相关理论研究农业部门的市场结构、经营主体行为和经济绩效三者之间的关系。中国农业产业组织研究首先关注的是农业经营制度演变过程中产业组织模式演变及其对经营主体行为和经济绩效的影响。随着农业产业化、三产融合的发展，其产业组织模式演变，包括各产业组织模式的动力机制、组织载体、经营主

---

① 郭焕成、刘盛和：《二十一世纪中国农业区划研究的主要任务》，《中国农业资源与区划》1999年第4期。

体的行为、利益联结机制以及组织模式的经济绩效等，又得到关注和大量研究。经营主体规模是决定市场结构的基本因素，规模变化与规模经营的发展本身就是产业组织模式演变的一部分，在农业规模经营从萌芽到加快发展的过程中，关于农业规模经营的道路选择与适度规模的标准等也得到大量关注和研究。

## 一 计划经济下的农业产业组织理论探索

新中国成立至改革开放之前，通过农业的社会主义改造，中国农业产业制度与组织形式从农户所有的家庭经营与初级合作社并存的组织制度，逐渐演变成农村集体所有并且由集体统一经营的农业组织制度。[1] 在农业商品化程度尚不高，农民普遍缺乏役畜和生产工具的背景下，高级社以后农民生产资料的个人所有制变成集体所有制。计划经济体制下，农业产业组织理论的探索和争论主要集中在农业的合作化和集体化运动两个方面。

新中国成立后，中国共产党引导小农经济走上了农业合作化道路，建立了农业中的社会主义集体所有制经济。党中央、毛泽东关于农业合作化的基本理论主要体现在：创造了一条由低级向高级过渡的合作化道路，是对马列主义关于农业合作化理论的一个新发展；阐明了先合作化、后机械化是中国发展社会主义农业现代化的重要途径；强调了农业合作化的发展速度必须与生产力发展水平相适应的基本原理。[2] 在合作化运动中，曾出现生产力决定论还是生产关系决定论的认识分歧，一方是以邓子恢为代表，坚持经过新民主主义社会，多种经济并存，并利用有利于生产力发展的私有经济思路，另一方是毛泽东主张在夺取政权之后尽快改变所有制，在公有制基

---

[1] 黄祖辉：《改革开放四十年：中国农业产业组织的变革与前瞻》，《农业经济问题》2018 年第 11 期。

[2] 蒋晓钟：《农业合作化理论与农业生产责任制》，《安徽农业大学学报》1984年社会科学增刊。

础上发展生产力。①

关于合作化模式的讨论，并未做到"百花齐放，百家争鸣"，在实践中也未能允许各地农民群众因地制宜，广泛探索，而是在"公有化程度越高、越能促进生产发展"的错误思想的指导下按照统一的模式，用五年多的时间在全国完成高级社的合作化和人民公社化。在农业合作化运动中，"联合"只能是合并全部生产资料，不允许保留一定范围内的家庭经营，只限于按地区来组织，不允许跨地区的多层次合作；"合作"制限于搞平均主义的"一拉平"，不承认股金分红等不同的分配方式，而且只限于生产合作，把产前产后某些环节的合作排斥在外。②徐更生认为，在中国的合作化运动中，人们一开始就忽略了商品经济的发展这一合作社产生和发展的前提条件，有时甚至想用合作社和人民公社来否定商品经济，在这种思想的指导下，中国农业合作化运动从一开始就有唯意志论和强迫命令的倾向。③

从建立在生产资料私有制基础上的互助组到以"一大二公"为特征的人民公社，中国农业集体化运动具有其内在的必然逻辑。在当时生产力水平比较低下的情况下，引导农民走集体化的道路是历史的必然，但农民集体化运动对于客观经济规律尊重不够，过分夸大主观意志的作用，过分夸大改变所有制和生产关系的作用④。陈吉元认为，中国合作化运动的最大失误就在于混淆了合作经济与集体经济的本质差别，把合作化运动的目标放在加速集体化上；合作经

---

① 杜润生：《杜润生自述：中国农村体制变革重大决策纪实》，人民出版社2005年版，第65页。

② 张卓元：《当代中国经济学理论研究（1949—2009）》，中国社会科学出版社2009年版，第141页。

③ 徐更生：《试论中国农业合作经济体制的改革——从同国外农业合作经济的比较谈起》，《经济研究》1986年第11期。

④ 王松霈、朱铁臻：《论中国农业"集体化"的光辉道路》，《经济研究》1981年第6期。

济的本质特征是交易的联合，集体经济的本质特征是财产的合并，否认私有财产权。①

**二 市场化进程中的农业产业组织理论发展**

（一）中国农村基本经营制度的确立与农业产业组织理论发展

中国农村改革始于20世纪70年代末80年代初的家庭联产承包责任制的改革，这项改革重构了中国农村的微观经济基础，带来农村经济乃至政治的一系列深刻变化。自1981年农村家庭联产承包责任制在中央层面得到正式确认，人民公社就迅速丧失了生产经营职能，到1983年国家要求组建基层政权组织（乡政府）和农村居民自治组织（村民委员会），政社合一的人民公社制度宣告全面解体。伴随着中国农业家庭承包经营制度的推行，农业产业组织制度从农村集体所有和统一经营的制度，演变为土地仍然由集体所有，但经营权则通过土地农户家庭承包的形式归农民经营，形成了农村土地所有权和经营权相分离、村集体和承包农户相结合、双层化的农业经营体系，这一体系就是我们一直坚持并且要巩固和完善的中国农村基本经营制度。② 相应地，中国农业产业组织的相关研究转向对小规模分散经营的市场结构及其效率和新型合作经济体系的讨论。

唐明曦将家庭承包制称为"新型家庭经济"，并认为新型家庭经济把最能调动农业生产者劳动积极性的传统经济形式——家庭经济与公有原则相结合，从而找到了在坚持公有制的前提下能够发挥农业劳动者积极性的恰当的生产组织形式和管理方式，实现了生产资料与劳动者新的结合，即从原来社会范围的间接结合，改变为生产

---

① 陈吉元：《中国农村经济组织现状及其演变趋势》，《山东省农业管理干部学院学报》2001年第2期。

② 黄祖辉：《改革开放四十年：中国农业产业组织的变革与前瞻》，《农业经济问题》2018年第11期。

单位内部的直接结合。① 主流观点认为，家庭承包责任制是农业合作组织为克服过去集体生产中的"大呼隆""大锅饭"以及平均主义弊病而采取的一种生产责任制，是在保持原有的农业生产资料集体所有制的基础上实行的，它所改变的不是公有制，也不是合作组织本身，而是生产的组织形式和经营形式。也有观点认为，家庭承包制既没有坚持公有制，也没有坚持按劳分配，生产队一级的集体经济实际上已经成为空壳，是保留着集体经济外貌的小农经济的特殊形式。②

随着家庭联产承包责任制的普遍建立和逐渐完善，适应商品经济发展需要的新型合作经济体系（有人称"新一代合作经济"）在中国农村形成和发展。这种新型合作经济具有多层次的经营结构、多成分的所有制形式、多领域的经营规模、多行业的经营内容以及多方位的合作渠道等特点。③ 关于新型合作经济的主体形式，有学者认为，以经营土地为基础的地区性合作组织仍在合作经济体系中居主导地位，其同农村中的各种经济联合体，正在改革的供销社、信用社、乡镇企业以及社员家庭经济并存，形成农村社会主义新型的合作经济网，为发展农村商品生产和商品交换开辟了广阔的前景④。还有学者认为，合作经济的主体形式是由各地经济发展水平决定的，不能一概而论，经济较为不发达地区似乎走发展专业户、联合体的路子更符合实际。有学者主张取消地域性合作经济组织，建立按行业划分的专业公司，通过各专业公司解决各生产单位的产前、产中、产后服务问题⑤。张卓元认为，家庭承包制在生产专业化、社会化发展的基础上，会逐步出现各种新的经济联合体（有人称农工商联合

---

① 唐明曦：《中国农村新型家庭经济的崛起》，《经济研究》1983年第12期。
② 刘必坚：《包产到户是否坚持了公有制和按劳分配?》，《农村工作通讯》1980年第3期。
③ 史玉臻：《当前合作经济的特点》，《山西农经》1985年第1期。
④ 詹武等：《农村经济体制改革的新发展》，《中国农村经济》1985年第7期。
⑤ 《京郊地区性合作经济理论讨论会综述》，《农业经济问题》1985年第7期。

企业），这种用经济办法而非行政办法形成的联合是中国社会主义合作经济发展的具体道路。① 经济联合体可以划分为生产上的联合、农副产品加工上的联合、生产资料购买和农产品销售上的联合、信用上的联合等形式，他们具有以下一致性：从产供销实际需要出发，是一种局部环节的联合；这种联合并不打破原来农业生产和分配单位的根本体制，是一种生产单位之间的外部的联合；这种联合具有很强的灵活性和不稳定性，它可以随着某一种需要而产生，随着这种需要的消失而解体，是一种松散的联合。②

（二）农业产业化与农业产业组织理论发展

家庭联产承包责任制改革以后，农民生产积极性得到极大提升。随着市场化的推进，以及农产品供给从不足到结构性过剩转变，分散的小规模农户与大市场之间的矛盾逐渐突出。为解决农户面临的"卖难"问题，20世纪80年代后期，山东诸城率先组织"农村商品经济大合唱"，90年代初逐渐演变为"农业产业化"，并在全国范围内推开，成为继家庭联产承包责任制后农业经营体制的第二次改革。农业产业化将稳定家庭承包经营、改革经营方式和管理体制、发展市场经济和现代农业有机地融于一个历史进程③，其兴起及发展实质是传统农业向现代农业转变过程中农业产业组织发生的深刻变革，是在农村产业组织方式、资源配置方式、产业经营方式、运行机制和管理体制等诸多方面的整体性创新。④ 1995年12月《人民日报》对潍坊的农业产业化经验进行大篇幅报道并配

---

① 张卓元：《当代中国经济学理论研究（1949—2009）》，中国社会科学出版社2009年版，第151—152页。

② 严瑞珍：《关于农业生产单位规模的几个理论问题》，《经济研究》1984年第4期。

③ 牛若峰：《中国农业产业化经营的发展特点与方向》，《中国农村经济》2002年第5期。

④ 张卓元：《当代中国经济学理论研究（1949—2009）》，中国社会科学出版社2009年版，第212页。

发长篇社论以来，关于农业产业化的理论研究和案例研究得到广泛的重视，主流研究主要从制度经济学和现代产业组织理论的视角对农业产业化出现的根源及其内涵、组织模式及经济效率进行了广泛的讨论。

关于农业产业化在全国推开的内在根源及其内涵，理论界一致认为，农业产业化是在分散的小农户经营规模不经济，难以进入社会化大市场，而且农户超小经营规模的凝固化阻滞了农民对资本使用型技术进步的选择；农业生产同其产前、产后部门机械分离，农业再生产诸环节的内在联系被人为截断；农产品市场结构的完全竞争性质经常诱致农户的无序、过度竞争的背景下发展起来的。[1][2] 还有学者认为，农业产业化是农村劳动力分工深化的必然产物，其实质是从传统农业走向现代产业的过程。横向劳动分工带来了农业专业化，纵向劳动分工带来了农业社会化，参加纵向劳动分工的一些经济组织进一步发展并承担多项服务带来了一体化，而农业的专业化、社会化和一体化是农业产业化不可分割的内容。[3] 理论界对农业产业化的内涵进行了大量的讨论，这些讨论共同的认识是：农业产业化是以市场为导向，按产业系列组织农业生产，通过生产要素重组提高农业效益，能够提高农业的专业化、集约化、企业化或工厂化水平。[4] 自"农业产业化"的概念被使用以来，对其内涵的表述也日趋一致，即农业产业化就是实行种养加、农工商一体化经营，使农业由单纯生产初级产品向深度加工综合利用转变，使农村由单

---

[1] 牛若峰：《农业产业一体化经营的理论框架》，《中国农村经济》1997年第5期。

[2] 靳相木：《试论农业产业组织创新——着重于农业产业化实践的理论解释及比较分析》，《农业技术经济》1998年第1期。

[3] 严瑞珍：《农业产业化是中国农村经济现代化的必由之路》，《经济研究》1997年第10期。

[4] 陈吉元：《农业产业化：市场经济下农业兴旺发达之路》，《中国农村经济》1996年第8期。

纯的务农向农工商综合经营转变，通过一体化经营形式，把农业的产前、产中、产后融为一体，使农业与现代工业、商业、金融、运输等产业紧密结合与合作，构建一种从生产初级产品到最终产品、利益共享与风险共担的经济实体。

理论界对农业产业化的模式进行大量的讨论和案例研究，达成的共识是农业产业化经营需要因地制宜，各种模式共同发展。农业产业一体化经营存在纵向一体化和横向一体化两种形式，前者是指农业生产者同其产前、产后部门中的相关企业在经济上和组织上或松或紧地结为一体，实现某种形式的联合与协作；后者则是指分散的众多小规模农业生产者（农户、农场等）在保持各自独立性的基础上或松或紧地直接结为一体，共同协调原料供应、产品销售加工等。靳相木提出，以"龙头企业+基地+农户"为组织载体的纵向一体化经营过度依赖龙头企业的存在及辐射能力，对于矫正农业和农民的弱势地位是不够的，而农业产业横向一体化经营特别是合作社的建立和发展，是提高农业的市场集中度和矫正农业弱质特性的根本途径。[①] 牛若峰认为，农业产业化无论有几种组织模式，他们的共性在于：一体化经营组织对多元参与者主体必须拥有利益诱因，通过实现组织的目标而达到各参与主体的目标；一体化经营组织呈"龙"形载体结构，各参与主体均按照一定的组织系统和规章制度有规律有秩序地运作，高效地利用给定资源，产生新的价值；根据利益共同体的原则，达成一体化整体目标与多元参与者主体目标的最佳结合，以及参与者主体对一体化组织的忠诚和效力，是一体化经营永续发展的至要条件；一体化组织是一个平衡系统，谁在其中都不能处于垄断地位，在内部实行公司型或合作制分层系统管理

---

① 靳相木：《试论农业产业组织创新——着重于农业产业化实践的理论解释及比较分析》，《农业技术经济》1998年第1期。

制度。①

农业产业化的本质在于鼓励农业龙头企业与农户建立紧密联系，形成以"公司（企业）+农户"为特征的农业产业化组织模式，农业产业组织相关理论讨论主要集中于龙头企业与农户的关系，并从节约交易成本、农业产业化绩效等方面展开。有学者从微观的角度出发，把龙头企业和被产业化企业、农户放在对立统一中加以研究，并根据龙头企业对微观产业化内部计划生产、流通的控制程度对农业产业化进行了分类。黄祖辉、郭红东和钱忠好认为，"公司+农户"的创新主要源于农户与农产品加工、销售企业对潜在外部利润的追求，这种外部利润来源于"公司+农户"组织对传统农业产业组织方式所存在的生产风险、交易费用以及不确定性的克服或弱化。②③ 但是，周立群、曹立群认为，"龙头企业+农户"仍然存在农户与企业的合约成本偏高和交易不确定性较大、契约不能对当事人构成有效约束的问题。④ 杜吟棠认为，随着农业商品化程度的提高以及专业农户的认同感和农民自组织能力的增强，"公司+农户"的模式就可能越来越多地被"公司+合作社+农户"甚至"合作社+农户"模式所替代，"公司+农户"模式也可能成为一种与"合作社+农户"模式长期并存的竞争性制度安排。⑤

---

① 牛若峰：《农业产业一体化经营的理论框架》，《中国农村经济》1997年第5期。

② 黄祖辉、郭红东：《"公司加农户：农业产业化组织的创新——基于新制度经济学层面的分析"》，《浙江学刊》1997年第4期。

③ 钱忠好：《节约交易成本：农业产业化经营成功的关键》，《中国农村经济》2000年第8期。

④ 周立群、曹立群：《农村经济组织形态的演变及创新——山东省莱阳市农业产业化调查报告》，《经济研究》2001年第1期。

⑤ 杜吟棠：《"公司+农户"模式初探——兼论其合理性与局限性》，《中国农村观察》2002年第1期。

## 三 农业产业融合中的产业组织问题研究

中国计划经济体制下把农业产前和产后生产加工环节界定给工业部门,把农产品流通界定给商业部门,这种农工商部门对立体制事实上把农业再生产各个环节的内在联系人为截断,为农、工、商三部门的不平等贸易提供了条件。近年来,政府积极推进农业产业融合发展和多功能发展,鼓励工商企业和资本投资农业,取得了显著的成效。在此过程中,多种类型的产业组织得到蓬勃发展,农业生产经营组织全面进入多层次、多类型长期存在的发展新阶段,农户家庭组织是基础和主体力量,专业大户、家庭农场、职业农民、农业企业和各类农业社会化市场服务组织是带动农户进入市场、创新农业经营组织方式的主导力量和骨干力量。

在农业产业融合发展中,农业产业组织研究的重点集中在农业产业组织的异化问题及如何提高不同组织的协同度和利益共享、实现小农户与现代农业发展的有机衔接等问题上。黄祖辉、徐旭初认为,农业产业组织的异化问题主要在家庭农场和合作社中有所体现,具体表现在不少家庭农场不是家庭经营而是雇工经营,不少合作组织不是以合作主导,而是公司主导,甚至于社员不是合作社的所有者,而是被雇用的农业劳动力。农业产业组织的异化主要源于组织发展中政策推动的诱导偏差,即政府在鼓励家庭农场和合作组织发展的过程中缺乏对这些产业组织的本质内涵的科学认定。[1] 在农业第一、第二、第三产业融合发展过程中,仍然存在组织协调不够、交易费用过高、利益分享悬殊、小农利益受损的情况,需要建立不同组织相互之间有效连接的利益机制,确保农民在产业横向和纵向融合中的利益不受损害。

中国农业发展已经初步形成了区域化布局、专业化生产、产业

---

[1] 黄祖辉、徐旭初:《基于能力和关系的合作治理——对浙江省农民专业合作社治理结构的解释》,《浙江社会科学》2006 年第 1 期。

化经营的现代产业格局，但仍凸显产业结构协调性差、农业社会化服务体系发展滞后、现代农业产业组织体系发育水平低，以及农业产前、产中、产后环节发展失衡的困境。韩江波认为，这些"困境"在很大程度上可被视为农业产业融合及其产业链运作机制有待完善的问题，而农业产业融合价值链的运作应通过组织、共享、参与的"多环管理"和组织链、物流链、信息链的"多链管理"以及横向、纵向、空间的"多层管理"发挥功能，并将延链、补链、强链视为农业发展的重要突破点，进而逐步实现农业产业链延伸和价值链、利益链不断升级。[①] 黄祖辉认为，组织融合是产业融合发展的基础，与中国农业产业融合相适应的组织融合将有两条途径：一条是下游公司（企业）向上游延伸的途径，呈现出公司（企业）主导、自下而上的特点和"公司＋合作社＋农户"的产业组织模式；另一条是上游合作组织向下游延伸的途径，呈现出合作组织主导、自上而下的特点和"合作社＋农户＋公司"的产业组织模式。[②]

### 四 农业规模化经营的理论研究

市场结构的最基本因素是经营主体规模结构，经营规模变化及规模经营的发展是农业产业组织变化的重要方面。20世纪80年代初，平均分配土地的局限性就引起注意，有研究认为存在农户间生产水平差距逐渐拉开、土地经营有粗放化倾向、地块零散影响水利设施和农业机械的合理利用等问题。在此时期，规模经营就已经开始出现。随着大批劳动力向非农业转移、农业人口的非农业化，开始有农户把承包的部分或全部土地转让给愿意接受的农户耕种，土

---

① 韩江波：《"环—链—层"：农业产业链运作模式及其价值集成治理创新——基于产业融合的视角》，《经济学家》2018年第10期。

② 黄祖辉：《改革开放四十年：中国农业产业组织的变革与前瞻》，《农业经济问题》2018年第11期。

地出现了集中化的趋势。① 20 世纪 90 年代，农业生产比较收益下降，出现了粮田撂荒、粮食产量增长缓慢，甚至滑坡的局面②，农业规模经营开始进一步发展。农业规模经营经历了萌芽到加快发展的变化，农业规模经营也得到越来越多、越来越深入的研究。关于农业规模经营的文献数量众多，在理论上主要回答的是中国农业现代化是否要走规模经营道路、农业规模经营与粮食安全等农业目标的关系，即规模经营与土地生产效率的关系、农业规模经营的条件和农业适度规模经营的标准等问题。

在农业现代化模式选择和农业规模经营的讨论中，很多研究基于资源禀赋的视角主张中国农业走规模化、产业化道路③④，进行大面积连片机械化经营，以提高农业生产要素的效率。也有一些研究从内生的生产方式选择与技术变迁视角，对在中国推进农业规模经营进行了讨论。严瑞珍提出，在人多地少、农业劳动力充裕的国家土地单产占据决定性地位，因此往往会在暂时保持原来生产单位规模的前提下，致力于生物技术的进步以提高土地生产率，所以这类国家的农业生产单位规模比较小，经营规模扩大需要的时间较长。⑤针对推进规模化家庭农场的发展思路，黄宗智提出，这是错误地试图硬套"地多人少"的美国模式于"人多地少"的中国，美国农业现代化模式的主导逻辑是节省劳动力，而中国过去已经走出来的"劳动和资本双密集化""小而精"模式的关键在节省土地，认为适

---

① 四川省南充地区行署农贸办政研科：《关于土地经营规模问题的调查》，《农业经济丛刊》1985 年第 3 期。

② 俞可平：《论农业"适度规模经营"问题——警惕强制性"两田制"对农民的剥夺》，《马克思主义与现实》1997 年第 6 期。

③ 韩俊：《土地政策：从小规模的均田制走向适度的规模经营》，《调研世界》1998 年第 5 期。

④ 张忠根、黄祖辉：《规模经营：提高农业比较效益的重要途径》，《农业技术经济》1997 年第 5 期。

⑤ 严瑞珍：《关于农业生产单位规模的几个理论问题》，《经济研究》1984 年第 4 期。

度规模、"小而精"的家庭农场才是中国农业正确的发展道路。[①] 罗必良则基于地少人多的资源禀赋特征主张走依赖于生化技术进步的土地节约型农业发展道路。[②]

规模经营与土地生产率的关系很早就得到关注，并被看作评价农业规模经营的重要标准。严瑞珍提出，由于生物技术的进步，大规模经营终究会逐步克服机械操作的粗放性对土地单产的消极作用，比小规模经营实现更高的单产，在单位土地面积创造价值方面体现出优越性。[③] 任治君则认为实行规模经营，用资本取代劳动，就会导致一定程度的粗放经营，降低土地生产率。由于农业科学技术发展缓慢，特别表现在高产品种的选育方面，指望借助农业科学技术的发展和应用，弥补因不适当的规模经营而造成的生产下降，是一种不切实际的想法，并认为如果通过规模经营降低生产成本就不得不承担农业总产出下降的风险，如果把增加农业总产出作为首要目标就会面临生产成本难以下降的风险，前一种风险会迫使中国求助于世界市场，因此会导致更大的风险。[④] 但是，张光辉认为农业规模经营与提高单产并行不悖，规模化经营与专业化生产是分不开的，通过应用先进技术和工具可以提高单产。[⑤]

关于规模经营的条件和适度规模经营的标准的研究，有学者认为，因为依赖于技术进步的作用，所以大生产的优越性是由农业生产力的发展逐步准备起来的，劳动生产率与土地生产率两个指标是

---

① 黄宗智：《"家庭农场"是中国农业的发展出路吗？》，《开放时代》2014年第2期。

② 罗必良：《农地规模经营的效率决定》，《中国农村观察》2000年第5期。

③ 严瑞珍：《关于农业生产单位规模的几个理论问题》，《经济研究》1984年第4期。

④ 任治君：《中国农业规模经营的制约》，《经济研究》1995年第6期。

⑤ 张光辉：《农业规模经营与提高单产并行不悖——与任治君同志商榷》，《经济研究》1996年第1期。

否都提高是判别小生产向大规模经营转变的条件是否成熟的经济界限[1]。万宝瑞、李存佁认为，土地经营规模与种植制度相关，作物结构、复种指数和前后茬口对土地经营规模都有较大影响。土地适度经营规模的评价指标包括投资效益、土地生产率、商品量和商品率、劳动生产率、土壤肥力水平、帮工界限等。其中，季节性帮工或换工数量不应超过全年用工量的1/4，这是衡量家庭农场土地经营规模是否适度的指标之一[2]。

## 第四节　乡镇企业发展研究

根据1996年10月颁布的《中华人民共和国乡镇企业法》，乡镇企业是"农村集体经济组织或者农民投资为主，在乡镇（包括所辖村）举办的承担支援农业义务的各类企业"。乡镇企业的前身是人民公社时期公社、生产大队或生产队创办的社队企业。20世纪70年代末以来，乡镇企业"异军突起"，成为国民经济的重要组织部分。邓小平在谈到乡镇企业的快速发展时说："我们完全没有预料到的最大的收获，就是乡镇企业发展起来了，突然冒出搞多种行业、搞商品经济、搞各种小型企业，异军突起。"[3] 20世纪90年代中期，随着市场化的推进以及产品市场、要素市场的结构转变，乡镇企业又经历了从承包制向股份合作制、股份制等的改革和发展，在融入整个市场化进程的同时，与非乡镇企业的边界也变得模糊直至消失，乡镇企业作为一种特殊的企业形态退出历史舞台。在此进程中，专家

---

[1] 严瑞珍：《关于农业生产单位规模的几个理论问题》，《经济研究》1984年第4期。

[2] 万宝瑞、李存佁：《家庭农场土地适度经营规模探讨》，《中国农村经济》1986第12期。

[3] 邓小平：《改革的步子要加快》，载《邓小平文选》（第三卷），人民出版社1993年版，第238页。

学者对乡镇企业兴起的原因、乡镇企业转制的动因与逻辑等做了大量创新和富有洞见的研究。

## 一 改革开放前的社队企业研究

社队企业是乡镇企业的前身。自新中国成立至改革开放，社队企业的发展经历了曲折和反复，影响其发展进程的主导力量也经历了从政策因素向市场因素的转变。

农村的副业和手工业在新中国成立之初有快速发展，但在合作化运动之后受该历史阶段意识形态与制度限制又出现下降。1958年人民公社化运动时期，中国农村掀起大办工业的高潮，《关于人民公社若干问题的决议》认为公社工业的发展不但将加快国家工业化的进程，而且将缩小城市和乡村的差别。1959年，毛泽东赞誉社办工业时称"伟大的、光明灿烂的希望也就在这里"，并提出了公社工业化的问题。之后，在平调至高级社的公社企业被退回成为队（生产大队）办企业后，公社工业也转变为社队工业，加上社队办的种植、养殖场等企业，统称为社队企业。再后，随着人民公社体制的调整，社队工业几乎消失殆尽并且发展受到严格限制。1965年之后，社队企业再次得到发展。一方面是因为政策环境再次发生变化。1966年，毛泽东同志指出："公社农民以农为主，在有条件的时候，也要由集体办些小工厂。"另一方面是因为精简下放或返回农村安家落户的2000多万名干部职工和城镇居民为农村注入技术、信息、社会关系等资源，同时政治原因造成的巨大市场空白也为社队企业的兴办提供了条件。因此，这一阶段社队企业的发展更贴近市场，具有较强的生命力。

改革开放前，社队企业研究的焦点是其性质、功能与定位，以及体现在政策对社队企业发展方向与范围的限定上。早在1958年人民公社化运动时期，中央就提出了公社工业发展的基本政策：发展社办工业应当以二就（就地取材、就地生产）、四服务（为农业生产服务、为社员生活服务、为大工业服务和为市场出口服务）为原则。这也成为后来社队企业发展的基本方向。1960年，《关于城乡人民公社工业的情况和整顿意见的报告》就社队企业的经营范围划分了必办行业、视条件而办的行业和坚决不办的行业。1975年，华国锋在第一次全国农业学大寨会议上就指出："发展社队企业必须坚持社会主义方向，主要为农业服务，为人民生活服务，有条件时也要为大工业、为出口服务。要充分利用本地资源，发展种植、养殖、加工和采矿。要坚持就地取材，不与大工业争原料……"①

## 二 改革开放以来乡镇企业研究的进展

改革开放之后，社队企业"异军突起"。据统计，1978年乡镇企业（社队企业）有152万家，从业人员为2827万人，1995年乡镇企业职工总数已达1.28亿人，占农村富余劳动力的50%左右。② 20世纪90年代中后期，随着市场化进程的推进，乡镇企业又纷纷实施产权改革，先后经历了从承包制向股份合作制、股份制的改革和发展。因此，关于乡镇企业的研究主要集中在两个大的方面，一个是对乡镇企业兴起的理论解释，另一个是对乡镇企业产权改革的动因及逻辑等的解释，以下分别阐述两个方面的主要研究和创新观点。

### （一）乡镇企业兴起的理论解释

中国乡镇企业快速发展过程中表现出很高的效率，研究表明，同期乡镇企业的全要素生产率比国有企业高得多③，虽然国有企业的效率也有提高，却明显不如乡镇企业。④ 对乡镇企业的快速增长以及

---

① 申纪言：《大力发展社队企业的几个问题》，《经济研究》1979年第2期。
② 张卓元：《当代中国经济学理论研究（1949—2009）》，中国社会科学出版社2009年版，第94页；宗锦耀：《中国乡镇企业发展现状及前景展望》，《乡镇企业研究》1997年第1期。
③ 胡永泰等：《中国企业改革究竟获得了多大成功》，《经济研究》1994年第6期。
④ 刘小玄：《国有企业与非国有企业的产权结构及其对效率的影响》，《经济研究》1995年第10期；林青松：《改革以来中国工业部门的效率变化及其因素分析》，《经济研究》1995年第10期。

表现出的高效率，学术界做了大量研究和解释，有的提出乡镇集体企业的高效率在于东方式的合作文化[1]，有的认为在于历史渊源，更多则是从产权激励、市场化、资本积累等角度做出解释。

1. 产权与激励的视角

从产权和治理结构上看，乡镇企业与国有企业一样也经过了两层委托，第一层是社区成员委托给社区（乡或镇）政府，第二层是社区（乡或镇）政府委托给企业经理人员。处于委托代理链末端的企业的行为与绩效自然是前面一系列委托代理关系的结果。[2] 国有企业的低效率被归因于委托代理链过长，初始委托人的最优监督积极性和最终代理人受监督下的最优工作努力严格递减，中央政府对国有企业的监督成本巨大，造成内部人控制现象严重。[3] 乡镇企业中社区居民的所有者权能也存在弱化现象，但是与国有企业相比较，社区居民对社区政府的约束要比全民对政府的约束有效得多。由于社区范围的有限性及社区成员与企业有更直接的利益关系，社区居民有较高的监督动机，同时也更容易观察到企业的经营绩效，还可以通过各种正式、非正式途径对集体资产经营进行监督。对社区政府来说，其对乡镇企业的关心也远远超过了"中介人"的身份，乡镇企业是社区能否实现自身目标的重要手段，与社区政府的政绩直接有关，因此社区政府官员经营好社区集体企业与其在所任上恪职尽守的激励是一样的。[4] 人力资本天然属于个人的特性决定了它的运用

---

[1] Martin L. Weitzman, Chenggang Xu, 1994, "Chinese Township-village Enterprises as Vaguely Defined Cooperatives", *Journal of Comparative Economics*, Vol. 18, No. 2; 许成钢：《作为产权模糊的合作社的中国乡镇企业》，《经济译文》1995 年第 1 期。

[2] 洪银兴、袁国良：《乡镇企业高效率的产权解释——与国有企业的比较研究》，《管理世界》1997 年第 4 期。

[3] 张维迎：《公有制经济中的委托人—代理人关系：理论分析和政策含义》，《经济研究》1994 年第 4 期。

[4] 蔡昉：《乡镇企业产权制度改革的逻辑与成功的条件——兼与国有企业改革比较》，《经济研究》1995 年第 10 期。洪银兴、袁国良：《乡镇企业高效率的产权解释——与国有企业的比较研究》，《管理世界》1997 年第 4 期。

只可"激励"而无法"榨取",因此在企业中,不可没有对所有个别成员劳动贡献的计量、监督和管理。① 作为被委托者的乡镇企业经营者的人力资本在产权上得到更好界定,是乡镇企业实现更高效率的另一个重要原因。② 除了委托代理关系在乡镇企业导致的扭曲更少,乡镇企业模糊产权安排与不完善市场条件结合的优势也是乡镇企业得到发展的重要原因。从市场资源利用角度看,由于经济的自由度和市场的不完善程度均处于中间状态,使得政府行政官员或经济管理人员在对某些非市场资源的利用方面具有相对优势,并使集体所有制的产权安排成为最优。③ 当市场不完善、法律体系不健全、市场环境处于高度不确定状态时,政府"有能力"提供帮助,企业家和政府就会共同作为企业名义上的所有者,"含糊不清"的产权安排成为内生选择。④

2. 市场开放、市场竞争与市场化资源配置机制的视角

乡镇企业的发展离不开改革开放后市场开放的背景以及乡镇企业更加市场化的资源配置机制。改革开放之初,由于原来偏重重工业的发展模式轻工业产品严重短缺,乡镇企业弥补了国民经济在产业结构上的空档,具有相对丰富的市场机会。乡镇企业不是国家计划的产物,也始终没有被纳入资源配置计划中去,资源配置和价格的双轨制及市场轨的扩大为乡镇企业发展提供了条件,但也使得乡镇企业面对更大的竞争压力。从起步之初就面对市场竞争使其对市场机制具有天生的适应性⑤,具有更强的经营活力。从资源配置角度

---

① 周其仁:《市场里的企业:一个人力资本与非人力资本的特别合约》,《经济研究》1996 第 6 期。

② 姚先国、盛乐:《乡镇企业和国有企业经济效率差异的人力资本产权分析》,《经济研究》2002 年第 3 期。

③ 田国强:《中国乡镇企业的产权结构及其改革》,《经济研究》1995 年第 3 期。

④ 李稻葵:《转型经济中的模糊产权理论》,《经济研究》1995 年第 4 期。

⑤ 蔡昉:《乡镇企业产权制度改革的逻辑与成功的条件——兼与国有企业改革比较》,《经济研究》1995 年第 10 期。

看，乡镇企业更加市场化，更加高效。研究表明，乡镇企业经营者的决策权力大大高于国有企业[①]，因而乡镇企业能以市场主体的身份自主决策。在用工方面，乡镇企业采取雇用职工的形式，用市场契约关系来维系企业和职工的关系，因而可以招收那些对企业"边际产出"最有效的职工，可以通过更有效的薪酬机制实现更高的劳动效率，同时对职工的住房、退休金支付、医疗保健等大多不用承担责任。[②]

3. 资本积累的视角

廉价的资金、土地与劳动等要素投入都有利于乡镇企业的资本积累，为其快速发展提供了动力。集体经济积累是乡镇企业起步时的重要资金来源。这部分资金是人民公社体制下以压低农民收入水平为代价，从农业上"抠"出来的长期积累，作为制度上规定的公共积累，在当时农产品价格仍然偏低的情况下，其机会成本是很低的。[③] 银行信贷利率在20世纪80年代低于物价指数形成"深度负利率"，通过乡村组织出面承贷并承担风险，银行与信用社贷款成了乡镇企业另一个重要的廉价资金来源。因为解决农村就业和承担"以工补农"责任，乡镇企业享受税收减免优惠，也转化为乡镇企业的积累。[④]

乡镇企业资产的主要来源是劳动和土地"替代资本投入"，隐含未计入的转移收益在乡镇企业利润中占到70%以上。[⑤] 本应付给劳动者的那部分剩余是乡镇企业资本快速积累的另一来源。中国长期

---

[①] 张平：《国有企业和乡镇企业行为比较：产权和市场》，《改革》1995年第1期。

[②] 李炳坤：《乡镇企业改革开放十五年的历程回顾与前景展望》，《管理世界》1993年第5期。洪银兴、袁国良：《乡镇企业高效率的产权解释——与国有企业的比较研究》，《管理世界》1997年第4期。

[③] 蔡昉：《乡镇企业产权制度改革的逻辑与成功的条件——兼与国有企业改革比较》，《经济研究》1995年第10期。

[④] 温铁军：《乡镇企业资产的来源及其改制中的相关原则》，《浙江社会科学》1998年第3期。

[⑤] 同上。

实行重工业优先发展战略和城乡隔离的政策，从产业结构和制度上抑制了农业剩余劳动力的转移，以农业劳动的边际生产力为机会成本，乡镇企业的劳动力投入的价格就显得十分低廉。① 而且，在有别于城市的特殊条件下，乡镇企业因亏损而"停产歇业"甚至可以不向农民工支付任何待业工资，经营风险也顺利地转向农民。② 家庭联产承包经营制度改革后，在城乡分割与劳动力流动限制依然严格的情况下，通过工业化过程中的商品流动替代人口流动，将被释放出来的农村剩余劳动力资源禀赋转化为现实的经济优势，也解决了剩余劳动力转移与就业问题，这也是农村剩余劳动力转移就业的客观需要。

本来由劳动者占有大部分产权的土地从第一产业转向第二、第三产业所产生的增值收益，是乡镇企业资本积累的又一来源。农村土地归集体所有，无论是实行家庭联产承包制以前还是以后，乡镇集体或自治组织都或多或少地具有在社区内安排土地用途的权力。乡镇企业作为社区集体所有的事业，使用土地根本不必支付代价，且具有近于无限的潜在供给。③

4. 预算约束视角

都是从预算约束角度解释乡镇企业的发展，但是存在两种相反的评价，一种认为乡镇企业预算属于硬约束④，另一种则认为乡镇企

---

① 蔡昉：《乡镇企业产权制度改革的逻辑与成功的条件——兼与国有企业改革比较》，《经济研究》1995 年第 10 期。

② 温铁军：《乡镇企业资产的来源及其改制中的相关原则》，《浙江社会科学》1998 年第 3 期。

③ 蔡昉：《乡镇企业产权制度改革的逻辑与成功的条件——兼与国有企业改革比较》，《经济研究》1995 年第 10 期。温铁军：《乡镇企业资产的来源及其改制中的相关原则》，《浙江社会科学》1998 年第 3 期。

④ 蔡昉：《乡镇企业产权制度改革的逻辑与成功的条件——兼与国有企业改革比较》，《经济研究》1995 年第 10 期。洪银兴、袁国良：《乡镇企业高效率的产权解释——与国有企业的比较研究》，《管理世界》1997 年第 4 期。

业属于软预算[1]，前者强调了硬约束下的治理与市场选择，后者强调了资金增长在乡镇企业迅速增长中的贡献。预算硬约束观点认为，乡镇企业的经济目标更加突出，社区几乎可以完全以经济利益为目标来要求乡镇企业。社区支持亏损企业的财力有限，如果企业出现亏损，社区政府认为难以扭转亏损，企业就只能破产。硬预算约束保证了乡镇企业能像基于市场契约的企业那样对自己的行为负责[2]，市场的选择机制在乡镇企业中可以得到更充分的发挥。软约束观点强调，乡镇企业一直在不完善的市场体制下运行，制度上没有确保乡镇企业必须偿还债务的约束，同时在乡村政府与乡镇企业关系中，存在将乡镇企业负债转化为乡村政府负债的传导机制，乡镇企业的债务危机最终会转化为乡村政府的债务危机，因而乡镇企业往往面临着程度不同的预算软约束[3][4]，即债务索取对乡镇企业是软的。因为预算软约束，乡镇企业的投资行为往往表现出强烈的外延式扩张冲动，在资本结构上表现为乡镇企业信贷的超常扩张和高比例负债经营。[5][6]银行和信用社的逆向选择和败德行为进一步诱发了乡镇企业信贷的滥用。乡镇企业因为预算软约束实现快速发展，在国家采取压缩贷款额度、上收贷款权限等行政措施来缓解信贷危机时，由

---

[1] 姜长云：《乡镇企业产权改革的逻辑》，《经济研究》2000年第10期。姜长云：《乡镇企业资金来源与融资结构的动态变化：分析与思考》，《经济研究》2000年第2期。

[2] 洪银兴、袁国良：《乡镇企业高效率的产权解释——与国有企业的比较研究》，《管理世界》1997年第4期。

[3] 姜长云：《乡镇企业产权改革的逻辑》，《经济研究》2000年第10期。

[4] 谭秋成：《银行体制、预算软约束与乡镇企业目前的困难》，《中国农村观察》2003年第6期。

[5] 邹宜民、戴澜、孙建设：《苏南乡镇企业改制的思考》，《经济研究》1999年第3期。

[6] 姜长云：《乡镇企业资金来源与融资结构的动态变化：分析与思考》，《经济研究》2000年第2期。

于与银行和信用社的纽带被切断而陷入困境。[1]

## (二) 乡镇企业的产权改革

乡镇企业产权改革指的是乡镇集体所有企业的产权改革。20世纪90年代中后期，随着市场化的推进以及乡镇企业发展所面临的产品市场与要素市场发生了结构性的变化，乡镇企业产权制度改革在各地普遍开展。经过从承包制向股份合作制、股份制等的改革和发展，乡镇企业与非乡镇企业的边界也变得模糊直至消失，乡镇企业作为一种特殊的企业形态退出历史舞台。学者对乡镇企业产权制度改革的发生及在此过程中的改制方式与经营者持大股等现象做了研究与解释。

### 1. 乡镇企业产权改革的发生

模糊产权与改革开放早期不完善的市场条件相契合，但是其缺陷也非常明显。乡镇集体企业的模糊产权被指有三个不确定因素：行政建制的变更、作为所有者代表的乡镇领导的变更、所有者缺乏经营决策权和剩余支配权。[2] 从制度演化角度看，乡镇企业这种制度安排及其相关条件或约束之间存在动态性的相互作用，乡镇企业的发展为其他制度的改变创造了更好的条件，而其他制度的改变反过来又为乡镇企业的进一步发展创造条件。[3] 当市场完善和行政干预减少了，它就变得效率低下了。[4] 因此，乡镇企业产权改革的发生是产权与制度演化的规律，同时，也是规律作用下社区政府、企业经营者等不同主体实现利益诉求的必然结果。

第一，是社区视角的改革诉求。随着企业规模与市场范围的扩大，乡村政府继续监督、干预乡镇企业经营的交易成本显著增加。

---

[1] 谭秋成：《银行体制、预算软约束与乡镇企业目前的困难》，《中国农村观察》2003年第6期。

[2] 田国强：《中国乡镇企业的产权结构及其改革》，《经济研究》1995年第3期。

[3] 樊纲、陈瑜：《"过渡性杂种"：中国乡镇企业的发展及制度转型》，《经济学（季刊）》2005年第3期。

[4] 李稻葵：《转型经济中的模糊产权理论》，《经济研究》1995年第4期。

乡村政府与企业经营者之间的信息不对称为"内部人控制"问题提供了条件，企业经营者凭借其信息优势来掌握乡镇企业的大部分剩余控制权和部分剩余索取权，并且其私用和套取乡镇企业资金的行为不能得到有效监督。另外，20世纪90年代之后，市场需求格局变化和产品市场上日趋严峻的竞争形势导致乡镇企业的盈利空间大幅度收缩，盈利能力、盈利水平大幅度降低。两方面因素作用下，许多乡镇企业出现亏损，加上高负债经营，乡镇企业债务危机凸显，乡村政府存在着希望尽快切断其与乡镇企业之间的债务链，以规避乡镇企业经营风险的倾向。[1]

第二，是企业发展视角的改革诉求。随着发展环境变化，乡镇企业需要扩张规模和利用外部资源。但是，在要素市场封闭、分割条件下，乡镇企业既面临融资来源问题，也面临可资利用的要素质量难以提高，技术进步受到限制等问题。开拓融资渠道、开放要素市场就要求更明晰的产权。但是，模糊产权下，社区政府、经营者与外来投资者的目标函数不一致，外来投资的产权不能保护、利益分配不能得到保障，所以乡镇集体企业很难利用外部资本等要素。[2]

第三，是经营者视角的改革诉求。方式多样的乡镇企业产权改革及其路径选择，很大程度上与乡镇企业经营者人力资本产权的资本化要求和"内部人控制"地位有关。[3] 乡镇企业资产委托人和代理人之间信息不对称的问题变得突出，就需要解决乡镇企业经营者的激励问题。随着农村其他所有制形式企业的大量出现，稀缺的农村企业经理人员有了越来越多的潜在就职机会，他们对乡镇集体企业的依附性也就不存在，激励问题也更加突出。从乡镇企业产权改革过程中股权设置的演变看，产权改革的核心是在社区政府与企业

---

[1] 姜长云：《乡镇企业产权改革的逻辑》，《经济研究》2000年第10期。
[2] 韩俊、谭秋成：《集体所有制乡镇企业存量资产折股量化问题研究》，《经济研究》1997年第8期。
[3] 姜长云：《乡镇企业产权改革的逻辑》，《经济研究》2000年第10期。

经理人员之间合理地划分企业资产控制权和相应的剩余索取权。[①] 改革后的乡镇企业，在股权结构上股权配置向企业原有经营者倾斜，从治理结构上企业控制权和剩余索取权由社区政府向经营者转移。[②]

2. 改革路径与分配关系

乡镇企业产权制度改革经历了从承包制向股份合作制、股份制发展，改革模式、分配权、劳动资本的关系、为什么经营者持大股等问题都得到进一步研究。

第一，是关于改革路径的研究。乡镇企业产权改革是从实施承包制发端，进而向股份合作制或其他的企业组织形式发展[③]，张军等研究则认为这个过程是从转换经营机制向改革产权制度的发展。[④] 产权改革的核心问题是在明晰产权的基础上划分资产控制权和相应的剩余索取权，从这点来看，承包制的实施并不仅仅是解决企业的经营机制问题，同时也带来了乡村集体企业产权结构的重大调整。[⑤] 承包制下，集体经济组织和承包者的各自权利都已经为具有法律效力的承包合同所界定，承包经营者不仅拥有经营决策权，还与所有者分享剩余，这样也就相应地改变了乡村集体企业的产权结构。

股份合作制曾是乡镇企业产权改革的主要形式。股份合作制的主要特征是内部持股，外部人员不能入股，合资又合劳，股份只能转让给企业内其他持股人。在当时的政治、经济及社会环境下，股份合作制得以迅速发展是更容易被接受的。股份合作制虽具有产权

---

① 蔡昉：《乡镇企业产权制度改革的逻辑与成功的条件——兼与国有企业改革比较》，《经济研究》1995年第10期。

② 陈宝敏、孙宁华：《"农村城市化与乡镇企业的改革和发展"理论研讨会综述》，《经济研究》2000年第12期。

③ 张晓山：《中国的乡镇企业：所有制结构的变迁与现状》，《学习与探索》2001年第1期。

④ 张军、冯曲：《集体所有制乡镇企业改制的一个分析框架》，《经济研究》2000年第8期。

⑤ 张晓山：《中国的乡镇企业：所有制结构的变迁与现状》，《学习与探索》2001年第1期。

相对明确、机制灵活、利益直接等特点，但也有阻碍了外部资本进入和企业资本流动的弊端。[①] 乡镇政府和原企业经理并没有选择股份合作制的动力[②]，甚至乡镇企业推行股份合作制的最大困难是乡镇和村两级干部或明或暗的阻力。[③]

第二，是分配权的研究。关于谁有资格获得股份、谁应享有分配权，温铁军认为资本积累是重要依据，乡镇企业产权改革必须保障劳动者以劳动和土地替代资本投入所形成的资产权益，对土地资本转移收益、农民福利和社会保障的转化、负利率和税收减免以及企业家的风险收益和管理者的劳动剩余转化而成的企业资产要分别保障其权益。[④] 陈吉元强调应当鼓励职工个人入股，经营者与普通职工的股份差距不宜太大，个人股差距也不宜太大，否则就可能出现多劳少得、少劳多得的问题，职工持股的差距一般以控制在5—10倍为宜。[⑤]

乡镇企业"社区性"也是产权改革中关于分配的一个特殊问题。研究认为，由于村集体在企业产权系统中的地位变化，原来的村企关系的法理基础悄悄地、逐渐地发生转变。即便完全不考虑国家能力、后乡镇企业与村社区的地缘重叠性等因素，仅仅基于村社区在乡镇企业资本积累的特殊过程中所做出的贡献，乡镇企业无论怎么改制都应该继续通过恰当方式从资金等各个方面扶助农业、支持村社区建设[⑥]。对乡镇企业改制后因追求资本密集、排斥劳动而出现的

---

[①] 田国强：《中国乡镇企业的产权结构及其改革》，《经济研究》1995年第3期。
[②] 杜志雄等：《乡镇企业产权改革、所有制结构及职工参与问题研究》，《管理世界》2004年第1期。
[③] 温铁军：《改革试验区的既往教训与今后深化改革的重点》，《农村经济与社会》1994年第3期。
[④] 温铁军：《乡镇企业资产的来源及其改制中的相关原则》，《浙江社会科学》1998年第3期。
[⑤] 陈吉元：《改革：中国农业现代化的主要推动力》，载关锐捷《中国农村改革二十年》，河北科学技术出版社1998年版，第29页。
[⑥] 毛丹等：《后乡镇企业时期的村社区建设资金》，《社会学研究》2002年第6期。

社区性削弱，也有研究认为，乡镇企业承担支农义务是通过农村和农民内部的收入再分配来解决农业发展的问题，实际上还是维持原有的二元经济结构；转制之后企业社区性削弱所引发的问题则应通过财税体制改革和行政体制改革的进一步深化加以解决。[1]

第三，是关于为什么经营者持大股的研究。经历承包制、股份合作制和股份制改革后，乡镇集体企业的股权逐步向经营者（层）集中。[2] 利益相关者之间的博弈决定了最终改革的形式及利益分配结果。以乡村政府和企业经营者为主导的乡镇企业核心层利益相关者之间的博弈和利益分割，对于产权改革路径的选择具有决定性的影响。解决乡镇企业的融资问题和经营者人力资本产权的资本化问题，是其中两条并行不悖的主线。[3] 经营者得以持大股主要是因为经营者在与企业所有者代表的乡镇领导人谈判中占有优势[4]，形成这种利益的再分配向经营者倾斜现象也说明企业经营者是实现改制的基本社会力量。[5] 但是，陈吉元强调，从股份合作制改革是为调动职工作为所有者的积极性这一初衷出发，允许经营者持大股的界限应有数量上的限制。[6]

---

[1] 张晓山：《中国的乡镇企业：所有制结构的变迁与现状》，《学习与探索》2001年第1期。

[2] 谭秋成：《乡镇集体企业中经营者持大股：特征及解释》，《经济研究》1999年第4期。

[3] 姜长云：《乡镇企业产权改革的逻辑》，《经济研究》2000年第10期。

[4] 谭秋成：《乡镇集体企业中经营者持大股：特征及解释》，《经济研究》1999年第4期。

[5] 邹宜民等：《苏南乡镇企业改制的思考》，《经济研究》1999年第3期。

[6] 陈吉元：《改革：中国农业现代化的主要推动力》，载关锐捷《中国农村改革二十年》，河北科学技术出版社1998年版，第29页。

# 第六章

# 农业经营组织与制度研究

农业经营组织与制度是开展农业生产活动的形式、方式，属于上层建筑的范畴，是社会生产关系的体现。建立适合"大国小农"国情的农业经营组织和制度体系是中国探索农业现代化道路的核心任务。新中国成立 70 年来，理论界对中国农业经营组织和制度开展了很多基础性、创新性和前瞻性的研究。特别是在农业合作化、人民公社、家庭承包经营、双层经营体制、农民合作社、家庭农场、小农户衔接现代农业等研究领域，取得了丰硕的研究成果，既是对农业经济理论体系的丰富完善乃至创新，也推动了不同时期农业经营组织和制度的探索实践，并对于形成今天具有中国特色的农业经营体系具有重要作用。在新中国成立 70 周年之际，站在中国特色社会主义新时代的新起点上，构建现代农业经营体系仍然是实施乡村振兴战略、加快推进农业农村现代化的重要举措。系统梳理新中国成立以来理论界对国内外农业经营组织和制度的研究脉络，分析其推动实践探索的作用，科学判断其理论贡献，对于进一步完善和创新现代农业经营组织和制度具有重要意义。

## 第一节 改革开放前农业经营组织与制度的研究脉络

### 一 农业合作化道路之争

新中国成立后,迅速完成了土地改革,实现了农民土地所有制和"耕者有其田",建立了以小规模自耕农为主的农业经营体系,这也是中国共产党在革命时期对农民的承诺。通过土地改革,无地、少地农民拥有了与其他农民大致相等的土地,他们的生产积极性提高了,在一定程度上促进了农业生产力发展。但是,马克思主义经典作家认为,小农是落后的、过时的生产方式,是没有出路的,应该采用合作生产、集体化生产的方式对其进行改造。从总体上看,新中国成立后党内的领导层和理论界秉持马克思主义经典作家的认识,认为土地私有制和家庭经营无法解决农户生产中所面对的一些难题,如农业水利、机械耕作等问题;还会出现两极分化,一部分农户可能因天灾、人祸等问题而出卖土地,从而陷入贫困之中。例如,毛泽东指出,合作比单干强,个体农民靠单干增产是有限的,必须发展互助合作。他还认为,土地改革后的农村阵地,社会主义(即集体所有制)不去占领,资本主义就必然会去占领。实际上,在新中国成立之前,中国共产党党内已经形成了学习苏联、采取苏联农业集体化模式的共识。毛泽东同志早在 1943 年就提出,唯一的办法就是依据列宁所说的经过合作社逐渐地集体化,经过若干发展阶段把建立在个体经济基础上的集体劳动组织(初级形式的合作社)发展为苏联式的集体农庄形式的合作社。[1]

---

[1] 毛泽东:《组织起来》,《毛泽东选集》第 3 卷,人民出版社 1991 年版,第 931—933 页。

但对怎样实现、何时实现农业集体化,党内存在着分歧。一种认识是,应把互助组进一步提高,尽快实现农业合作化。1949年12月,高岗指出,要使绝大多数农民上升为丰衣足食的农民必须"由个体向集体方面发展",要沿着集体化方向积极办好互助组,进一步提高互助组,吸引单干、雇工经营者参加互助组,要说服或教育党员不雇工。1951年2月,时任山西省委书记赖若愚在向华北局的报告中提到,必须稳健积极地提高互助组织,走向更高级的形式,并决定在长治各县试办农业合作社,征集公积金、积累公共财产,逐步提高按劳分配比重。另一种认识是,要充分发挥农户个体经营的积极性,待实现农业机械化后再走集体化道路。刘少奇认为,农民个体经济中出现富农、雇工是不可避免的,互助组是农民贫困、破产的产物,农民能够独立进行生产经营时退出互助组是好现象,不应限制。而且,农民个体经营与农业集体化是两种生产方式,不能混为一谈,有了机器工具才能集体化,才能取消雇工。刘少奇也不同意山西省委试办农业生产合作社的意见,认为采取措施动摇、削弱私有制的意见和措施是错误的,应该巩固和确保私有,不要急于搞农业生产合作社。毛泽东同志认为,像西方资本主义那样,在未实现机械化前,中国农业也有一个工厂手工业阶段,依靠统一经营去动摇私有基础是可行的,可以先集体化再机械化,从而结束了这场争论。1951年9月,中央召开全国第一次互助合作会议,形成了《中共中央关于农业生产互助合作的决议(草案)》,至1953年2月15日讨论通过成为正式决议,标志着把各类互助组织进一步提高成为全党的共识。1953年12月,中央通过了《关于发展农业生产合作社的决议》,明确农民在生产上联合起来的具体道路是由临时互助组到常年互助组到初级农业生产合作社再到高级农业生产合作社,这与过渡时期总路线一致,表明把互助组转向合作社的进度加快了。[①] 领导层的争论也延伸到理论研究层面的争

---

① 王贵宸:《中国农村合作经济史》,山西经济出版社2006年版,第206—225页。

论，核心问题是农业生产集体化应从哪个环节入手，主要观点有：先机械化论、先合作化论、先供销合作再生产合作论等。这些研究多数是对领导层尤其是领袖们相关论述的学习体会。

## 二 农业合作化进程研究

到1953年年初，土地改革基本完成。之后，从组织带有社会主义萌芽性质的临时互助组和常年互助组，发展到以土地入股、统一经营为特点的半社会主义性质的初级农业生产合作社。一些较早进行土地改革和广泛开展互助合作的地区，在初级农业合作社的基础上逐步建立高级农业生产合作社。1955年高级农业生产合作社发展到500个，参加农户有4万户。随后，高级农业生产合作社数量迅速增加，1956年年底猛增到54万个，参加农户数量达到11945万户，占当时全国农户总数的96%以上。[1] 从初级农业生产合作社转为高级农业生产合作社，农民私有的土地转为集体所有，土地上附属的水利设施以及耕畜、农机具等农业生产资料也转为集体所有，土地报酬、股份分红和投资所得等分配形式也逐步取消。高级农业生产合作社实现了土地和主要生产资料从私有制向集体所有制的转变，实行了按劳分配制度，具备了完全的社会主义性质。高级农业生产合作社的普及标志着农业社会主义改造的完成，农业集体化的实现。

《经济研究》1955年第5期发表了一篇社论——《开展关于农业合作化问题的经济理论研究工作》。该社论提出，经济科学工作者要开展全面深入的研究，为农业合作化提供科学基础，并明确了需

---

[1] 陈廷煊：《1953—1957年农村经济体制的变革和农业生产的发展》，《中国经济史研究》2001年第1期。

要研究的七个方面问题。① 围绕这些理论和实践问题,很多学者开展了研究。多数学者认为,农业合作化是由生产关系一定要适合生产力性质这一规律所决定的。农民个体经济、富农经济不适应社会主义制度下生产力发展的要求,只有合作化了的农业才能满足工业发展所需要的原料和商品粮食。② 农业合作化过程中多种经济成分并存,既决定了由小到大、由低级到高级的发展过程,也决定了多种分配方式并存是适应客观经济规律的结果。要使农业生产合作社成为广大农民所接受的主要过渡形式,必须对社员个人收入的各种形式规定适当比例,调动他们参加合作社的积极性。这是农业生产合作社健康发展的重要条件。在农业生产合作社扩大再生产过程中,公共财产积累逐步增多,私人财产逐步减少,最终为向全社会主义的合作社过渡准备了条件,不同分配形式的矛盾也将消除。③ 农业合作化后,社会主义性质的市场迅速扩大和商品流转大量增加,要求社会主义商业支援农业合作化的首要任务是做好生产资料的供应,调整基层供销合作社的经营业务。④

农业合作化后就必然会出现入社社员的劳动激励问题。林子力

---

① 一是研究土地改革后农村阶层的变化,说明各个阶层在什么条件下能够参加农业生产合作社,论证农业合作化中阶级政策的正确性。二是论证从互助组到初级社再到高级社的社会主义改造步骤是符合生产关系一定要适合生产力这一客观经济规律的。三是研究农业生产合作社的半社会主义性质,说明其中的经济关系和发展规律。四是研究半社会主义的农业生产合作社相比单干农户和互助组的优越性所在,以及如何利用和发挥这些优越性。五是研究农业生产合作社的经营管理问题,帮助农业生产合作社改进经营管理,以巩固和发展农业生产合作社。六是研究半社会主义的农业生产合作社向全社会主义的农业生产合作社过渡的问题,说明过渡过程的规律性和各方面条件。七是研究农业生产合作社与外部的关系,如与国营经济、供销合作社和信用合作社的联系。

② 王思华:《关于我国过渡时期国家工业化与农业合作化的相互适应问题》,《经济研究》1956 年第 1 期。

③ 于光远、林子力、马家驹:《论半社会主义的农业生产合作社的产品分配》,《经济研究》1955 年第 2 期。

④ 曾凌:《农业合作化高潮中的农村市场》,《经济研究》1956 年第 2 期。

等研究了农业生产合作社先后采取定质定量的季节包工制（小包工）、定质定量定时定产的包工包产制（大包工）、报工制度等克服劳动涣散、纪律约束弱问题的做法。[①] 对于是否允许富农加入合作社，张友仁论证了接受已放弃剥削的富农分子参加农业生产合作社的可能性和必要性，认为这是限制富农经济的有效做法。[②] 在合作化运动中，农民的土地等生产资料入股到了合作社，但很多地方还保留了少量的由农民家庭经营的"自留地"。对于这种做法，宋海文认为只要高级社还是改造农业，发展农业生产的基本组织形式，"自留地"就是高级社经济中必不可少的部分。农业生产合作社向更高级形式过渡是个较长期的过程，"自留地"会一直存在并不断缩小，但并不意味着要忽视"自留地"的作用，当前农民"自留地"数量偏少妨碍了农民家庭副业的发展。[③]

宋涛研究了改良农业生产技术对于农业合作社发展的作用，认为其是巩固和发展农业生产合作社的重要手段。关梦觉认为，主要矛盾在于生产力落后于生产关系，需要通过农业技术改革、推广新式农具、推进农业机械化等迅速提高农业生产力，以适应高级农业生产合作社的生产关系。[④⑤] 这些研究对于及时发现、解决农业合作化过程中的问题发挥了一定作用，深化了领导层和理论界对农业社会主义改造中国实践的理论认识。

---

[①] 林子力等：《田家府村光辉农业生产合作社调查报告》，《经济研究》1955年第4期。报工制度具体做法是有劳动能力的社员自报每月能参加劳动的天数，再由大家根据他的体力进行评议，以后每人在社内的劳动就应该至少做到自己规定的天数，合作社对实际劳动超过规定天数的社员给予奖励，反之则要扣减工分。

[②] 张友仁：《论中国消灭富农的途径》，《经济研究》1956年第6期。

[③] 宋海文：《农业生产合作社中自留地问题的探讨》，《经济研究》1957年第4期。

[④] 关梦觉：《历史唯物主义的原理与我国高级农业生产合作社的现实》，《经济研究》1957年第1期。

[⑤] 宋涛：《积极改良农业生产技术对于进一步巩固农业合作社的作用》，《经济研究》1958年第2期。

## 三 人民公社建立和完善的研究

从 1958 年开始，中国农业经营组织与制度进入人民公社时期，这是与国家工业化战略和执政党意识形态相适应的农业基本经营制度。农民在集体所有的土地上以生产队为单元，集中劳动，取得工分，进而按照每户的工分及人口数量，分配劳动成果。全国第一个人民公社成立于 1958 年 7 月 1 日。《红旗》杂志第 3 期发表了陈伯达写的《全新的社会、全新的人》的文章，提出"把合作社办成一个既有农业合作，又有工业合作的基层组织单位，实际上是农业和工业相结合的人民公社"。接着，第 4 期《红旗》杂志又发表了陈伯达写的《在毛泽东同志的旗帜下》的文章，明确引证了毛主席同志的指示："我们的方向应该逐步地、有次序地把工（工业）、农（农业）、商（商业）、学（文化教育）、兵（民兵，即全民武装）组成一个大公社，从而构成我国社会的基层单位。"1958 年 8 月，中央政治局扩大会议做出了《关于在农村建立人民公社的决议》，到 9 月底全国已成立 2.34 万个人民公社，90.4% 的农户加入了人民公社。[①]

随着人民公社的普及，研究内容也就自然而然延伸到对人民公社分配形式、管理制度和所有制性质的讨论。乌家培等认为，农业生产合作社转变成人民公社后，生产资料私有制消失，使产品分配关系发生变化，应该实行工资制和部分供给制相结合的分配制度。[②]何畏认为，供给制是按劳取酬向各取所需过渡的必要形式，是社会主义向共产主义过渡的必要形式，在当前生产力水平不够高的情形下还要与低工资制结合在一起。[③] 协力认为，人民公社实行乡社合一

---

[①] 王贵宸：《中国农村合作经济史》，山西经济出版社 2006 年版，第 226、297 页。

[②] 乌家培等：《试论人民公社化运动中农村分配制度的变革》，《经济研究》1958 年第 10 期。

[③] 何畏：《农村实行供给制的伟大意义》，《经济研究》1958 年第 11 期。

后，变成政权机关与生产管理机关合而为一的组织形式，要建立新的财政制度并改进与之相关的税收制度，做到财政与财务相结合。① 关于人民公社是属于集体所有制为主，还是全民所有制为主，理论界存在较大争论，但一致认为其包含了全民所有制因素，具备了共产主义萌芽，是通向共产主义的捷径。② 集体所有制转变为全民所有制有三个基本标志：个人消费品实行全民性分配，实现公社工业化和农业机械化、电气化，商品交换有了高度发展③；两个条件：国家能够支配公社的公共积累，在较大区域范围内统一公社社员的收入水平，前一条件具有决定性意义。④

人民公社时期，农产品一直处于短缺状态，数亿名农民尚未解决温饱问题，主要原因在于当时农业经济组织和制度的效率低下。从1957年到1978年，人均粮食产量只增加8.5公斤，年均增长不到0.4公斤。中国共产党党内外人士对人民公社体制作过反思和调整，农业家庭承包经营的思想在党内也有反映。1962年，在国民经济调整过程中，邓子恢曾经提出应推广当时安徽部分地区试行的"责任田"形式，这可以看作是中国农业家庭承包经营思想和政策的最初萌芽。⑤ 然而，邓子恢的这种观点从一开始就遭到了党内的严厉批评，被指责为刮"单干风"。从实践层面看，在农业集体化时期，曾出现过三次较大规模的包产到户实践。第一次发生在1956年的下半年到1957年。当时，浙江温州永嘉县委副书记支持一些农业社包产到户。同时，广东等省都发现一些农民提出搞包产到户的建议。1957年秋冬农村"大辩论"，把它当作富裕中农自发资本主义进行

---

① 协力：《关于人民公社财政问题的初步探讨》，《经济研究》1958年第10期。
② 群力：《经济研究所座谈会讨论人民公社》，《经济研究》1958年第12期。
③ 何畏：《关于人民公社由集体所有制转变为全民所有制的基本标志》，《经济研究》1958年第12期。
④ 张卓元：《关于人民公社向全民所有制过渡问题的探讨》，《经济研究》1958年第11期。
⑤ 顾龙生：《中国共产党经济思想发展史》，山西经济出版社1996年版。

批评。第二次发生在 1959 年。河南洛阳等地区许多社队又搞包产到户，在反右倾机会主义运动中被点名批评。第三次发生在 20 世纪 60 年代初三年困难时期。当时安徽、广东都搞了"责任田"，安徽搞得多，后来受到批判。[①] 杜润生后来说，"集体化的弊端，发生根源系于体制选择，所以难以治理。但当时却不加分析地归因于农民资本主义倾向，连续进行社会主义教育、整社运动、'四清'、学大寨等，费力很大，而收效甚微"[②]。

## 第二节 改革开放后农业经营组织与制度研究

中国改革开放从农村起步，农村改革从改变农业集体化时期的农业经营方式开始。1993 年，中共中央、国务院在《关于当前农业和农村经济发展的若干政策措施》中明确指出，"以家庭联产承包为主的责任制和统分结合的双层经营体制，是我国农村经济的一项基本制度"。1998 年党的十五届三中全会通过了《中共中央关于农业和农村工作若干重大问题的决定》。该决定将"以家庭联产承包为主的责任制和统分结合的双层经营体制"，修改为"以家庭承包经营为基础、统分结合的双层经营体制"。这一表述不仅更符合中国农村发展的现实，而且更加强调了家庭经营的独立地位并使其权利更加完整。此后，以家庭承包经营为基础、统分结合的双层经营体制的表述在《中华人民共和国宪法》（1999 年修正案）和《中华人民共和国农村土地承包法》（2002）中以立法的形式固定下来，成为中国

---

① 王贵宸：《中国农村经济改革研究》，中国社会科学出版社 2016 年版，第 21 页。

② 杜润生：《中国农村改革的深刻启示——为〈中国农村改革 20 年〉所做的序》，《中国农村经济》1998 年第 11 期。

农村最基本的经营制度。2008年,党的十七届三中全会通过的《中共中央关于推进农村改革发展若干重大问题的决定》,则将农村基本经营制度确定为"党的农村政策的基石"。当年的中央一号文件提出,"坚持和完善以家庭承包经营为基础、统分结合的双层经营体制"。学术界在农业经营组织与制度领域的研究成果较为丰富。

## 一 家庭承包制的确立

20世纪70年代后期,在四川、贵州、内蒙古、安徽等省区的边远山区及贫困地区,农民自发变革人民公社体制,采取了包产到组、包产到户、包产到劳以及包干到户等多种形式的生产责任制。此后,家庭承包经营责任制迅速推向全国,家庭经营成为农业的主要经营形式。学术界围绕家庭承包责任制的相关问题,开展了大量研究,取得了丰富的理论研究成果,推动了实践探索和政策调整。

在农业集体化时期,农业生产几乎处于停滞状态,但在当时的政治氛围下,学术界并未质疑三级所有、队为基础的农业组织和制度,这种状况在改革开放初期仍然如此。主流的观点是,人民公社制度是优越的,家庭承包经营仅仅是改善农业内部生产管理的一种形式。[1] 这种认识与中央对家庭承包经营的态度有直接关系。尽管各种形式的农业生产责任制在促进农业生产方面显现出很好的效果,但1978年12月《中国共产党第十一届中央委员会第三次全体会议公报》仍然强调指出"人民公社要坚决实行三级所有、队为基础的制度,稳定不变"。全会原则通过的《农村人民公社工作条例(试行草案)》仍然提出"不许包产到户"。1979年4月,中共中央批准国家农委党组报送的《关于农村工作问题座谈会纪要》,再次明确"不准包产到户"。但同样应该强调指出的是,在思想解放的背景下,一些研究者基于实践调查,提出了与中央意见相左的观点。其中具

---

[1] 周诚:《试论农村人民公社中的"增产增收"问题》,《经济研究》1978年第6期。

有代表性的是，1980年4—7月，王贵宸等对安徽农村社队的各种生产责任制形式作了调查，提出"应当允许包产到户，限制是不对的，强扭更是错误""对包产到户应采取积极态度——采取'不宣传、不提倡、不批不斗'的消极态度是不适宜的"。家庭承包制的推行过程中面临很多质疑。针对学术界对包产到户是走独木桥还是阳关道的激烈争鸣，王贵宸和魏道南较早地将包产到户定性为农业生产组织内部的责任制形式。他们认为，这种联系产量的责任制是把生产责任制和计算劳动报酬形式结合在一起，把对集体生产负责和社员个人物质利益更紧密地联系起来。① 针对社会上质疑包产到户是"倒退"，王贵宸、魏道南认为，应以是否促进生产力发展作为前进或倒退的衡量标准，实行包产到户能够显著调动社员的生产积极性，实现增产、增收，增加对国家的贡献。② 陆学艺认为，从包产到户中演进出来的包干到户，按合同分配，进一步克服了平均主义，也是公有制经济的一种责任制形式。③ 包产到户发展前景广阔，必将是专业化、社会化生产。农户将走向专业户，并在此基础上走向联合。④

就实行家庭承包经营的必要性，改革开放初期的研究中较为普遍的观点是把其视为解决农民温饱问题的权宜之计，是适宜于较低生产力发展阶段的策略性选择。王松霈和郭明指出，包干到户更能调动劳动者积极性、更适合当前的生产力发展要求，但长远看具有分散经营和小规模经营的弊端，会束缚生产力的进一步发展。⑤ 尽管当时中央对迅速推广的各种生产责任制，特别是包产到户、包干到

---

① 王贵宸、魏道南：《联系产量的生产责任制是一种好办法》，《农业经济问题》1980年第1期。
② 王贵宸、魏道南：《论包产到户》，《经济研究》1981年第1期。
③ 陆学艺：《包产到户的动向和应明确的一个问题》，《农业经济丛刊》1981年第5期。
④ 陆学艺、王小强：《包产到户的发展趋势》，《农业经济论丛》1981年第5期。
⑤ 王松霈、郭明：《论"包产到户"和"包干到户"》，《经济研究》1981年第10期。

户等联产承包责任制给予肯定，但始终将它们作为生产力水平较低的情况下，生产关系的权宜性选择。1980年9月，中共中央印发的《关于进一步加强和完善农业生产责任制的几个问题》，把家庭承包经营的必要性看成是由于"集体经济没有办好，生产力水平依然很低，群众生活十分困难"，因而是"解决温饱问题的一种必要措施"。1988年11月，《中共中央、国务院关于夺取明年农业丰收的决定》指出："以家庭经营为主的联产承包责任制，符合目前中国大多数地区农业生产力的发展水平，仍具有旺盛的生产力。应保持稳定并不断完善。"这同样是把家庭承包经营看成是由于生产力水平不高所决定的。

改革开放后至1984年，中国粮食产量连年快速增加。但对家庭承包经营的质疑一直存在。1985年，中国粮食产量下降，对家庭承包经营合理性的质疑更多了。有学者认为，农户家庭经济不是也不会成为农业经济结构中的主体经济，在经济发达地区家庭联产承包责任制普及后优势正逐步消失。[1] 土地撂荒、农业剩余劳动力转移、农业经营规模小等问题的出现，凸显了允许土地向种田能手集中、发展新型农村合作经济的必要性，进行农村第二次改革的命题被提出。[2] 在实践层面，一些地方收回农民承包地，搞"两田制"。

但从总体上看，学术界的主流观点仍然认为应坚持家庭承包经营的基础地位。例如，杜润生认为，在专业化趋势和技术进步条件下家庭经营长期存在下去的可能性将更大，发展和完善联产承包责任制对建设具有中国特色的社会主义农业有极其重要的意义。[3] 周其仁认为，家庭联产承包制是社会主义合作经济条件下，对"农业活

---

[1] 陈华震：《经济发达地区农业的根本出路在于更新家庭联产承包责任制》，《农业经济丛刊》1985年第6期。

[2] 娄彦刚等：《根本出路还是改革——地、县领导干部谈农村第二次改革》，《农业经济丛刊》1985年第5期。

[3] 杜润生：《联产承包制与中国社会主义农业发展道路》，《农业经济问题》1985年第7期。

动适宜于家庭经营"的再发现,将继续发挥出旺盛活力,是未来农业经营组织与制度改革的轴心。① 在政策层面,1987年1月22日,中共中央政治局通过的《把农村改革引向深入》明确要继续完善双层经营,稳定家庭联产承包制,绝不搞"归大堆",再走回头路。中央明确禁止搞"两田制",并通过延长承包期的办法,给予农民"定心丸"。1997年党的十五届三中全会明确指出,实行家庭承包经营符合生产关系要适应生产力发展要求的规律,符合农业生产自身的特点,具有广泛的适应性和旺盛的生命力。因为这一政策背景,对家庭承包经营合理性的质疑有所减弱,但仍未停止。尤其是随着社会经济的发展,一些地方出现了农业生产中的兼业化、老年人化及粗放经营甚至抛荒现象,一些学者把其归咎于家庭承包经营制度,认为家庭承包经营制度过时了。但国家的政策导向和学术界的主流观点仍然认为,家庭经营符合农业生产特性,应予以稳定。

  对于家庭承包经营的性质,学术界存在分歧。一部分人认为,家庭联产承包制就是家庭分散经营,中国农业生产的经营形式就是家庭经营。但更多人认为,家庭经营是合作经济中的一个重要经营层次,它建立在主要生产资料公有制的基础上,其重大的生产经营活动,受国家或集体的控制或调节,因而本质上不同于以往任何形式的家庭经营。② 中国现阶段所实行的家庭承包制,是在深刻总结农业合作化以来轻率否认家庭经营积极作用的经验教训的基础上,而逐步完善起来的一种具有多层次经营特点的新型合作经济。从一定意义上说,这种多层次的生产经营形式是从单一的家庭经营形式转化而来的。1982年中央一号文件论证了包产到户、包干到户的社会主义性质,并提出土地等基本生产资料公有制和农业生产家庭承包责

---

① 周其仁:《家庭经营的再发现——论联产承包制引起的农业经营组织形式的变革》,《中国社会科学》1985年第2期。

② 许经勇:《完善家庭联产承包责任制的若干问题》,《厦门大学学报》(哲学社会科学版)1984年第4期。

任制都长期不变的主张。1983年中央一号文件着重阐释联产承包责任制是"马克思主义农业合作化理论在我国实践中的新发展"和"我国农民的伟大创造"这两个论断。该文件提出，联产承包制采取了统一经营与分散经营相结合的原则，使集体优越性和个人积极性同时得到发挥。

## 二 建立统分结合新机制

在农村普遍实行家庭承包制后，农户在生产中面临着依靠自身力量办不好、不好办的事情。中央政策要求采用统分结合的办法，来解决一家一户在生产中的困难。如何开展统一经营、谁是统一经营的承担主体，一直是学术界的研究热点。

### （一）关于增强集体统一经营职能的研究

在改革开放初期，中央把统一经营的主体定位于农村集体经济组织，要求集体经济组织"增强服务功能，解决一家一户难以解决的困难"。1983年中央一号文件明确提出了统分结合的双层经营体制，要求"以分户经营为主的社队，要随着生产发展的需要，办好社员要求统一办的事情，如机耕、水利、植保、防疫、制种、配种等，都应统筹安排，统一管理，分别承包，建立制度，为农户服务"。为完善和加强统一经营，国家不断调整农村集体经济组织的职能。1996年，《中共中央、国务院关于"九五"时期和今年农村工作的主要任务和政策措施》明确，要使"乡村集体经济组织更好地发挥其生产服务、协调管理、资源开发、兴办企业、资产积累等职能"。但事实上，受农村市场化改革的影响，集体经济组织的统一经营职能并未得到有效体现。张路雄等认为，联产承包制只完成了一半，集体统一经营层次在多数地区还未建立起来，如果不继续完善集体统一经营层次，改革可能半途而废。[①] 许经勇认为，应当把健全

---

① 张路雄等：《双层经营是农业联产承包制的发展方向——河北省玉田县农村双层经营体制调查》，《中国社会科学》1989年第1期。

与完善集体统一经营作为健全与完善统分结合、双层经营体制的重点，集体统一经营职能包括对家庭分散经营进行必要的管理、控制、协调，提供必要的社区性服务；促进集体资金积累与劳动积累，壮大集体经济实力。[1] 在改革过程中，以社队集体经济组织为基础发展起来的社区合作组织、股份合作组织、经济联合体，承担了集体统一经营的组织载体，多数学者将他们称为农村新型合作经济组织，实质上仍是集体经济组织。为解决集体经济组织功能弱化问题，涂维亮、左亚红提出了村集体经济组织"企业化经营"的思路[2]，涂维亮、黎东升提出了农户协会"纽带式"模式、集体企业化和农户协会共存共处的"混合型"模式改革思路。[3] 对于推进农村集体经济组织发展，郑有贵认为农村集体经济发展预期难实现的根源在于法人地位缺失，明确其法人地位已经成为推进改革和发展的基本条件。[4]

（二）关于建立农业社会化服务体系的研究

在改革开放初期，中央要求农村集体经济组织承担"统"的职能，由其向农民提供各种生产服务。但从实际情况看，绝大多数村集体组织经济实力薄弱、组织机构涣散，从而缺乏向农民提供服务的能力，而且也没有向农民提供服务的意愿，难以有效承担提供农业社会化服务的职能。针对这种情况，1984年中央一号文件提出了"社会服务"这一概念。该文件提出，"必须动员和组织各方面的力量，逐步建立起比较完备的商品生产服务体系，满足农民对技术、

---

[1] 许经勇：《把健全与完善集体统一经营职能摆在重要位置》，《经济纵横》1991年第3期。

[2] 涂维亮、左亚红：《村集体经济组织"企业化经营"的思考》，《中国农村经济》2001年第8期。

[3] 涂维亮、黎东升：《农村双层经营体制的完善与创新探讨》，《农业经济问题》2003年第4期。

[4] 郑有贵：《农村社区集体经济组织法人地位研究》，《农业经济问题》2012年第5期。

资金、供销、储藏、加工、运输和市场信息、经营辅导等方面的要求"。1986年中央一号文件提出，"有些地方没有把一家一户办不好或不好办的事认真抓起来，群众是不满意的。应当坚持统分结合，切实做好技术服务、经营服务和必要的管理工作"。杜润生提出，现阶段应重视在社会服务环节上组织起来推进服务的社会化，承担一家一户办不到、办不好的事情，争取规模效益，提高农业经济效益。[①] 1991年11月，国务院颁布了《关于加强农业社会化服务体系建设的通知》，提出"要以乡村集体或合作经济组织为基础，以专业经济技术部门为依托，以农民自办服务为补充，形成多经济成分、多渠道、多形式、多层次的服务体系"。这主要是考虑到，完全依靠集体统一经营来提供服务，弥补不了农业家庭经营的服务需求缺口，需要社会化服务组织来补充。党的十七届三中全会总结改革开放后30年来统一经营的发展经验与教训，把统一经营主体由农村集体经济组织扩展到多元化的市场主体，作为完善和创新统分结合双层经营体制的基本方向，提出"统一经营要向发展农户联合与合作，形成多元化、多层次、多形式经营服务体系的方向转变，发展集体经济，增强集体组织服务功能，培育农民新型合作组织，发展各种农业社会化服务组织，鼓励龙头企业与农民建立紧密型利益联结机制，着力提高组织化程度"。这为如何发展统一经营，指明了方向、内容和重点。对于开展统一经营的各类主体的职能划分，学术界的一种观点是：传统的集体经营为家庭生产提供的服务应主要限定在村、村民小组拥有的水库、池塘、水渠、沟坝、田间道路、公共林地及草地的管理上。为农业生产、经营、销售提供服务这种"统"的功能应主要由生产经营规模较大的家庭农场和专业大户以及农民合作社和农业产业化龙头企业等新型农业经营主体承担，同时应鼓励用水协会、机耕队、收割队、防汛抗旱专业队、专业技术协会等社会组织从事农业公

---

① 杜润生：《在改革中发展中国农村经济》，《农业经济问题》1988年第4期。

益性服务。① 对于各类服务组织如何向农民提供服务，应鼓励土地托管、半托管等新型服务方式，从而在不进行土地流转和更换经营主体的条件下，把小农户生产引入现代农业发展轨道。②

### （三）关于建立农民合作经济组织的研究

在农业社会化服务体系建设中，农民合作组织处于重要地位。中央在推动集体统一经营过程中，也鼓励和强调通过发展农民专业合作组织和农业产业化经营，把分散的家庭经营组织起来，以创新农业双层经营体制。从总体情况看，农村集体在统一经营方面的功能主要体现为向农户提供生产过程中的服务。但在市场经济条件下，仅仅"把农产品生产出来"是远远不够的，而是需要把产品卖出去，卖上好价钱，形成从生产到加工到销售的纵向一体化链条。农民合作经济组织是把小农户生产与农业生产加工和销售整合起来的重要组织载体，从而得到了政府政策的倡导并较快地发展起来，同时，在相关领域也形成了较多的研究成果。简武和陈春来认为，为参与农户提供产、供、销系列服务的生产者协会，实际上是专业性合作经济的一种组织形式。③ 闵耀良认为，农村专业技术协会的迅速发展是农民组织化的自主选择，是一种新型的合作经济组织，将会沿着由技术服务型向服务经营型演变的方向发展。④ 在实践中，中国的合作组织呈现出与其他国家有差异的组织特征。对比国际上合作社的基本原则，张晓山、苑鹏认为，中国现阶段不规范合作组织的存在是必然的，但从长远看，世界上大多数合作组织共同遵循的基本原则应成

---

① 魏后凯、崔红志：《稳定和完善农村基本经营制度研究》，中国社会科学出版社2016年版。

② 崔红志、刘亚辉：《我国小农户与现代农业发展有机衔接的相关政策、存在问题及对策》，《中国社会科学院研究生院学报》2018年第5期。

③ 简武、陈春来：《专业性合作经济的一种组织形式——五通桥区柑桔生产者协会》，《中国农村经济》1987年第8期。

④ 闵耀良：《关于农村专业技术协会的几点思考》，《中国农村经济》1988年第5期。

为中国合作运动发展的指南。① 韩俊认为合作经济与集体经济不同，是交易的联合而不是财产的合并，要在理论上彻底走出把合作经济等同于集体经济的认识"误区"，专业合作组织应作为农村新型合作经济组织的发展方向。② 这时的专业合作组织有多种类型，凡是农民在自愿互利基础上发展起来的合作组织都属于支持鼓励的范围。对于如何支持其发展，张晓山等认为，职工广泛持股，普通社员真正掌握控制决策权，才能将公平与效率较好地结合起来；③ 苑鹏认为，政府对农民合作组织的作用更多地应体现在加强合作社立法建设、制定经济扶持政策、提供公共物品等方面，为农民合作组织健康成长营造良好的外部环境，而不是过多地介入农民合作组织的日常经营决策中④，要建立起合作社与政府的良性互动关系，培育具有企业家精神的合作社领导人；⑤ 国鲁来认为，根据社员对组织收益需求的变化来不断调整制度，降低其制度实施成本和服务供给成本是合作社保持旺盛生命力的必要条件。⑥ 黄祖辉认为，多类型农民合作组织的发展将有助于完善农业产业组织体系，对建构农业新型双

---

① 对合作社与非合作社企业应以国际合作运动中形成的并为大多数合作组织所公认的基本原则来区分，合作社企业中所有者、经营者与生产者的"三位一体"仅是某些类型合作社在一定发展阶段上的产物，不能以此来定义合作社的本质，"按劳分配"原则并非普遍适用于各种类型合作社企业的基本特性。张晓山、苑鹏：《合作社基本原则及有关问题的比较研究》，《农村经济与社会》1991年第1期。

② 社区合作经济组织是集体经济组织在改革中的实现形式。韩俊：《关于农村集体经济与合作经济的若干理论与政策问题》，《中国农村经济》1998年第12期。

③ 张晓山等：《中国农村合作经济组织管理行为研究》，《中国农村经济》1997年第10期。

④ 苑鹏：《中国农村市场化进程中的农民合作组织研究》，《中国社会科学》2001年第6期。

⑤ 苑鹏、曹海清：《妇女专业合作社发展初探——以山东省潍坊地区两家妇女专业合作社为例》，《中国农村观察》2001年第4期。

⑥ 国鲁来：《合作社制度及专业协会实践的制度经济学分析》，《中国农村观察》2001年第4期。

层经营体制具有重要意义。[①] 但基于实践对不同农民合作组织形式的筛选,农民专业合作社成为一个时期最为主要的发展形式。

2006年10月,《农民专业合作社法》颁布,农民专业合作社加速发展。对于怎样支持农民专业合作社发展,张晓山认为专业农户能否成为专业合作社的利益主体,应是农民专业合作社未来走向健康与否的试金石;[②] 潘劲认为激励与监管并重的合作社发展政策才能取得政策的正效应;[③] 苑鹏认为走向联合是农民专业合作社发展的必然趋势,合作社联合社的发展道路并不一定要自下而上,关键在于联合社的运行能否坚持独立、自治、民主的精神。[④] 针对实践中农民专业合作社不规范的问题,邓衡山、王文烂认为,根本原因是农产品质量监管不完善、农户经营规模小且异质性强、组织成本高昂;[⑤] 应瑞瑶等认为,"不规范"是合作社成员参与约束与激励约束下的现实理性选择。[⑥] 苑鹏等认为,"空壳社"形成原因主要是为了套取国家项目资金、获得税收优惠、响应上级政府要求和"随大溜",有少数是因经营不善或产业政策调整而被迫停业后没有及时退出,注销制度要求烦琐客观上抬高了"空壳社"的退出门槛;应强化《农民专业合作社法》的普法力度,改进现行政府考核机制,完善农民专业合作社扶持政策,同时落实新修订的《农民专业合作社法》,依法

---

① 黄祖辉:《中国农民合作组织发展的若干理论与实践问题》,《中国农村经济》2008年第11期。

② 张晓山:《农民专业合作社的发展趋势探析》,《管理世界》2009年第5期。

③ 潘劲:《中国农民专业合作社:数据背后的解读》,《中国农村观察》2011年第6期。

④ 苑鹏:《农民专业合作社联合社发展的探析——以北京市密云县奶牛合作联社为例》,《中国农村经济》2008年第8期。

⑤ 邓衡山、王文烂:《合作社的本质规定与现实检视——中国到底有没有真正的农民合作社?》,《中国农村经济》2014年第7期。

⑥ 应瑞瑶等:《中国农民专业合作社为什么选择"不规范"》,《农业经济问题》2017年第11期。

清退"空壳社"。①

(四) 关于农业产业化组织形式的研究

在 20 世纪 90 年代,中国以"公司+农户"为主要形式的农业产业化经营快速发展。与农民合作经济组织的功能相似,"公司+农户"也是解决农业生产纵向一体化而产生的农业生产组织形式。1995 年 12 月,人民日报发表了《论农业产业化》社论,引起了广泛关注。徐恩波、刘卫锋将农业产业化概括为以市场为导向,以经济利益为纽带,以合同契约为手段,以农副产品加工、销售等企业为中心,团结一大批专业化生产的农户,结为一个利益共同体进行生产经营活动的方式。②"公司+农户"是一种新型农业经营形式,也是农业产业化经营的主要模式。但在实践中,存在着多种多样的其他形式。牛若峰认为,农业产业化有"专业市场+农户"的市场带动型、"公司+基地+农户"的龙头企业带动型、主导产业带动型、中介组织带动型、现代农业综合开发区带动型五种组织模式。③对于不同类型农业产业化经营模式的绩效评价,学术界也进行了比较深入的研究。杜吟棠认为,"公司+农户""合作社+农户"组织模式都存在各自的优势和缺陷,将作为竞争性制度安排而并存④。也有学者通过案例研究发现,"企业(市场)+中介组织+农户"在保护农民利益方面具有更好的绩效。对于如何支持农业产业化发展,姜长云认为在深化农业产业化组织创新的过程中,核心企业或核心组织的作用至关重要,必须着力营造有利于企业家成长发育的机制

---

① 苑鹏等:《空壳农民专业合作社的形成原因、负面效应与应对策略》,《改革》2019 年第 4 期。

② 徐恩波、刘卫锋:《"公司+农户"的理论基础及运行机制》,《中国农村经济》1995 年第 11 期。

③ 牛若峰:《再论农业产业一体化经营》,《农业经济问题》1997 年第 2 期。

④ 杜吟棠:《"公司+农户"模式初探——兼论其合理性与局限性》,《中国农村观察》2002 年第 1 期。

和环境，从根本上实现农业产业化组织创新。①

### 三 关于未来农业经营组织与制度的选择

党的十八大以来，中央把完善农村基本经营制度作为推进农业农村深化改革，激发农业农村活力，加快农业农村现代化的重要抓手和切入点。党的十八大报告明确提出，要坚持和完善农村基本经营制度，"培育新型经营主体，发展多种形式规模经营，构建集约化、专业化、组织化、社会化相结合的新型农业经营体系"。党的十九大做出了实施乡村振兴战略的重大决策部署，明确要巩固和完善农村基本经营制度，构建现代农业产业体系、生产体系、经营体系，实现小农户和现代农业发展有机衔接。这为未来创新农业经营组织与制度提出了新的选题和研究方向。

（一）构建新型农业经营体系

构建新型农业经营体系，是在"统"和"分"两个层次上对农村基本经营制度的丰富和发展。新型农业经营体系的基本特征是集约化、专业化、组织化、社会化，要实现"两个转变"，即家庭经营向采用先进科技和生产手段方向转变，增加技术、资本等生产要素投入，着力提高集约化、专业化水平；统一经营向发展农户联合与合作，形成多元化、多层次、多形式的经营服务体系方向转变。这本身就是适应中国现代农业发展的农业经营组织与制度的探索实践和理论研究得出的结论和认识。

就如何构建新型农业经营体系，陈锡文认为，必须坚持以家庭承包经营为基础，引导农民通过多种形式的联合与合作来发展新型合作经济组织，为农户提供多层次、多渠道的社会化服务，为家庭经营农业走向现代化提供支撑。②姜长云认为，构建新型农业经营体

---

① 姜长云：《农业产业化组织创新的路径与逻辑》，《改革》2013年第8期。
② 陈锡文：《构建新型农业经营体系加快发展现代农业步伐》，《经济研究》2013年第2期。

系需要培育充满活力、富有竞争力和创新能力的新型农业经营主体，形成分工协作、优势互补、链接高效的现代农业产业组织体系。[1] 赵晓峰、赵祥云认为，在新型农业经营主体的培育过程中，多元利益主体间结成了复杂的"吸纳—依附"关系网络，重塑了农村社会阶层结构，表现为农业生产领域规模经营与农业服务领域规模经营两种不同的表现形式。[2] 罗必良认为，以土地"集体所有、家庭承包、管住用途、盘活产权、多元经营"为主线的制度内核，有可能成为中国新型农业经营体系的基本架构。[3] 叶兴庆从中国农业经营体制的40年演变出发，提出创新农业经营体制，应围绕提高农业劳动生产率和农业竞争力这个核心，把握好发展生产型规模经营与发展服务型规模经营、集聚型规模经营之间的平衡。[4]

以哪种农业经营组织为核心构建新型农业经营体系，学界存在争论，有家庭农场论、合作社论、集体组织论、农业产业化论等。党的十八届三中全会提出，要"坚持家庭经营在农业中的基础性地位，推进家庭经营、集体经营、合作经营、企业经营等共同发展的农业经营方式创新"。张红宇认为，不同经营主体的差异化功能定位和分工，使得中国特色的现代农业经营体系将表现出分层化、规模化、专业化、协同化、企业化和规范化的发展取向。[5] 实践中，已经初步形成了以家庭承包经营为基础，专业大户、家庭农场、农民合作社、农业产业化龙头企业为骨干，其他组织形式为补充的新型农

---

[1] 姜长云：《关于构建新型农业经营体系的思考——如何实现中国农业产业链、价值链的转型升级》，《人民论坛·学术前沿》2014年第1期。

[2] 赵晓峰、赵祥云：《农地规模经营与农村社会阶层结构重塑——兼论新型农业经营主体培育的社会学命题》，《中国农村观察》2016年第6期。

[3] 罗必良：《农地确权、交易含义与农业经营方式转型——科斯定理拓展与案例研究》，《中国农村经济》2016年第11期。

[4] 叶兴庆：《我国农业经营体制的40年演变与未来走向》，《农业经济问题》2018年第6期。

[5] 张红宇：《中国现代农业经营体系的制度特征与发展取向》，《中国农村经济》2018年第1期。

业经营体系，并出现了"三位一体"综合合作、农业产业化联合体、农业共营制、农业生产托管等农业经营形式的创新。

（二）小农户与现代农业发展有机衔接

小规模经营农户一直是中国农业生产经营的最主要主体。在长期的理论研究过程中，虽然承认小农户具有经济理性，但主流观点始终认为小农户分散经营与现代农业生产方式"不兼容"。言外之意，就是推进农业现代化要"消灭小农户"。然而，中国小农户在农业现代化过程中始终保持着旺盛生命力，与现代农业生产方式有着较好的兼容性。理论界注意到这一点，加强了对小农户发展的关注，意识到小农户具有很大的生存空间，未来很长一个时期都将是中国农业生产经营的最主要主体，需要融入农业现代化进程。丁长发认为中国现阶段并不具备经典理论论述或假定的小农户消亡的历史条件，小农户会长期存在。[1] 赵佳、姜长云认为，兼业小农、家庭农场是中国农业家庭经营发展道路的二元选择[2]，新型农业经营主体与小农户共生发展是中国农业发展的常态。[3] 姚洋认为，小农户在农业生产领域中具有无可比拟的优势，并未过时，有必要重新审视小农经济对中国发展的历史作用，且中国农业现代化不能抛弃"小农经济"。[4] 党的十九大报告明确提出"实现小农户和现代农业发展有机衔接"。

对于实现小农户农业生产现代化的组织形式或实现路径选择，目前主要有四种观点。一是合作化路径。徐旭初、吴彬认为在诸多路径中作为小农户组织化核心载体的农民合作社扮演着重要角

---

[1] 丁长发：《百年小农经济理论逻辑与现实发展——与张新光商榷》，《农业经济问题》2010年第1期。

[2] 赵佳、姜长云：《兼业小农抑或家庭农场——中国农业家庭经营组织变迁的路径选择》，《农业经济问题》2015年第3期。

[3] 姜长云：《促进小农户和现代农业发展有机衔接是篇大文章》，《中国发展观察》2018年第Z1期。

[4] 姚洋：《小农生产过时了吗》，《北京日报》2017年3月6日第18版。

色，是一种非常适用且合意的关键载体。[①] 张晓山认为，农业产业化经营中的"公司＋农户"形式或是内部化于合作社之中，或是公司越来越多地利用合作社作为中介来与农民进行交易。[②] 苑鹏认为，在把传统小农培育为现代小农的过程中，农民合作社是有效的载体，但应更加重视农户自办合作社，合作社自办加工企业这两种模式，并促进合作社走向联合。二是公司农场论。与农民合作社中心论相左，何秀荣认为，促进农地经营权向种田大户集中、建立农民专业合作组织只具有局部性和短期性作用，不具有摆脱小农缺陷和建立起现代农业的总体性和长期性作用，以企业为母体的租赁式公司农场和以农地股份制为基础的公司农场将成为中国未来农业微观组织的重要形态。[③] 三是家庭农场中心论。朱启臻等认为，最为理想的模式是多种经营的综合性农场，规模下限是家庭成员的生计需要，规模上限是现有技术条件下家庭成员所能经营的最大面积。[④] 杜志雄、王新志指出，家庭农场的出现顺应了当前中国农业发展的新趋势，理应成为未来中国农业经营体系当中最主要的形式。[⑤] 四是服务规模经营论。赵晓峰、赵祥云研究发现农业生产性服务的发展使小规模经营仍有发展潜力，通过农业

---

[①] 徐旭初、吴彬：《合作社是小农户和现代农业发展有机衔接的理想载体吗？》，《中国农村经济》2018年第11期。

[②] 张晓山：《农民专业合作社的发展趋势探析》，《管理世界》2009年第5期。

[③] 其根本原因在于，现代企业形态能够以低交易费用快速有效地扩大农场规模，从而使其在国内产业竞争和国际农业竞争中具有比其他农业组织强得多的经济抗力。何秀荣：《公司农场：中国农业微观组织的未来选择？》，《中国农村经济》2009年第11期。

[④] 朱启臻等：《论家庭农场：优势、条件与规模》，《农业经济问题》2014年第7期。

[⑤] 杜志雄、王新志：《加快家庭农场发展的思考与建议》，《中国合作经济》2013年第8期。

服务领域规模经营实现农业现代化更符合现阶段中国国情。① 张露、罗必良认为培育外包服务市场，能够有效诱导农户卷入分工，并将小农户引入现代农业的发展轨道。② 苑鹏、丁忠兵认为完善农业社会化服务体系，是实现小农户与现代农业发展有机衔接的必由之路。③

## 第三节　农业经营组织与制度研究的总结与展望

新中国成立 70 年来，学术界对农业经营组织与制度的研究经历了由点到面、由浅入深的过程。研究的站位和起点经历了对领导人讲话和中央文件精神的学习领会到运用科学方法开展本质和规律研究的转变，进而以研究的前瞻性、启发性推动政府决策层的认识深化。经过 70 年的积累，理论界对农业经营组织与制度的研究已经形成了一套初具特色的方法体系、理论体系、观点创新，成为中国农业农村研究中占据重要地位的组成部分。

### 一　研究方法的完善

早期主要是对领导层讲话和中央会议、文件精神的体会式、论证式的研究，或基于实地调研的实践总结、问题概括和对策分析，研究方法的运用较为单一，多以马克思主义经典著作和领袖的论述为既定前提。应该说，当时的研究中有不少正确运用了马克思主义

---

① 赵晓峰、赵祥云：《农地规模经营与农村社会阶层结构重塑——兼论新型农业经营主体培育的社会学命题》，《中国农村观察》2016 年第 6 期。
② 张露、罗必良：《小农生产如何融入现代农业发展轨道？——来自中国小麦主产区的经验证据》，《经济研究》2018 年第 12 期。
③ 苑鹏、丁忠兵：《小农户与现代农业发展的衔接模式：重庆梁平例证》，《改革》2018 年第 6 期。

基本原理，得出了符合客观规律的判断，但也不乏教条式的研究，得出了违背常识的结论。改革开放后，实事求是思想路线的重新确立，推动了研究方法的不断完善。一是方法的科学化。理论研究者不断参考借鉴国外最新的方法来研究中国的农业组织与制度问题，如计量经济学方法的广泛运用。杨涛、蔡昉以微观经济学方法构建了农户兼业行为的决策模型，分析了影响农户兼业行为的政策因素。[①] 宋洪远以现代经济学的视角研究农户经济行为，把农户作为经济组织构建了体制改革与农户行为的分析框架，以此来理解农户生产经营决策的变化。[②] 目前，计量经济学方法已经是研究农业组织与制度最常用的方法。二是视角的多元化。对同一问题的研究不再以单一理论开展研究，而是以多理论从不同视角开展研究，以得出全面、综合的结论。如对农民专业合作社的研究，除了合作社本身的理论外，交易费用、产权理论、集体行动等理论都被广泛运用；对公司与农户关系的研究，出现了契约结构、交易费用、集体行动、关系网络等理论角度，从而使得对发展农业产业化有了更加客观、更加全面的认识。当然，方法的运用也不再单一化，而是历史研究、定量分析、案例研究相结合。

## 二 实践认识的深化

理论研究的深化也是认识逐步深化的过程。不同时期，结合不同背景，以不同理论开展的对农业经营组织与制度的研究，得出了不同的结论，形成了不同的认识。就某一具体问题，不同程度的争鸣，从不同角度揭示规律、发现问题，虽然会有一些误解甚至误读，但也加深了对实践和理论的认识。如对农户家庭经营的性质和定位，

---

[①] 杨涛、蔡昉：《论我国农户兼业行为与农业劳动力转移》，《中国农村经济》1991年第11期。

[②] 宋洪远：《经济体制与农户行为——一个理论分析框架及其对中国农户问题的应用研究》，《经济研究》1994年第8期。

在农业集体化时期，被认为是个体经济、私人经济，是生产力落后形式的代表；在农村改革初期，被认为是社会主义集体经济的重要补充；在当前，则比较普遍地被认为是最适合农业生产经营的组织形式。在不同时期，都存在对农业家庭经营的质疑，却也加深了对农业家庭经营的认识，使家庭承包制始终成为中国农业基本经营制度完善和创新的内核。又如对工商资本参与农业生产经营的研究中，始终存在对公司侵蚀农户利益的担忧，也正是这种担忧，推动了研究者和实践者探索公司与农户之间优势互补、协作共赢的组织形式，使得农业产业化成为中国农业现代化的重要实现形式。从某种意义上说，正是在研究上率先达成共识、突破思维惯性，才更好地推动了实践探索，推动了农业经营组织与制度的创新。联产承包责任制的形成和不断完善的过程，新型农业经营主体的发展过程，农地"三权分置"改革的推进过程，都体现了这一点。

### 三 理论观点的创新

中国农业经营组织和制度的建设过程中，存在着很多独具特色的探索实践，如土地制度、集体经济组织、家庭承包制等。这既为理论研究提供了丰富的素材，也为观点创新甚至理论创新提供了基础。目前，研究中形成的关于家庭联产承包制改革、土地"三权分置"、集体经济发展、小农户与现代农业有机衔接等的理论体系具有重要的创新意义。结合中国特色实践，研究中得出的发展家庭农场、农民合作社、农业产业化经营等的理论观点也具有一定的创新性。这些都是推动中国特色农业现代化道路的有益探索。

# 第七章

# 农业支持保护政策研究

新中国成立70年来，从研究视角，农业支持保护政策演进过程可以概括为"政策市场化"。从政策实践视角，大致包括三个阶段，一是计划经济时期的完全依靠政府投入的支持保护模式，二是市场化进程中农业支持保护模式的不断探索与创新，三是乡村振兴背景下农业支持保护的新发展。以时间为轴，新中国成立70年以来，中国农业支持保护政策的研究能力和水平呈现出明显的上升与进步，主要体现在支持保护方式改变上。其主要来源有三个方面，一是农业生产发展的实际需要，二是理论水平的不断提升，三是外部环境的变化影响。

从理论发展角度，传统意义上，中国农业支持保护制度的初衷在于确保粮食安全，稳定农业生产；随着经济社会发展带来的结构性变化，农业支持保护制度在确保粮食安全的基础上更加关注农民收入与农户生计；党的十八大以来，社会基本矛盾转变带来的发展模式的转变，农业支持保护的政策设计涵盖了更多的生态保护与可持续发展的目标。从政策演进过程来看，在新中国成立70年来的农业支持保护历程中，考虑到农业支持保护政策顶层设计的问题导向与人为因素，理论发展始终为解决政策实践服务，显现出相对的先进性。

## 第一节　计划经济下的农业支持保护理论

严格意义来看，按照当前的农业支持保护理论标准，计划经济时期并不能算上农业支持保护政策。"农业支持保护"概念是随着中国"入世"谈判才被引入的被农业经济学界重视和运用的概念。计划经济时期，有重视"农业发展"的政策表述，但并不存在明确的"农业支持保护"政策。当时更多的是对农业"征税"；如果考虑到工农"剪刀差"之间的交换关系，计划经济时期农业支持保护甚至体现为负保护。但是从新中国成立70年以来的历史来看，特别是观照当前的农业支持保护政策，仍然有必要对计划经济时期的农业投入和相关理论进行梳理，其意义在于发现农业支持保护政策的演进脉络，为现代农业支持保护的理论发展提供历史源流。

### 一　计划经济时期农业支持保护的主要理论

1956年，在党的八大上提出"生产资料私有制的社会主义改造基本完成以后，国内的主要矛盾不再是工人阶级和资产阶级之间的矛盾，而是人民对于建立先进的工业国的要求同落后的农业国的现实之间的矛盾，是人民对于经济文化迅速发展的需要同当前经济文化不能满足人民需要的状况之间的矛盾"。

在党的八大之前，毛泽东同志在中央政治局扩大会议上作了《论十大关系》的讲话，提出："在重工业和轻工业、农业的关系问题上，要用多发展一些农业、轻工业的办法来发展重工业"，其中具体内容包括"我们一直抓了农业，发展了农业，相当地保证了发展工业所需要的粮食和原料。我们的民生日用商品比较丰富，物价和货币是稳定的"；"我们现在的问题，就是还要适当地调整重工业和农业、轻工业的投资比例，更多地发展农业、轻工业。这样，重工业是不是不为主了？它还是为主，还是投资的重点。但是，农业、轻工业投资的比例要加重一点"；"要注重农业、轻工业，使粮食和轻工业原料更多些，积累更多些，投到重工业方面的资金将来也会更多些"[①]。

党的八大确立了生产资料私有制的社会主义改造完成，随后1958年开展了"人民公社化"运动，农业生产进入农村人民公社时期，传统的农业生产体系瓦解；而毛泽东同志《论十大关系》的讲话则奠定了农业生产投入的政府主体地位，按照《论十大关系》的表述，农业生产的目标是提供粮食和原料，为重工业发展提供必要积累。

整个计划经济时期的农业生产基本上按照党的八大和毛泽东同志《论十大关系》确定的路线进行的，农业生产的投入完全由政府主导，这也意味着计划经济时期的农业生产主体是"人民公社＋政府"。既然投入由政府主导，那么分配理应由政府主导，相当于通过政府投入为所有人提供粮食和原料的公共服务。以今天的视角来看，此时粮食安全属于政府的公共目标；在计划经济时期，由于政府主导农业投入，所以并不存在独立的农业支持保护政策，原因在于类似支持保护性质的政策都被纳入农业投入之中。

## 二 计划经济时期农业支持保护的具体实践

受计划经济时期农业思想的影响，尽管政府包办了几乎所有的农业投入，而实际上农业支持保护表现为农业的负保护，集中体现在两个方面：一是农业税，二是人为压低农产品收购价格的"剪刀差"。实际上，无论是农业税，还是"剪刀差"，都不是计划经济所特有的形态。农业税只是沿袭了历史的一贯做法，而"剪刀差"则是对工农业产品比价变化一种形象说法。计划经济时期，由于经济发展水平相对低下，农业税与"剪刀差"形成了对农业生产者的剥夺，从财富分配的角度，农户收入也受到明显影响。"负保护"对农

---

[①] 《毛泽东文集》第7卷，人民出版社1999年版，第23—25页。

业生产与农户生计均产生了负面效应。

对计划经济时期农业税与"剪刀差"的研究基本上都是在改革开放之后才逐步形成的，其原因在于改革开放之后，在农业支持保护的负面作用没有消除的背景下，农业投入相对下降，导致农业生产出现结构性失衡。根据中央政策研究室、国务院发展研究中心《农业投入体制、机制、效益》总课题组[1]估计，1949—1978 年的 29 年，农业部门累计为国家提供税收 978 亿元，"剪刀差"累计 5100 亿元，除去财政支农的 1577 亿元，这一阶段农业部门为国家工业化提供的资金约为 4500 亿元。

杜鹰[2]、张元红[3]、唐仁健[4]对计划经济时期的农业税与"剪刀差"情况进行了历史还原和关系梳理，使得这一时期的农业支持保护的"负保护"十分清晰。即农业支持保护负面效应的税收作用，其中农业税为明税，"剪刀差"为暗税，且暗税远多于明税。

具体来看，从新中国成立到改革开放，中国农业税收入在财政收入中的占比不断下降；与此同时，工农业产品的"剪刀差"幅度不断扩大，数倍于农业税，1978 年恶化到最严重程度，从而形成了"头税轻，二税重"的局面。根据严瑞珍等[5]测算：1952—1978 年，"剪刀差"逐步扩大，1978 年"剪刀差"较 1955 年扩大了 44.7%，达 364 亿元，相对量升到 25.5%，农民每创造 100 元产值，通过"剪刀差"无偿流失 25.5 元。原因在于，1952—1978 年工业劳动生

---

[1] 张忠法等：《农业保护：现状、依据和政策建议》，《农业经济问题》1996 年第 2 期。

[2] 杜鹰：《中国农村改革：问题和出路——在留美同学经济学会 1990 年学术讨论会上的讲演》，《发现》1990 年第 2 期；《关于深化农村改革若干问题的思考》，《经济研究参考》1996 年第 E1 期。

[3] 张元红：《论中国农业税制改革》，《中国农村经济》1997 年第 12 期。

[4] 唐仁健：《对农村税费改革若干重大问题的探讨》，《中国农村经济》2002 年第 9 期。

[5] 严瑞珍等：《中国工农业产品价格剪刀差的现状、发展趋势及对策》，《经济研究》1990 年第 2 期。

产率的增长快于农业,"剪刀差"扩大 166.04%,同期农产品价格的提高比工业品快,又使"剪刀差"缩小了 44.06%,正负抵消结果,"剪刀差"扩大了 44.93%。

### 三 计划经济时期农业支持保护的理论变化

以当今视角观察整个计划经济时期的农业支持保护的负面效应,能够达成共识的主要观点认为:计划经济的行政指令导致并恶化了"剪刀差",这也为农村改革提供了认识论素材。通过对这一时期的思想与实践梳理,同时对比全球农业发展历史,不难发现:农业支持保护的"负保护"的根源并不在于计划经济的行政配置方式,无论是农业税还是"剪刀差",都不是计划经济的独特产物;而计划经济对农业的"负保护"的确产生了恶化作用。

其原因在于计划经济不能通过有效方式调整资源配置方式,从而提高资源配置效率和改善劳动生产率。根据测算,改革开放之后,工农业产品"剪刀差"状况显著缓解。当然,计划经济时期政府存在通过工农"剪刀差"来实现资本积累的目标,这也进一步加剧了对农业的剥夺和情况的恶化。

从农业税角度来看,在计划经济时期,乃至改革开放之后一段时期,在认识论层面都没有产生太大变化。即使在改革开放之后对农业税的讨论,很大程度上都是基于微观层面的技术讨论,并没有产生太大的理论变化,计划经济时期更是如此,"皇粮国税"是根深蒂固的思想认识,并且在计划经济时期,随着工业化的进一步发展,农业税总体规模并没有扩大,在财政收入中的占比也在不断下降,对农业税的接受程度也在不断提高,如前所述,民间也出现了"头税轻"的说法,这也对农业税的理论认识起到固化作用。

总体来看,计划经济时期农业支持保护的理论一方面来自历史承袭,另一方面则来自当时主要领导人观点,实际上也是对苏联计划经济做法的借鉴。从实践来看,这一时期的农业支持保护始终处于"负保护"的状态下,并对农业生产与农户生计产生了负面影响。

从历史角度，在农业农村发展过程中，这一时期的农业支持保护政策成为重要的认识遗存，将在未来一段时间为中国农业支持保护制度的政策演进提供重要素材与支撑。

## 第二节 市场化进程中的农业支持保护理论研究

党的十一届三中全会以来，以家庭联产承包责任制为标志的改革开放全面拉开帷幕，农业生产的组织方式回归到家庭经营，农产品流通市场逐步放开。在此过程中，农业支持保护的理论研究与政策实践逐步形成。不同于家庭联产承包责任制的实践先行，一段时期以内，农业支持保护制度的理论研究是先于政策实践的，这也与政策设计本身有关。毕竟，对于改革开放以后的中国而言，有很多现成的政策工具可以选择，完全可以解决当时的实践问题，所以这一时期的农业支持保护的思想认识开始形成，政策实践也更为务实。

### 一 对计划经济的农业支持保护的理论修正

随着人民公社制度的解体，传统的统购统销逐步松动，对农业生产的政府投入以及对城市消费者进行价格补贴的方式也逐步分化。结果是：政府对农业生产的投入比例持续下降，对消费者的价格补贴不断增加。计划经济时期，从利益分配上，财政补贴存在于三个方面，一是对农业生产的投资，二是对农业生产资料的价格补贴，三是对消费者的价格补贴。段应碧[1]、安希伋[2]、陈吉元等[3]和杜鹰

---

[1] 段应碧：《有关农产品收购的一些情况和意见》，《农业技术经济》1983年第7期。

[2] 安希伋：《农业发展中几个问题研究》，《农业经济问题》1989年第2期。

[3] 陈吉元等：《中国农村经济发展与改革所面临的问题及对策思路》，《经济研究》1989年第10期。

对当时形势的分析较为一致，达成了学界共识：政府需要稳定农业投入，逐步降低对消费者的补贴。朱希刚①则提出农业补贴需要实现由消费者向生产者的转变。

段应碧提出，粮食统购价低于统销价 26%，但是加上超购加价和流通费用，销价比购价低 76%，一斤粮食赔一毛钱，加大了国家财政补贴，1981 年仅粮食补贴就达 128 亿元，对平衡国家财政收支不利。安希伋也同意取消粮食价格补贴，将对价格的"暗补"改为对收入的"明补"。陈吉元等也认为利用低价的生产资料来支持农业增长、利用物价补贴来改善民生都是不可持续的，其中物价补贴占当年国家财政收入的比重也由 1978 年的 8.4% 上升到 1984 年的 24.6%。杜鹰认为在农业产品价格扭曲的背景下，对农产品的提价补贴与农业直接投资需要并重，农产品提高收购价格并不能代替直接投资，同时随着农产品价格改革推进，逐步减少对消费者的提价补贴，增强直接投资。

要求稳定政府对农业投入的比例实际上是对传统计划经济时期政府的政策继承，同时也是农业支持保护制度的必要基础，如果放弃了政府对农业的财政投入，那么现代农业发展将无从谈起。关于消费者的物价补贴取消问题，实际上并不是农业支持保护的范畴，其意义在于实现农产品交易市场化，从而发挥市场机制在资源配置中的作用。改革开放初期，农业支持保护制度尚不具备形成基础，主要讨论集中在对计划经济时期农业政策的修正上。

相对而言，叶兴庆②基于历史经验与国际比较，对照 1985—1987 年农业生产徘徊的局面，认为中国农业比较收益低是农业发展中的基本问题，因此除了增加农业投入之外，以工补农是具备积极

---

① 朱希刚：《借鉴国际经验促进农业补贴由消费者向生产者的转变》，《农业经济问题》1992 年第 10 期。

② 叶兴庆：《论我国农业问题的本质及其相关的几个问题》，《中国农村经济》1988 年第 10 期。

意义的政策措施。李周[①]认为农业比较收益低源于农业比较劳动生产率的相对低下，而发达国家与发展中国家的农业补贴并不是解决劳动生产率的问题，而是针对不同的政策目标。这一讨论仍然是在当时农业生产徘徊的背景下进行的，从属于农产品市场化改革的一个方面，但是可以发现：理论研究对农业支持保护的认识开始萌芽。

## 二 农业支持保护政策的认识形成

农业支持保护政策是国际概念，从计划经济时期到改革开放初期，只有农业投入的概念，不仅如此，长期以来形成的农业"负保护"具有根深蒂固的思想认识基础，在当时提出农业补贴、农业保护的概念实际上争议颇大，叶兴庆与李周为此也进行过讨论，而蔡昉[②]认为农业保护政策是另一种扭曲，不及自由市场的效率，这些讨论在当时都具有理论与实践价值。

20世纪90年代之后，对农业支持保护的认识开始逐步形成，程国强[③]根据生产者补贴等值（PSE）对各国农业保护水平进行了测算，测算结果显示1986年中国农业保护水平为-38.4%，这可以系统性地反映中国农业保护的具体水平，据此提出中国在90年代重返关贸总协定，国内农产品市场向全球开放的背景下，农业政策需要实现由歧视农业向保护农业转变。尽管农业支持保护的提法学界逐步认同，但是政策实践层面，农业支持保护在当时也面临相当多的讨论，主要与当时的发展阶段有关。

冯海发等[④]认为，在经济成长过程中，发展的政策取向要经历一个由农业挤压到农业平等再到农业保护的规律性转变。这一转变包

---

[①] 李周：《农业比较利益、农业补贴与农业本质问题——与叶兴庆同志商榷》，《中国农村经济》1988年第11期。

[②] 蔡昉：《论农业保护及其替代政策》，《农村经济与社会》1993年第2期。

[③] 程国强：《农业保护与经济发展》，《经济研究》1993年第4期。

[④] 冯海发、李溦：《论经济发展过程中的农业保护问题》，《农村经济与社会》1994年第1期。

含两个重大转折，一是由农业挤压到农业平等的转折，二是由农业平等到农业保护的转折。这两个转折也就是政府发展政策的两次质的转换。这就意味着，不可能在一个农业负保护的背景下快速实现农业保护，至少需要经历农业平等发展的阶段。基于这样的讨论，对农业支持保护政策的认识就初步形成，并且在实践操作中的演进路径也逐步明晰了。

1996年，《农业投入》总课题组对农业保护的现状、依据和政策进行了系统分析，认为进入20世纪90年代以后，工农业增长速度之比一直在4∶1左右，1994年达到4.97∶1，远远超过中国现阶段工农业协调发展需要的正常比例，农业发展存在资源要素竞争能力明显不足，发展力量不足的问题。因此，不仅需要在短期内消除农业"负保护"，进而逐步提高农业保护水平，而且不宜走发达国家的高保护的路子。根据经验分析，中国农业保护率大致要稳定在30%左右。根据该课题组的设计，农业保护应当着眼三个方面，一是农产品保护，二是农业资源和基础设施保护，三是农业生态环境保护。

潘盛洲[1]对比了发达国家的农业保护政策之后，提出中国实施农业保护政策势在必行。至此，中国农业支持保护的理论基础基本形成，也为日后农业支持保护政策的出台奠定了基础。

### 三 市场化进程中农业支持保护的理论变化

改革开放以来，中国农业政策发生了本质性变化，这一变化表现为市场化程度的提高、从农业"负保护"向农业保护的转变。其认识来源主要为：（1）经济社会发展的实践变化，改革开放之后一段时间，中国经济社会高速发展，传统政策无法适应结构性变化，按照李周的观点，农业发展的机制从非常规手段（外生刺激手段）回归到常规手段（内生增长机制），面对中国农业的实践发展，其思想认识注定从计划经济思维转向市场经济思维；（2）国际经验的借

---

[1] 潘盛洲：《农业保护政策的比较研究》，《农业技术经济》1998年第5期。

鉴，无论是对工农业产品"剪刀差"，还是对消费者物价补贴的批评，无论是对农业补贴与农业保护的讨论，在思想认识的形成上存在对国际经验的对照与借鉴，叶兴庆、李周、程国强、冯海发、《农业投入》总课题组、潘盛洲无不从国际经验中获得启发。

这一时期，中国农业支持保护的思想认识从无到有，经历了启蒙过程。从研究和讨论角度，学界表现得相对小心谨慎，并未采取颠覆性的研究方式，在讨论中达成意见共识，这与中国改革的渐进式实践相一致。例如，程国强测算了PSE的同时提出了农业政策由歧视向保护的转变，但是并没有脱离当时实际；冯海发则对具体的实现路径进行了规划，都可以反映理论界的谨慎探索。中国农业支持保护理论的系统发展对政策实践起到了引领作用，稳定政府对农业投入，取消物价补贴，改变农业"负保护"，在当时都对实践发展起到了积极作用。能够观察到的是，在理论讨论之后，政策快速跟进，从而解决农业的实践问题。

由于对农业支持保护的研究与政策发展密切相关，从学者角度，往往也经历了从学者到政府官员的转变。计划经济时期，这一特征并不明显，但是在改革开放之后，学术研究与政策研究的旋转门打开，这不仅符合中国的文化传统，也为学术理论和认识向政策实践的转变提供了必要条件。总之，市场化进程中的农业支持保护理论研究和认识发展对政策实践起到了引领作用。

## 第三节 加入世界贸易组织以来的农业支持保护理论研究

中国的农业支持保护制度的形成始于加入世界贸易组织（WTO），从概念上讲，农业支持保护制度包含两重含义，一是对国内农业的支持，二是对国内农产品市场的保护。在WTO农业协定框架下包含三大支柱性内容，即市场准入、国内支持和出口补贴。长期以来，由于经济社会发展水平相对低下，农产品贸易往往是出口创汇的手段，因此并没有在市场准入层面采取严格的保护措施，随着中国加入WTO，农产品市场开放的格局更是以政府协议的方式固化下来，中国政府可以采取的农产品市场准入手段有限。面对这一问题，在加入WTO之后，为了充分应对农产品市场全球化的挑战，中国农业支持保护制度退化为对国内农业的支持。从农业支持保护制度的政策工具来说，最重要的手段是关税与补贴，就中国实际情况而言，由于农产品市场高度开放，所以农业支持保护政策的最重要手段仅剩下补贴，这也成为现阶段农业支持保护制度的主要研究对象。

## 一　农业支持保护制度的基本建立

农业支持保护制度是建立在中国加入WTO基础上的，与农村税费改革是同步推进的。与以往农业支持保护的学术研究不同，对这一系列问题的研究非常丰富，无论是研究视角还是研究深度，特别是量化分析工具的引入，为理论认识的深化提供了可能。柯炳生[1]分析了加入WTO与中国农业发展之后得出结论，认为需要在农村税费改革的基础上对农民进行直接补贴，从而弥补粮食价格降低对农民收入低的不利影响。朱钢[2]、陶然等[3]也对农村税费改革的整体趋势进行了分析判断，类似相关研究结论基本一致，从而达成了学术共识，即降低和取消农业税费负担，逐步加大财政补贴农民力度。李成贵[4]认为粮食直接补贴不能代替价格支持，通过价格支持的方式提高对农业的支持保护水平。

---

[1] 柯炳生：《加入WTO与我国农业发展》，《中国农村经济》2002年第1期。
[2] 朱钢：《农村税费改革与乡镇财政缺口》，《中国农村观察》2002年第2期。
[3] 陶然等：《农民负担、政府管制与财政体制改革》，《经济研究》2003年第4期。
[4] 李成贵：《农业和农村经济结构战略性调整的目标体系》，《调研世界》2002年第11期。

从实践来看，2002年开始，进行种粮农民直接补贴和农作物良种补贴的试点。2004年，全面实行粮食直补、良种补贴和农机具购置补贴政策。2006年，实行农资综合补贴。除补贴之外，对主要粮食和部分农产品采取政府收购，即托市收购政策，包括对稻谷、小麦的最低收购价政策与对玉米、棉花、大豆、油菜籽的临时收储政策。具体为2004年开始对小麦、稻谷实行最低收购价格制度，2007年开始对东北玉米实行临时收储政策，2008年，对大豆、油菜籽实行临时收储政策，2011年，对棉花实行临时收储政策。由于托市收购政策存在和扭曲作用的加深，农产品市场和农业生产的资源配置持续扭曲。① 在此期间，2006年全面取消农业税，农业正式从"负保护"转向"正保护"，中国支持保护制度正式建立。

马晓河等②认为中国2003年已跨过工业反哺农业的转折期，正在逐步向大规模反哺期过渡，但与全面、大规模反哺期还有差距。因此，适度调整国民收入分配结构，加大财政对农业投入的力度；要循序渐进、有重点地实施对农业的补贴；加强制度建设，为工业反哺农业和国民经济结构调整提供制度保障；因地制宜，合理划分各级政府在工业反哺农业中的职责。从具体研究来看，对各项政策实施效果的评价也十分丰富，整体共识也较为一致，即进一步加大支持力度，进一步降低政策扭曲。该认识不仅与中国加入WTO的承诺保持一致，同时也和当时农业发展的内在逻辑相一致，即劳动密集型农业的比较优势逐步消失，现代农业产业体系尚未形成。

## 二 农业支持保护制度的丰富与完善

党的十八大以来，中国农业支持保护制度在探索中不断完善，

---

① 朱满德：《中国粮食宏观调控的成效和问题及改革建议》，《农业现代化研究》2011年第4期。

② 马晓河等：《工业反哺农业的国际经验及我国的政策调整思路》，《管理世界》2005年第7期。

主要体现为投入增长，手段更新，效率提高。在理论上反映了学术研究的共识性结果，在实践上反映了问题导向的政策思路。以最低收购价的政策实践为例，2007—2014年，粮食托市收购价格大幅提高。其中，每斤早籼稻从0.7元提高到1.35元，每斤小麦从0.69元提高到1.18元，每斤玉米从0.7元提高到1.12元，使得托市收购价格水平不仅高于国内市场价格，也高于国际市场价格，从而导致粮食产量增长，库存爆满，财政补贴剧增，进口大量增长的"三量齐增"情景。为解决这一问题，农业支持保护政策的市场化改革步伐加快。

在这一进程中，钟甫宁[①]、姜长云和杜志雄[②]、李国祥[③]等诸多学者对此进行了分析，尽管存在一部分认识分歧，但是研究结论的总体方向仍然保持一致。

2014年，中国政府启动了东北大豆与新疆棉花目标价格改革试点，希望通过目标价格理顺农产品价格形成机制，并实现稳定生产的目标。2016年"按照市场定价、价补分离的原则"，取消玉米的临时收储政策，出台生产者补贴政策；同时保留最低收购价制度，但是降低最低收购价水平。2017年实施大豆目标价格政策，实行市场化收购加补贴的新机制，国家对大豆生产给予补贴。中央财政对东北三省和内蒙古自治区给予一定补贴，由地方政府将补贴资金兑付到大豆生产者。经过一系列市场化改革，大宗农产品市场，特别是粮食市场的价格形成机制逐步发挥作用，提升了农产品的资源配置效率。

其他具体研究包括，2012年多个省市开始试点改革农机购置补贴的实施办法并逐步推广全国，由"差价购机"改为"全价购机"，

---

① 钟甫宁：《从供给侧推动农业保险创新》，《农村工作通讯》2016年第15期。

② 姜长云、杜志雄：《关于推进农业供给侧结构性改革的思考》，《南京农业大学学报》（社会科学版）2017年第1期。

③ 李国祥：《完善粮食支持政策应发挥好政府积极作用》，《粮油市场报》2018年6月9日第B03版。

即农民购机时全额全款支付给经销商或企业,由购机农户凭购机发票、人机合影等相关材料向本县或乡(镇)农机主管部门提出申请,审核通过后再由同级财政部门直接将补贴资金支付给农户,由此大大减少了补贴过程中可能产生的寻租空间。[①] 国内渔业捕捞和养殖业油价补贴在 2015 年将补贴政策调整为专项转移支付和一般性转移支付相结合的综合性支持政策。能够看到,党的十八大以来,农业支持保护制度的市场化和系统化程度不断提高。

### 三 农业供给侧结构性改革

在农业支持保护制度的发展过程中,一些负面作用持续显现并逐步积累,从而导致农业生产出现结构性矛盾。叠加农村改革的相关问题,2016 年中央一号文件提出的"农业供给侧结构性改革",最主要包括三方面内容:一是通过土地制度改革形成适应市场经济要求的、生机勃勃的新型农业经营主体;二是通过结构调整实现农业领域去产量、降成本、补短板;三是通过粮食价格体制和补贴制度改革去库存,形成具有国际竞争力的粮食产业。[②] 其中农业领域"去产量、降成本、补短板"与提高粮食产业国际竞争力都与农业支持保护制度有关。

针对农业供给侧结构性改革的方向,黄季焜[③]认为,农业供给侧结构性改革存在政府对市场过度干预、对市场失灵解决力度不大和农业公共物品供给不足的问题。因此,农业供给侧结构性改革的关键是市场改革和政府职能的转变,构建市场化、普惠性的农业支持

---

① 张宗毅、章淑颖:《农机购置补贴政策支付制度对农机企业营运能力的影响——基于规模以上农机企业微观数据的实证研究》,《中国农机化学报》2018 第 12 期。

② 孔祥智:《农业供给侧结构性改革的基本内涵与政策建议》,《改革》2016 年第 2 期。

③ 黄季焜:《农业供给侧结构性改革的关键问题:政府职能与市场作用》,《中国农村经济》2018 年第 2 期。

保护机制，使得农业生产符合高值高效、绿色安全、特色、多功能农业的未来方向。其中，政府的主要职能是：完善市场价格形成机制，解决食品安全、食物安全、资源安全等领域的市场失灵问题；改革要促进农业生产力的提升和农业比较优势的发展。

从农业支持保护制度的改革发展来看，2016年取消玉米临时收储政策、2017年实施大豆目标价格政策等，可以反映出农业供给侧结构性改革朝着市场化的方向进步。透过农业供给侧结构性改革的措施，能够观察到：随着玉米临时收储政策的取消，国内玉米价格迅速回落，玉米产量和库存压力逐步缓解，东北土地租金有所下降，玉米市场改革效果十分显著。但是从农业供给侧结构性改革的整体来看，特别是农业支持保护制度的具体设计在市场化方向上仍然任重道远。

**四 中国农业支持保护制度的理论探讨**

从学术研究和理论探讨角度，随着中国农业支持保护制度的日渐完善，共识性内容出现分化，争议性意见不断增加。其原因在于：（1）与改革开放初期所面临的问题所不同的，加入WTO之后，经济社会发展的矛盾不断分化，农业支持保护政策面临的问题愈加复杂，政策目标日趋多元，难以通过共识性内容解决所有问题。随着研究视角和研究深度的扩展，对农业支持保护制度的讨论和争议不断增加。（2）如果说改革开放初期的共识来源之一是发达国家的经验，加入WTO之后，可供借鉴的国际经验基本穷尽，加之中国农业的特殊性，使得基于国际经验的认识共识逐步消失，特别是全球化背景下的小农户生计与现代农业发展之间存在强烈的反差，很难有现成的解决方案。

从研究方法和范式来看，在这一过程中也有了很大的进步，思辨性学理分析与基于数学工具的实证分析呈现出百花齐放的新局面。

方松海等[1]根据对3省的典型调查以及14省农户的偶遇调查分析，发现农业补贴政策仅有边际激励效果，但不能充分应对农业成本变化。黄季焜等[2]利用6省份大样本随机抽样调查所获得的1000多个农户数据，根据调查结果发现粮食直补和农资综合补贴具有普惠性，并没有扭曲市场，对农民收入提高发挥了一定作用，尽管如此却对粮食生产和农资投入没有产生影响。透过实证分析的棱镜，为农业支持保护制度的丰富与完善提供了全新的认识视角。

从学者角度来看，相对独立的学者和学术研究成果不断涌现，为政策提供丰富的研究素材和认识基础。这也与改革开放初期的学者型官员类型所不同，当时的研究与政策决策之间并不存在明确界限，但是在经济社会发展的过程中，学术研究与政策决策之间的分工日渐显现，中国农业支持保护制度的学术研究为政策决策提供了不同的视角，学者结构也呈现出多元化的趋势。

## 第四节 中国农业支持保护理论研究的趋势与展望

新中国成立70年来，中国农业支持保护制度从"皇粮国税"、工农"剪刀差"快速转向系统性的支持保护，历经了从无到有、由弱变强的过程。总体来看，在这一过程中，理论变化最为重要，对农业支持保护的实践产生了引领作用。这一时期，在中国实践与国际经验的结合作用下，学术研究容易得出共识性结论，不仅服从服务于思想认识的变化，同时也对理论发展的变化起到积极作用。

---

[1] 方松海、王为农：《成本快速上升背景下的农业补贴政策研究》，《管理世界》2009年第9期。

[2] 黄季焜等：《粮食直补和农资综合补贴对农业生产的影响》，《农业技术经济》2011年第1期。

从趋势和发展来看，加入 WTO 以来，特别是党的十八大以来，农业支持保护的思想认识与政策实践逐步分化，相关学术研究及结论不断分化，学术研究、理论发展与政策实践三者之间呈现出正反馈的互动关系。这样的反馈更多地体现为研究的探索、思想的碰撞、实践的尝试。可以认为：未来中国农业支持保护制度的研究进程将为转型国家，特别是存在小农户与现代农业发展有机衔接的发展中国家，提供中国经验和中国方案。

## 一　中国农业支持保护理论研究的趋势与展望

中国农业从"负保护"转向"正保护"开始，农业支持保护制度的研究包括：针对整个政策体系的整体研究，针对具体政策的个体研究。改革开放初期，正处于农业支持保护思想认识的转型期，相关的政策研究更多地集中在对转型阶段的讨论上；加入 WTO 以来，随着农业支持保护政策实践的落地，研究对象开始转向政策体系，由于涉及的具体政策工具较少，所以整体研究在很大程度上就是具体政策的个体研究；党的十八大以来，随着政策工具的丰富，整体研究与个体研究开始分化，从研究本身来看也呈现出鲜明的特征，即整体研究侧重思辨，个体研究侧重实证，两者之间相辅相成。

从中国农业支持保护研究的趋势来看，具体研究将包括对政策影响的评价与讨论，相应地完善和改革意见，整体研究将是对农业支持保护体系的建构与发展。具体研究更多地聚焦已有的政策实践，例如 2019 年中央一号文件提出的：完善稻谷和小麦最低收购价政策；完善玉米和大豆生产者补贴政策；推进稻谷、小麦、玉米完全成本保险和收入保险试点；扩大农业大灾保险试点和"保险+期货"试点。探索对地方优势特色农产品保险实施以奖代补试点等。上述内容都是现有具体研究讨论的内容。就农业支持保护研究来看，始终与政策实践高度契合。

《农业投入》总课题组提出农业保护的系统性框架，对象涉及农业生产、交换、分配、消费等各个领域，具体涵盖农产品保护、农业资源和基础设施保护、农业生态环境保护这三个方面；马晓河总结各国经验后发现工业反哺农业的政策种类增多、力度加大、范围得到拓展，形成扇面支持的特点。胡冰川[1]结合美国农业法案，同时针对中国农业支持保护制度中的具体问题提出系统性构建中国农业安全网，具体指从农业风险管理的需要出发，以市场为导向，以保障农业生产者收入为目标，构建指向明确、重点突出、协调配套的农业支持政策体系。

无论是 WTO 农业协定还是中美经贸摩擦，无论是粮食安全的现实需要还是资源环境的约束，中国都将是全球最大的农业资源进口国。因此，对于未来中国农业支持保护体系而言，通过边境措施降低国内农业供给，提高国内农产品价格的手段可能会大大减少。反之，在面对国际农业生产资源大规模输入中国的情况下，中国农业支持保护制度必然将"由边境措施向国内措施转化"，意即未来中国农业支持保护制度将立足国内。

## 二 中国农业支持保护理论研究的讨论

农业支持保护理论发展都是实践产物，在全球范围内，更多的是实践发展推动理论研究的改进，而理论研究的改进又推动思想认识水平的进步，从而形成正反馈机制，即实践领先。新中国成立 70 年来，受制于经济社会发展以及思想认识的差异，直到加入 WTO 之后，才实现了农业"负保护"向"正保护"的转型。在此过程中，中国农业支持保护制度从无到有，更多地体现了思想认识的解放对实践发展的推动，这一点与全球农业支持保护制度的演进路径不同。加入 WTO 以来，形势发生快速变化，随着中国农业支持保护制度的建立和完善，相应的理论研究与思想认识已经完全和国际接轨。不仅如此，就实践和理论发展来看，未来中国的探索将为其他国家提

---

[1] 胡冰川：《中国农产品市场分析与政策评价》，《中国农村经济》2015 年第 4 期。

供有益借鉴。

总结70年来的农业支持保护制度,从理论发展角度出发,一言以蔽之:充分市场化。一是指农业生产与农产品消费等环节资源配置的市场化,这也是从计划经济转向市场经济的标志;二是指农业支持保护政策的市场化,从统购统销到托市收购,再到综合利用市场手段提高农业支持保护水平。在农业支持保护制度不断市场化的进程中,政策工具正在从借鉴走向创新,理论研究也从经验分析走向体系建构。纵观70年来农业支持保护制度的实践与理论发展,不仅是改革开放的一个缩影,更是新中国农业转型发展的缩影。从中国农业支持保护理论研究出发,也经历了普遍共识到百花齐放的局面,未来研究分化将会更加普遍。随之而来的,政策实践的选择成本和试错成本也在不断增加,进一步改革的难度也将不断加大。因此,中国农业支持保护理论研究势必将提供更多的思想指引与实践依据。

# 第八章

# 农地产权制度研究

　　土地及其产权制度是影响中国革命和建设发展的根本因素，耕地（以下统称为"农地"）产权制度是中国农业农村发展的重要决定因素。从新中国成立到现在，"三农"问题一直是中国经济社会发展的根本问题，农业为全国人民提供粮食且为工业提供基本原材料，农村是农业生产和农民生活的空间，农民生产需求和生活消费为工业化和城镇化创造了巨大的市场空间。"三农"问题中最根本的问题是农业问题，而农地是农业生产不可或缺的投入要素，农地产权制度的性质和特征直接决定了农地这一要素的配置效率，进而影响农业发展及其现代化水平。因此，在新中国成立后的70年发展历程中，经济理论界及政策制定者围绕农地产权制度展开了热烈讨论。他们基于马克思主义政治经济学、产权经济学和制度经济学等理论，紧紧围绕中国发展现实，对若干重大问题进行了深入讨论，形成了比较完善的中国特色农地产权制度理论。在新中国成立70年之际，对中国农业和农村经济学研究进行梳理具有重大意义，而其中绕不开的一个主题就是农地产权制度研究，本章将对其进行系统梳理和总结。

# 第一节　农地产权制度的含义

提到"产权"(Property rights),必然会联想到"所有权"(Ownership),两者既有区别也有联系,概念总是用来解决问题的,既然两者所考虑或解决的问题都是本章关注的问题,那不妨避开形而上的概念"纠结",用"产权"这个概念来"统称"这些问题,即本文所言的农地"产权"既包括农地的所有权问题也包括农地的使用权、处置权和收益权等其他产权问题。而当所有这些产权(或权利)得到"法律上的肯定"[①] 就形成农地"产权制度"。当然,"在中国,要对'法律'作广义理解——除了正式的法律、法规外,政策也具有强制性,也必须遵循"。[②] 而之所以必须受法律保护才使得这些农地产权变成产权制度,是因为正如阿尔钦和德姆塞茨提醒:"土地权利不是自然赋予的,而是由社会创造的,如果没有对权利的保护,权利就不存在。"布罗姆利更明确表示:"某物受保护使得它有这一权利,而不是因为它有这一权利使其受保护。"[③] 当然,既然是制度,就必须如一般意义的产权制度一样"要求在赋予人与其物的关系时应该具有明晰性、确定性和稳定性",这些农地产权制度安排"必须有关于土地如何使用、收益与转让等的明确的、可实施的规则,从而给予使用它的人以稳定性"。

之所以用"产权制度"而不是"所有权制度"的概念来刻画农地权利问题,是因为前者不但具有完整性——能囊括农地的所有

---

[①] 周诚:《土地经济学原理》,商务印书馆2003年版,第162页。

[②] 同上。实际上,本文的农地产权制度除了得到"以国家暴力或惩罚为后盾的行使法律的支持"外,还得到"社会风俗习惯、约束机制"的支持。如阿曼·阿尔奇安所言:"我们称为私人财产在使用中的许多约束包含有社会风俗习惯的力量。"[盛洪:《现代制度经济》(上卷),北京大学出版社2003年版,第69页。]

[③] 刘守英:《土地制度与中国发展》,中国人民大学出版社2018年版,第59页。

权利（束），也更具动态性和具体性——将整体的概念上的所有权具体化为一项项"摸得着看得见"的权利，而且可以根据经济发展需要随时调整这些权利的内涵和边界，同时也具有社会性——产权界定了某项财产权利不同所有者之间的关系，或者说对所有者的某项所有权进行了社会限制。第一，"所有权"更多是一个法律层面概念，更强调权利的抽象性和完整性。任何一个社会开展经济活动首先要回答一个问题，一项生产资料或财产或物归谁所有，即财产的归属问题，这是"所有权"要考虑的基础问题，也是一个基本的法律层面问题。[1] 罗马法用"所有权"来描述一物的所有可能权利由一个（法律上的）人拥有，意即所有者能够使用某物，享用它并处置它。西方的大陆法系传统也是"从物的'完整所有权'开始的。所有权不是对该物的具体权利的有限列举，而是所有可能的权利"。"在习惯法传统中，各种权利的加总就是所有权"[2]。因此，所有权囊括了一项财产的所有法律层面的权利，具有完整性，而其中最根本的一项权利是"归属权"，这一权利被很多学者称为"狭义所有权"[3]，该权利明晰了财产所有权利的所有者（权利主体），该所有者拥有完整的所有权。传统的所有权内容中除狭义所有权外还包括占有权、支配权、使用权和收益权等其他权利，这些其他权利是所有者根据需要对所有权的分割和具体化。第二，"产权"更多是一个经济层面概念，更强调权利的可分

---

[1] "谁拥有什么？无论是在实际中，还是在道德层面上，这都是一个基本问题。对于现存的有形物品，以及一般意义上的物品，需要在人们之间就这些物品的占有和使用方面做出规定。"（[美]埃里克·弗鲁博顿等：《新制度经济学：一个交易费用分析范式》，姜建强等译，格致出版社2006年版，第93页。）

[2] 刘守英：《土地制度与中国发展》，中国人民大学出版社2018年版，第60页。

[3] 黄少安：《论产权的含义、内容和内部关系》，《中国社会科学院研究生院学报》1992年第5期；于秋华、慕青：《产权、所有权、所有制》，《财经问题研究》1997年第1期。

性和具体性。当社会规定了权利归属后，面临的进一步问题便是，所有者到底拥有哪些内容的权利。《牛津法律大词典》将"产权"定义为"存在于任何客体之中或之上的完全的权利，包括占有权、使用权、出借权、转让权、用尽权、消费权和其他与财产有关的权利"[1]。显然，与所有权一样，产权也囊括了一项财产的所有权利——当然也包括了上述"狭义所有权"[2]，也具有完整性。但是，相比所有权来说，产权概念从一开始就追求把抽象、整体的权利分割成一项一项的具体权利，使产权变成一束看得见摸得着的权利。权利分割、权利主体的分离源于市场经济发展（分工细化和复杂、交易范围和数量增加等），自给自足经济下那种一项生产资料的所有者和使用者高度统一的现实快速消失，所有权（狭义所有权的所有者）与经营权（经营权的使用者）的分离成为现实主流。[3] 而且，同一（或者不同）财产的某项（或者不同项）权利的所有者在行使权利以进行经济获利时，相互之间必然发生冲突[4]，产权对这些所有者行使所有权的范围、方式等进行了限制，即对

---

[1] 周诚：《土地经济学原理》，商务印书馆2003年版，第153页。

[2] 英国学者P.阿贝尔在其《劳动—资本合伙制：第三种政治经济形式》中的观点："我所说的产权意思是：所有权，即排除他人对所有物的控制权。使用权，即区别于管理和收益权的对所有物的享受与使用权。管理权，即决定怎样和由谁来使用所有物的权利。分享剩余收益或承担义务的权利，即来自于对所有物的使用或管理所产生的收益分享与成本分摊的权利。"

[3] 正如张五常所言，"如果对所有资源只存在全部的转让，那么'所有者'的生产将存在于所有企业"。（[美]罗纳德·H.科斯等：《财产权利与制度变迁：产权学派与新制度学派译文集》，刘守英等译，格致出版社、上海三联书店、上海人民出版社2014年版，第116页。）而现实中，我们看到更多的是股份制企业——股东是财产所有者，掌握所有权，董事会是财产的占有、使用、收入等权利的拥有者，也就是董事会拥有产权。

[4] 这种冲突是因为一项权利的所有者在行使、运用自己权利进行经济活动时往往具有外部性，从而与其他所有者的权利利用或者社会其他人的利益发生冲突。

所有者之间的权责利进行了界定和约束。[①] 因此，所有权偏重强调人对物的权利，强调主体对客体的归属关系[②]；而产权更多强调人与人之间的约束关系，比如所有者相互之间、所有者与经营者之间的权责利关系。第三，"所有权"过渡到"产权"具有理论和现实意义。一方面，所有权过渡到产权不失一般性。两个概念的内涵一致，都是指依法占有财产的权利，但产权有着更广的外延。产权就是广义的所有权。而且，"产权客体的范围也较所有权更为广泛，某些不能成为所有权内容的权利，如对清新空气的享用权或特定空间上的安静享用权等，也可以成为产权的一种形式[③]"。一方面，所有权过渡到产权更具理论性和现实性。Coase（1960）[④]实际上讲了一个法律上确定的权利与现实中需要的权利可能不一致。也就是产权初始界定（法律权利）的所有者与最后的产权拥有者或者使用者可能并不一致。如 Alchian（1965）[⑤] 所言，"人们作为所有者在才干方面存在差别。在技能方面也存在差别，这使得所有权如果能专业化则非常符合比较优势原则。如果所有权是可以转让的，那么所有权的专业化将产生收益"。所有权的转让（或交易）的前提是所有权的细化分割及其相应的清晰界定。因

---

① 《新帕尔格雷夫经济学大辞典》（第3卷，经济科学出版社1992年版，第1101页）将产权定义为："产权是一种通过社会强制而实现的对某种经济物品的多种用途进行选择的权利。"因此，产权主要考察财产所有者如何对自己的财产行使权利，行使这项权利会给他人带来什么影响，是否有损其他社会成员的利益，要不要为此付出代价等，即产权是受限制的所有权。

② 如在权利对象上，所有权关注的是所有物隶属，产权关注的却是附着于财产载体之上的"权利"，是与财产的各种"属性"有关的权利关系。（武建奇：《产权是所有权整体的"属性化"——巴泽尔独特的产权思想研究》，《外国经济学说与中国研究报告》，2014年。)

③ 杨瑞龙：《产权的含义、起源及其功能》，《天津社会科学》1995年第1期。

④ Coase, R. H., 1960, "The Problem of Social Cost", The Journal of Law and Economics, 3: 1–44.

⑤ Alchian, A. A., 1965, "Some Economics of Property Rights", IL Politico, 30 (4): 816–829.

此，把所有权根据实际需要分割成不同的产权（权利），允许这些产权属于不同的所有者，并允许他们通过合约形式（例如租赁、雇用或抵押）来进行生产资源的组合安排就能促进经济发展。相比静态性和整体性的所有权而言，产权概念更具动态性和具体性，更符合市场经济发展要求。从重所有权向重产权（权利束）转变[1]，为中国特色农地产权制度理论与经济学中的现代产权理论有效对接奠定基础，为把现代经济学中的交易成本、合约和治理结构等理论运用到中国改革实践中提供便利，从而在实践中将中国特色农地产权制度理论推向新的高度。

综上，本章所言的农地[2]产权包括狭义的所有权（农地所有权归属性问题）和其他产权束（农地承包经营权、使用权、收益权、流转交易权和剩余控制权等问题），农地产权制度是社会对这些权利制定的各种约束规则集合（正式或/和非正式制度安排）。本章的焦点是对这些产权制度安排的研究进行梳理总结。农地产权制度的研究[3]浩瀚如烟、纷繁复杂，但我们认为总体上有一条主线，即首先回答建立什么样的农地所有权制度（第二节建立集体所有制），然后如何进一步分割和界定各类产权（第三节实行家庭联产承包责任制），分

---

[1] 巴泽尔的产权经济分析透露的一个重要思想就是"所有权整体属性化"，他认为，"各种商品都可以看作是多种属性的总和，不同商品又包含着不同数目的属性。各种属性统统归同一人所有并不一定最有效率，因此，有时人们会把某一商品的各种属性的所有权分配给不同的个人（［以］巴泽尔：《产权的经济分析》，费方域等译，格致出版社2017年版，第123页。）"。这样分割后，"权利'核算单位'日趋缩小，分析日益准确，犹如军事上从过去对大致目标的'地毯式轰炸'，到现代的导弹对具体目标的'精准打击''定点清除'一样，经济学上的权利激励和约束的方向也日益精确，更有效率"。（武建奇：《产权是所有权整体的"属性化"——巴泽尔独特的产权思想研究》，《外国经济学说与中国研究报告》，2014年。）

[2] 本文的研究对象是耕地，在文中统称为农地，在必要的地方用广义的"土地"来表述。

[3] 需要说明的是，在中国这样一个处于改革开放推进发展过程中，很多研究最后都以政府政策文件的形式得以呈现，尤其是强制性制度变迁和改革。故本文也把这些政策文件视为研究文献。

割和界定的同时又如何强化和保障这些产权（第四节强化产权稳定性），如何随着社会经济发展实际调整各类产权的内涵和边界（第五节实行三权分置），以及如何为产权的转换和交易创造条件（第六节建立农地流转市场）。中国的农地产权制度改革与实践正是沿着这样一条主线进行的，进行了一场伟大的产权制度理论创新，最终实现了农地资源的高效配置，为中国特色农业现代化发展提供了强大支撑。

## 第二节　建立集体所有制

1949年，中华人民共和国成立，中国进入近代以来新的发展阶段。新的发展必须有新的基本制度的支撑。正如毛泽东同志所说，"首先制造舆论，夺取政权，然后解决所有制问题，再大力发展生产力，这是一般规律"[①]。建立什么样的土地所有制就成为当时亟待思考的问题，"进行土地改革，拔掉现代化发展起点的基本障碍，就成为新中国成立之后最基本的任务"[②]，而把农村土地，特别是农地分配给谁就成为一个牵一发动全身的根本问题。

### 一　"耕者有其田"具有重要的时代使命

（一）"耕者有其田"的土地制度是着眼解决新中国成立前社会矛盾的重要创新

制度变迁的成功取决于该项制度变迁带来的收益是否大于成本，而制度变迁发生时的社会利益结构直接影响制度变迁的成本收益。在实行土地改革之前，封建土地所有制在中国农村占据统治地位。

---

[①] 中华人民共和国国史学会：《毛泽东读社会主义政治经济学批注和谈话》（清样本）（上），第298页。

[②] 陆世宏：《中国农业现代化道路的探索》，社会科学文献出版社2006年版，第12页。

大约只占全国农村人口10%的地主和富农，拥有70%—80%的农村土地，而占农村人口90%的中农、贫农、雇农，只拥有20%—30%的农村土地。[1] 正是这种"旧中国土地占用的极不合理[2]"为"耕者有其田"的制度安排登上历史舞台创造了相当的机遇。中共中央1947年9月通过了《中国土地法大纲》，肯定和发展了1946年五四指示中提出的将地主土地分配给农民的原则，总结了中国共产党二十多年土地革命基本经验教训，决定开始废除封建性及半封建性剥削的土地制度，实行"耕者有其田"的土地制度。

（二）"耕者有其田"的土地制度变革为国家工业化开辟道路

1950年6月14日，刘少奇在《关于土地改革问题的报告》中[3]指出："中国原来的土地制度极不合理。这是我们民族被侵略、被压迫、穷困及落后的根源，是我们国家民主化、工业化、独立、统一及富强的基本障碍。而且，中国的工业化必须依靠国内广大的农村市场，没有一个彻底的土地改革，就不能实现新中国的工业化，这个道理是很明显的，无须多加解释。但土地改革的基本目的，不是单纯地为了救济穷苦农民，而是为了要使农村生产力从地主阶级封建土地所有制的束缚之下获得解放，以便发展农业生产，为新中国的工业化开辟道路。只有农业生产能够大大发展，新中国的工业化能够实现，全国人民的生活水平能够提高，并在最后走上社会主义的发展，农民的穷困问题才能最后解决。"随后，1950年6月28日，中央人民政府委员会第八次会议通过，同月30日中央人民政府公布施行《中华人民共和国土地改革法》。该法第一条明确指出，中华人

---

[1] 周诚：《土地经济学原理》，商务印书馆2003年版，第242页。

[2] 陆世宏：《中国农业现代化道路的探索》，社会科学文献出版社2006年版，第12页。

[3] 刘少奇：《关于土地改革问题的报告》，《刘少奇选集》（下），人民出版社1985年版。

民共和国土地改革法是为了"废除地主阶级封建剥削的土地所有制，实行农民的土地所有制，借以解放农村生产力，发展农业生产，为新中国的工业化开辟道路"而制定的法规。该法明确规定，"所有没收和征收得来的土地和其他生产资料，除本法规定收归国家所有者外，均由乡农民协会接收，统一地、公平合理地分配给无地少地及缺乏其他生产资料的贫苦农民所有。对地主亦分给同样的一份，使地主也能依靠自己的劳动维持生活，并在劳动中改造自己"。土地改革法的出台标志着"耕者有其田"的土地制度是受到国家机器和法律制度保障的，具有很强的执行力，对深嵌其中的农民等生产者的预期具有积极的稳定作用。

### （三）"耕者有其田"的土地制度为当时的社会发展做出了巨大贡献

到1953年春，全国除西藏、台湾外，已全部完成土地改革，使3亿多无地、少地的农民无偿获得了7亿多亩土地，在全国农村实现了土地的农业劳动者私有化。① 有研究对"耕者有其田"土地制度的本质进行了详细阐述。这实际上就是农民土地所有制，"既不同于封建的地主土地所有制，也不同于公有制。它具有两个规定性，第一，农民土地所有制是一种私有制。农民对自己经营的土地不仅具有使用权，同时具有所有权。第二，农民土地所有制是一种平等的土地所有制。这同封建的地主土地所有制是不同的。封建的地主土地所有制包含着剥削关系，而农民土地所有制包含着的是一种平等关系。是一种劳动者自食其力的制度"②。这项制度安排使得每个土地所有者对土地拥有完整的所有权、使用权、处置权和收益权，这种权能完整的产权制度必将激发土地使用者的生产积极性，促进社会经济发展。不少研究讨论了这项制度变迁所带来的效果，"国民经

---

① 周诚：《土地经济学原理》，商务印书馆2003年版，第242页。
② 陆学艺：《中国社会主义道路与农村现代化》，江西人民出版社1996年版，第33—34页。

济仅用了三年时间就达到或超过历史最高水平。全国农业生产总值1952 年达 461 亿元，比 1949 年增加了 48.5%，年均增长 16.2%。粮食和棉花单产都超过了解放前最高年产量，1952 年粮食产量为 3287 亿斤，高出解放前最高年产量的 11.3%；棉花产量达 2607 万担，比解放前最高年产量增长 53.5%，1949—1952 年粮食增长幅度 12.6%，棉花为 43.6%。改善了人民生活，促进了国家财政经济状况的根本好转，为社会主义工业化开辟了道路，为社会主义改造创造了条件"[1]。

## 二 "三级所有、队为基础"是农地集体所有制的曲折探索

理论与实践总是你中有我，我中有你，在矛盾中相互制约和促进。实践总有新的矛盾，理论也总需要在解决这些矛盾的过程中不断升华。耕者有其田的土地制度安排无疑如一剂良药刺激了广大农民的生产积极性，但学界和政界就如何让农地产权制度沿着新中国既定的社会主义发展总目标变迁，如何让农地产权制度有力地支撑工业化快速发展等根本问题进行了探讨。

（一）以土地为基础的农业生产互助合作（1953—1957 年）

1. 早期以土地私有制为基础走农业生产互助合作化道路

土地改革后，农民被激发了两种热情，一是发展个体经济的积极性，二是进行劳动互助的积极性。这些积极性为迅速恢复和发展国民经济和促进国家工业化注入微观动能。但是，这种小农生产存在不少"弊端"。[2] 正如有些研究所担心的，"小农经济的特征是规模小，商品率低，而且单个农户所拥有的耕畜、农具、资金等主要生产资料都严重不足，据 1954 年全国农户抽样调查结果显示，土地

---

[1] 陆世宏：《中国农业现代化道路的探索》，社会科学文献出版社 2006 年版，第 12 页。

[2] 邓子恢：《动员全体农民和农村青年为逐步实现农业合作化而斗争》，《江苏教育》1954 年第 14 期。

改革结束时,全国农民人均耕地 2.5 亩,户均拥有耕地 19.65 亩、耕畜 0.65 头、犁 0.45 部、水车 0.07 部。甚至不少地区发生经营困难"。[1] 也有研究[2]表明"土地改革后,农村自发的资本主义趋势和两极分化现象日益明显"。应该防止"历史上反复出现的地权从平均化到兼并形成大地产的轮回"。

这种土地经营规模小的农户生产引发学界和政界进一步的思考,是让小农自由发展,还是通过一种外在力量引导小农通过开展合作经营,扩大生产经营,为工业化提供更好的支持。而政策研究界则认为,为了克服农民分散经营的弊端和困难,为了使广大贫困农民能够迅速增加生产而走上丰衣足食的道路,为了使国家能得到比现在多得多的商品粮食及其他工业原料,并为国家工业品销售开辟一个广阔的市场,有必要将农民"组织起来"[3]。按照自愿互利的原则,发展农民互助合作的积极性。这种劳动互助是建立在个体经济基础上(农民私有财产的基础上)的集体劳动,其发展前途就是农业集体化或社会主义化。这些讨论最终体现为中共中央于 1951 年 12 月 15 日印发的《关于农业生产互助合作的决议(草案)》,这标志着农民的农业合作化道路正式开始。随后,1953 年 2 月 15 日,中共中央印发了《关于农业生产互助合作的决议》。

以土地入股为特点的农业生产合作社(因此或称为土地合作社)是三种主要合作形式[4]之一,具有重要特点。土地合作社是在土地私

---

[1] 陆世宏:《中国农业现代化道路的探索》,社会科学文献出版社 2006 年版,第 16 页。

[2] 陈淑琼、刘霞:《新中国农地制度的历史嬗变》,《经济与社会发展》2011 年第 9 期。

[3] 毛泽东:《关于农业合作化问题》,《新黄河》1955 年第 11 期。

[4] 另外,两种互助合作分别是:一是简单的劳动互助,这是最初级的,主要是临时性的、季节性的。二是常年的互助组,这是比第一种形式较高的形式。它们中有一部分开始实行农业和副业的互助相结合;有某些简单的生产计划,随后逐步地把劳动互助和提高技术相结合,有某些技术的分工;有的互助组并逐步地设置了一部分公有农具和牲畜,积累了小量的公有财产。

有或半私有基础上的农业生产合作社。用土地入股同样的是根据自愿和互利的原则，并可以根据自愿的原则退股。但在生产上，一方面，便于统一计划土地的经营，因地种植，使地尽其用；另一方面，可以更方便地调剂劳动力和半劳动力，发挥劳动分工的积极性。这两方面，也就可能逐渐在若干点上克服小农经济的弱点。① 需要说明的是，另外两种合作（劳动互助和常年的互助组）也通常会带来第三种的土地合作需求：比如农业与副业的结合，一定程度上的生产计划性和技术的分工，有了某些公共的改良农具和新式农具，有了某些分工分业，或兴修了水利，或开垦了荒地，就引起了在生产上统一土地使用的要求。

需要强调的是，这个时期的土地合作社属于初级社，是在私有财产的基础上，即农民拥有土地私有权，农民按入股的土地分配一定的收获量。当然以土地入股的生产合作社成员如要退社，应在一年的收获完毕之后为适宜。如生产合作社在所退土地上曾经为改良土壤或水利设备而有颇大耗费的情况，则退社者应向合作社偿付公平的代价。无论如何，土地合作社是在土地产权清晰的条件下进行的合作化实践探索，是一种帕累托改进。这种合作的本质是农地所有权与经营权在农户（所有者）与合作社（经营者）之间发生了分离②，或者说，农户自愿地将农地的使用经营权分割给合作社使用。

2. 1956年后以土地集体所有为基础走高级合作化道路

土地改革后，由于"农民几乎全部获得农地的经营收益，其他社会势力失去了随意提取农地经营收益的正式和非正式路径。这与当时国家希望通过对农地经营收益的大量提取来为大规模、高速度的工业化积累资金的意图是矛盾的"③。为了创造并攫取更多农业剩

---

① 冯拾：《中国农业合作化运动的历史》，《教学与研究》1956年第7期。
② 不排除农户（所有者）依然是自己土地的经营者。
③ 罗夫永、柯娟丽：《农村土地产权制度的缺陷及其创新》，《财经科学》2006年第8期。

余支持工业化，国家通过建立高级社制度来推进土地集体所有制。实际上，新中国成立之后，当然也包括土改后，农地产权制度的性质始终要服务于国家发展目标，比如工业化战略。因此，"在发展初级社的同时，还发展高级社①"。正如1956年6月30日全国人民代表大会第三次会议通过的《高级农业生产合作社示范章程》（以下简称《高级社章程》）所强调的，"农业生产合作社要把全社利益和国家利益正确地结合起来。合作社应该在国家经济计划的指导下独立地经营生产。合作社必须认真地对国家尽交纳公粮和交售农产品的义务"。这表明，农地产权制度必须服务于国家发展目标。

《高级社章程》标志着在全国全面推行高级社发展。高级社是劳动农民在共产党和人民政府的领导和帮助下，在自愿和互利的基础上组织起来的社会主义的集体经济组织。就土地制度而言，与初级社不同的是，高级社中社员的土地要求集体化②。"高级社章程"明确规定，"入社的农民必须把私有的土地和耕畜、大型农具等主要生产资料转为合作社集体所有。社员土地上附属的私有的塘、井等水利建设，随着土地转为合作社集体所有"。"到1957年底，参加高级社的农户已经占全国总数的96%，已经在全国范围内实现了高级农业合作社。③"

从高级社制度开始，土改中农户获得的农地权利被转移到合作社，农地所有权有农户私人所有转变为合作社集体所有，农地私有制过渡到农地公有制——农地集体所有制。参加高级社的社员只保留占土地总量5%的自留地的使用权。"如果说加入初级社遵循了自愿的原则，是一种自下而上的需求型制度变迁的话，那么，加入高

---

① 周诚：《土地经济学原理》，商务印书馆2003年版，第243页。
② 周其仁对土改后农业剩余的分配以及国家为什么要通过重新改变土地所有权的方式来实现农业剩余用于工业化的目标进行了详细讨论。[周其仁：《中国农村改革：国家和所有权关系的变化（上）——一个经济制度变迁史的回顾》，《管理世界》1995年第3期。]
③ 周诚：《土地经济学原理》，商务印书馆2003年版，第243页。

级社则是在违背大多数农户意愿的条件下进行的，是一种自上而下的强制的供给型制度变迁"[1]。这种自上而下的强制性制度变迁极易对经济产生负向冲击，"据统计，粮食生产的增长速度，1950—1952年平均年增长13.1%，1955年增长8.5%，1956年增长4.8%，而1957年仅增长1.2%。与此同时，许多农户的收入也大大减少，据当时对20个省（自治区）564个社总计183489户农户的调查，其中减收户占总数的28.09%。关于这一点，从当时农业总产值的情况也能看出，据统计，农业总产值的绝对数字，1953年为510亿元，1954年为535亿元，1955年为575亿元，1956年为610亿元，1957年则下降为537亿元"[2]。有的研究认为，高级社不如初级社的绩效高，是因为"高级社一般包括了数个相隔几里的自然村落。相较于初级社内成员多具亲邻关系，能够依靠身份和利益的共识彼此约束，高级社成员很多并不生活在同一自然村落，很可能互不熟识。因此，在非正式规则约束失效和正式规则难以实施（合作社领导的监督）的情况下，高级社的绩效低下也就顺理成章了"[3]。

（二）建立以土地为基础的"三级所有、队为基础"的人民公社集体所有制（1958—1978年）

追求农业机械化规模生产助推了人民公社集体所有制的形成。"在党内决策层和经济理论界存在'是先机械化，还是先合作化'的争论。一种意见认为，农业集体化，必须以国家工业化和使用机器耕种以及土地国有为条件。没有这些条件，便无法改变小农的分散性、落后性，而达到农业集体化。另一意见则认为，必须先有合作化，然后才能使用大机器。"[4] 无论如何，追求耕作机械化一直是

---

[1] 杨德才：《我国农地制度变迁的历史考察及绩效分析》，《南京大学学报》（哲学·人文科学·社会科学版）2002年第4期。
[2] 同上。
[3] 刘守英：《直面中国土地问题》，中国发展出版社2014年版，第19页。
[4] 张卓元：《当代中国经济学理论研究（1949—2009）》，中国社会科学出版社2009年版，第138—140页。

政府的目标。为了实现这一目标，最自然的想法是扩大合作社（高级社）范围。1958年3月20日，中共中央印发《关于把小型的农业合作社适当地合并为大社的意见》明确指出，"我国农业正在迅速地实现农田水利化，并将在几年内逐步实现耕作机械化，在这种情况下，农业生产合作社如果规模过小，在生产的组织和发展方面势将发生许多不便。为了适应农业生产和'文化革命'的需要，在有条件的地方，把小型的农业合作社有计划地适当地合并为大型的合作社是必要的"。小社并大社正是人民公社的前奏。"小社并大社的思想基础是：所有制越高级，越能进一步解放生产力；合作社经营规模越大，越能促进生产力的进一步发展。"① 在毛泽东同志看来："小社人少地少资金少，不能进行大规模的经营，不能使用机器。这种小社仍然束缚生产力的发展，不能停留太久，应当逐步合并。有些地方可以一乡为一个社，少数地方可以几乡为一个社，当然会有很多地方一乡有几个社的。"② 1958年8月29日，中共中央印发《关于在农村建立人民公社的决议》正式指明小社并大、转为人民公社的做法和步骤，从此在高级农业合作化的基础上实现了以乡为单位的、政社合一的农村人民公社化。这一改变，"扩大了土地集体所有制单位的规模（全国平均每社大约5000户），实行单一的公社所有制"③。1960年11月3日，中共中央印发《关于农村人民公社当前政策问题的紧急指示信》又重新强调"三级所有，队为基础，是现阶段人民公社的根本制度"，劳力、土地、耕畜、农具必须坚决实行"四固定"，固定给生产小队使用。更正式的，1962年9月27日中共中央印发《农村人民公社工作条例》（以下简称《公社条例》）明确规定人民公社的基本核算单位是生产队，以相当于原初级农业

---

① 陆世宏：《中国农业现代化道路的探索》，社会科学文献出版社2006年版，第55页。

② 毛泽东：《在第十五次最高国务会议上讲话的新闻稿》，《建国以来毛泽东文稿》（7），中央文献出版社1992年版，第407页。

③ 周诚：《土地经济学原理》，商务印书馆2003年版，第244页。

生产合作社范围的生产队作为农村人民公社的基本核算单位的"三级所有，队为基础"的体制正式落地。"这相当于把土地集体所有制单位的规模大大缩小。"① 这一制度一直延续到1978年的家庭联产承包责任制时期。

农地产权制度方面，与高级社时期相比有两点不同：第一，"三级所有、队为基础"的人民公社集体所有制没有改变农地产权制度特质，土地仍然延续了高级社确立的集体所有制，只是集体所有制单位缩小并确定为生产队。《公社条例》规定，"生产队范围内的土地，都归生产队所有。生产队所有的土地，包括社员的自留地、自留山、宅基地等等，一律不准出租和买卖。生产队所有的土地，不经过县级以上人民委员会的审查和批准，任何单位和个人都不得占用。要爱惜耕地。社员的自留地、饲料地和开荒地合在一起的数量，根据各个地方土地的不同情况，一般情况下可以占生产队耕地面积的百分之五到百分之十，最多不能超过百分之十五"。第二，1958年人民公社全面实行之后，农民的"退出权"被剥夺了——当然也包括土地的退出权，而在人民公社之前，尽管政府大力推动合作化运动，但农民同时享有"退出权"。1955年11月全国人大常委会通过的《农业生产合作社示范章程》和1956年6月全国人大常委会通过的《高级农业生产合作社示范章程》都明确规定，农业生产合作社社员有退出权（包括入社的土地）。例如，1956年高级社章程规定，"要求退社的社员一般地要到生产年度完结以后才能退社。社员退社的时候，可以带走他入社的土地或者同等数量和质量的土地"。"但1958年以后有关退出权的规定不再出现在中国官方文件中，这种情况一直持续到1981年。"②

"三级所有、队为基础"集体所有制下的农地产权制度的根本特征是土地所有权和经营权高度统一于集体，是典型的"公有公营"

---

① 周诚：《土地经济学原理》，商务印书馆2003年版，第244页。
② 徐琴：《新中国农地制度：绩效与变迁》，《学海》2006年第5期。

的农地制度,"成为新中国历史上效率最低的、也是最不公平的土地制度。完全丧失土地产权和'退出权'的农民,生产积极性被严重挫伤"[①]。1961年粮棉油等农产品产量跌到1951年甚至1949年的水平,人口非正常死亡数千万人,经济损失1200亿元。[②] 1958—1978年,中国农业总产值从566亿元增加到1567亿元,平均每年仅增加50亿元,年均增长率为2.32%,粮食总产量从2亿吨增加到3.0477亿吨,人均占有粮食只增加了10公斤多一点,平均每年每人只增加了0.5公斤,农业劳动创造国民收入从440亿元增加到1065亿元,平均每年增加不到30亿元。农业劳动生产率年均增长率从1952—1957年的1.66%下降到-0.19%。20世纪70年代末,全国只有三个省区能调出粮食,农民生活普遍贫困,1978年农村处于绝对贫困线(100元人民币)以下的人口达2.5亿,贫困发生率达30.7%[③]。

### 三 农地集体所有制的讨论

确立农地的权属主体是新中国成立之后必须要解决的最基本问题。经过曲折的实践探索和理论讨论,在1958年,以高级社集体所有制建立为标志,农地产权制度中的狭义所有权被确定下来,归合作社集体所有,后在1962年人民公社制度全面实施时又被调整确定为"生产队集体所有",自此,中国农地集体所有制得以确立,一直延续至今。

当时,生产队集体所有的产权制度不仅包括狭义所有权归集体,而且农地经营使用权也归集体。不过,狭义所有权的性质是决定农地所有制性质的根本。之所以几经调整,农地狭义所有权仍然"花落集体",是因为农地产权制度的理论和实践都因深深嵌入当时国家

---

① 徐琴:《新中国农地制度:绩效与变迁》,《学海》2006年第5期。
② 陈淑琼、刘霞:《新中国农地制度的历史嬗变》,《经济与社会发展》2011年第5期。
③ 瞿商:《新中国农地制度的变迁与绩效》,《中国经济史研究》2009年第4期。

发展战略而深受约束。"一是制度约束。土地制度如何改革、改到哪里去，备选制度安排对公有制到底产生怎样的影响，是最令人在意的。这种制度约束又体现为三点：第一，执政的合法性。因为中国共产党是以改造所有制为执政基础的，所以坚持公有制决定了执政的合法性。农民的土地又是中国共产党领着农民从地主手上分来的，是取得政权的法宝，土地公有制也是执政合法性的基础。第二，中国特色社会主义。'特色'具体体现为中国共产党领导和坚持公有制。土地公有制是中国'特色'里面最独特的制度安排。第三，基本经济制度。'基本'体现为公有制主导、多种经济成分并存，土地制度是基本经济制度里面最基本的制度。二是目标制约。在1949年党的七届二中全会上，毛泽东提出把中国从农业国变成工业国。这在一定程度上要求农业为工业服务，农村为城市服务。这决定了土地利益分配要服务于农业国变工业国的目标。这两大约束决定了中国土地制度改革（农地产权制度的主流理论）的基本逻辑：所有制是锁定的，改革所能做的是探索土地公有制的实现形式；土地制度改革的基本主线是在所有权和使用权分离上做文章。"[1]

但是，不得不承认的是，这一阶段的中国农地产权制度理论创新性不足、滞后于改革实践是使农地集体所有制一经确立就延续到1978年都没得到创新完善，更没发挥积极作用的重要原因。这种创新性不足主要表现为，农地集体所有制确立后，没有及时对集体所有制的内涵和实现形式进行创新研究。造成这种理论发展局面的原因有三：一是中国存在重所有制和所有权[2]轻产权的传统。这一阶段确立农地所有权（所有制）固然是基本任务，但不能因此而"谈所有制就色变"，不敢思考所有制，不敢撇开所有制的争论和纠结，更

---

[1] 刘守英：《土地制度与中国发展》，中国人民大学出版社2018年版，第72—74页。

[2] 同上。

不知如何创新和丰富集体所有制的内涵和实现形式。①致使无法理解只要将决定所有制性质的狭义所有权划归集体就能保证农地产权集体所有的根本属性，然后将狭义所有权与其余权利进行分割，从而就能将研究重心放到这些其余农地产权的界定和交易上。二是将农地狭义所有权与经营使用权等权利进行分离在当时缺乏强烈的现实条件。总体而言，中国在1949—1978年这个阶段，生产力水平低下，社会分工不足，商品经济不发达，农地的狭义所有权与经营使用权基本上都高度统一于集体，两权进行分离的现实需求不足，更何况当时不但要求集体所有还要求集体经营。三是当时也正是西方现代产权理论、制度经济学快速发展并走向成熟的阶段。很多研究成果，特别是西方现代产权理论那种重视产权约束，注重产权分割、界定和交易的理论精神没有及时被吸收到中国农地产权制度理论中。

当然，理论总是无法阻挡实践的步伐。正如我们后面将看到的，1978年家庭联产承包责任制的确立标志着中国农地产权制度理论的研究正式走上了狭义所有权与经营使用权等权利的分离道路，进而可以将研究重心放到狭义所有权外的产权的分割、界定和交易上面，产权的激励作用终将被释放出来。

## 第三节 实行家庭联产承包责任制

1978年12月，中国共产党十一届三中全会拉开了中国改革开放的大幕。全会的中心议题是讨论把全党的工作重点转移到社会主义现代化建设上来。全会做出了实行改革开放的新决策，全会还讨论了农业问题，认为农业这个国民经济的基础就整体来说还十分薄弱，

---

① 即使过程中有所试图创新的实践，也只是在集体所有制单位规模大小上做文章。

只有大力恢复和加快发展农业生产，才能提高全国人民的生活水平。这次全会的召开标志着中国农村改革迎来新的机遇。

## 一 家庭联产承包责任制标志着农地产权制度理论迈上"两权分离"的重产权轻所有权的发展道路

农地承包制度改革成为中国改革开放的切入口。基于底层实践探索，学术理论界和政策制定部门就系列问题进行了深入讨论，经过一个曲折的自下而上，又自上而下的辩证过程，终于统一认识并落实到"实行家庭联产承包责任制"的改革行动上。

（一）家庭联产承包责任制确立为中国农村基本经济制度经历了实践—理论—实践的辩证统一过程

家庭联产承包责任制这项伟大的制度变革，"最初在贫困地区发轫，后得到有改革意识的地方及中央领导人的赞许，再经由政策推动，得以在全国普遍化，最终通过法律在制度上予以确立"，经过了曲折的实践探索、理论升华、再到实践探索的辩证统一过程。

第一，家庭联产承包责任制的改革起点仍是"三级所有、队为基础"的农地集体所有制。1979年9月，中共中央印发的《关于加快农业发展若干问题的决定》强调：为了加快农业发展，全党同志对我国农业的现状和历史经验，必须有一个统一的正确的认识。我国农业近二十年来的发展速度不快，它同人民的需要和四个现代化的需要之间存在着极其尖锐的矛盾。这必须引起全党同志的充分注意。二十年来我国农业发展的经验表明，"三级所有、队为基础"的制度适合于我国目前农业生产力的发展水平，决不允许任意改变，搞所谓"穷过渡"。

第二，家庭联产承包责任制的初期形式是生产责任制，在建立和完善的过程中，必须坚持土地的集体所有制。1980年9月《中共中央印发〈关于进一步加强和完善农业生产责任制的几个问题〉的通知》，总结"各地建立了多种形式的生产责任制，特别是出现了专业承包联产计酬责任制①②，这是一个很好的开端"。各地应因地制宜，"允许有多种经营形式、多种劳动组织、多种计酬办法同时存在"。但是，"集体经济是我国农业向现代化前进的不可动摇的基础"。1982年中央一号文件专门论述生产责任制已经"转入了总结、完善、稳定阶段"。"我国农业必须坚持社会主义集体化的道路，土地等基本生产资料公有制是长期不变的，集体经济要建立生产责任制也是长期不变的。""健全与完善农业生产责任制的工作，应尊重群众的创造精神，真正做到因队制宜。"

1983年中央一号文件全面论证了联产承包责任制（生产责任制的主要形式）的合理性，"它以农户或小组为承包单位，扩大了农民的自主权，发挥了小规模经营的长处，克服了管理过分集中、劳动'大呼隆'和平均主义的弊病，又继承了以往合作化的积极成果，坚持了土地等基本生产资料的公有制和某些统一经营的职能，使多年来新形成的生产力更好地发挥作用。这种分散经营和统一经营相结合的经营方式具有广泛的适应性。凡是群众要求实行这种办法的地方，都应当积极支持"。据统计，"到1983年底，实行家庭承包的生产队达99.7%，家庭承包的耕地面积占总耕地面积的97%"③，"实行包产到户的农户有1.75亿农户，占农户总数的94.5%"④。"自此，决策层关于农村基本制度的争论告一段落，家庭联产承包责任制在全国普遍化。到1984年底，全国已有99%的生产队、96.6%的农户实行了包干到户"⑤。

---

① 王贵宸、魏道南：《联系产量的生产责任制是一种好办法》，《农业经济问题》1980年第1期。

② 王贵宸、魏道南：《论包产到户》，《经济研究》1981年第1期。

③ 程漱兰：《中国农村发展：理论和实践》，中国人民大学出版社1999年版，第391页。

④ 国家统计局：《中国统计年鉴》（1983年），中国统计出版社1989年版，第21页。

⑤ 刘守英：《土地制度与中国发展》，中国人民大学出版社2018年版，第98页。

## （二）农地产权制度视角的家庭联产承包责任制

家庭联产承包责任制是在农地产权制度重大创新基础上不断完善的基本经营制度。第一，它实现了土地所有权与承包经营权分离，改变了传统的"两权"合一状况，由"公有公营"转为"公有私营"。第二，经营使用权得到完善。在生产队内，根据农户家庭成员人数平均分配土地。获得土地后，农户可以自由决定种植经营内容，经营使用权变完整了。第三，农地收益权的完整性在很大程度上得到改进。其经营收入除按合同规定上缴一小部分给集体及缴纳国家税金外，全部归于农户所有——上缴国家的、留足集体的、剩下全是自己的。第四，允许形式转让权，为流转交易奠定基础。1984年中央一号文件明确规定："鼓励土地逐步向种田能手集中。社员在承包期内，因无力耕种或转营他业而要求不包或少包土地的，可以将土地交给集体统一安排，也可以经集体同意，由社员自找对象协商转包，但不能擅自改变向集体承包合同的内容。转包条件可以根据当地情况，由双方商定。"

## （三）家庭联产承包责任制的制度绩效研究

由于家庭联产承包责任制是"自下而上"与"自上而下"充分结合的制度性变迁，是新中国成立后最有效率的制度安排之一，因此产生了骄人的制度绩效。第一，促进了农业生产发展，解决了人民的温饱问题，实现了农民增收。[1] 由于激励机制的捋顺，"一个在家庭责任制下的劳动者劳动激励最高，这不仅是因为他获得了他努力的边际报酬率的全部份额，而且还因为他节约了监督费用"，[2] 因此刺激了农户增加劳动投入，最终导致劳动效率显著提高，1978—1987年中国农业劳动生产率的年均增长率为4.99%。由此带来粮食产量从1亿吨跃升到2亿吨用了近10年（1949—1957年），从3亿

---

[1] 王贵宸、魏道南：《试论"三级所有，队为基础"的经济关系》，《农业经济丛刊》1980年第4期。

[2] 林毅夫：《制度、技术与中国农业发展》，上海三联书店1992年版，第55页。

吨跃升到 4 亿吨只用了 5 年（1979—1984 年）。1978—1984 年农业总产值年均增长速度为 9.4%，而 1952—1978 年仅递增 3.25%。1978—1984 年年均增产粮食 340 亿斤，人均占有粮食从 637 斤增加到 791 斤。① 第二，推动了整个国民经济的增长。相关研究表明，"1952—1978 年间，中国国民收入年均递增 5.98%，其中农村经济增长的贡献率为 37.28%。而改革以来的 1978—1988 年，国民收入年均递增 9.2%，其中农村经济增长的贡献份额高达 63.65%"②。第三，促使农业剩余劳动力释放和转移，为农村产业分工提供了条件。研究表明，"家庭经营解放了农民，首先是取消了强加在农民身上的不准离开土地的限制，赋予农民行使自己的劳动力自由流动的权利。'八五'时期，乡镇企业从业人员从 9264 万人增加到 12862 万人，年均吸纳农业部门转移的剩余劳动力为 719 万人。此后持续下降，'九五'最后两年分别为 12704 万人和 12820 万人。此外，还有大量农村剩余劳动力进入城乡商业服务领域，促进生产技术和劳动效率的提高，加剧了城乡产业分工"③。

## 二 不断驻足土地所有制问题的讨论与争鸣

农村改革初期，土地集体所有、农民家庭承包经营两权分离④的土地制度取得了举世瞩目的成就，但随着国家改革中心向城市的转移，农业农村发展由 1984 年的高峰跌入 1985 年后波动徘徊的困境。由此重新掀起了农村土地制度改革与创新研究的高潮。这轮研究，不少学者再次驻足土地所有制讨论，主张通过改变土地所有权来解决相关问题。总体而言，存在"改行土地国有制""改行土地私有制""改

---

① 瞿商：《新中国农地制度的变迁与绩效》，《中国经济史研究》2009 年第 4 期。
② 陈吉元：《人口大国的农业增长》，上海远东出版社 1996 年版。
③ 瞿商：《新中国农地制度的变迁与绩效》，《中国经济史研究》2009 年第 4 期。
④ 如叶兴庆所言，"'两权分置'既变了土地私有化之嫌，又将农用地产权的大部分权能界定给了集体成员，极大地调动了农民生产积极性"。（叶兴庆：《农村集体产权权力分割问题研究》，中国金融出版社 2016 年版，第 15 页。)

行多种所有制""维持和完善农村土地集体所有制"四种代表性观点。① 这些观点各有自己的视角，也都有观点成立所依赖的条件。

"土地私有制"比较吸引眼球，也引发了激烈的争论。但学界总体认为土地私有制脱离了中国实际，不具备可行条件。周其仁认为，"像我们后来看到的，无论土地承包权发展得多接近私产和准私产，它总还保留着村庄社区作为最终所有者对付变动的人口对土地分配压力的某些手段。因此，在村庄一级无法实现土地私有化的逻辑"②。周诚认为，"改行私有制，一是相当长时期内难以提高效率，二是从长远看，土地私有化必将导致农村资本主义化"③。

任何一种制度总要受其所存在的外层制度结构施加的约束，中国农地产权制度也不能离开中国现阶段的政治、经济环境，不能脱离也无法脱离坚持和完善公有制为主体、多种所有制并存的基本经济制度的强制性约束。也因此，有学者认为"承认农地集体所有的前提下，强化土地利用权是我国农地制度变迁的突破口"④。

## 第四节　强化产权稳定性

家庭联产承包责任制的建立标志着中国农地产权制度的基本框架被确定。基本框架的确定意味着两个基本清晰⑤：一是农地产权的

---

① 周诚：《土地经济学原理》，商务印书馆 2003 年版，第 246—252 页。

② 周其仁：《中国农村改革：国家和所有权关系的变化（下）——一个经济制度变迁史的回顾》，《管理世界》1995 年第 4 期。

③ 周诚：《土地经济学原理》，商务印书馆 2003 年版，第 246—252 页。

④ 朱小平：《虚化所有权：我国农地制度变迁的突破口》，《改革与战略》2011 年第 7 期。

⑤ 至少在某个时期内是清晰的。随着经济发展，产权束的权利构成，即产权束中产权的数量及每项产权的内涵和外延都可能会发生不同程度的变化。即使这样，在每个时点上追求每项产权的稳定性都是理性选择。

产权束（权利）构成基本清晰，即家庭联产承包责任制实行后，农地产权束由狭义所有权、承包经营权、使用权、收益权、处置权、转让权（流转交易权）和剩余控制权七项产权[1]（或权利）构成。二是农地集体所有制基本清晰，即狭义所有权的归属（所有者）是清晰的（归生产队）。当产权束清晰后，理论逻辑上，产权制度的努力方向就是让每一项产权都尽可能稳定或者不断强化其稳定性，即努力让这些产权的相关规则是稳定[2]的，以使人们据此可以产生稳定预期。产权稳定性主要包括三层含义：第一，关于产权的定义、分割、占有、利用等界定规则是稳定的；第二，这些规则的有效期尽可能长，即规则是长期有效的；第三，这些规则是可执行的或者执行程度高，要么是可自我实施的，要么被第三方（往往是国家/政府）执行的保障程度高，即这些规则是能被国家法律（或力量）强制执行的。

现实中，理论界和政策制定者高度一致地认为农地产权制度的稳定性是极其重要的，而且就如何强化产权稳定性进行了深入讨论，总体而言主要围绕如下问题进行讨论：如何进一步稳定农户与集体的土地承包关系（即）是否稳定，土地承包期限长短，是否允许土地调整和土地确权登记颁证的意义等。这些讨论的理论成果最终都将丰富和完善农地产权制度理论。需要强调的是，随着农地集体所有制的确立，狭义所有权与承包经营权的分离得以实现，农地产权

---

[1] 在某个时点总是无法列出所有产权：一是没必要，因为在这个时点上社会经济发展对某项产权的需求不足；二是不可能，在任一个时点上，世界总是不确定的、行为主体总是有限理性的，产权分割和界定面临巨大的交易成本，不但无法列出全部产权（权利），而且对列出的某项产权也无法施加完全的规则约束，但是，无论如何，都有必要把某个时点上产权制度无法界定清楚的那些"剩余"权利加以某种规定，即"剩余控制权"的配置问题。因此，我们认为，不必纠结于列出权利的项数，而是要把握一个原则，即不管列出几项权利，都必须让剩余控制权罗列其中。

[2] 需要指出的是，产权稳定性是一个相对概念，更多的时候是在某个期限内是稳定的，因此是可预期的，这个期限的长短依情况而定。但无论如何，不管变化快还是变化慢的产权其稳定性总是很必要的。

制度的研究重心就转移到了除狭义所有权外的承包经营权等产权的相关问题上。由于农地集体所有制必须长期坚持，即狭义所有权具有非常高的稳定性[①]，因而，农地产权稳定性更多是承包经营权等产权的稳定性，很多努力也是围绕它们而开展的。

## 一 延长承包期限

如"如果交易费用为零，永久租约就没有必要了[②]"预示的道理一样，如果中国农地资源是在一个不为交易成本和风险所困扰的世界中加以配置的话，承包农户可以在任何一个时点上无成本获得（任何承包期限）承包土地的权利，在地上的投资（特别是专用性投资）及所创造的收入（产出可以核实的话）也可以得到无成本的保障和转让，承包期限的长短也无关紧要了，否则，必须通过延长期限来提升承包土地的产权稳定性，进而稳定农户利用土地的预期，刺激高效使用土地行为。

而现实中，农户获得承包土地、利用承包土地、转让或流转交易土地等都需要花费巨大成本，因此，农地承包关系的稳定性就变得至关重要，最直接的方法就是延长承包合同的期限，"也就是把承包期不断延长，一直延长到农民与土地的关系稳定"[③]。理论界等各

---

[①] 实际上，狭义所有权的稳定性主要体现为坚持农村土地集体所有，且在这个条件下稳定农村承包关系。中央政府出台了很多政策文件重申并强化这一规定：1997年中共中央办公厅、国务院办公厅印发《关于进一步稳定和完善农村土地承包关系的通知》明确指出，"集体土地实行家庭联产承包制度，是一项长期不变的政策"。2008年，党的十七届三中全会强调，"以家庭承包经营为基础、统分结合的双层经营体制，是适应社会主义市场经济体制、符合农业生产特点的农村基本经营制度，是党的农村政策的基石，必须毫不动摇地坚持。赋予农民更加充分而有保障的土地承包经营权，现有土地承包关系要保持稳定并长久不变"。2017年党的十九大报告指出："保持土地承包关系稳定并长久不变。"

[②] Cheung, 1969, "Transaction Costs, Risk Aversion, and the Choice of Contractual Arrangements", *Journal of Law and Economics*, 12 (1): 23-42.

[③] 刘守英：《土地制度与中国发展》，中国人民大学出版社2018年版，第98页。

种讨论最终都集中体现为承包期由15年延长到30年，且承包到期再延长30年。1984年中央一号文件明确要求，"土地承包期一般延长到十五年以上，以鼓励农民增加投资，培养地力，实行集约经营；生产周期长的和开发性的项目，如果树、林木、荒山、荒地等，承包期应当更长一些"。1997年8月27日，中共中央国务院印发《关于进一步稳定和完善农村土地承包关系的通知》要求"各级党委和政府要充分认识稳定土地承包关系的重大意义，在第一轮土地承包到期后，土地承包期再延长30年"。2002年颁布的《农村土地承包法》规定"耕地的承包期为三十年"。2017年党的十九大报告指出，"保持土地承包关系稳定并长久不变，第二轮土地承包到期后再延长三十年"。

## 二 禁止土地调整

土地集体所有制的一个最重要的制度安排是集体经济组织成员人人有份，即增加的人应该分一份，减少的人就应该拿出来。所以，从理论上来讲，这套以成员权为基础的制度安排的结果是要随时根据集体成员人数的变化来对土地进行调整（行政调整）。对此，学界对这种土地调整的必要性和调整范围的大小有所研究。一些研究认为在人均资源禀赋少、人地矛盾尖锐的地方，不断按人口变动来平均地权是农民的一种自发要求[①]；一些学者认为要按照市场化的土地制度目标的要求，割断人对地的依赖关系，改变平均承包方式，普遍实行竞争承包；取消机动地，禁止"小调整"[②]。总体而言，禁止土地调整，增强农地产权稳定性以提高土地配置效率成为主流观点。这种观点得到经济现实发展的支撑。一是全国人口自然增长率持续下降（例如，由2000年的7.58‰持续下降到2008年的5.08‰）和

---

① 林卿：《农村土地承包期再延长三十年政策的实证分析与理论思考》，《中国农村经济》1999年第3期。

② 郑梦熊：《关于进一步稳定和完善农村土地承包关系问题的思考》，《中国农村经济》1999年第7期。

农业人口比重显著下降（2001 年农业人口占总人口比重为 73.32%，2008 年下降到 48.60%）导致必须进行调整的人口压力大大缩小；二是土地流转市场的不断发展对行政性调整形成替代之势[①]；三是村级民主进程的加快导致调整不再那么随意，难度增大。而且，很多研究根据调研数据证实土地调整确实有明显下降趋势。[②]

中央政策层面，一直都强调要稳定农地产权，主要体现为要求坚持"大稳定、小调整"原则，而且明确提出"禁止调整"。1984 年中央一号文件指出，"在延长承包期以前，群众有调整土地要求的，可以本着'大稳定，小调整'的原则，经过充分商量，由集体统一调整"。1997 年 8 月 27 日，中共中央国务院印发《关于进一步稳定和完善农村土地承包关系的通知》要求，"开展延长土地承包期工作，要使绝大多数农户原有的承包土地继续保持稳定。不能将原来的承包地打乱重新发包，更不能随意打破原生产队土地所有权的界限，在全村范围内平均承包。承包土地'大稳定、小调整'的前提是稳定。'大稳定、小调整'是指在坚持上述原则的前提下，根据实际需要，在个别农户之间小范围适当调整。但需要坚持一些原则"。2002 年颁布的《农村土地承包法》规定，"承包期内，发包方不得调整承包地。承包期内，因自然灾害严重毁损承包地等特殊情形对个别农户之间承包的耕地和草地需要适当调整的，必须经本集体经济组织成员的村民会议三分之二以上成员或者三分之二以上村民代表的同意，并报乡（镇）

---

① 姚洋和 Carter 曾专门研究了中国的土地调整和土地流转市场这两种分配土地方式，并提到两者分别是彼此的潜在替代品（Yao, Y., M. R. Carter, 1999, "Market versus Administrative Reallocation of Agricultural Land in a Period of Rapid Industrialization", World Bank Policy Research Working Papers）。Deininger 和 Jin（2005）发现尽管中国的土地流转市场和行政性调整都能将土地转移到原本土地资源少的农户，但前者更有效（Deininger, K. and S. Jin, 2005, "The Potential of Land Rental Markets in the Process of Economic Development: Evidence from China", *Journal of Development Economics*, 78（1）: 0 – 270。

② 陶然等：《二轮承包后的中国农村土地行政性调整——典型事实、农民反应与政策含义》，《中国农村经济》2009 年第 10 期。

人民政府和县级人民政府农业农村、林业和草原等主管部门批准。承包合同中约定不得调整的,按照其约定"。

### 三 推进确权登记颁证

"产权的强度由实施它的可能性与成本来衡量,这些又依赖于政府、非正规的社会行动以及通行的伦理和道德规范。"① 农地产权如果得不到政府的保护,该产权将不能产生激励作用。政府保护主要体现为法院依据相关法律对相关合约进行强制执行。因此,农户对土地拥有的每一项权利必须有一个法律层面的依据,例如产权证(或者权属法律证明),以便据此获得法律保护。

现实层面,随着城镇化发展、农地流转的发生和农村集体经济组织成员人数和结构的大幅变动,农村人地分离和错位问题日益明显,使得"长期以来,一些地方存在承包地块面积不准、四至不清、空间位置不明、登记簿不健全等问题,导致农民土地权益依法保障程度低"②。为了真正让农民吃上"定心丸",让农民的土地权属确实有法可依,中央政府通过一系列的"确实权、颁铁证"措施来强化农民土地权益依法保障。2004 年农业部颁布《中华人民共和国农村土地承包经营权证管理办法》强调,农村土地承包经营权证是农村土地承包合同生效后,国家依法确认承包方享有土地承包经营权的法律凭证。实行家庭承包经营的承包方,由县级以上地方人民政府颁发农村土地承包经营权证。实行其他方式承包经营的承包方,经依法登记,由县级以上地方人民政府颁发农村土地承包经营权证。2007 年的《中华人民共和国物权法》规定:"土地承包经营权自土地承包经营权合同生效时设立。县级以上地方人民政府应当向土地

---

① [美]阿曼·阿尔钦:《产权:一个经典注释》,载[美]罗讷德·H. 科斯等《财产权利与制度变迁:产权学派与新制度学派译文集》,刘守英等译,格致出版社 2014 年版,第 121 页。

② 韩长赋:《中国农村土地制度改革》,《农业经济问题》2019 年第 1 期。

承包经营权人发放土地承包经营权证、林权证、草原使用权证，并登记造册，确认土地承包经营权。"2008 年中央一号文件要求要"确保农村土地承包经营权证到户"。更具体地，2011 年国土资源部、财政部和农业部联合印发《关于加快推进农村集体土地确权登记发证工作的通知》强调，"《土地管理法》实施以来，各地按照国家法律法规和政策积极开展土地登记工作，取得了显著的成绩，对推进土地市场建设，维护土地权利人合法权益，促进经济社会发展发挥了重要作用。但是，受当时条件的限制，农村集体土地确权登记发证工作总体滞后，有的地区登记发证率还很低。已颁证的农村集体土地所有权大部分只确权登记到行政村农民集体一级，没有确认到每一个具有所有权的农民集体，这与中央的要求和农村经济社会发展的现实需求不相适应。力争到 2012 年底把全国范围内的农村集体土地所有权证确认到每个具有所有权的集体经济组织，做到农村集体土地确权登记发证全覆盖"。这标志着农村集体土地确权登记颁证工作全面推开。随后，2012 年中央一号文件要求"加快推进农村地籍调查，2012 年基本完成覆盖农村集体各类土地的所有权确权登记颁证"。经过长期的努力，"截至 2018 年 6 月底，31 个省（区、市）均开展了承包地确权工作，确权面积 13.9 亿亩，超过二轮家庭承包地（账面）面积；17 个省份已向党中央、国务院提交基本完成报告，其余省份也已进入确权收尾阶段"[①]。

## 第五节 实行三权分置

### 一 农地"三权分置"是农地产权制度顺应社会实践发展的理论创新

家庭联产承包责任制的本质是把农地产权中的狭义所有权界定

---

① 韩长赋：《中国农村土地制度改革》，《农业经济问题》2019 年第 1 期。

并分配给村集体——从而搁置所有制争论和纠结,同时将农地产权中的经营使用权(概念上统称为承包经营权)分割出来,分配给承包农户,使得他们拥有了土地产出的(相当大部分)剩余索取权,进而激励了其努力投入,刺激了生产。家庭联产承包责任制的成功正是按照"将收益和成本集中到所有者身上能够创造更有效使用资源的动力[1]"的所有权配置最优原则[2]要求,把土地产出剩余索取权分配给了最能决定土地产出大小的承包户。这一产权制度的成功也可以理解成顺应当时广大农户(承包户)对土地经营权的强大需求——通过经营土地来解决温饱问题,适时地将承包经营权从土地整体产权中隔离出来并加以配置。

产权制度结构总会随着技术发展和权利需求变化而发生变迁。随着经济发展,社会对土地耕作权(经营权或使用权)的需求主体发生了分离,此时,产权制度必须考虑如何把耕作权从原先的承包经营权中隔离出来并如何进行分配的问题。一方面,农业劳动力(主要为承包农户)内部发生分离。经济发展带来非农就业机会的增多使得农业劳动者的机会成本因自身知识水平不同而呈现明显的异质性,能够外出务工的人对土地耕作权的需求明显下降,他们有着强烈的撂荒激励。另一方面,经济发展带来用于农业生产的技术增多和土地经营存在规模效应使得没有外出打工的人,以及从来没有获得承包土地但拥有较高知识水平或者对经营农业有良好预期的人(往往是某村集体经济组织之外的人)对土地耕作权的需求明显增加。如果世界是没有交易成本的,耕作权需求大的农户能马上从不愿意耕作土地的农户手中转入土地,市场立即出清,进而实现规模

---

[1] Demsetz, H., 1974, "Toward a Theory of Property Rights", *The American Economic Review*, 57 (2): 347-359.

[2] 巴泽尔把这一原理描述为决定所有权(某一财产或其某一属性的所有权)最优配置的总原则:"对资产平均收入影响倾向更大的一方,得到剩余的份额(即产权份额)也应该更大的。"([以]巴泽尔:《产权的经济分析》,费方域等译,格致出版社2017年版,第9页。)

经营，形成双赢局面。而现实世界充满各种交易成本，此时的农地产权制度必须重新考虑原先制度框架下的"承包经营权"到底具有哪些内涵？比如，承包户是否具有完整的"不耕作"或者撂荒权利？撂荒所产生的"外部性"[①]如何解决？在这些内涵界定清楚的基础上，如何进一步地将土地耕作权（后来的"经营权"）从承包经营权中隔离出来，并进行恰当分配。是分配给原承包户，还是分配给最能影响土地产出价值大小的经营主体？要不要对这种权利的稳定性进行保障？等等，一系列的问题对农地产权制度的理论创新提出了迫切要求。

在这样的现实背景下，农地"三权分置"制度应运而生，着力对农地狭义所有权、承包权和经营权等权利体系的界定和分配进行理论创新。2013年7月，习近平总书记在湖北省视察时提出"研究农地所有权、承包权、经营权三者之间的关系"。首次在国家层面提出农地所有权、承包权、经营权三者关系的构想。2013年12月，中央农村工作会议正式提出承包权和经营权分置。会议指出，要不断探索农村土地集体所有制的有效实现形式，落实集体所有权、稳定农户承包权、放活土地经营权。随后一系列的中央文件积极推动"三权分置"。以2016年10月，中共中央办公厅、国务院办公厅印发的《关于完善农村土地所有权承包权经营权分置办法的意见》为标志，"三权分置"改革进入全面推进和实践阶段。该意见指出，"三权分置"是农村基本经营制度的自我完善，符合生产关系适应生产力发展的客观规律，有利于明晰土地产权关系，更好地维护农民集体、承包农户、经营主体的权益；有利于促进土地资源合理利用，构建新型农业经营体系，发展多种形式适度规模经营，提高土地产出率、劳动生产率和资源利用率，推动现代农业发展。

---

① 这种外部性主要体现为承包户撂荒的个体最优选择与国家粮食安全目标的冲突。

## 二 农地"三权分置"制度仍处在不断完善发展过程中

当前全国各地正在积极探索"三权分置"的具体实现形式,理论和实践层面都存在很多需要思考的问题,"三权分置"制度仍处于理论创新和实践探索阶段。比如,如何界定集体所有权、农户承包权和农地经营权的边界和内涵?集体所有权是否应该包括"在占有、处分方面的权能",是否应该"发挥其在处理土地撂荒方面的监督作用、在平整和改良土地方面的主导作用、在建设农田水利等基础设施方面的组织作用,在促进土地集中连片和适度规模经营方面的桥梁作用"?[①] 等等。再如,经营权是否从属于承包权?承包户是否对经营权拥有剩余控制权?经营权是否含有再流转的权限?生产补贴是发给经营权所有者还是承包权所有者?等等,一系列问题亟待深入研究。

# 第六节 建立农地流转市场

## 一 建立农地流转市场是农地产权可转让性的内在要求

家庭联产承包责任制以及当前正在进行的"三权分置"改革,都将农地的承包权划归承包户所有,同时也对农地转让权(流转交易权)进行了相应说明。一项财产的产权束中如果不包括转让权,或者某项产权如果不具备可转让性(transferability),那么该资产的利用效率将大打折扣。一方面,如阿尔钦所强调的"人们作为所有者在才干方面是存在差别的"[②],农地耕作权(承包经营权)的初始

---

① 叶兴庆:《农村集体产权权力分割问题研究》,中国金融出版社 2016 年版,第 24 页。

② Alchian, A. A., 1965, "Some Economics of Property Rights", IL Politico, 30(4): 816-829.

所有者（承包农户）之间在农地经营意愿和能力、农业风险应对、知识技能、机会成本、对农业比较效益的认识和预期等方面存在明显差异，这种异质性要求农地耕作权必须是可转让的，以让更专业的经营者能够获得农地耕作权，[①] 进而实现农地产出最大化。在中国，农地转让意指农地流转，即农地耕作权的流转。另一方面，即使假设农地耕作权的初始所有者在经营能力等方面是同质的，那么，在农地经营存在规模经济的前提下，允许农地流转是实现规模经营的必然要求，也是农业现代化的内在要求。

基于这样的理论逻辑，顺应农户自发流转的内在需求，学界和政府一直都非常重视农地流转市场的建设。1984年中央一号文件就"鼓励土地逐步向种田能手集中"。1986年中央一号文件明确规定，"随着农民向非农产业转移，鼓励耕地向种田能手集中，发展适度规模的种植专业户"。1987年中央政治局在《把农村改革引向深入》中要求，"从长远看，过小的经营规模会影响农业进一步提高积累水平和技术水平。目前，在多数地方尚不具备扩大经营规模的条件，应大力组织机耕、灌溉、植保、籽种等共同服务，以实现一定规模效益。在京、津、沪郊区，苏南地区和珠江三角洲，可分别选择一两个县，有计划地兴办具有适度规模的家庭农场或合作农场，也可以组织其他形式的专业承包，以便探索土地集约经营的经验"。2001年12月，中共中央印发的《关于做好农户承包地使用权流转工作的通知》强调，"在稳定家庭承包经营制度的基础上，允许土地使用权合理流转，是农业发展的客观要求，也符合党的一贯政策"，并就如何规范流转做了具体要求。2002年的《中华人民共和国农村土地承包法》明确规定，"通过家庭承包取得的土地承包经营权可以依法采取转包、出租、互换、转让或者其他方式流转"，并专门用一节对流

---

[①] 这实际上如劳动生产率符合比较优势规律一样，所有权也符合比较优势，也相当于所有权的专业化。Alchian, A. A., 1965, "Some Economics of Property Rights", IL Politico, 30 (4): 816-829.

转的原则等进行了明确规定。这标志着流转的权利得到法律的保障。2005年1月，为规范农村土地承包经营权流转行为，维护流转双方当事人合法权益，农业部颁布《农村土地承包经营权流转管理办法》对流转当事人及其权利、流转方式、流转合同和流转管理等做了详细规定，从此，农村土地承包经营权流转进入规范和法律轨道。2014年11月，中共中央办公厅、国务院办公厅印发《关于引导农村土地经营权有序流转发展农业适度规模经营的意见》，要求创新土地流转形式、严格规范土地流转行为、加强土地流转管理和服务、加强土地流转用途管制等，标志着农地流转进入规范有序流转时代。

截至2017年年底，全国全部或部分流转出土地的农户超过7000万户，面积达到5.12亿亩，占家庭承包地总面积的37%。[1] 姚洋通过构建新古典理论模型，分析了农地流转交易权的重要性，认为农地自由流转总能提高资源的配置效率，并能促进劳动力要素的流动和农业生产效率的提升。[2] 也有研究表明通过土地租赁市场发生的土地转移远比通过行政性土地再调整发生的土地转移重要，虽然土地租赁市场和土地再分配都会将土地向资源禀赋较少的农户转移，但土地租赁市场更能促进生产力的提高。[3] 郜亮亮（2018）利用农业部关于河北等7省（区）2015—2016年的调研数据分析表明，中国农地流转市场发展迅速，而且在土地配置方面发挥了较为明显的"公平性"作用；同时，土地流转形式多样，流转范围突破本村集体经济组织的趋势逐渐明显，流转土地的经营主体仍以农户为主，流转土地的非粮化经营问题逐步弱化，流转规范性日益增强。[4]

---

[1] 韩长赋：《中国农村土地制度改革》，《农业经济问题》2019年第1期。
[2] 姚洋：《中国农地制度：一个分析框架》，《中国社会科学》2000年第2期。
[3] 金松青、Klaus Deininger：《中国农村土地租赁市场的发展及其在土地使用公平性和效率性上的含义》，《经济学（季刊）》2004年第3期。
[4] 郜亮亮：《中国农地流转市场的现状及完善建议》，《中州学刊》2018年第2期。

## 二 农地流转合约的研究是农地产权制度研究的深化

随着家庭联产承包责任制的建立以及"三权分置"改革的推进，农地产权制度中的狭义所有权和承包权等重要权利被相继确定，农地产权制度的研究焦点转向承包权与经营权的分离，以及承包户与经营主体之间的流转合同及相关特征上，毕竟我们不能总停留在产权的分割和界定上，应该尽快由产权的世界进入合同的世界。一是对农地流转特征的研究：郭继研究表明[1]："就全国范围而言，农民在农地转包、互换合同形式的选择上，普遍存在'重口头、轻书面'的行为倾向"，十省调查表明，口头形式合同大约占65.92%。实际上，很多作者调查结果表明口头合同所占比例还要更高。黄季焜等[2]基于全国6省2000年和2008年的调研数据研究表明，中国农地流转的存在流转多为口头合同、流转多发生在亲属之间、流转合同期限不固定或较短等特征。Gao等[3]对流转合同兴盛于亲属间的特征进行了解释，并从威廉姆森治理结构角度分析了这种特征对农户在农地上的有机肥投入影响。洪名勇[4]根据2006—2008年贵州4县调查数据发现84.32%的农地租赁采取实物地租。定光平等[5]根据2006年鄂中南地区调查数据发现有27.22%的租金采用了实物支付形式。这

---

[1] 郭继：《农地流转合同形式制度的运行与构建》，《中国农业大学学报》（社会科学版）2009年第4期。

[2] 黄季焜等：《中国的农地制度、农地流转和农地投资》，格致出版社2012年版。

[3] Gao L., Sun D., Ma C., 2019, "The Impact of Farmland Transfers on Agricultural Investment in China: A Perspective of Transaction Cost Economics", *China & World Economy*, 27 (1): 93 – 109.

[4] 洪名勇：《农地习俗元制度及实施机制研究》，经济科学出版社2008年版。

[5] 定光平、张安录：《惠农政策下鄂中南地区农地租赁问题的调查与分析》，《中国地质大学学报》（社会科学版）2008年第2期。

主要是为了避免粮食价格波动等风险。但赵其卓等[①]根据四川省绵竹市调查数据没有发现实物租金，但更多的是用某一种固定的农产品为计算租金的根据，事先约定亩产，租金就是这个约定的亩产乘以当年产品的价格。二是对农地流转市场决定因素研究：Kung[②]通过对中国河北等6省农村调研数据分析发现，在经济发展水平较高的地区，农户有大量的非农就业机会，进而促进了农户土地流转市场的发展。

## 第七节 结论与讨论

本章是对中国农地产权制度理论研究进行梳理，但由于理论与实践是高度辩证统一的，因此过程中也间或对中国农地产权改革实践进行梳理。从1949年新中国成立到2019年，中国70年发展取得巨大成就，创造了让世人惊叹的"中国奇迹"，其中农业发展做出了基础性贡献，而这得益于农地产权制度改革的创新推进和农地产权制度理论研究的不断升华。

中国农地产权制度理论系统回答了70年间，如何构建以及构建一套什么样的产权体系以提升农地这一生产要素的配置效率问题。总体而言，农地产权制度理论研究可以总结为"三大阶段、两条主线、一大目标、一个方向"。（1）"三大阶段"。第一阶段是1949—1978年的农地集体所有集体经营，呈现"共有共营"特征，在此期间，理论界紧紧把握中国走社会主义发展道路和工业化发展目标这一外层强制约束，经过"耕者有其田"的短暂停留，迅速建立了

---

① 赵其卓、唐忠：《农用土地流转现状与农户土地流转合约选择的实证研究——以四川省绵竹市为例》，《中国农村观察》2008年第3期。

② Kung, K. S., 2002, "Off-Farm Labor Markets and the Emergence of Land Rental Market in Rural China", *Journal of Comparative Economics*, 30 (2): 1-414.

"三级所有、队为基础"的农地集体所有制。第二阶段是1978—2016年的家庭联产承包责任制，呈现出"共有己包己营"的特征，通过农地所有权与承包经营权的"两权分离"，极大地刺激了承包农户的生产积极性。过程中农地流转使得承包农户与实际经营户发生分离，但全国总体呈现出自己承包自己经营的特征。第三阶段是2016年至今的"三权分置"时代，呈现出"共有己包他营"的特征，在新的发展背景下，在"两权分离"的基础上进一步将承包经营权分置为"承包权"和"经营权"，为农地承包户与经营户的分离创造条件，为规模经营的农业现代化奠定坚实基础。（2）"两条主线"。始终坚持集体所有这条底线，即明晰农地所有权归集体；在此基础上坚持经营使用权等权利归农户所有的发展主线，充分调动农户生产积极性。（3）"一大目标"。敲定所有权后，以强化产权稳定性为主要目标完善农地产权体系，保持土地承包关系稳定并长久不变、不断延长承包期、禁止土地调整和推进确权登记颁证，农地产权制度稳定农户预期的功能不断加强，为高效利用奠定基础。（4）"一个方向"。在"三权分置"框架下，农地产权制度沿着由产权研究向合约研究转变的方向迈进，为各类经营主体进行农业现代化探索奠定基础。

中国农地产权制度理论的发展既有经验也有教训。（1）农地产权制度研究始终围绕中国国家发展战略目标，以解决实际问题为核心开展工作。以支撑工业化发展为目标建立集体所有制，以恢复和加快发展农业生产为目标建立家庭联产承包责任制，以应对农地初始承包户与经营户不断分离的现实问题创建"三权分置"制度和建立农地流转市场，等等。（2）农地产权制度研究的一个重要创新是突破所有制束缚，从重所有制研究转向重产权研究，从纠结于整体的抽象的所有权设置研究转向各种具体的可分的产权（束）的界定、分割和转让研究。（3）农地产权制度研究始终把如何强化产权稳定性，稳定农户预期，进而提升农户利用土地效率为核心开展工作。（4）农地产权制度研究在早期过多纠结于所有制的争论，受各种因素影响，没有尽快突破集体所有集体经营的制度约束，走了很多弯路。

中国农地产权制度理论的下一步发展，应继续坚持重产权轻所有权的原则向前发展，以高度自信的心态吸收古今和中西的产权制度理论精髓，以解决中国农业农村现实问题为目标，不断创新和完善农地产权制度理论，最终形成具有中国特色、中国气派的农地产权制度理论。

# 第九章

# 农村金融研究

新中国成立 70 年来，中国农村金融研究主要涉及三个方面：一是农村金融的需求特点；二是农村金融供给体系建设；三是农村金融发展与农村经济增长和农民增收之间的关系，以及金融扶贫。研究进程可以分为四个阶段：一是新中国成立至改革开放（1949—1978 年），农村金融研究起步之后又陷入停滞；二是改革开放后至 1993 年金融体制改革之前（1979—1992 年），学术界开始借鉴国外理论和经验，并研究中国农村金融发展历史；三是金融机构商业化改制至农信社改制之前（1993—2002 年），学术界开始全方位研究中国农村金融改革与发展道路，研究活动逐渐活跃起来；四是农信社改制之后至今（2003—2019 年），是中国农村金融研究的繁荣时期，成果丰富，开始构建中国特色的农村金融理论。不同阶段的农村金融研究都围绕当时的国家发展战略，力求回答如何有效解决"三农"发展的金融需求以及农村经济社会的整体发展问题。但是，每一阶段的研究又各有侧重，呈现出鲜明的时代特征。

## 第一节 农村金融研究的起步与停滞

新中国成立初期，百废待兴，农村资金极度匮乏，国家急需金融支持农业生产和农民生活的恢复与发展。在这种背景下，中国建立了以国家银行为主体，农村信用合作社和民间自由借贷为补充的农村金融体系。而在社会主义改造基本完成之后，中国逐步进入计划经济体制，农村开始集体化，民间自由借贷逐渐被抑制，农信社与国家银行逐渐一体化，单一的农村金融体制形成。这一时期的农村金融研究文献很少，且在"文化大革命"时期陷于停滞。

这一时期，农村金融研究的主要内容是在新中国成立后农村经济恢复以及农村经济集体化过程中国家银行、信用合作社和民间自由借贷之间的关系及各自的作用，所使用的理论方法主要是马克思主义哲学与政治经济学，文献形式多是农村金融的工作总结、部署或调研报告，极少理论性研究。但是这些文献是以作者和作者群体长期丰富的理论学习和实践为基础，有对现实的深刻理解，有丰富的理论内涵，对指导实践和以后的理论研究都产生了重要影响。

## 一 新中国成立初期有关农村金融的主导思想和观点

（一）信用合作是小农走向集体化，走上社会主义道路的过渡

如何引导农民走社会主义道路，实现对小农经济的社会主义改造是新中国成立初期党和政府面临的重大问题。当时中国共产党将马克思主义原则与中国革命和建设实践相结合，提出了包括信用合作在内的合作经济发展思想，认为合作经济是小农走向集体化，走上社会主义道路的过渡。1949年3月在中国共产党第七届中央委员会第二次全体会议上，毛泽东主席指出，中国的发展方向是由农业国转变为工业国，由新民主主义社会转变为社会主义社会；但是，中国占国民经济总产值百分之九十的是分散的个体的农业经济和手工业经济，可能且必须引导它们向着现代化和集体化的方向发展的，必须组织生产的、消费的、信用的合作社。[①] 党的七届二中全会报告

---

[①] 毛泽东：《在中国共产党第七届中央委员会第二次全体会议上的报告》，中共中央党校教材《毛泽东著作选编》，中共中央党校出版社2004年版，第358—360页。

对新中国建设的路线方针政策具有纲领性的意义，对新中国成立后农村的信用合作发展也起到了巨大的指导作用。生产、消费与信用合作"三位一体"的合作经济思想近年来又受到中央高度重视，被写进了2017年的中央一号文件。

（二）国家银行要深入农村，通过发展农业农村经济来推动工业发展

新中国成立初期，党和政府制定了工业化发展战略，需要国家银行为此创造条件。时任中国人民银行总行行长的南汉宸认为，需要尽快恢复农业生产，来为工业供给原料和粮食，为工业品开辟市场，为发展工业积累资金，为出口创汇进口发展工业所必需的机器与原材料而提供产品，所以，金融必须支持农业的恢复与发展。[1] 他认为，金融支持农业发展的方式可以有三种，一是国家银行发放农贷，二是支持收购农副产品，三是调剂农村的资金余缺。其中，收购的作用比直接贷款给农民的作用还大，因为只要农民的产品能够卖成钱，他们就不用借钱来解决生产或生活问题了，因此，应该大力支持农产品收购和土特产品收购出口工作，增加农民收入。[2] 此外，土地改革后部分农民有了富余资金，而另一部分农民仍然比较困难，农村资金就有调剂的必要性和可能性了，但农村自由借贷还没有开展起来，调剂资金的工作就必须由国家银行去组织推动，一方面帮助农民提高生产和保障生活，另一方面也借以聚集资金，发放短期周转性贷款，以供给农民生产或生活上一时的资金需要。因此，南汉宸主张把银行机构由县再向下推到区乡集镇一级，在没有设立机构的地方，可先组织流动小组，到农村去流动工作，从流动

---

[1] 南汉宸：《农村金融工作的重要意义和努力方向——南汉宸行长一九五一年五月十日在第一届全国农村金融会议上的报告》，《中国金融》1951年第7期。

[2] 同上。

到固定，使集镇机构建立起来。① 这样，国家银行的农村金融服务体系逐渐建立起来。

1953年中国进入计划经济体制初期，农村工作的主要任务逐渐转向以互助合作为中心的农业增产运动上，在农村金融工作中出现了急躁冒进、脱离实际的倾向。王沛霖认为，制定国家农贷的方针必须同时注意到生产关系的改造和生产力的发展这两个方面，必须从现实和农民的实际生产需要出发。在贷款对象上，主要应向国营农业、农业合作社、生产互助组等先进的农业生产组织放款，同时，要认清个体农民占多数，是农业生产的主要力量的现实，而且他们困难很多，要帮助个体的贫困农民解决生产生活困难，避免使更多的贫困农民重新遭受高利贷剥削，加剧阶级分化，使他们在将来逐步加入互助合作组织②。在贷款用途上，王沛霖强调，尽管新式农机具的贷款今后必然要随着生产合作社的发展而增加，但是，在当时农民主要还是依靠人力畜力、手工工具、人工肥料、人工灌溉等生产手段的情况下，与这些生产方式相关的资金需求是广大农民的主要要求。因此，贷款用途还须以解决当前最大多数农民对一般生产资料的需要为主。这种观点对当时的"左"倾冒进的观点和做法是有理有据的抵制和纠正。

（三）信用社由群众的资金互助组织变为国家银行的基层机构

信用社与国家银行的关系问题曾长期是农村金融研究的焦点。新中国成立初期，对于这一关系的认识基本可以划分为两个阶段：一是新中国成立初期至生产资料私有制的社会主义改造基本完成，信用社是农民自己的独立的资金互助组织；二是生产资料私有制的

---

① 南汉宸：《南行长在第一届全国农村金融会议上的总结报告》，《中国金融》1951年第7期。

② 王沛霖：《加强对政治经济学法则的研究，做好农村金融工作——"苏联社会主义经济问题"学习心得》，《中国金融》1953年第20期。

社会主义改造基本完成之后,信用社变成了国家银行的基层组织。

1951年,南汉宸在第一届全国农村金融会议上讲,"信用合作是群众性的资金互助的合作组织,信用合作社或供销社的信用部是国家银行联系群众的桥梁。国家银行的机构仅设到区一级,不可能一家一家挨门逐户去联系群众,通过信用合作组织,就易于跟广大群众联系起来"[1];信用合作是群众"在自愿两利原则下的合作组织,不是国家银行的机构","它的业务是自己负责的,它的会计是独立的","它虽然不是国家银行机构,我们还要加以领导与扶持,一切信用合作和私人借贷我们都要加以领导,我们是国家银行,对于一切金融组织我们都有责任在方针政策上加以领导,并在业务上干部教育上予以帮助"[2]。南汉宸这里所谓的领导,应该是作为中央银行的监管和指导等功能。1958年,随着人民公社的普遍建立,信用合作成为人民公社的一部分职能,同时,信用社也成为国家银行的基层机构。

(四) 民间自由借贷是必要的,但需要限制

新中国成立之初,百废待兴,国家需要动员一切力量恢复经济,民间私人借贷在一定程度上被认可,并得到了一定的发展空间。土改和减租退押之后农民得到了巨大利益,很多农民"由不足变为有余",这些闲余资金带来大量的储蓄。[3] 在这种情况下,人民银行不仅要求国家银行的机构要下沉到集镇,服务到乡村,要求农民开展信用合作,而且允许发展自由借贷。[4] 正如王沛霖指出的那样,"自由借贷的存在和一定时期的发展,不仅是不可避免的,而且在调剂农村资金、解决部分贫苦农民临时生活生产困难上还有其一定的积

---

[1] 南汉宸:《农村金融工作的重要意义和努力方向——南汉宸行长一九五一年五月十日在第一届全国农村金融会议上的报告》,《中国金融》1951年第7期。

[2] 南汉宸:《南行长在第一届全国农村金融会议上的总结报告》,《中国金融》1951年第7期。

[3] 《大力开展农村金融工作》,《中国金融》1951年第7期。

[4] 同上。

极作用,所以在一定时期内允许自由借贷的存在和发展"①。

但是,过渡时期总路线开始实施后,随着社会主义改造的不断深入,农村自由借贷与国家发展的大方向不一致,受到抑制。王沛霖认为,"自由借贷是建立在个体农民自发发展基础上的,其目的主要是为了追逐利润,是有利于富农经济发展的一种借贷关系,自流发展下去,就会走向高利贷剥削,助长阶级分化并且由于这种借贷资本是极其分散零星的,在互助合作普遍发展后,合作组织扩大生产增加设备所需要的借贷资金日益巨大和集中,自由借贷形式还不能适应这一发展需要。因此,在今后农村借贷关系的发展方向上,应是积极而稳步地发展信用合作,逐步改造自由借贷,并与高利贷去作经济斗争"②。随着农业集体化的不断发展,除了在生活借贷方面还有少量的民间自由借贷,在生产领域私人借贷逐渐销声匿迹。

## 二 国家农贷在促进农业社会主义改造中的作用

从国民经济恢复时期到国民经济开始有计划的建设时期以至社会主义改造取得决定性的胜利时期,中国农村信贷的对象、种类、用途、金额、期限和利率以及资金来源等各方面都要随着各个不同阶段农村经济的发展变化而发生相应的变化。梅远谋认为,"贯穿到各个阶段的农村信贷方针是党在农村中的阶级路线,只有贯彻执行党在农村中的阶级路线,才能使农村信贷成为促进农业社会主义改造的武器"③。

梅远谋的调研报告认为,农业合作化大发展引起了农村经济关系的根本变化,这一变化给农村信贷工作带来了许多新的要求。一是集体经济的生产规模大和资金需要多,这就要求国家银行大力动

---

① 王沛霖:《加强对政治经济学法则的研究,做好农村金融工作——"苏联社会主义经济问题"学习心得》,《中国金融》1953年第20期。
② 同上。
③ 梅远谋:《农村金融工作与农业合作化——四川省温江县公平乡农村金融调查研究》,《财经科学》1957年第1期。

员农村闲散资金和扩大农贷资金来源；二是社会主义性质的大农经济生产经营必须实行计划管理，要求国家银行有计划地供应信贷资金，保证农业生产计划的实现；三是农业社农副产品的出售和农业生产资料的购买以及劳务的供应都是与国营贸易和供销部门直接发生交易往来，因而货币支付周转就有必要按照社会主义原则来组织农村货币流通与非现金结算；四是农民加入农业社后，他们的经济生活也就受有计划、有组织的集体经济生产和分配的影响和制约，因而社员家庭副业和生活上所必需的资金，在一定时期，仍须国家以信贷方式帮助解决。[1] 为此，他提出农贷应坚持生产的计划性、按期偿还性和物质保证性三项原则。[2]

## 第二节　农村金融理论借鉴与经验总结

自 1979 年起，在改革开放的大潮中，中国农村金融研究逐步恢复，学习国际农村金融理论与经验以及研究中国农村金融发展史，总结历史经验和教训成为热点。此阶段影响较大的文献是译介国外农村金融理论，研究中国古代、近现代和当代农村金融发展史的著作与总结中国农村金融理论和实践经验的教材。

### 一　对国外理论与实践的研究

1988 年，汤世生等翻译出版了《发展中经济的农村金融》。这本文集是由世界银行组织的 50 位经济学家通过调查而撰写的论文，是当时国际上有关农村金融问题最全面的文集，也是世界银行对发展中国家和地区金融人员进行培训的教材，内容包括对发展中国家

---

[1] 梅远谋：《农村金融工作与农业合作化——四川省温江县公平乡农村金融调查研究》，《财经科学》1957 年第 1 期。

[2] 同上。

和地区农村金融的理论研究和实践经验教训的总结，以及一些发达国家在经济起飞时期经济与农村金融互相促进的过程分析，例如，金融在经济发展中的作用、金融市场运行、各类农村金融机构的差异、国家的农村金融政策等。① 另一本重要的译著是《农村金融研究》论文集，内容涉及一些发达国家和发展中国家当时农村金融研究的各个领域，如金融与经济发展理论、低收入国家利用信贷计划促进农业发展、发展中国家动员农村储蓄的政策等。② 这两本译著的内容都是改革开放之初中国农村金融理论、政策和实务各界渴望了解的，为中国农村金融研究者打开了一扇了解其他发展中经济体农村金融理论和实践经验的窗口。

## 二　回顾和总结中国的历史经验

这一时期对中国农村金融史的研究主要涵盖古代、民国时期、新中国成立以来以及改革开放以来的农村金融发展历史。其中，比较有影响的文献是1991年詹玉荣编著的《中国农村金融史》。该书从农业经济史、农村金融史双重角度出发，本着"厚今薄古"的精神，在对古代农村金融的发展做了概括论述之后，着重对近代中国农村金融的发展、性质、作用等诸方面作了较为深入系统的分析和论述，对中国农村金融历史进行了初步较为全面的研究。③ 该书是新中国成立以来第一本为农业院校编写的中国农村金融历史教材，在中国农村金融史研究和农村金融学科建设上都具有一定的开创性意义。

第二本比较有影响的历史研究文献是1996年徐唐龄编著的《中国农村金融史略》。该书收集了自先秦至改革开放之后有关经济与金

---

① ［美］J. D. 冯匹斯克等：《发展中经济的农村金融》，汤世生等译，中国金融出版社1990年版。

② ［美］德尔·W. 亚当斯等：《农村金融研究》，张尔核等译校，中国农业科技出版社1988年版。

③ 詹玉荣：《中国农村金融史》，北京农业大学出版社1991年版，第1—3页。

融的大量史料，分为古代、近代和现代农村金融史三篇。该项研究成果表明，中国古代的金融史就是中国的货币金融史和农村金融史，涉及平准均输、漕运仓储、招垦移民、赈济赊贷、粟帛货币、储粮平籴、钱庄票号等。该书既对几千年来农村经济与农村金融做了简要概括，又深入研究了近代和新中国成立以来的实践，具有重要的史料价值。[1]

1990年，吴强主编出版了《中国：农村金融改革和发展》，对改革开放后十年间农村金融的改革和发展进行了回顾和总结。吴强等以社会主义公有制基础上有计划的商品经济理论为立论基础，对新中国成立后40年和改革10年中国农村金融发展的经验和教训进行了系统分析，内容涉及农村经济货币化和货币流通、农业银行和农信社的改革与发展、农村金融市场的开拓与发展、农村金融体制改革、农村产业结构调整中的农村金融制度、农贷利率、农村金融宏观调控、农村资金总供求等方面。这些研究正处于中国从计划经济体制向市场经济体制的过渡阶段，其思想方法和观点不免有计划经济的深深烙印，但同时呈现出市场经济思想的倾向。例如，吴强认为，农村经济改革与发展至少为农村金融市场准备了三个条件：一是农村经济主体具有独立而明确的财产权利，较少受到计划指令和行政强制的影响，所以，农村金融市场的发展比城市有更理想的市场主体存在；二是随着农村多样化的经济主体的诞生和多元经济结构的形成，农户、个体户和私人企业中滞存了大量货币在银行体系外循环，成为农村金融市场发展的物质基础；三是随着农村收入增长，农民的生产经营和生活消费同货币的联系日益紧密，农村的货币信用关系有了很大发展。[2] 同时，他们认为，中国最大限度地、长期地、人为地将农村信贷实际利率定在负利率水平上，将利率杠

---

[1] 徐唐龄：《中国农村金融史略》，中国金融出版社1996年版，第331页。

[2] 吴强主编：《中国：农村金融改革与发展》，中国财政经济出版社1990年版，第177—178页。

杆运用到了极限，与货币的票面价值同购买力的背离、货币比价的本币高估捆在一起，形成了发展中国家普遍存在的货币相对价格扭曲，使资金配给制和资金黑市交易并存，支撑了中国经济中长达几十年的统购统销，并给信贷管理人员的腐败提供了可能。[①] 这些反思对中国农村金融体制的市场化改革颇具启发意义。

### 三 农村金融理论的初步总结与学科建设

1988年王世英主编出版了《农村金融学》，这是这一时期最有影响的农村金融教材。它有三个突破：一是突破了以往农村金融就是农村信贷的范围；二是突破了农村金融就是一般货币信用学在农村运用的界限；三是突破了过去单纯地揭示现行政策，只见实务，不见理论的思维方法。该书从农村资金运动出发，围绕农村经济与农村金融的机制关系，分别阐述了农村融资形式、渠道、利息和利率、信贷与货币的调节机制、农村金融企业的经营管理、经济效益等各内容，把农村经济和农村金融融为一体，摆脱了就金融论金融的局限，既体现了农村金融的特点和规律，又体现了农村经济运行和农村金融活动的统一性。[②] 该书在农村金融学科建设方面具有一定的开创性意义。

## 第三节 探寻中国农村金融发展模式

1993年中国开始转入社会主义市场经济体制，金融机构也开始商业化转制。1993年底国务院发布的《关于金融体制改革的决定》提出，中国金融体制改革的目标是建立政策性金融与商业性金融分

---

[①] 吴强主编：《中国：农村金融改革与发展》，中国财政经济出版社1990年版，第177—178页。

[②] 王世英：《农村金融学》，中国金融出版社1988年版，第2页。

离,以国有商业银行为主体、多种金融机构并存的金融组织体系。在这一方针指导下,1996年国务院发布的《关于农村金融体制改革的决定》提出了新一轮农村金融体制改革方案,即要建立和完善以合作金融为基础,商业性金融、政策性金融分工协作的农村金融体系,强调恢复农信社的合作性质,进一步增强政策性金融的服务功能,充分发挥国有商业银行的主导作用。根据这一系列政策方针,农行开始了商业化转制,农信社也从农行独立出来并启动商业化进程,中国农业发展银行和中国邮政储蓄银行先后成立,商业性、政策性与合作性金融机构分工协作的农村金融体系逐步形成。同时,农村合作基金会被取缔导致农信社在农村金融市场上居于垄断地位。

这一时期的农村金融研究逐渐繁荣起来,研究重点是金融机构商业化转制及其对农村金融市场和农业农村经济带来的影响、金融抑制与金融深化、农村金融体系建设以及信贷扶贫等问题。采用较多的理论是金融发展理论,研究方法除了定性研究方法之外,定量研究方法也逐渐增多。

## 一 金融机构商业化改革与农村资金外流

农村金融机构的商业化转制导致其营业网点和业务大量撤离农村,农村资金外流是这一时期学术界的一个研究重点。张杰认为,新中国成立以来中国正规金融机构一直是农村资金外流的管道,不仅在重工业优先发展战略下农村资源大量外流,即使在改革开放后农村经济快速发展的时期,农村资金也源源不断外流,农民是以净存款人的身份为其他经济部门贡献金融剩余。[①] 何广文发现,1996—1998年上半年农户从正规金融机构得到的贷款仅占其存款的13.99%。[②] 1999

---

[①] 张杰:《中国的货币化进程、金融控制及改革困境》,《经济研究》1997年第8期。

[②] 何广文:《中国农村金融供求特征及均衡供求的路径选择》,《中国农村经济》2001年第10期。

年张元红通过对湖北一个村庄的调查发现,从农户储蓄存款和贷款的金额看,1997年年底平均每家农户得到的贷款额只相当于1996年和1997年两年每户平均储蓄存款额的1/40;如果将农户作为一个整体来看,他们是正规金融部门的净存款人,但是从个体的角度来看,绝大多数农户已成为彻底的纯存款人。①

## 二 金融抑制与深化

在农村金融抑制与金融深化方面,张元红与何广文较早开展了深入研究。他们通过分析农村金融的供需特点与状况,剖析了农村金融抑制的制度性原因,并提出金融深化的思路。金融抑制主要表现在农户金融需求的满足状况上。张元红1999年的村庄调查发现,农户的金融需求具有以下几个基本特点:一是多样性,农户既是生产实体也是家庭消费单元,生产活动和消费的多样性决定了资金需求的多样性;二是总体上生活性信贷需求往往大于生产性信贷需求;三是规模小,这是由农民自身的经济规模所决定的;四是没有或缺少信贷抵押物,因为在土地集体所有的情况下农民没有合适的资产用于贷款抵押;五是信贷需求有时会因农忙季节和生活必需等影响而十分紧迫;六是由于农民受知识和理解力限制,难以应付复杂的贷款手续。②

但是,农户的贷款需求难以从正规金融渠道得到满足。张元红发现该村农户借贷绝大多数是通过民间个人借贷,1997年农户户均从私人渠道的借款额至少是金融机构渠道(包括合作基金会和信用社在内)的14.5倍。③ 何广文的研究得出同样的结论,总体上农户

---

① 张元红:《农民的金融需求与农村的金融深化》,《中国农村观察》1999年第1期。

② 同上。

③ 同上。

借款来源中民间金融的金额占比长期一直超过正规金融。①

然而，农户实际上没有获得贷款并不意味着农户没有贷款需求，他们的贷款需求无处得到满足而被压抑，因而无法成为现实的行为，制度性和政策性的因素是造成农民被正规市场排斥的重要原因。② 而中国农村金融抑制的主要原因在于严格的农村金融市场准入管制，即政府在扶持农业的意识下，实行信贷配给和信贷补贴制度，并限制农村金融机构的多样化，不允许农村民间金融机构的发展；这些措施均是政府从金融供给角度对农村金融市场所做出的制度性安排，仅仅从满足制度供给者和制度生产者本身的需求出发，不能适应金融需求者的金融需求。③

何广文认为，要推进农村金融深化，需要从完善农村金融服务的组织体系和利率市场化两个方面努力，其中完善农村金融服务的组织体系是关键。有必要适当放宽对农村金融业和农村金融市场的限制，放松农村金融市场准入标准，在可能的范围内允许和扶持其他形式的金融组织的发展，以利于形成竞争性的农村金融市场，改善农村金融服务，使农村金融体制改革的目标模式在竞争中自然而然地形成。④

## 三 农信社体制改革

在商业银行撤出农村市场，农村合作基金会被关闭之后，信用社在农村金融市场上成为独家垄断者，但其整体不良贷款居高不下。

---

① 何广文：《从农村居民资金借贷行为看农村金融抑制与金融深化》，《中国农村经济》1999 年第 10 期。

② 张元红：《农民的金融需求与农村的金融深化》，《中国农村观察》1999 年第 1 期。

③ 何广文：《中国农村金融供求特征及均衡供求的路径选择》，《中国农村经济》2001 年第 10 期。

④ 何广文：《从农村居民资金借贷行为看农村金融抑制与金融深化》，《中国农村经济》1999 年第 10 期。

因此，对农信社进一步改革的呼声不断高涨。

这一时期，谢平发表了《中国农村信用合作社体制改革的争论》一文，在学术界产生了长期而广泛的影响，成为至今中国被引用率最高的农村金融研究文献。谢平认为，合作金融的基本经济特征有四个：自愿性、互助共济性、民主管理性和非营利性，但是，农信社是"行政力量强制捏合"的，没有自愿性和互助共济性；社员的所有权与基本权利没有法律保障，财务不透明，监督成本过高，被行政力量控制，做不到民主管理；而且绝大多数农信社都在从事商业银行业务，追求营利；因此，"中国近50年来就不存在合作制生存的条件，在当前制度背景下，现有农村信用社体制确实不具备向真正合作制过渡的可能性"，"农村信用合作社从诞生之日起就从来没有真正实行过合作制"，"我国正规的合作金融从来就没有真正存在过"，因为"一系列制度安排导致了现存合作金融并没有减少交易成本，也没有真正符合合作制原则"[1]。

杜晓山也意识到农信社的上述问题，但他认为，这并不等于说中国农村不需要合作制信用社，或国际规范的信用社在中国农村无法生存；合作金融的生存和发展空间在于弱势群体可以通过团体合作、资金联合的方式实现互助，解决单个社员不易解决的经济问题；农信社体制改革不应一刀切，而应该根据不同情况，因地制宜，经济发展水平较高地区的农信社实力较强，可以转变为股份制的农村商业银行；经济发展水平一般地区的农信社，如果实力较强，可按照自愿选择的原则，重组为商业银行，而如愿意转为互助性信用社，也是可行的，但更多的可以改组成股份合作制的信用社；贫困地区信用社的业务主要应是支持农民的生产经营活动和脱贫缓贫工作，带有政策性，可以转变成股份合作制信用社或互助式信用社，或转

---

[1] 谢平：《中国农村信用合作社体制改革的争论》，《金融研究》2001年第1期。

制成农业发展银行的基层网点机构。①

吴晓灵也有不同的观点。她认为，只要有家庭经济、个体经济，就有合作经济以及合作金融生存的基础；合作经济及合作金融是市场经济进一步发展的需要，也是社会主义经济的重要补充，因为合作制的不以营利为目的、着重于为社员服务、一人一票的民主管理、公共积累不可分割等基本原则与社会主义宗旨有共同之处；尽管合作经济及合作金融是弱小经济的联合，为个体经济、弱小经济服务，但这决不意味着弱小和落后，它通过层层合作，变小资本为大资本、变小生产为大生产，形成大规模经济，参与到社会大生产中去，并可以吸收大生产的先进生产方式，具有很强的生命力。②

## 四　信贷扶贫

尽管新中国成立初期就有扶贫性质的贷款，但是大规模制度性的信贷扶贫始于 20 世纪 80 年代，并成为开发式扶贫和脱贫攻坚的重要工具。信贷扶贫遂成为一个研究热点。杜晓山认为，在金融机构企业化的改革趋势下，现有的农村金融组织追求利润最大化，不能承担起完全的扶贫职责，而农村合作基金会在贫困地区基本上还是"空白"；有些比较贫困地区的"农村互助储金会"具有互助救灾、扶贫性质，但不少储金会也转向以追求营利为主要目标。此外，所有这些金融组织或资金合作组织都面临着贷款回收率不高的难题，强化了它们"贷富不贷穷"的倾向。③ 为此，杜晓山主张应将扶贫资金的使用由过去的"无偿"转变为"有偿"，将扶贫信贷的"输

---

① 杜晓山：《农村金融体系框架、农村信用社改革和小额信贷》，《中国农村经济》2002 年第 8 期。

② 吴晓灵：《有关合作金融发展的认识与政策支持问题》，《金融研究》1997 年第 2 期。

③ 杜晓山：《试论建立以扶贫为宗旨的乡村金融组织》，《农村经济与社会》1993 年第 2 期。

血"功能变为"造血"机能。① 他比较系统地分析了孟加拉国的格莱珉银行（Grameen Bank）小额信贷的基本原理、方法、特点、效果和影响，建议中国借鉴格莱珉银行的经验，可以建立以扶贫为宗旨的乡村金融组织（他称之为"扶贫银行"），为贫困地区农户提供急需的小额、及时、便利的短期贷款，不仅可能解决"扶富不扶贫"和金融机构贷款难的问题，对解决贫困农户生存和温饱具有重大意义，而且有利于提高贷款回收率。②

吴国宝通过实证研究发现，政府的扶贫贴息贷款扭曲了农村金融资源的配置，阻碍农村金融市场的发育，不利于贫困的持续缓解和贫困地区正常金融秩序的建立，而且，因贴息贷款不可能长期存在，所有的贴息贷款政策都不可能成为解决穷人资金短缺的可持续的经济方式；因此，他认为，"小额信贷是对传统的非正规信贷方式改造和发展的结果，通过金融制度、金融工具和穷人组织制度三个方面的创新，探索出了一条在市场经济体制下为穷人提供有效的信贷服务并同时实现信贷机构自身的可持续发展的新路子，从而使一直困扰正规金融机构对穷人贷款所面临的高风险、高交易费用、高管理费用问题得到解决，找到了一套至少在部分发展中国家可行的解决办法"③。

## 第四节　构建中国农村金融理论与制度

2003年国务院颁布了《深化农村信用社改革试点方案》，决定进行农信社改革试点，涉及农信社产权制度和管理体制等根本性问

---

① 杜晓山：《试论建立以扶贫为宗旨的乡村金融组织》，《农村经济与社会》1993年第2期。
② 同上。
③ 吴国宝：《农村小额信贷扶贫试验及其启示》，《改革》1998年第4期。

题，产生了一批县级统一法人的农信社联社、农村合作银行以及农村商业银行，并将农信社的管理由中央交给省级地方政府，绝大部分省（区、市）相继成立了省级农信社联合社（以下简称"省联社"）。2005 年中国人民银行开始小额贷款公司试点。2006 年年底至 2007 年年初原银监会制定新政，允许在农村地区新设村镇银行、贷款公司和农村资金互助社三种新型农村金融机构。2008 年原银监会和中国人民银行共同发布的《关于小额贷款公司试点的指导意见》，扩大了小额贷款公司试点范围。可以说，自 2003 年之后，中国农村金融市场发生了巨大变化，农村金融研究也呈现出前所未有的活跃局面，研究领域广泛，开始探索建立中国的农村金融理论体系，并对农村金融政策体系、组织体系、农村金融发展与农村经济增长和农民增收的关系等多方面进行了深入研究，理论和研究方法也呈现出多样化的特点。

## 一 农村金融需求的有效性及其影响因素

这一阶段，农村金融的需求特点仍是农村金融研究的核心问题。曾康霖认为，小农没有有效的金融需求，农民的消费性信贷需求不是有效需求，甚至不是金融需求；只有那些富裕起来的村庄的农民才有产生金融需求的条件；测量农民金融需求大小的条件不仅要看农民要不要借钱，而且要看农民会不会花钱；从一个家庭来说，金融意识高不高，主要看其对利息的敏感度；如果利息变动对家庭流动性资产的作用大，则金融意识强，反之则弱；集中在生活方面的借钱具有偶然性而非必然性，且有时期间隔性和暂时性，而非经常性和连续性，严格说来是非金融活动。[①] 有学者甚至认为，"过高的非生产性投资说明中国的农村经济至今仍处于幼稚阶段，而这种不成熟的经济环境

---

[①] 曾康霖：《推进农村金融改革中值得思考的几个问题》，《财经科学》2006 年第 12 期。

中提出的金融需求也就难免具有幼稚和不成熟的性质"[①]。这些观点是典型的从金融机构视角出发,只勉强认可农村生产性的贷款需求,而不承认生活性金融需求;重视规模化农业经营的贷款需求,忽视小农户需求。这种"以生产利润最大化角度分析农户必然有着局限性,需要建立一个新的思路来更准确的分析农户融资行为"[②]。

马晓河等认为农户信贷需求不足,既包括因自给自足带来的自然需求不足,也包括因制度供给短缺、政策压抑的人为需求不足,后者是问题的主要方面。制度供给短缺表现在四个方面。一是消费信贷服务严重滞后,农民需要生活消费性借款时,往往很难从正规金融部门得到。这迫使农民将消费信贷需求转向非正规金融部门,从而减少了对正规金融部门的资金需求。二是农业存在自然风险和市场风险,而克服风险的政策工具缺乏,这限制了他们的投资渠道,减少了农户对正规金融部门资金借贷的需求。三是正规金融机构贷款难,压抑了农户的投资性需求。贷款难主要是因为抵押难、手续烦琐、经营理念落后等。四是在正规金融组织供给不足的条件下,非正规金融组织成为农户借贷供给主体。但是,民间借贷不合法,组织行为不规范,利率太高,也减小了农户的资金需求规模。[③]

除了农村经济特征和制度性抑制原因之外,韩俊等认为,农户家庭收入和财富决定了农户借贷的偿还能力,是其借贷需求的基本决定因素。[④] 此外,叶敬忠等从社会学角度研究,还发现社会资本对贷款可获得性具有正向影响,能够从正规金融机构得到贷款的农户

---

[①] 王芳:《我国农村金融需求与农村金融制度:一个理论框架》,《金融研究》2005年第4期。

[②] 佘传奇、张羽:《融资效用视角下的正规金融涉农贷款》,《华南农业大学学报》(社会科学版)2012年第3期。

[③] 马晓河、蓝海涛:《当前我国农村金融面临的困境与改革思路》,《中国金融》2003年第11期。

[④] 韩俊、罗丹、程郁:《信贷约束下农户借贷需求行为的实证研究》,《农业经济问题》2007年第2期。

拥有较高的社会资本。[1]

## 二 农村金融制度变迁与农村金融市场建设

（一）农村金融制度的形成与演进

温涛等基于新中国成立以来的发展战略和发展历程，认为中国农村正规金融一开始就是外生的，因为新中国成立后面对"国际政治、军事竞争和严酷的外部经济环境共同形成的压力"，实行了国家赶超战略，不得不"以牺牲经济效率为代价，选择政治上的集权制度、经济上的计划控制、产权上的国家垄断、战略上的重工业化"，以"巩固和发展新兴社会主义政权"，因此，金融"完全成为国家动员经济资源和经济剩余投入重工业，尽快建立比较完备的工业体系，以独立对付外来竞争威胁的工具"；而中国农村经济内生出来的非正规金融不是被政府不断正规化，就是不断地被打压。[2]

而张杰认为，从历史演进的视角比从结构的视角能够更好地解释中国农村金融体制形成的内在原因及其规律性，中国农村经济是黄宗智提出的"过密化"条件下的"小农经济"，农民的资金筹集依循"拐杖逻辑"，即农户收入首先依靠农业，其次以非农业收入为补充，如果农业与非农业收入仍然不敷支出时，才会寻求借贷；而"维持小农经济的存在是国家的一种统治目标"，所以，当小农出现生存危机时，国家就会提供赈贷，以维持国家与农户相互支撑的"脆弱的平衡"，由此形成了国家官方农贷制度的传统，绵延几千年；中国农村社会结构是费孝通提出的"家庭圈层结构"，这决定了中国农民认同与依赖传统的借贷渠道和方式；因此，中国农贷制度的传统是国家信贷与民间信贷的结合，借贷次序是先争取国家农贷，再谋求民间熟人信贷，最后是高利信贷；

---

[1] 叶敬忠等：《社会学视角的农户金融需求与农村金融供给》，《中国农村经济》2004年第8期。

[2] 温涛等：《中国金融发展与农民收入增长》，《经济研究》2005年第9期。

商业性农贷对于中国的绝大部分农户而言是一种可望而不可即的制度安排。①

（二）农村金融抑制与农村金融市场开放

农业银行商业化后至 2007 年农村金融新政之前，在农信社对农村金融市场垄断下，金融抑制问题十分突出。除了前一时期学者们认识到的制度性原因之外，徐忠等认为，金融抑制的另一个重要原因是信贷利率长期受到管制，被人为压低。金融机构不能实行差别化的利率，高交易成本和高风险迫使正规金融机构将政府指定的扶贫贷款以外的贷款业务基本上撤出了县及县以下地区，也使农村信贷资金流出农村，加剧了农村信贷资金的短缺程度，导致农村高利贷盛行，加大了农民的信贷成本，因此，必须按照市场规律，放开农村金融市场的利率管制，简单地增加支农再贷款和其他政策性贷款或者向农信社施加农业贷款的政策性压力解决不了问题。② 只有市场化利率才能弥补农户贷款的高成本，农村金融机构才会有贷款激励。③ 吴晓灵认为，市场化的利率公式应该是：利率＝资金成本＋管理成本＋可预见的损失或者不可预见的损失＋适度的利润，按照这一公式制定农村信贷利率才有可能调动金融机构服务农村的积极性。④

但是，由于农村信用社在农村金融市场居于垄断地位，简单放开利率管制，可能导致"农村信用社将其经营的低效率通过高利率转嫁给农户"，因此，"打破农村金融市场垄断与利率市场化改革是

---

① 张杰：《农户、国家与中国农贷制度：一个长期视角》，《金融研究》2005 年第 2 期。

② 徐忠、程恩江：《利率政策、农村金融机构行为与农村信贷短缺》，《金融研究》2004 年第 12 期。

③ 朱喜、李子奈：《我国农村正式金融机构对农户的信贷配给——一个联立离散选择模型的实证分析》，《数量经济技术经济研究》2006 年第 3 期。

④ 吴晓灵：《建立现代农村金融制度的若干看法》，《内蒙古金融研究》2009 年第 1 期。

解决农村金融市场问题不可缺少的两项改革"①。后来中国农村金融的发展证实了这种观点，因为大量新型农村金融机构出现后，农户和农村企业贷款难的问题仍然没有得到很好的解决，虽然利率的浮动范围有所扩大，但仍然受到严格管制。

### 三 农村金融理论体系的构建探索

构建多样性、多层次和适度竞争的农村金融服务体系需要有理论的支撑。这一时期，中国学者在学习借鉴国外农村金融理论的基础上，尝试建立中国的农村金融理论体系。

#### （一）功能论

何广文从金融功能的视角分析农村金融组织结构的优化。他认为，金融功能随时间和区域变化而发生的变化较小，比金融机构稳定；并且金融机构的功能比金融机构的组织结构更重要。所以，应在确定了金融体系的功能之后，再据以设置或建立可以最好地行使这些功能的机构与组织。因此，他认为，因为农村金融较强的地域性、多样性和层次性，不同地区的农村金融组织就应该具有不同的功能，而且，农村金融组织也应该多样化，这就要求开放农村金融市场，打破和消除垄断格局，建立"多种金融机构并存、功能互补、协调运转的机制，形成基于竞争的农村金融业组织结构"②。

#### （二）局部知识范式

冯兴元等在对农业信贷补贴论、农村金融市场论和不完全市场论分析批判的基础上，根据哈耶克的局部知识论，提出了农村金融的"局部知识范式"。他认为，"在农村金融市场上，局部知识的大量存在说明了不完全信息或者信息不对称情况必然大量存在"，依靠

---

① 徐忠、程恩江：《利率政策、农村金融机构行为与农村信贷短缺》，《金融研究》2004年第12期。

② 何广文：《中国农村金融转型与金融机构多元化》，《中国农村观察》2004年第2期。

市场机制和竞争机制可"发现和利用分散在不同时间和地点的局部知识,减少农村金融市场信息不对称的问题";"由于政府不如市场主体本身更能因地制宜地发现和利用分散的局部知识,相对于商业金融、合作金融、非正式金融来说,政府在农村金融市场中的直接参与供给作用应该是辅助性的";因此,农村金融体系"可以通过引入金融组织或活动多样化来促进农村金融市场竞争,实现农村竞争性金融秩序,建设竞争性的金融市场";所以,"从知识论角度看,任何一类金融机构都只能解决部分农村金融问题。不同金融组织善于发现利用某些类型的局部知识,并在此基础上提供某些类型的金融服务。因而,需要金融机构和金融活动的多样化来面向需求,提供各种差别的金融服务产品"[1]。

(三)金融生态观

有诸多研究发现,农村金融体系难以孤立存在和发展,需要其他政策和组织体系的支撑,已形成适宜的金融生态环境。例如,健全农村公共财政体系,通过农村公共财政直接投资以改善农村的投资环境,提高农村的技术水平;完善农村社会保障体系;降低农村金融机构经营税率;逐步放开农村金融市场利率;建立存款保险制度,构建金融机构的市场退出机制;建立信贷担保体系和农业保险制度,发展大宗农产品期货,分散农村金融机构信贷风险,增强农民抗风险能力和还款能力。

总结中国农村金融改革发展的历程,刘振伟认为,"完全依赖市场机制,无法培育出农业、农村经济发展所需要的金融市场;既要发挥市场对金融资源配置的基础性作用,又要加强政府的宏观调控和政策扶持;单靠传统正规金融一条腿走路是走不远的,必须培育多元化的金融服务主体,构建多层次、多形式、运行高效、功能互

---

[1] 冯兴元等:《试论中国农村金融的多元化———一种局部知识范式视角》,《中国农村观察》2004年第5期。

补、有序竞争的农村普惠金融体系"[①]。

(四) 普惠金融理论

普惠金融的概念和理论是在国际小额信贷实践和研究的基础上首先由联合国提出和倡导的。普惠金融与当代包容性发展理念以及中国全面建成小康社会的目标完全契合，成为近年的研究热点。

1. 普惠金融特点与中国普惠金融发展面临的问题

最早将普惠金融理论引入中国并进行系统研究的是杜晓山。他于2006年发表了《小额信贷的发展与普惠性金融体系框架》，介绍和分析了普惠金融体系基本框架。他认为，金融服务不只是属于富人所有，大规模的弱势客户应该和其他人一样得到共同的、公平的金融服务的权利，要解决中国城乡和不同群体发展不平衡的问题，有效措施之一就是建立普惠性的金融体系，运用普惠金融体系的理念和实践来帮助弱势农村和弱势农民，使他们都能通过金融途径来提高收入水平[②]。

杜晓山认为，普惠金融具有三个特点：一是该金融体系应有包容性，合理、公平、正义地普遍惠及于一切需要金融服务的地区和社会群体，尤其是欠发达地区和弱势及贫困群体；二是一般应拥有具备可持续发展能力的金融供给机构；三是拥有多样化的金融服务提供者。他主张，普惠金融应走保本微利的可持续发展之路，既不能长期依赖福利性补贴，又不可追求商业利润最大化，而要兼顾金融供求双方利益的平衡。金融供给方兼顾自身的经济效益和社会效益间的平衡，即逐利性和弘义性的平衡、"术"与"道"的平衡，前后二者对立统一，相辅相成。追求利润最大化的理性经济人假设

---

[①] 刘振伟：《努力提高金融服务乡村振兴的能力和水平》（上），《农村工作通讯》2018年第14期。

[②] 杜晓山：《建立可持续性发展的农村普惠性金融体系——在2006年中国金融论坛上的讲话》，《金融与经济》2007年第1期。

是偏颇的。①

近年来，中国普惠金融体系建设取得了重大进展，但是，吴晓灵认为，这仍处于初级的发展阶段，主要原因在于普惠金融服务不均衡，法律法规体系不完善，金融基础设施建设有待加强，商业可持续性有待提升。其中，最突出的问题仍然是对弱势群体金融服务的不足。虽然信息技术的进步有利于促进普惠金融全面而深入地发展，但由于"数字鸿沟"的存在，金融素养和科技知识不足的弱势人群获取金融服务的能力与中高收入人群的差距可能进一步扩大。因此，要解决普惠金融的"最后一公里"难题，其核心问题是能力建设，不仅是普惠金融需求方需要进行能力建设，普惠金融供给方、政府和监管机构也面临能力建设问题。②

2. 普惠金融与特惠金融之辨

为了完成脱贫攻坚任务，中国政府实行了特惠金融扶贫措施，主要内容是采用"免抵押、免担保、基准利率、扶贫资金贴息、县级风险补偿金"的方式，为建档立卡贫困户提供五万元以下、期限为三年以内的精准扶贫小额贷款，以实现精准扶贫和精准脱贫的国家战略目标。杜晓山等认为，这样的服务宗旨和方式与普惠金融保本微利、可持续发展的基本原则有较大的区别，特惠金融有很多弱点：一是财政负担极重，不可持续，二是容易引发道德风险，有权有势的人或机构容易把将这些资金据为己有，而且因为是贴息贷款，借款户可能转贷给别人牟利；三是扭曲了正常的金融市场规律，比如资金互助、商业贷款无法开展；因此，特惠金融方式将是短期的、突击式的，虽然可能对精准扶贫脱贫发挥一定作用，但不具有长期

---

① 杜晓山：《从小额信贷到普惠金融的思考》，载杜晓山、刘文璞主编《从小额信贷到普惠金融：中国小额信贷发展二十五周年回顾与展望纪念文集》，中国社会科学出版社2018年版，第25—29页。

② 吴晓灵："序言"，载杜晓山、刘文璞主编《从小额信贷到普惠金融：中国小额信贷发展二十五周年回顾与展望纪念文集》，中国社会科学出版社2018年版，第2—3页。

的可持续性。①

## 四 农村金融体系的构建

（一）农村商业性金融、政策性金融与合作性金融的关系

尽管政府提出了构建商业性金融、政策性金融与合作性金融分工协作的农村金融体系目标，但是，学者对于这三者各自的地位与作用的认识并不完全一样。陆磊等认为，商业性金融进入中国农村市场的条件还不成熟，中国"真正的农村金融形式往往具有'前商业化'特点，即在农村经济城市化、农村金融商业化进程前夕的金融投入"，"主要集中于政策性金融（即使由商业银行承办）和合作金融两种形式，而农村地区的真正的商业性金融是农村城市化和农业产业化后的金融形式"②。这种观点接近于农业信贷补贴论，认为农村居民（特别是贫困阶层）没有储蓄能力以及农业的弱质性，"三农"不可能成为以利润为目标的商业银行的服务对象。

白钦先则将含有这三类金融形式的农村金融体系称作"三维金融架构"，认为这三者遵循的思想或政策主张分别是个人主义、国家主义和集体合作主义；三者各自独立、相互各异，又相辅相成，形成一个统一体；在一国金融体系中应以前者为主体，后二者为两翼③。

吴晓灵比较系统地分析了这三类金融形式的异同。她认为，其共同点是需要建立完善的治理结构，控制住风险，做到财务上可持续发展。不同点包括四个方面。一是追求的目标不同。商业金融追求的目标是在安全的前提下实现股东利益最大化，以追求利润为目

---

① 杜晓山、孙同全：《农村普惠金融理论进展》，载张承惠、潘光伟主编《中国农村金融发展报告（2016）》，中国发展出版社2017年版，第57—58页。

② 陆磊、丁俊峰：《中国农村合作金融转型的理论分析》，《金融研究》2006年第6期。

③ 白钦先、张坤：《中国政策性金融廿年纪之十辨文》，《东岳论丛》2014年第11期。

标；政策金融是在损失可控的前提下实现政策目标；合作金融的核心是相互帮助，追求优质服务，不以营利为目标，但是必须要有营利，以增强抗风险能力。二是风险分担方式不同。商业金融覆盖风险的方式主要是利率；政策金融的风险分担主要是由政府出资承担部分或全部的风险；合作金融就是全体成员共同承担风险，从利润中强制性提取公积金。三是管理方式不同。商业金融按出资额分配权力；政策金融机构就根据机构的性质来管理，如果是专门的政府政策金融机构，政府是最大的出资人，就由政府来管理；合作金融应该是一人一票，民主管理。四是利益分配不同。股份制和政策金融完全是按股权分配的；而合作制的利润分成三个部分，一是强制公积金，二是按股金分红，三是按所享受的服务量来分配。[①] 吴晓灵的观点清晰地在理论上刻画出这三种不同性质的农村金融形式的本质性特点和异同。

（二）农村金融机构的规模效益、风险控制与农村金融体系构建

对于如何构建农村金融体系，吴晓灵认为农村金融的规模效益和风险控制是重要的影响因素。她认为，农村金融业务面临着一对难以调和的矛盾，即吸收存款的机构规模越大抗风险的能力越强，但做"三农"业务需要贴近农户，提供便捷灵活的小额贷款服务，这是劳动密集型业务，而大银行管理的规则化很强，专门为小客户服务的成本太高，要化解这对矛盾，就需要培育农村贷款零售商。她认为，中国农村金融市场上的小额贷款零售商有四种：银行投资成立的贷款公司、社会投资的小额贷款公司、银监会批准的农村资金互助社、非政府的小额信贷组织。其中，贷款公司是大银行做农村金融比较经济有效的方式；小额贷款公司让民间金融通过正规渠道浮出水面；农村资金互助社应成为替代商业化的农信社，按照合作制建成真正的合作性金融机构；非政府的小额信贷组织要获得合

---

[①] 吴晓灵：《建立现代农村金融制度的若干看法》，《内蒙古金融研究》2009年第1期。

法地位，唯一前途是转制为小额贷款公司。为了支持农村贷款零售商开展业务，吴晓灵认为，国家应该规定所有的金融机构必须有一定比例的资产运用到国家规定的"三农"上去，农业发展银行通过向不在农村开展业务的金融机构发行债券，成为资金筹集与批发机构，为零售商提供资金。

（三）政府的扶持政策与农村金融体系建设

因为农业是弱质产业，利润比较低，商业机构需要较高的利率才能覆盖风险，持续经营。而农业又难以承受较高利率。所以，农村金融体系的建立和正常运行离不开政府的扶持。吴晓灵认为，第一，要满足农业的信贷需要，就要使商业银行获得的目标利润适当降低，这就需要政府在税收上给予优惠；第二，国家应该建立农村信贷担保机制，分担金融机构的农业信贷风险，但是担保机制最好以担保基金方式而不是以担保机构，因为担保机构有盖房子、买车、养人等问题，而且希望机构长期存在，就会希望这个基金持续保持增值；第三，风险补偿额需要事先确定，防止金融机构要么因不知道自己要承担多大风险而不敢放，要么因为有财政兜底而敞口放款；第四，建立存款保险制度；第五，在农村金融业务的存款准备金和利率政策上应予以一定的优惠。多年来中国农村金融的发展历程证明了吴晓灵的上述观点是非常深刻且具有前瞻性的。

（四）农村合作金融

由于农信社是中国农村金融市场最重要的服务力量，但是其改制及有效服务"三农"问题一直没有解决，因此仍然是这一时期的研究重点。

1. 农信社体制改革再讨论

陆磊等认为，农信社始终具有官办性质，社员并没有所有权；它既是国家银行的基层机构，又是合作金融组织，这种体制存在内在矛盾；而"控制权决定了机构的最终经营行为，农村信用社必然放弃民间借贷职能"；2003 年国务院印发的《深化农村信用社改革试点方案》将"农村信用合作社"改称为"农村信用社"，删除了

"合作"二字。因此,他们认为,这似乎意味着合作金融"在走向穷途末路";而且,在这次改革中各地纷纷建立省级农信社联合社,建立起地方政府管理体制,行政管理色彩进一步增强。① 任常青进一步认为,2003年以来农信社在改革中取消了资格股,这在实质上否定了其合作金融属性,所以,农信社的合作制已名存实亡。②

而张杰认为,既然农信社是由国家为了体现其扶助农业的意愿而通过外力自上而下建立起来的特殊农贷安排,具有非市场合约的性质,而真正意义上的合作农贷是具有平等和独立内涵的市场合约,那么,应该恢复农信社的政策性质,"农信社体制的可能去向是继续沿着其内在逻辑走向国家政策性农贷体制,除此别无选择"③。

尽管如此,伴随着否定农信社合作金融属性的观点,在学术界和实践中仍然一直有支持和坚持的声音。马晓河、蓝海涛认为,应该以合作制原则为主、股份制原则为辅来改造农信社,让农民成为农信社的主体,实现农信社经营管理的民主化、规范化和制度化④;熊海斌等认为,在马克思主义合作理论视域下,合作金融的本质坚守应是社会与政治功能,而全面商业化改革却偏向于经济功能这一"派生属性",在中国城乡二元结构和地区间发展不平衡的情况下,不宜一刀切地将农信社全部商业化,应该因地制宜,尤其在中西部农业比重较大、小微企业和贫困农户较多的地区,应继续坚持以合作制规范农信社,减少农村资金外流,增强服务"三农"的能力⑤;

---

① 陆磊、丁俊峰:《中国农村合作金融转型的理论分析》,《金融研究》2006年第6期。

② 任常青:《农村信用社改革十五年:经验与启示》,载魏后凯主编《中国"三农"研究》(第三辑),中国社会科学出版社2019年版。

③ 张杰:《解读中国农贷制度》,《金融研究》2004年第2期。

④ 马晓河、蓝海涛:《当前我国农村金融面临的困境与改革思路》,《中国金融》2003年第11期。

⑤ 熊海斌等:《合作金融本质坚守与功能创新研究——运用马克思主义合作理论评析农村信用合作社改革》,《农村金融研究》2018年第1期。

而陆磊等认为,"合作制不是没有生命力,只是在当前的官办或政府管理型的农村金融组织内部缺乏合作制的生存基础。完全自发的金融合作在整个金融体制改革进程中始终存在,只是它们作为体制增量始终游离于正规金融之外,按照自身规律和规则运行"[①]。

吴晓灵认为,中国农村缺少的是合作金融,既然农信社不可能再退回到标准的合作制,就应该把"合作"这两个字让出来,让农民来办真正的合作制[②];中国合作社异化的主要原因是政府干预过多,以致农民未能拥有真正的经营自主权;另一个原因是农民从未在生产上真正当家做主,因而也较少真正地完全自主管理经济;只有解决政府定位和农民自我管理的问题,合作社才不会异化。[③] 除此之外,汪小亚认为,农信社"去合作化"的重要原因还在于没有遵循合作金融的基本原则,如社员的封闭性、民主管理、不吸储放贷、不支付固定回报等。[④]

在 2003 年启动的农信社改革中,省联社管理体制逐渐建立起来,但是这一管理体制很不完善。一些学者认为,省联社"不可能也没有激励去代表出资人的利益,造成了事实上的出资人缺位"[⑤]。在省联社管理体制下,农信社的官办倾向日益明显。[⑥] 而且,因为存在规模越大越好的理念,省联社一直致力于把农信社"做大做强",把法人机构向上移,管理权限上收,导致背离农村金融理念,离农民越来越远,因此,省联社必须"淡出行政管理职能,强化服务职

---

[①] 陆磊、丁俊峰:《中国农村合作金融转型的理论分析》,《金融研究》2006 年第 6 期。

[②] 吴晓灵:《建立现代农村金融制度的若干看法》,《内蒙古金融研究》2009 年第 1 期。

[③] 吴晓灵:《发展农村合作金融新模式》,《清华金融评论》2015 年第 7 期。

[④] 汪小亚:《新型农村合作金融组织案例研究》,中国金融出版社 2016 年版,第 16 页。

[⑤] 谢平等:《农村信用社改革绩效评价》,《金融研究》2006 年第 1 期。

[⑥] 陆磊、丁俊峰:《中国农村合作金融转型的理论分析》,《金融研究》2006 年第 6 期。

能"的定位,"农信社县域法人地位的独立和稳定是农信社改革中必须坚持的原则,不能有任何的妥协和让步。这是检验农信社改革是否成功的重要标志"①。

2. 农村合作基金会

农村合作基金会在改革开放后曾是农民重要的融资渠道,改变了农村社区基本上不存在金融业务竞争的状况,增强了对农村经济发展的金融支持②,但是在 1999 年被全面关停。研究农村合作基金会的成败得失对探索中国农村金融发展道路具有重要意义。

李静认为,改革开放后,随着金融机构的市场化、商业化转变,地方政府失去了以往的金融资源控制权,难以直接干预地方经济建设投资,致使地方政府"十分热衷于创造一种新的组织形式来控制地方金融资源的流动",而农村合作基金会为农户、乡镇企业和政府项目提供融资服务,满足了地方政府这种诉求,得到了地方政府中央政府支持③。但是,郭晓鸣认为,农村合作基金会既不是由农民直接入股形成的合作金融组织,也不是法人机构之间的合作金融组织,而只是乡镇政府兴办的金融组织,因为绝大多数农村合作基金会除了由乡镇集体经济组织划拨很少一笔资金作为资本金外,其最初的资金主要来源于乡村两级农村集体经济组织的集体积累;如果纯粹从法理的角度分析,那么合作基金会应属于农村乡村两级集体经济组织全体成员集体所有,然而农民对集体资金和划拨的资本金没有一点实际控制权;乡镇政府可以在不征求集体经济组织成员意见的情况下就将集体资金投入基金会,这充分说明农村合作基金会并非农民参与制度创新的结果。④ 所

---

① 任常青:《农村信用社改革十五年:经验与启示》,载魏后凯主编《中国"三农"研究》(第三辑),中国社会科学出版社 2019 年版。

② 郭晓鸣:《中国农村金融体制改革与评价》,《经济学家》1998 年第 5 期。

③ 李静:《农村金融体制的发展》,载张晓山、李周主编《中国农村发展道路》,经济管理出版社 2013 年版,第 218—220 页。

④ 郭晓鸣:《中国农村金融体制改革与评价》,《经济学家》1998 年第 5 期。

以，张元红等认为，农村合作基金会的集体和个人产权都是虚置的，"所有者只有部分收益权，而最关键的使用权、处置权和部分受益权却被政府剥夺了"，因此，"从合作基金会资产运用的实际决策和最终关闭时的责任承担者看，政府是实际的所有者"，在经营管理上，农村合作基金会也受制于行政体制，成为行政管理体制的附属品。①

农村合作基金会最终被关闭的原因，除了1997年亚洲金融危机中中央政府为了防范和化解金融风险这一直接原因之外，多位学者认为，农村合作基金会治理机制的缺陷、经营管理不善和监管体制不健全是主要的内在原因。因为有些基金会突破了原有的经营管理规定，以招股的名义高息大量吸收居民存款，入股人不参与管理，不承担风险，且基金会的经营管理受到严重的行政干预，管理混乱，贷款质量差，形成了"高息吸储—高息放贷—资金周转失灵—又高息吸储"的恶性循环②，尤其是乡镇企业和政府贷款成为不良贷款的主要部分。③ 与此同时，合作基金会监管滞后，农业部门缺乏金融管理人才和经验，金融监管部门在初始没有介入监管，出现一些问题后"一刀切"④。

3. 新型农村合作金融

所谓新型农村合作金融是相对于农信社与农村合作基金会而言的，一般是在2006年之后逐渐发展起来的各种农民资金互助活动。当前的农民资金互助组织大致可以分为三类：正规、准正规和非正

---

① 张元红等：《农村金融转型与创新——关于合作基金会的思考》，社会科学文献出版社2007年版，第10—13页。

② 李静：《农村金融体制的发展》，载张晓山、李周主编《中国农村发展道路》，经济管理出版社2013年版，第218—219页。

③ 张元红等：《农村金融转型与创新——关于合作基金会的思考》，社会科学文献出版社2007年版，第8页。

④ 刘振伟：《努力提高金融服务乡村振兴的能力和水平》（上），《农村工作通讯》2018年第14期。

规的农民资金互助组织。① 正规农民资金互助组织是指根据原银监会2007年制定的《农村资金互助社管理暂行规定》成立的农村资金互助社。准正规农民资金互助组织是指根据国家相关政策开展内部信用互助的农民合作社和扶贫与财政部门在贫困村建立的扶贫互助组织。非正规农民资金互助组织是指没有依照相关法规，也没有依托农民合作社或村组织而成立的民间资金互助组织。在这三类农民资金互助组织中，只有第一种有金融业务许可证，是正规金融机构，其余均不是。

中国中央政府高度重视新型农村合作金融的发展。2006年中央一号文件就明确提出引导农户发展资金互助组织。2008年党的十七届三中全会进一步提出允许有条件的农民专业合作社开展信用合作。此后，2010年及2012—2017年七个中央一号文件都明确提出支持、引导和规范农民资金互助组织发展。但是，至今新型农村合作金融发展还面临着诸多重大障碍。例如，作为唯一具有金融业务许可证的农村资金互助社虽有合法地位，但由于受到商业银行式的监管，形成过度监管，难以发展起来②；大部分农村资金互助组织没有注册登记，监管长期缺失，内部管理不健全，部分农村资金互助组织存在资金来源存款化和资金运用贷款化甚至高利贷化，个别农村资金互助组织变相成为"山寨银行"，潜在风险隐患较大。③

新型农村合作金融监管过度和监管缺失是一个问题在两个方面的反映，这个问题就是面对数量众多、覆盖面广大的农村资金互助

---

① 夏英等：《以农民专业合作社为基础的资金互助制度分析》，《农业经济问题》2010年第4期。

② 陈立辉、刘西川：《农村资金互助社异化与治理制度重构》，《南京农业大学学报》（社会科学版）2016年第3期。

③ 汪小亚：《新型农村合作金融组织案例研究》，中国金融出版社2016年版，第28—29页。

组织而凸显的监管资源不足的困境。① 汪小亚认为，地方政府能够便利掌握当地情况，更能迅速处理问题，能够建立起对新型农村合作金融的监管力量。② 同时，她认为，中国农村合作金融尚处于发展的初期阶段，应严格按照合作金融的原则规范发展，即坚持社员制、封闭性原则，在不对外吸储放贷、不支付固定回报，不但不可急功冒进，也应积极鼓励和引导，不可求全责备，一棍子打死。③ 可见，尽管中国新型农村合作金融发展存在诸多问题，但是学者们仍以发展的眼光，在寻找帮助其走出困境的路径。

（五）农业发展银行

农村政策性金融机构是中国市场化经济体制改革和金融体制改革的产物。在改革开放前，中国的政策性农村金融业务是由当时的各专业银行承担。为整体推进市场经济体制改革，实现国有银行商业化是必由之路，但同时仍然需要保持国家对特殊行业和领域的金融支持。为解决粮棉购销中长期严重困扰各级政府和农民的"打白条"问题，做好收购资金供应工作，同时也为了配合金融体制改革，中国农业发展银行（以下简称"农发行"）于1994年成立。农发行的成立，不仅保证了政策性收购资金的及时足额供应，有力地支持了粮棉油收购工作，为国家各项改革提供了宽松、稳定的农村环境和条件，还承接了原来国有专业银行的政策性农村金融业务，为国有银行的商业化改制创造了条件。④ 但是，白钦先等认为，"如果用三维金融架构理论来审视中国的政策性金融，就应放弃20年前建立政策性金融机构只是出于推进国有银行改革而为其卸包袱的观点，

---

① 孙同全：《从制度变迁的多重逻辑看农民资金互助监管的困境与出路》，《中国农村经济》2018年第4期。

② 汪小亚：《新型农村合作金融组织案例研究》，中国金融出版社2016年版，第111页。

③ 同上书，第18、110页。

④ 白钦先、徐爱田：《中国农业政策性金融：十年历程评价与未来发展对策》，《农业发展与金融》2004年第7期。

从市场经济全局、国民经济全局,从政策性金融不可或缺不可替代只能加强不能削弱这一战略与理性高度重新认识与定位中国的政策性金融,从商业性金融、合作性金融和政策性金融三者相克相生、相辅相成、共生共荣的战略高度来重新设计与规划中国政策性金融的未来发展与政策"[1]。

(六) 民间金融

民间金融在中国农村金融市场上从来没有断绝过,而且是农民解决生活消费性融资需求的主要渠道。朱守银等认为,民间借贷在满足农户多样化需求方面具有天然优势:一是借贷双方信息完全对称,能够最大限度地降低交易成本。"人情关系"是农户借贷的信用基础,"相互了解"是前提,这是民间借贷大量发生的深厚而久远的社会基础。二是农村社会关系网络作为监督体系有利于保证借贷资金的安全性。如果借方"赖账不还",不仅会损害其亲情和邻里关系,更会损害其社会信誉。这就是民间借贷虽然规范性较差,但还款情况并不比信用社贷款差的一个根本原因。三是民间借贷灵活方便。一般不以获利为目的,大都具有规模小、季节性强、满足急需的特征,是社区内农户间的资金调剂使用行为,有明显的互补性和互助性。尤其是传统农区,民间借贷在满足诸多中低收入农户对借贷资金的需求方面,更具有及时、方便、低成本的功效。[2]

叶敬忠等认为,农村贫困农户主要从非正规金融渠道获得金融支持。[3] 非正规金融具有交易成本低、信息对称、能够充分利用地方

---

[1] 白钦先、张坤:《中国政策性金融廿年纪之十辨文》,《东岳论丛》2014 年第 11 期。

[2] 朱守银等:《中国农村金融市场供给和需求——以传统农区为例》,《管理世界》2003 年第 3 期。

[3] 叶敬忠等:《社会学视角的农户金融需求与农村金融供给》,《中国农村经济》2004 年第 8 期。

局部知识等特点，一般具有较高的效率。① 因此，林毅夫认为，应同时发展正式和非正式的中小型农村金融机构，必须放弃认为越正式的金融制度安排就是越好的看法；只有按照比较优势来发展经济，才有可能建立一个健全、有效的金融体系。②

在学习借鉴国外农村金融理论和实践的基础上，我国农村金融理论体系的构建取得了一系列进展，农村金融政策也有了一定的理论支撑，但农村金融改革实践仍未及理论与政策预期，尤其是农村合作金融发育严重不足。这不仅需要农村金融改革实践的进一步深化，同时，也为农村金融研究提出了新的课题。

## 五 农村金融发展对农民增收和脱贫的作用

### （一）金融发展与农民收入

金融发展与农村经济发展是这一时期的研究热点。大多数研究认为这两者之间是正相关关系。但是，温涛等认为，金融发展与农民收入增长的关系不应自然地被金融发展与经济增长的正向关系所替代，需要直接的实证研究来证明。他们通过对1952—2003年中国金融发展与农民收入增长关系的实证研究发现，金融发展与农民收入增长的关系取决于金融的结构和功能，重工业优先的经济发展战略和金融制度导致中国金融发展在结构和功能上"与农村经济发展和农民收入增长实际需求间不协调"；在这种战略中"农业、农民和农村经济只能成为经济资源和经济剩余的源头，农民收入增长自然不可能成为中国经济发展的重要标志和金融发展的重要目标"，农村金融成为"国家控制下向工业和城市输送农村经济资源与剩余的管道"，农村内生的非正规金融受到压制，通过农村金融抑制达到城市金融深化；中国农村金融发展"没有成为促进农民收入增长的重要

---

① 冯兴元等：《试论中国农村金融的多元化——一种局部知识范式视角》，《中国农村观察》2004年第5期。

② 林毅夫：《金融改革与农村经济发展》，《上海金融》2003年第10期。

因素，反而造成了农村资金的大量转移和流失，成为促进城市居民收入水平提高的重要因变量"，对农民收入增长"起到了抑制作用，直接导致了城乡收入差别的拉大与'二元结构'的强化"。因此，"从金融发展与经济增长的总体关系上，并不能必然推导出金融发展与农村经济增长的结构性关系，更不能必然推导出金融发展与农民收入增长的结构性关系"。中国金融发展要成为农民收入增长的必然前提和条件，只有改进现行中国金融的结构和功能，增强农村金融在金融发展中的影响，并提高农村金融对农民收入增长的贡献才能得到实现。[①] 这一结论并不是否定金融支农的必要性，而是证实了"由于中国缺乏稳定的农业资本形成机制而导致的资金配置效率低下这一事实"[②]。

(二) 小额信贷与贫困户脱贫

小额信贷对于穷人增收效果也是这个时期国内外农村金融研究的热点。首先，农民是否能够承受市场化的小额信贷利率，或者市场化的小额信贷利率是否剥削了穷人？杜晓山认为，不同观点体现了国际上"福利型"小额信贷和"制度型"小额信贷两种流派的差别和争论，小额信贷的利率高或低及其利弊判断，是一个如何认识和选择的问题，或如何弥补弊端和不足的问题，也是一个涉及遵循市场规律和实施政府干预两者的关系及彼此如何协调的问题。较高的利率似乎是"不公正"的，但穷人能贷到钱，富人抢夺资金资源的现象就会减少，寻租现象也会减少，腐败现象也会降低，穷人"等、靠、要"的观念和"借钱不还"的错误观念也易于改变，经营机构也可不赔钱；只要利率在穷人的可承受限度之内，即使在增收角度或扶贫优惠角度会使穷人受到影响，但他们得到的是一种持

---

① 温涛等：《中国金融发展与农民收入增长》，《经济研究》2005年第9期。
② 温涛、王煜宇：《政府主导的农业信贷、财政支农模式的经济效应——基于中国1952—2002年的经验验证》，《中国农村经济》2005年第10期。

续有效的服务。① 中国小额信贷扶贫的实践证明了穷人可以承受市场利率或高于市场的利率，补贴利率政策可能是穷人进入主流金融市场的主要障碍之一。②

其次，小额信贷是否帮助了最穷的人，是否帮助他们增收了？不同于完全肯定或否定小额信贷增收作用的研究结论，孙若梅通过实证研究得出了相对中性偏积极的结论。她认为，小额信贷是样本农户生产性贷款的最重要来源；小额信贷改善了农户之间信贷分配不平等的状况；但是小组贷款模式瞄准的主要是贫困村的中低收入农户，没有实现以最贫困户为主要瞄准区间，因为中国居住分散的最贫困户要组建或参与信贷小组都可能遇到交易成本过高的问题；而且缺乏劳动力的贫困农业家庭，难以直接利用小额信贷创收；重复贷款可以扩大农户生产可能性边界，有助于穷人稳定地改善生活；小额信贷对农户家庭收入的影响与收入来源有关，主要是通过对家庭非农经营投入而对家庭收入做出贡献。所以，她认为，小额信贷是欠发达农村制度性金融（正规金融）的重要补充，小组模式小额贷款具有改善欠发达农村中低收入家庭的信贷来源和收入水平的潜力，信贷要素的收入影响与其他要素相互依赖。③

---

① 杜晓山："序言"，载杜晓山等主编《中国小额信贷十年》，社会科学文献出版社 2005 年版。

② 杜晓山等：《中国公益性小额信贷》，社会科学文献出版社 2008 年版，第 39 页。

③ 孙若梅：《小额信贷与农民收入——理论与来自扶贫合作社的经验数据》，中国经济出版社 2005 年版，第 227—231 页。

# 第十章

# 农村反贫困研究[*]

　　70年以来，中国反贫困思想演进和研究进展与国家发展战略、改革开放、反贫困实践密切交织在一起，研究内容包括反贫困战略、反贫困路径、反贫困政策分析、贫困定义与测量、扶贫瞄准等。改革开放前关于反贫困的研究只有少量对于信贷扶贫、发展集体经济减贫的思考与总结。改革开放以后，各阶段的研究内容都很丰富，可以观察到的阶段性特征是：20世纪80年代关于扶贫资金管理、贫困地区经济开发思路的研究比较突出；20世纪90年代关于反贫困战略、贫困标准与测量的研究比较突出；进入21世纪以来，关于各项政策、因素的减贫效果的实证分析评价大幅度增加，对贫困定义和标准的分析得到深化，对扶贫瞄准的研究在2005年以后趋于增多。中国反贫困研究的重大理论创新可以概括为最大化发挥涓滴效应、以开发式扶贫为象征的发展减贫理论，确立和完成消除绝对贫困目标的扶贫攻坚理论，以及真正实现瞄准到户的精准扶贫理论。中国关于综合性反贫困战略的研究与时俱进，与国际研究保持同步，甚至略有领先。不同时期对贫困定义和测量的研究以及政策分析兼具

---

[*] 中国社会科学院农村发展研究所刘文璞研究员、吴国宝研究员和杨穗副研究员专门参加了本章背景讨论，李周研究员为写作思路提供了宝贵意见，谭清香先生提供了宝贵的早期研究资料。作者对此表示衷心感谢，但是文责自负。

学术性和对策应用价值。

## 第一节　发展减贫理论

中国的反贫困战略总体上属于增长拉动的涓滴效应战略，开发式扶贫是其典型象征。改革开放前的反贫困机制是以人民公社制度为代表的平均分配制度，该制度维持了平均但是极低的营养和生活保障。改革开放在很大程度上打破了人民公社制度对农业生产力的桎梏，实现了第一轮的快速减贫。进入有意识反贫困阶段后，中国自始至终采取了综合性、开发式扶贫战略，这个战略的理论基础是涓滴效应理论。[①]经济增长的涓滴效应实现了大多数穷人的减贫；开发式扶贫作为主动的、定向的涓滴效应措施，进一步惠及那些未能从一般经济增长中脱贫的穷人。[②]因此，开发式扶贫与经济增长共同实现最大化减贫效应，其所依赖的是拓展的涓滴效应，这被称为发展减贫"做法"，[③]本章将其概括为发展减贫理论。

### 一　共同富裕思想与人民公社制度

一般来说，中国的反贫困思想根源于马克思主义关于阶级剥削的贫困理论和消除阶级剥削的反贫困理论。[④]从根本上说，中国革命、新中国的成立以及社会主义制度的建立，都是为了从国体和制

---

[①]　[美]赫希曼：《经济发展战略》，经济科学出版社1991年版；李培林、魏后凯主编：《中国扶贫开发报告（2016）》，社会科学文献出版社2016年版，第47页。

[②]　蔡昉：《穷人的经济学——中国扶贫理念、实践及其全球贡献》，《世界经济与政治》2018年第10期。

[③]　李培林、魏后凯主编：《中国扶贫开发报告（2016）》，社会科学文献出版社2016年版，第21页。

[④]　黄承伟：《习近平扶贫思想论纲》，《福建论坛》（人文社会科学版）2018年第1期。

度上铲除人民穷苦的旧制度根源,保障人民生存权和发展权。新中国成立后,百废待兴。1955年,毛泽东发表《关于农业合作化问题》,指出摆脱贫困需要农业合作,合作的结果和目标将是共同富裕。农业集体化和人民公社制度,从其制度设计来说,包含了防止贫富差距的因素。

从新中国成立到改革开放之初,在可收集的公开文献范围内,中国政策和学术文献中鲜有关于贫困问题的研究。偶见的文献发表于1958年之前,例如,1955年和1958年分别有文章呼吁要帮助贫困农民,认为这是贯彻阶级政策的重要方面。① 从建立人民公社到1979年以前再也看不到分析中国贫困问题的文献,反过来倒是有很多关于马克思主义无产阶级贫困化理论的研究,都是在批判资本主义国家的贫困问题。

改革开放以前的贫困程度无疑是很深的。从国家层面看,中国实行重工业化优先的赶超发展战略,形成"三位一体"传统经济体制,农民被城乡隔离政策滞留在农村,农业劳动激励不足,就业不足,农民收入受到"剪刀差"歧视和损害。林毅夫等基于这种分析,将人民生活水平长期得不到改善,也就是普遍贫困,归因为产业结构扭曲,或者说是城市以及重工业偏向的宏观战略。②

1985年在中国翻译出版的一本美国著作,分析了中国人民公社时期的营养和食物分配状况,结果表明,1977年以前,除了20世纪50年代中期的少数几个年份,自1949年以来的人均食物消费均没有达到战前水平。③ 进一步研究表明,1977年以前,包括1958年以前,农民人均营养摄入量围绕2000大卡上下小幅波动,普遍低于

---

① 李云岚:《扶持贫困农民是贯彻阶级政策的重要问题》,《中国金融》1955年第9期;陕西省渭南县支行:《积极帮助贫困农民摆脱贫困》,《中国金融》1958年第16期。
② 林毅夫等:《中国的奇迹:发展战略与经济改革》,上海三联书店1994年版。
③ [美]伦道夫·巴克等:《中国农业经济问题》,福建人民出版社1985年版。

2100 大卡的人均最低营养需求，也就是普遍贫困。[1] 但与此同时，人民公社的集体主义使其在救济、卫生、保健、医疗、教育等方面取得了无可比拟的进展，农民健康状况有了明显改善，这是减贫成效不可忽视的部分。[2]

## 二 经济增长的减贫效应

经济增长天然地具有减贫效应，在不存在特殊制度安排情况下也会自发地有利于穷人，这是本源意义上的涓滴效应。当贫困概念、贫困测量方法引入中国后，对经济增长的减贫效应的研究也很快时兴起来，一直延续至当前。研究重点大体上包括两方面：一是经济增长和收入分配的减贫效应大小及变化；二是特定的区域发展战略的减贫效应。

### （一）经济增长的减贫效应

关于经济增长与减贫的关系，国外有研究提出了"经济增长—收入分配—减贫"三角关系，其中经济增长有助于减贫，收入分配不平等对减贫不利，实际减贫效果是复合性的。[3] 国内从1998年魏众等的研究到2012年罗楚亮的研究，几乎都沿用了这样的分析框架。[4] 这些分析主要使用中国家庭收入调查数据（CHIP）、中国健康与营养调查数据（CHNS）或农业部农村经济研究中心的农村家庭调查数据，分解方法主要采用 Datt-Ravallion 方法或 Shapley 方法。汇总

---

[1] 周彬彬：《人民公社时期的贫困问题》，《经济开发论坛》1991年第3期。

[2] 这一点被世界银行评价为人民公社体制"在减少绝对贫困方面创造的令人难忘的记录"。转引自周彬彬《人民公社时期的贫困问题》，《经济开发论坛》1991年第3期。

[3] Francois Bourguignon, 2004, The Poverty-Growth-Inequality Triangle, New Delhi: Indian Council for Research on International Economic Relations, Working Paper No. 125, http://www.icrier.org/pdf/wp125.pdf.

[4] 魏众、古斯塔夫森：《中国转型时期的贫困变动分析》，《经济研究》1998年第11期；罗楚亮：《经济增长、收入差距与农村贫困》，《经济研究》2012年第2期。

起来,关于中国经济增长、收入分配与减贫的关系的基本结论总体上是一致的,主要有以下几点:①

第一,与其他发展中国家相似,中国经济增长有明显的减贫作用,不过穷人收益并不高于非穷人,中国穷人受益程度也不高于其他发展中国家。

第二,中国经济增长的初次分配效应总体上不利于穷人,但是,不利的分配效应在2000年以后的东部地区得到减轻。② 同时也有研究显示,从收入差距扩大角度看待减贫效应有失偏颇,中国的经济发展具有很强的共享发展性质。③

第三,减贫的增长效应普遍大于分配效应,这使得总减贫效应是正的。

第四,经济增长的减贫贡献具有阶段性特征,2002—2007年,经济增长对穷人的收入贡献最低,甚至贫困度还有所加深。

第五,随着时间的推移,减贫的增长效应和分配效应均趋于下降。值得注意的是,实证分析中所使用的目标变量是减贫速度。在贫困发生率降到很低时,更需要关注的是适度经济增长对维持非贫困的贡献。④

第六,收入分配差距包括初次分配和再分配,前者来自市场,后者来自转移支付。目前还没有很好的数据分析表明两类分配效应的相对大小。基于不同时期的实证分析,转移收入的减贫效应有显

---

① 李实、詹鹏:《中国经济增长与减缓贫困》,载李培林、魏后凯主编《中国扶贫开发报告(2016)》,社会科学文献出版社2016年版,第87—104页。
② 陈飞、卢建词:《收入增长与分配结构扭曲的农村减贫效应研究》,《经济研究》2014年第2期。
③ 蔡昉:《穷人的经济学——中国扶贫理念、实践及其全球贡献》,《世界经济与政治》2018年第10期。
④ 魏众、古斯塔夫森:《中国转型时期的贫困变动分析》,《经济研究》1998年第11期。

著提升。[1]

## （二）转移就业与减贫

转移就业是经济增长发挥涓滴效应的最主要途径，大部分贫困人口从农业以及非农产业就业机会中获益。如果说增长率与减贫率的关系是涓滴效应的宏观体现，那么转移就业变化、工资性收入变化与减贫的关系就显得更加具体。不同时期的研究均证明，迁移及其所产生的收入转移是西部贫困地区农村人口脱贫的一种重要方式，他们的迁移收入转移（汇款）是改变家庭贫困面貌的重要手段。[2] 一般认为，经济增长过程中，收入分配状况恶化会对减贫产生负面影响，但是劳动力转移就业会缩小城乡收入差距。综合起来看，转移就业所获得的缩小贫困差距以及减贫效应被那些已经脱贫的人口所分享，但是对未转移、未脱贫的贫困人口会形成更大的不平等效应。随着时间的推移，经济发展就业弹性趋于下降，剩余贫困劳动力虽然规模越来越小，但是转移就业也更加困难。[3] 蔡昉早在2003年就提出，全面小康社会建设、农村剩余劳动力转移都有赖于就业的扩大，但是经济增长不能自动导致最大化就业，因此需要采取就业优先的产业政策，优先发展劳动密集型产业。[4]

## 三 开发式扶贫

### （一）开发式扶贫对涓滴效应的拓展

开发式扶贫的基本思想在改革开放之初的扶贫实践和政策中就

---

[1] 北京师范大学中国收入分配研究院课题组：《2015 年减贫形势分析》，2016 年。

[2] 都阳、朴之水：《迁移与减贫——来自农户调查的经验证据》，《中国人口科学》2003 年第 4 期。

[3] 都阳、王美艳：《农村剩余劳动力的新估计及其含义》，《广州大学学报》（社会科学版）2010 年第 4 期；贾朋等：《中国农村劳动力转移与减贫》，《劳动经济研究》2016 年第 6 期。

[4] 蔡昉：《论就业在社会经济发展政策中的优先地位》，《中国人口科学》2003 年第 3 期。

有所体现,并不断变得明确,直至在1994年《国家八七扶贫攻坚计划》中正式成为基本方针。开发式扶贫方针的核心思想是鼓励和帮助贫困地区和贫困人口通过发展生产、增强自我发展能力,实现脱贫致富。开发式扶贫方针的形成意味着中国反贫困思想的根本性转变,在此之前,对于困难人口只有消极的救济救助措施。随着贫困形势和扶贫战略变化,开发式扶贫方针一直延续至今,且内涵不断扩展。早期的开发式扶贫主要指农业开发和贫困地区经济资源开发利用。后来,开发式扶贫的含义包括坚持和发展市场经济,开发更多的经济和文化资源,发展非农产业,开展基础设施和能力建设,乃至于异地开发。① 根据吴国宝的总结,开发式扶贫可以称为以促进贫困地区自我发展能力的提高和推动区域经济发展来实现减贫的战略,也可以称为目标瞄准型开发扶贫战略,总之是在经济增长基础上进一步发挥了主动的、定向的涓滴效应。② 这并不否定世界银行提倡的市场化导向、益贫性增长减贫战略,但是对其有重要补充,从而可以认为是对涓滴效应理论的拓展。③

(二) 区域开发扶贫战略的减贫效应分析

中国早期的区域开发扶贫战略,其思路是促进贫困人口集中区域自我发展能力的提高,推动区域经济发展,以此来实现减贫目标。这是因为,早期贫困人口主要集中在以贫困县为主的贫困地区,贫困地区具备资源开发条件和经济增长潜力。相较于对贫困人口瞄准,这被称为地区优先扶贫战略。由于农村贫困人口相对集中于中西部的一些资源环境恶劣、地理位置偏远的贫困地区,中国政府采用以

---

① 国务院扶贫办:《开发式扶贫方针》,中国网·中国扶贫在线,http://f. china. com. cn/2017 - 06/20/content_ 41061166. htm。
② 吴国宝:《对中国扶贫战略的简评》,《中国农村经济》1996年第8期;李培林、魏后凯主编:《中国扶贫开发报告(2016)》,社会科学文献出版社2016年版,第47页。
③ 这个观点来自与李周研究员的讨论。

区域开发为重点的开发式扶贫是合适的。① 这个战略从改革开放初期一直延续至 2000 年前后，持续时间长，对中国的减贫事业有很大的影响。早期的研究对此大多采取肯定看法。例如，朱玲指出，中国的扶贫战略尝试提高扶贫资金的使用效率，可以视为效率导向的扶贫战略。②

1995—2000 年，发表了一批评价区域开发扶贫战略的成果，总的发现是，区域开发扶贫战略促进了经济增长，但是没有明显地减少贫困，也就是定向涓滴效应不够明显。③ 这些研究指出，区域开发扶贫战略的主要问题有：瞄准程度低，有限的扶贫资源容易投向非贫困村及非贫困人口；资金分配方式致使资金容易流向非农产业和企业，起不到帮助贫困农户的作用。陈凡将此总结为三对矛盾，即效率导向原则与解决温饱任务的矛盾，反贫困对象与反贫困任务的矛盾，反贫困手段与效率导向原则的矛盾，并根据对贫困人口构成的界定提出了新的综合扶贫战略。④ 针对这些问题所提出的扶贫战略调整建议，大体上包括 3 个方面：一是改变扶贫瞄准的对象，更多地指向贫困村和贫困人口；二是实行农业优先的产业政策，改造传统农业，发展商品经济；三是采取多重的反贫困措施，如就地开发扶贫、劳动力转移以及社会保障体系配套相结合。

（三）农业发展的减贫效应分析

农业对减贫的贡献是反贫困研究关注的一个基本问题。早期，农业在收入中的比例高，贫困人口的其他资源和机会不足，农业发展潜力大，对其关注程度也高。尤其是在 20 世纪 90 年代，对于农

---

① 中国发展研究基金会：《在发展中消除贫困：中国发展报告 2007》，中国发展出版社 2007 年版，第 96 页。
② 朱玲、蒋中一：《以工代赈与缓解贫困》，格致出版社、上海人民出版社 2014 年版。
③ 刘文璞、吴国宝：《地区经济增长和减缓贫困》，山西经济出版社 1997 年版。
④ 陈凡：《中国反贫困战略的矛盾分析与重新构建》，《中国农村经济》1998 年第 9 期。

业的减贫效应有很多讨论。刘文璞和吴国宝的研究明确支持农业的作用。他们发现，农业净收入实现增长的县，贫困发生率大多有不同程度的下降，相反，农业净收入减少的县，贫困发生率都有较大的增长。更重要的是，在其他发展中国家，农业起着扩大收入差别的作用；恰恰相反，中国极为平局的分配，导致农业成为农民收入差距扩大的缓冲剂。[①] 同期还有多项研究认同农业对减贫的重要作用。而且，这些研究基本上都采取动态的观念看待农业，即农业虽然重要，但是不是要固守传统农业，而是要朝两个方向发展：一是改造传统农业和发展现代农业或者商品农业；二是由农业的发展带动农村非农产业的发展。这些研究也都提出，要重视市场的重要性，要大力发展贫困地区的资本市场、技术市场和信息市场，也要鼓励农民的经营自主性。[②] 进入 21 世纪后，随着农业在国民经济中份额的下降，对农业减贫作用的讨论减少了，相关研究转向农业产业化扶贫等对策研究范畴。

（四）开发式扶贫资金和政策分析

长期以来，在开发式扶贫推进过程中投入了大量专项扶贫资金，实施了各种专项扶贫政策。朱玲早在 1992 年就指出，国内关于贫困问题的研究随着扶贫政策的制定和实施而展开。[③] 扶贫资金使用和各类专项扶贫政策效应是国内长期研究的重点和热点，对改善扶贫资金管理和改进扶贫政策起到了推动作用。

关于扶贫资金的研究非常多，从 20 世纪 80 年代中期一直延续至今。早期的研究重点，一是扶贫资金资源的管理和传递机制，二是区域开发扶贫投入的减贫效应。研究发现，扶贫资金管理的原则

---

[①] 刘文璞、吴国宝：《地区经济增长和减缓贫困》，山西经济出版社 1997 年版；吴国宝：《对中国扶贫战略的简评》，《中国农村经济》1996 年第 8 期。

[②] 陈凡：《中国反贫困战略的矛盾分析与重新构建》，《中国农村经济》1998 年第 9 期；朴之水、任常青：《中国贫困地区的资源流动、市场与经济发展》，《农业经济问题》1996 年第 3 期。

[③] 朱玲：《中国扶贫理论和政策研究评述》，《管理世界》1992 年第 4 期。

和目标、地方政府目标与减贫目标的偏离，都导致减贫效应不如预期。[1] 其后关于扶贫资金的分析，既有关于投资规模、来源、使用方式、投入方向的归纳，也有关于扶贫资金使用效果的分析。这些分析，有的是对总量资金的总体效果的分析，有的是对财政资金、扶贫贷款、以工代赈实物折合资金的分类效果分析。[2] 这些分析所使用的数据、方法，尤其是所使用的目标变量差别很大，导致结论难以比较。比如，所使用的效果指标有县农村人均纯收入、县农业总产值、农村20%最低收入组人均纯收入、人均GDP增长率等。从贫困人口角度，贫困发生率、贫困深度、贫困强度等贫困指标更为适用。众多研究中具有代表性的是2010年张全红发表的一项成果。[3] 该研究采用向量自回归模型和贫困发生率、贫困深度、贫困强度指标，对扶贫资金投入和减贫效果进行检验，结果显示，扶贫资金提高了贫困人口的收入水平和收入分配公平程度，但是没有成为促进农村贫困减少的重要因素；经济增长是减贫的主要因素，但是也加重了剩余贫困人口的贫困程度和收入分配不公平程度。该研究有两个结论值得重视：一是不宜直接用基尼系数分析贫困，因为贫困只位于洛伦兹曲线的末端；二是扶贫资金减贫效应不明显不是减少或取消扶贫投资的依据，而是表明要在提高效率的同时加大扶贫资金的投入。

关于各类专项扶贫政策也都颇有研究，或整体性分析，或案例研究，研究内容包括政策内容和机制、运行与管理、减贫效果、问题分析等。产业扶贫也叫产业化扶贫，其研究主要关心扶贫产业选

---

[1] 资源流动与贫困课题组：《扶贫资金的使用与贫困地区的经济发展》，《中国农村经济》1993年第2期；刘文璞、吴国宝：《地区经济增长和减缓贫困》，山西经济出版社1997年版，第186页。

[2] 蔡昉、陈凡、张车伟：《政府开发式扶贫资金政策与投资效率》，《中国青年政治学院学报》2001年第2期。

[3] 张全红：《中国农村扶贫资金投入与贫困减少的经验分析》，《经济评论》2010年第2期。

择、产业组织、市场化、益贫效应、投入产出效益等问题。产业扶贫存在的主要问题是部分产业选择不合理,层次低,同质化严重,竞争力弱。[1] 对于产业扶贫对贫困户增收和减贫的贡献,有的认为明显,有的认为不明显,一般难以做出具体明确的评价。[2] 以工代赈是政府以实物形式对贫困地区进行基础设施建设投资,为贫困人口提供短期就业和收入,在国际上称为公共工程扶贫。与国外公共工程扶贫项目相比,中国的以工代赈项目不是采取"自动瞄准"机制,而是通过调整项目地点和投资方向选择受益者,通过区域瞄准与村社组织相结合的方式保证大多数受益者为贫困人口。[3] 以工代赈项目执行过程中存在的一个主要问题是本应作为工资发放的物资被挪用,贫困劳动力的劳动投入被当作义务劳动,这在短期内有可能加重贫困程度。[4] 整村推进是 2001 年以后实行的一项重大扶贫项目,目的是提高扶贫瞄准程度,通过在贫困村进行较大规模综合投资实现整体脱贫。在 2010 年以前,对整村推进有一些相对较大规模的研究和评价,主要发现是:整村推进项目规划快,建设速度慢,进展不平衡,投资额远低于规划以及实际需求;整村推进使村内生产生活条件改善明显,多数农民收入也有显著提高,但是对贫困户增收没有明显的作用,原因在于大部分贫困户无法满足项目所需的资金配套

---

[1] 张琦、王建民:《产业扶贫模式与少数民族社区发展》,民族出版社 2013 年版。

[2] 郭建宇:《农业产业化扶贫效果分析——以山西省为对象》,《西北农林科技大学学报》(社会科学版)2010 年第 4 期;胡晗等:《产业扶贫政策对贫困户生计策略和收入的影响——来自陕西省的经验证据》,《中国农村经济》2018 年第 1 期。

[3] 朱玲、蒋中一:《以工代赈与缓解贫困》,格致出版社、上海人民出版社 2014 年版。

[4] 蔡昉等:《政府开发式扶贫资金政策与投资效率》,《中国青年政治学院学报》2001 年第 2 期。

条件。① 2010 年以后的研究以定性的问题分析和小规模案例分析为主。参与式扶贫被认为是整村推进项目的重要特点和优势。但是案例分析显示，即使实施了参与式方法，整村推进中平均主义严重，贫困户参与和受益不足。② 易地扶贫搬迁即移民扶贫，往往用于生存条件恶劣地区，通过搬迁可实现生态保护和减贫双重效益。③ 前期研究一般将扶贫移民视为自愿移民。④ 后来的研究认为，易地扶贫搬迁项目中的扶贫移民变成准自愿移民。移民性质变化导致搬迁和生计上的脱贫相对分离，所以搬迁后的脱贫难度加大了。⑤

**四 人力资本投资**

从涓滴效应视角，贫困人口要想抓住经济机会，必须具备相应的人力资本。改革开放的初期，经济机会多，农村人口中也有相当规模具备一定人力资本水平的冗余劳动力，从而经济增长的涓滴效应发挥得比较充分。但是，毕竟贫困人口中的多数是人力资本缺失的，随着时间的推移，剩余贫困人口捕获涓滴效应越来越困难。1986 年王小强和白南风提出这个问题，他们将经济贫困最终归结于人的素质差，缺乏进取精神。⑥ 朱玲在分析贫困的原因时，指出恶劣

---

① 中国发展研究基金会：《在发展中消除贫困：中国发展报告 2007》，中国发展出版社 2007 年版，第 112—115 页；王姮、汪三贵：《江西整村推进项目的经济和社会效果评价》，《学习与探索》2010 年第 1 期。

② 李文君：《整村推进中的村民参与机制与精准扶贫——以甘肃省 L 县 B 村为例》，《开发研究》2016 年第 4 期。

③ 李培林、王晓毅：《移民、扶贫与生态文明建设——宁夏生态移民调研报告》，《宁夏社会科学》2013 年第 3 期。

④ 黄承伟：《中国农村扶贫自愿移民搬迁的理论与实践》，中国财政经济出版社 2004 年版。

⑤ 吴国宝等：《中国减贫与发展：1978—2018》，社会科学文献出版社 2018 年版，第 194—232 页。

⑥ 王小强、白南风：《富饶的贫困——中国落后地区的经济考察》，四川人民出版社 1986 年版。

的自然和交通条件限制了人力资源的发展,农村教育落后,文盲率较高,可以说是知识的贫困。此外,贫困人口营养卫生条件差,平均预期寿命低,各种因素束缚了人们的进取精神,信心缺失,甚至对现状麻木不仁。①《在发展中消除贫困:中国发展报告2007》指出,人力资本不足,包括健康原因导致的劳动能力丧失,依然是越来越严重的致贫因素。②

解决能力型贫困的主要政策是加强教育、培训等,这是自"八七"扶贫攻坚以来一贯的扶贫政策,而且政策力度不断加大。2005年起,扶贫部门开始实施贫困地区劳动力转移就业培训的"雨露计划",2010年以后转向以对新生劳动力职业教育培训直接补贴为主的方式。③朱玲等认为"雨露计划"对于培育贫困劳动力人力资本影响巨大,但是亦有分析认为现有的职业教育培训对贫困劳动力人力资本培育作用仍是不足的。④ 2008年以来,随着新型农村合作医疗制度在全国范围的建立,以及脱贫攻坚以来健康扶贫政策加强,健康服务改善人力资本水平的能力也得到增强。⑤

## 第二节 扶贫攻坚理论

改革开放以后,邓小平提出小康社会建设、"三个有利于"标准、"两个大局"思想。以这些思想作为核心要素的中国特色社会

---

① 朱玲、蒋中一:《以工代赈与缓解贫困》,格致出版社、上海人民出版社2014年版。
② 中国发展研究基金会:《在发展中消除贫困:中国发展报告2007》,中国发展出版社2007年版,第87页。
③ 王金燕:《雨露计划扶贫培训探析》,《理论学刊》2015年第8期。
④ 朱玲、何伟:《工业化城市化进程中的乡村减贫40年》,《劳动经济研究》2018年第4期;檀学文:《中国教育扶贫:进展、经验与政策再建构》,《社会发展研究》2018年第3期。
⑤ 王培安:《全面实施健康扶贫工程》,《行政管理改革》2016年第4期。

主义理论成为开展"八七"扶贫攻坚、脱贫攻坚、东西扶贫协作等反贫困行动的依据。扶贫攻坚是针对现实需要而做出的政治决策，提出了实现当时标准下剩余贫困人口全部脱贫的阶段性目标，进而引发了扶贫投入的增长和一系列扶贫政策和机制创新。制定限期全部脱贫目标具有与小康社会建设目标的一致性以及保障基本人权的正当性；由于所设定的目标难度很大，所以要采取"攻坚战"方式倒逼各种制度和政策创新。作为中国特色社会主义理论体系内的重要理论创新，扶贫攻坚对中国的反贫困格局起到了极大的塑造和推动作用。

## 一 小康社会思想与扶贫攻坚

### （一）小康社会思想与"三步走"战略部署

邓小平继承了毛泽东的共同富裕思想，提出社会主义本质论断，这为扶贫开发提供了直接依据。改革开放以后，邓小平在对外交往过程中，论证必须消灭贫穷，贫穷不是社会主义，高度发达的生产力是实现共同富裕的前提。[1] 1979年年底，邓小平在与日本首相大平正芳谈话时提出，到20世纪末的发展目标是实现小康。当时的小康是对中国式的四个现代化的一种定性界定，是一个有所进步但是还比较落后的发展水平。[2] 1987年，党的十三大报告正式提出经济建设"三步走"战略部署，前两步都与小康建设关系密切，第一步是尽快解决人民的温饱问题，第二步是到2000年使人民生活达到小康水平。

发展历程表明，小康社会前两步目标的实现并非一帆风顺。到1992年年底，还有8000万贫困人口没有解决温饱问题。为兑现解决人民温饱问题的承诺，国务院制订"八七"扶贫攻坚计划，目标是到2000年基本解决8000万人口的温饱问题。江泽民在1996年中央

---

[1] 《邓小平文选》第三卷，人民出版社1994年版，第225、373页。
[2] 《邓小平文选》第二卷，人民出版社1994年版，第237页。

扶贫开发工作会议上指出，这是一场必须打赢的扶贫攻坚战，是到2000年实现小康目标、完成现代化建设第二步的历史任务决定的。①从这个时候起，基本消除贫困与小康社会建设目标明确联系在一起。这次会议之后，党中央和国务院及时出台《关于尽快解决农村贫困人口温饱问题的决定》，大幅度增加扶贫投入，实施党政一把手负责制，任务、责任、资金、权力"四到省"，贫困县优惠政策，东西对口扶贫等一系列制度和政策创新，使扶贫攻坚实现从形式向实质的转变。对此，有研究认为，这是中国历史上第一个有明确目标的扶贫计划，中国政府为了如期完成计划设定的目标而采取了一系列新的扶贫政策和措施；让地方政府负责人直接对其所辖地区的扶贫工作负责，这一举措扭转了10年来实际扶贫资金下降的局面。②

（二）"两个大局"思想与区域扶贫协作

1988年，在讨论改革方案时，邓小平提出，在改革问题上中央要有权威，改革必须有领导有秩序地进行。在这个总前提下，他提出"两个大局"思想：沿海地区加快改革开放，较快地先发展起来，这是一个大局，内地要顾全这个大局；反过来，发展到一定的时候，又要求沿海拿出更多力量来帮助内地发展，这也是个大局，沿海也要服从这个大局。"两个大局"思想或战略不仅在经济上符合开放条件下非均衡增长原理，③更在政治上做出了两个地区相互支持的规定。对于何时实行这个转变，邓小平的设想是在20世纪末达到小康水平的时候。1996年的《关于尽快解决农村贫困人口温饱问题的决定》规定了东西对口扶贫制度，其中既包含协商合作因素，又包含

---

① 《江泽民文选》第一卷，人民出版社2006年第1版，第547—562页。
② 吴国宝：《中国农村扶贫研究》，载张晓山、李周主编《中国农村改革30年研究》，经济管理出版社2008年版，第357—386页；汪三贵：《中国的"八七扶贫攻坚计划"：国家战略及其影响》，上海扶贫大会国家案例报告，2004年3月29日。
③ 才国伟、舒元：《对"两个大局"战略思想的经济学解释》，《经济研究》2008年第9期。

支持、援助等再分配因素,这可以看作先富帮后富的先行制度安排。①

(三) 全面小康社会建设与脱贫攻坚

党的十八大以后形成了"新三步走"战略,其中2020年成为第一个,也是全面建成小康社会的重要时间节点。② 党的十八大报告提出了全面建成小康社会目标,但是没有明确具体的减贫目标。习近平基于一系列扶贫考察,在2013年提出精准扶贫思想,在2015年提出脱贫攻坚思想。精准扶贫与脱贫攻坚的内涵具有高度统一性,只有通过精准扶贫才能实现脱贫攻坚,脱贫攻坚本身也包含着精准识别和精准脱贫。③ 习近平在2015年中央扶贫开发工作会议上指出,到2020年中国现行标准下农村贫困人口实现脱贫,贫困县全部摘帽,解决区域性整体贫困,是党的十八届五中全会确立的全面建成小康社会的新目标要求。为此,中央把扶贫攻坚修改为脱贫攻坚,就是说到了2020年一定要兑现脱贫承诺。④ 可见,脱贫攻坚是升级版的扶贫攻坚,两者的相似之处在于,它们都是为了实现阶段性小康社会建设目标而采取的非常规举措。没有全面小康社会建设,也就不一定有脱贫攻坚,这是中国共产党和中国政府一贯政治承诺的体现。脱贫攻坚任务更为艰巨,所以,政府和社会投入力度更加巨大,采取的思路和措施也更为丰富和系统。中央统筹、省负总责、市县抓落实的分工机制,一把手负责制,五级书记抓扶贫等完整的

---

① 吴国宝:《东西部扶贫协作困境及其破解》,《改革》2017年第8期。
② 韩庆祥:《"新三步走战略"与"四个全面"战略布局》,《唯实》(《现代管理》)2015年第6期。
③ 檀学文、李静:《习近平精准扶贫思想的实践深化研究》,《中国农村经济》2017年第9期。
④ 中共中央党史和文献研究院编:《习近平扶贫论述摘编》,中央文献出版社2018年版。

扶贫责任制,成为推进脱贫攻坚的重要制度性保障。①

## 二 扶贫攻坚的举国体制优势

中国反贫困治理的鲜明特征是党的领导和政府主导以及全社会参与,这是中国社会体制决定的,与扶贫攻坚的需要比较吻合,与很多国家以社会组织为主体有根本性差别。这被认为是中国反贫困治理,尤其是开展扶贫攻坚的政治和制度优势。② 蔡昉直接将其归结为中国的举国体制优势的一种体现。③ 对于这种举国体制优势,纳入讨论的问题主要有三类:一是政府反贫困责任的性质,二是政府扶贫与社会扶贫的关系,三是扶贫对象的主体性问题。

### (一) 界定政府反贫困责任

中国政府开展反贫困行动是出于什么目的,是承担法定责任还是社会道义,这是个重要问题,但是研究得并不多。20世纪90年代中期,曾有研究指出,中国扶贫应由道义性扶贫向制度性扶贫转变,确认反贫困是政府的法定职责,应有法律和制度的保证。④ 对此,后续的研究似乎不多。一般都将反贫困视为党和政府的天然职责,而且主要由党来领导,在党的文件指导下制订政府工作方案和计划,这可以理解为反贫困首先是政治责任。历年来,指导扶贫工作的政治文件和政府文件都是以中共中央和国务院共同名义发布的。到目前为止,国家层面尚未制定扶贫开发法律法规,只是在各省级层面制定了相关的行政条例,这更凸显了中国政府反贫困主体责任的独

---

① 黄承伟:《党的十八大以来脱贫攻坚理论创新和实践创新总结》,《中国农业大学学报》(社会科学版) 2017年第5期。

② 黄承伟:《中国扶贫开发道路研究:评述与展望》,《中国农业大学学报》(社会科学版) 2016年第5期。

③ 蔡昉:《穷人的经济学——中国扶贫理念、实践及其全球贡献》,《世界经济与政策》2018年第10期。

④ 康晓光:《90年代我国的贫困与反贫困问题分析》,《战略与管理》1995年第4期。

特性。

(二) 政府扶贫与社会扶贫的有机结合

在脱贫攻坚期内,中国已经形成各级党委和政府、各行业主管部门、各机关和事业单位、参与扶贫协作的东部地区党委和政府、参与一对一结对帮扶的机关干部、市场主体、社会组织等在内的全社会参与的扶贫主体体系,这被概括为大扶贫格局,是中国特色的制度优势的体现。[1] 实际上,多元化主体参与反贫困的机制,早在"八七"扶贫攻坚计划中就已经基本确立,中央部委扶贫制度建立得更早。[2] 李周认为,中国农村扶贫主体由政府扶贫和社会扶贫组成,其中社会扶贫包括定点扶贫、对口扶贫、企业扶贫、社会组织扶贫、国际机构扶贫和个人扶贫。各类社会扶贫都有其独特的经验优势,同时也都有短处。[3] 政府扶贫和社会扶贫可以通过合作形成很强的互补性,社会扶贫的作用会变得越来越大。政府扶贫属于第二次分配,讲求公平;社会扶贫属于第三次分配,讲求责任。第三次分配是中国分配体系中的短板。充分发挥社会扶贫所具有的补短板的作用,会对中国逐步完善分配体系施加积极的影响。社会扶贫是培育"强社会"的适宜切入点,也将随着贫困人口越来越少而变得适宜,但是政府与社会组织必须相互信任,要改善社会组织发育的宏观政策环境。[4] 不过,根据 2014 年开展的调查,社会组织扶贫仍然存在着资源动员不足、人才匮乏、注册困难等问题,在多元主体参与扶贫

---

[1] 黄承伟:《中国扶贫开发道路研究:评述与展望》,《中国农业大学学报》(社会科学版) 2016 年第 5 期。

[2] 谢扬:《社会扶贫功能的一个特例——中国部门包片扶贫分析》,《经济开发论坛》1994 年第 6 期。

[3] 这并非一个新问题,郑功成在更早时候已对政府扶贫和社会组织扶贫各自优点和不足进行了讨论,参见郑功成《中国的贫困问题与 NGO 扶贫的发展》,《中国软科学》2002 年第 7 期。

[4] 李周:《社会扶贫的经验、问题与进路》,《求索》2016 年第 11 期。

格局中仍未实现相应的角色定位。①

（三）确定扶贫对象的主体责任

贫困者作为社会主体，除了那些失去劳动能力和生计条件从而需要救助的群体，应当对自身的脱贫致富承担主体责任。贫困者为了实现脱贫，从其自身而言，需具备两方面条件：一是能力，即所谓的赋权、赋能问题；二是意愿，即所谓的扶志、激发内生动力、精神扶贫、自主参与问题。②

贫困者的能力缺失是一个早就被认识到的问题，他们如果要承担自我脱贫的主体责任，应当在社会的帮助下补足最基本的能力短板，这是涓滴效应发挥作用的前提。本章第一节人力资本投资部分已对此加以陈述。针对权利缺失问题，一个针对性措施是参与式扶贫。参与式扶贫被认为有很多优点，在中国有成功的实践，但是也有不少研究认为参与式扶贫是一种迷思、神话，应该用多元协同的扶贫模式予以替代。③

在普遍贫困条件下，贫困者在获得发展的机会后，会自发地产生内在的发展动力，他们过去只是缺乏机会。中国改革开放40多年来绝大多数贫困人口是通过获得非农业就业机会、发展农业等生产性方式脱贫的。这种脱贫方式具有稳定性和可持续性，也更容易使脱贫人口增强对未来的信心。同时，中国政府在扶贫开发过程中，注重教育、培训和示范的作用，从长期来看，这些都有助于提升贫困人口的自我发展能力和内生动力。④ 对于越来越少的剩余贫困人

---

① 李爱玲：《中国社会组织扶贫现状、类型及趋势》，中国发展简报网站，http://www.chinadevelopmentbrief.org.cn/news-17932.html，2015年8月26日。

② 赵曦：《21世纪中国扶贫战略研究》，《财经科学》2002年第6期。

③ 刘俊生、何炜：《从参与式扶贫到协同式扶贫：中国扶贫的演进逻辑——兼论协同式精准扶贫的实现机制》，《西南民族大学学报》（人文社会科学版）2017年第12期。

④ 吴国宝：《改革开放40年中国农村扶贫开发的成就及经验》，《南京农业大学学报》（社会科学版）2018年第6期。

口，机会缺失型贫困的比例越来越低，消极、被动因素越来越多。针对这种现象，习近平多次讲话中明确提出扶贫要扶志，国家有关部门专门展开扶贫扶志行动，各地纷纷开展了实践尝试，如精神文明星级评定、爱心超市、脱贫励志宣讲等，形成精神脱贫的正向激励效应。①

## 三 改革开放、人权进步与扶贫攻坚

中国的反贫困行动与改革开放密不可分，改革开放造就了中国的扶贫开发局面。《邓小平文选》显示，中国的改革开放思路很多是通过邓小平在与外宾的交流中思考和阐述的，例如建设小康社会、建设中国特色社会主义、社会主义必须摆脱贫穷等。② 在对外开放过程中，中国政府参加重要国际会议，签署重要国际宣言和协议，阐述中国的发展理念和合作意愿，使扶贫攻坚成为一项国际事业。③ 国际交流合作对中国的反贫困思路和事业起到了很大的促进作用。④ 不仅中国巨大的减贫成效得到国际社会的广泛认可和赞誉，而且中国的两轮扶贫攻坚尤其捍卫了中国以"生存权"和"发展权"作为首要的基本人权的基本人权理念。⑤ "八七"扶贫攻坚的目标是解决剩

---

① 例如，张露露：《精准扶贫中的精神脱贫——"八星励志"的耀州实践模式》，《西北农林科技大学学报》（社会科学版）2019 年第 3 期。

② 《邓小平文选》第二卷，人民出版社 1994 年版。

③ 段春来：《国际反贫困与中国扶贫攻坚》，《中国贫困地区》1996 年第 4 期。

④ 国际交流合作也引进了全新的发展观念和方式，带来了先进的综合一体化扶贫理念，促进了参与式发展和社会性别平等意识的提高，引入了定义和测量贫困的理念和方法、贫困问题研究范式。据刘文璞、吴国宝介绍，中国社会科学院的贫困问题研究，最早是接受国际山地综合发展研究中心委托开展山区研究，随后是接受世界银行、福特基金会的研究项目，小额信贷项目也是典型的外资项目。外资扶贫项目资金量大，研究设计规范，理念先进，开展大规模调研和数据分析，对中国的扶贫研究起到很大的推动作用。受篇幅限制，仅做此注。

⑤ 李云龙：《人权保障视野下的中国农村扶贫进程》，《东北财经大学学报》2016 年第 4 期；国务院新闻办公室：《改革开放 40 年中国人权事业的发展进步》，《人权》2019 年第 1 期。

余贫困人口的温饱问题，从人权角度讲就是解决生存权问题，即江泽民所阐述的：占世界人口 1/4 的中国人民的生存权这个最大最基本的人权问题，从此就彻底解决了。这不仅在中华民族历史上是一件大事，而且在人类发展史上也是一个壮举。[①] 2015 年以来的脱贫攻坚和精准扶贫，更进一步地凸显了中国人权事业的进步，实现剩余贫困人口的全部脱贫目标，在保障生存权基础上进一步向保障发展权拓展。[②]

## 第三节 精准扶贫理论

瞄准是扶贫领域的实践以及理论问题，目的是让扶贫资源找到扶贫对象，避免扶贫效率损失和扶贫对象遗漏。中国的贫困识别单元从贫困地区向贫困县、贫困村、贫困户转变，精度不断提高。关于扶贫瞄准的研究历来发现，以往各种瞄准，包括低保，偏差都是很大的。精准扶贫源于对大幅度提高瞄准程度的要求，包括精准识别、精准帮扶以及精准脱贫，是对脱贫攻坚的实践及理论回应。从 1995 年提出政策建议到 2014 年变为现实，精准扶贫是中国在长期学术研究基础上形成的一项重要理论创新。以人为本的科学发展观为精准扶贫到户到人打通了路径，以人民为中心的发展理念与精准扶贫思想高度吻合。从而，精准扶贫成为中国特色社会主义实践和理论的重要组成部分。

### 一 贫困识别偏差与精准识别

贫困识别是为了扶贫需要，根据对贫困的界定，找到事实上的

---

① 李勤：《国务委员陈俊生谈我国"八七扶贫攻坚计划"》，《瞭望新闻周刊》1994 年 4 月 4 日。
② 薛杨：《从精准扶贫精准脱贫看习近平人权思想的特征》，《南开学报》（哲学社会科学版）2018 年第 3 期。

贫困群体，包括贫困地区和贫困人口两个层面，其中贫困地区又分为片区、贫困县、贫困村等层次。由于识别的成本以及方法等因素，中国在20世纪80年代初直至2014年之前，主要进行贫困地区识别，一些地方有局部的贫困户识别试验。2014年以后，在重新开展贫困村识别的基础上，中国开展了大规模、全覆盖的贫困人口精准识别。从历史跨度看，贫困识别单元的变化代表着精准度的提高，是因时因地制宜的体现。[①]

(一) 贫困县识别偏差

中国政府先后在1986年、1993年、2001年和2011年进行过4轮贫困县识别和调整。1986年首次贫困县识别是为了分配新增的贴息贷款，所以识别和项目瞄准是同步的。1993年以后都是识别在先，项目瞄准在后。对贫困县识别偏差的判断方法，通常是将贫困县和非贫困县按收入组分类排序，非贫困县位于低收入组以及贫困县位于高收入组均可视为识别不准。研究发现，历次的贫困县名单都有较明显的识别偏差，但是偏差的性质是有变化的。1986年确定的贫困县，属于低收入组但是没有被评为贫困县的情况严重，如最低10%收入组中，有一半的县没有被确定为贫困县，在10%—25%收入组中，有62%的县没有被确定为贫困县。[②] 造成这种偏差的一个主要原因是，当时判断的依据是1985年农民人均纯收入，但是当年的灾情分布异常，一些真正贫困县灾情轻、收入增长快；一些较好的县灾情重，收入下降较多。1993年以来确定的贫困县中，遗漏现象有了很大的改善，但是反过来，收入高的县被确定为贫困县的情况变得严重起来。[③] 2001年识别的贫困县，遗漏现象基本消除，

---

① 李周主编：《中国反贫困与可持续发展》，科学出版社2007年版，第127页。

② Albert Park, Sangui Wang, Guobao Wu, 2002, "Regional Poverty Targeting in China", *Journal of Public Economics*, 86 (1): 123-153.

③ 李周主编：《中国反贫困与可持续发展》，科学出版社2007年版，第22页。

但是错误认定的情况进一步增加了。①

以上只是用单一收入指标衡量贫困县识别偏差。近期有研究采用多维指标对贫困县和非贫困县的贫困程度进行重新测量，以贵州省为例，该省的 78 个县有 50 个是国家级贫困县，以 2014 年数据进行多维指数分析显示，有 16 个非贫困县达到贫困程度，也有若干国家级贫困县已超过贫困线。②

（二）贫困村识别偏差

2001 年起，基于第一轮《农村扶贫开发纲要》，全国第一次确定了 14.8 万个贫困村。贫困村同样存在识别偏差问题。采取类似的收入组分析方法，对 2001 年贫困村数据分析发现，最低收入组有 45% 的村未纳入贫困村，高收入组也有大量贫困村。③ 对 2004 年数据分析同样显示，贫困村覆盖不完全和非贫困村被定为贫困村的问题比较严重，以收入为标准和在精确识别状态下应该被确定为贫困村的村中有 48% 的村没有被识别。由于东部和中部地区以及非贫困县存在更大的识别错误，贫困村瞄准错误率远远高于贫困县瞄准错误率。④ 2014 年开展的精准识别，在不改变贫困县的前提下，重新识别贫困村，最终全国一共确定 12.8 万个贫困村。但是，贫困村识别存在精英俘获和选择性平衡考虑，所以偏差仍然较大。⑤

---

① 岳希明、李实等：《透视中国农村贫困》，经济科学出版社 2007 年版，第 158—166 页。

② 贺立龙、左泽、罗樱浦：《以多维度贫困测度法落实精准扶贫识别与施策——对贵州省 50 个贫困县的考察》，《经济纵横》2016 年第 7 期。

③ Albert Park, Sangui Wang, Guobao Wu, 2002, "Regional Poverty Targeting in China", *Journal of Public Economics*, 86 (1): 123-153.

④ 汪三贵、Albert Park、Shubham Chaudhuri、Gaurav Datt：《中国新时期农村扶贫与村级贫困瞄准》，《管理世界》2007 年第 1 期。

⑤ 原贺贺：《贫困村识别的基层实践逻辑解构——以湖北 J 县为例》，《西北农林科技大学学报》（社会科学版）2018 年第 2 期。

## (三) 贫困人口精准识别

以 2001 年数据为例,贫困县覆盖了约 71% 的贫困人口,贫困村覆盖了约 60% 的贫困人口,贫困县和贫困村内约 4/5 的人口是非贫困,从而都不是真正的精准识别。[①] 2007 年,汪三贵等对贫困家庭识别开展理论研究,采用借鉴的 Proxy Means Test 方法,利用贫困监测数据,用一些容易识别的变量来估计贫困家庭的概率,结果发现,在最好的情况下,73% 的穷人可能被准确识别出来,但被识别穷人的错误率也高达 70%。[②] 可见,这种方法识别准确度离精准识别要求有相当大的距离。2014 年,通过精准识别,全国共识别出 8962 万贫困人口。精准识别的准确率在一定程度上可以用官方的动态调整数据加以说明。到 2016 年 6 月,全国开展建档立卡"回头看",补录贫困人口 807 万,剔除识别不准人口 929 万,相当于漏评率和错评率分别为 9.0% 和 10.4%。[③] 由于多种原因,对识别出的建档立卡贫困人口的准确性进行定量分析有很大的困难。朱梦冰和李实对贫困人口精准识别进行了分析,实际上使用的是农村低保数据。[④] 关于精准识别的分析,更多的是定性分析和小样本案例分析,缺少大样本实证研究,在此不再举例。

## 二 从区域瞄准到精准扶贫

贫困识别是扶贫瞄准的前提,瞄准是将扶贫政策和资源直接投向扶贫对象。早期的区域瞄准是以区域识别为前提。中国从 20 世纪 80 年代初开始实施专项扶贫计划,自此就产生了扶贫瞄准问题。学

---

[①] 中国发展研究基金会:《在发展中消除贫困:中国发展报告 2007》,中国发展出版社 2007 年版。

[②] 汪三贵等:《中国农村贫困家庭的识别》,《农业技术经济》2007 年第 1 期。

[③] 刘永富:《全面贯彻中央决策部署坚决打赢脱贫攻坚战》,《学习时报》2017 年第 5 期。

[④] 朱梦冰、李实:《精准扶贫重在精准识别贫困人口——农村低保政策的瞄准效果分析》,《中国社会科学》2017 年第 9 期。

术界从 20 世纪 90 年代中期开始关注扶贫瞄准问题，这个问题一直持续到当前。在这个过程中，关于扶贫瞄准的研究大体上包括三方面内容：

（一）区域瞄准的缺陷

"三西"扶贫以及 1986 年设立首批贫困县，识别和瞄准是同步的，确定的扶贫对象就是当时的扶贫资源的受体。这时的瞄准是区域瞄准，扶贫措施叫作山区开发或者贫困地区经济开发，主要思路是促进贫困人口集中区域自我发展能力的提高，推动区域经济发展来实现稳定减贫。经过若干年实践后，已有对区域开发战略减贫效果的客观评价，虽不否定其综合效果，但是指出其减贫效果是差强人意的。1995 年，康晓光指出，以贫困地区为对象的反贫困战略并不是最有效的，应当以贫困农户和贫困农户占绝大多数的自然村为对象。[1] 1996 年，吴国宝指出，贫困地区的经济增长没有与减贫同步变化，贫困地区的政府行为与减贫目标并不一致，因此，必须转向直接瞄准贫困人口。[2] 这些观点发表的同期，1996 年 10 月发布的《关于尽快解决农村贫困人口温饱问题的决定》中首次提出扶贫到村到户原则，反映了这些瞄准到人的观点的前瞻性，但是真正瞄准到户到人在 20 年以后才得以实现。

（二）扶贫瞄准的偏差分析

扶贫瞄准偏差是扶贫效率不足的一部分，主要指扶贫项目、资金、贷款对贫困户的覆盖程度和偏离程度，这方面中国有大量研究。总的来说，各类研究都能得出相似的结论，即中国的扶贫瞄准准确程度较低、偏差大。刘文璞和吴国宝在 1997 年的研究中指出，贫困县只覆盖 70% 的贫困人口，贫困县内只有不到 30% 的乡村人口为贫困人口，从而，当扶贫资源在贫困县内均匀分布时，贫困人口分布

---

[1] 康晓光：《90 年代我国的贫困与反贫困问题分析》，《战略与管理》1995 年第 4 期。

[2] 吴国宝：《对中国扶贫战略的简评》，《中国农村经济》1996 年第 8 期。

偏差就是其瞄准偏差。区域瞄准的缺陷,其实不在于识别贫困地区自身,而是在于在贫困县内、贫困村内并没有进一步识别贫困人口,扶贫资源大量流向非贫困人口,从而使得贫困区域的划定在惠及贫困人口的意义上是失效的。①

朴之水等在分析贫困县识别偏差时也发现,贫困县的人均收入水平与扶贫资金分配没有明显联系,只有发展资金与贫困程度正相关,贴息贷款和以工代赈资金都更多地流向了人均收入高的贫困县。② 李小云等在 2005 年的研究中发现,中央财政扶贫资金流出贫困县的比重超过了规定的 70%,项目依托式的扶贫资金到达贫困农户手中的比重最低。③ 以后的研究陆续发现类似的现象,扶贫项目、贫困村互助资金等更多地流向了非贫困户,这被归结为"精英俘获"现象。④ 关于扶贫贷款,包括财政贴息贷款和小额信贷,一般认为其是解决扶贫资源瞄准到户的有效手段。有调查显示,1986 年扶贫贴息贷款开始施行时,有 92% 的贷款都贷给了农户。但是 1989 年,扶贫政策转向为通过鼓励发展经济实体来间接帮助贫困人口,农户贷款模式也就终止了。20 世纪 90 年代以来,有一大批关于扶贫贷款使用瞄准和效果的研究。主要发现是,将扶贫贷款资金投向企业和非农产业是错误的急功近利行为,因为对贫困户的减贫效应发挥得很弱,假定的瞄准功能没有发挥出来。⑤ 对于扶贫机会更多地流向非贫

---

① 刘文璞、吴国宝:《地区经济增长和减缓贫困》,山西经济出版社 1997 年版。

② Albert Park, Sangui Wang, Guobao Wu, 2002, "Regional Poverty Targeting in China", *Journal of Public Economics*, 86 (1): 123 - 153.

③ 李小云等:《我国中央财政扶贫资金的瞄准分析》,《中国农业大学学报》(社会科学版) 2005 年第 3 期。

④ 邢成举、李小云:《精英俘获与财政扶贫项目目标偏离的研究》,《中国行政管理》2013 年第 9 期;胡联等:《贫困村互助资金存在精英俘获吗——基于 5 省 30 个贫困村互助资金试点村的经验证据》,《经济学家》2015 年第 9 期。

⑤ 黄季焜等:《中国的扶贫问题和政策》,《改革》1998 年第 4 期;李小云等:《我国中央财政扶贫资金的瞄准分析》,《中国农业大学学报》(社会科学版) 2005 年第 3 期。

困人口，一个未得到重视的问题是，贫困户可能存在贷款有效需求障碍。① 这个现象直到 2010 年以后依然存在，表明扶贫贷款瞄准是一个老大难问题。②

（三）精准扶贫研究

精准扶贫思想由习近平在 2013 年年底初步提出，2015 年正式确立为精准扶贫、精准脱贫基本方略。③ 精准扶贫最基本的定义是扶贫政策和措施要真正惠及贫困户和贫困人口，不仅如此，还要真正针对家庭和人口的致贫原因，达到实现稳定和持续脱贫目的。要确保所有贫困人口到 2020 年实现脱贫，在已经开展精准识别的前提下，可以采取精准扶贫措施，因户因人施策，避免扶贫投入外溢效应，同时也抵消经济增长减贫效应的下降。精准扶贫的内涵，除了精准识别，还包括精准帮扶和精准脱贫，包括政策措施的瞄准、帮扶力量的配置和瞄准、脱贫结果的评估确认等，是一个完整体系。④ 精准扶贫是实现脱贫攻坚任务的必然选择和必要条件，某种意义上说，精准扶贫与脱贫攻坚是一致的。精准扶贫与国外的瞄准扶贫有根本性区别，体现在全面瞄准和全方位精准、采取以发展生产为主的综合性措施和扶贫攻坚三个方面。⑤

精准扶贫思想的提出只有短短的 4—5 年时间，对其学术研究成果呈现井喷式增长。现有的分析致力于发现当前精准扶贫实践存在的问题，这些问题使得精准扶贫的效果是打折扣的，意味着精准扶

---

① 林万龙、杨丛丛：《贫困农户能有效利用扶贫型小额信贷服务吗？——对四川省仪陇县贫困村互助资金试点的案例分析》，《中国农村经济》2012 年第 2 期。

② 吴本健等：《扶贫贴息制度改革与"贫困瞄准"：理论框架和经验证据》，《财经研究》2014 年第 8 期。

③ 中共中央党史和文献研究院编：《习近平扶贫论述摘编》，中央文献出版社 2018 年版。

④ 汪三贵、郭子豪：《论中国的精准扶贫》，《贵州社会科学》2015 年第 5 期。

⑤ 檀学文、李静：《习近平精准扶贫思想实践深化研究》，《中国农村经济》2019 年第 9 期。

贫同样存在瞄准偏差和效果问题。这些问题包括：识别偏差；[1] 精准扶贫政策的不精准执行；[2] 精准扶贫产生养懒汉、过度扶贫等逆向激励效应；脱贫责权划分不明确，尤其是扶贫对象责权不清晰；[3] 扶贫措施与贫困户实际需求并非真正匹配等。[4] 对于如何完善精准扶贫，有很多对良好实践的总结，也有大量对策建议提出来。其中一条带有根本性的建议是精准扶贫法制化。这是因为，现行精准扶贫措施行政色彩过浓，难免存在随意性和不确定性，而法制化则可以消除这些缺陷，包括约定各类扶贫主体和脱贫主体的责任和权利，规定扶贫投入的法定机制，扶贫对象识别、瞄准和退出的法制化等。[5]

## 第四节　综合性反贫困战略研究

涓滴效应，包括扩展的涓滴效应，来自市场带动机制，有巨大的减贫效应，但是无法解决所有贫困问题。20世纪90年代中期起，随着开发式扶贫成为正式方针，针对区域开发扶贫和开发式扶贫的局限性，不断有新的综合性反贫困战略研究提出来，推动着综合性反贫困政策的出台。综合性反贫困战略以贫困人口为中心，从开发式扶贫与社会保障相结合，转向经济增长、开发式扶贫与社会保护

---

[1]　李博、左停：《谁是贫困户？精准扶贫中精准识别的国家逻辑与乡土困境》，《西北农林科技大学学报》（社会科学版）2017年第4期。

[2]　雷望红：《论精准扶贫政策的不精准执行》，《西北农林科技大学学报》（社会科学版）2017年第1期。

[3]　檀学文：《完善现行精准扶贫体制机制研究》，《中国农业大学学报》（社会科学版）2017年第5期。

[4]　黄承伟、覃志敏：《我国农村贫困治理体系演进与精准扶贫》，《开发研究》2015年第2期。

[5]　何平：《我国精准扶贫战略实施的法治保障研究》，《法学杂志》2017年第1期。

"三轨"并行,在国际范围内具有创新意义。中国的反贫困战略一直强调生态保护,与国际理念的发展具有同步性,但是行动上更具有独特性。[1]

## 一 从区域开发战略转向以贫困人口为中心的战略

反贫困战略研究始于20世纪80年代,当时既有王小强等的《富饶的贫困》,又有前国务院农村发展研究中心的"造血"理论。[2] 可见,中国的反贫困战略研究思路从一开始就是综合性的。1992年,世界银行组织专家对中国进行贫困考察后,提出了20世纪90年代扶贫战略的建议,即以贫困人口中的最贫困者为目标,集中加强开发和社会服务支持。[3] 尽管这项研究提出以贫困者为目标,但是它总的来说还是一个区域发展战略,强调农业和乡镇企业的作用。同年,朱玲也认为,扶贫部门提出的新发展思路是一种社会经济综合发展战略,包含计划生育、教育、技术推广、农业水利建设等内容。[4]

以贫困人口为中心的反贫困战略是针对区域开发反贫困战略而提出来的,把关注点真正转向贫困人口。1995年,康晓光提出的反贫困战略,由四个相互关联的部分组成,分别是:改善生产条件、开发经济资源,为贫困人口提供经济机会;从教育、技能培训、健康服务等方面开发人力资源,提高贫困人口能力;建设社会安全保障网络;开展贫困地区经济社会改革和反贫困制度创新。[5] 这个战略

---

[1] World Bank, 1992, *World Development Report 1992: Development and the Environment*, London: Oxford University Press.
[2] 朱玲:《中国扶贫理论和政策研究评述》,《管理世界》1992年第4期。
[3] 世界银行:《中国:90年代的扶贫战略》,高鸿宾、张一明、叶光庆译,中国财政经济出版社1993年版。
[4] 朱玲:《中国扶贫理论和政策研究评述》,《管理世界》1992年第4期。
[5] 康晓光:《90年代我国的贫困与反贫困问题分析》,《战略与管理》1995年第4期。

思路与区域开发战略不同之处在于三个方面：一是它较早地提出以贫困人口为中心，二是从机会和能力两个方面来实施开发式扶贫，三是在开发式扶贫基础上提出社会保障问题。1998 年，陈凡基于当时的贫困标准，提出将农村贫困人口分为绝对贫困、边缘贫困和相对贫困三种类型，分类施策，同样也是以贫困人口为中心。①

## 二 开发式扶贫与保障式扶贫的结合

经过一段时间的开发式扶贫之后，陆续有调查发现，有一大批失能人口是无法依靠开发式扶贫脱贫的。② 2003 年，民政部开展了一项摸底调查，发现农村有近 2000 万无劳动能力、无经济来源、无法定赡养和抚养人的特殊困难群体。这个调查结果深刻影响了对救助式扶贫的看法，由此得出的结论是，保障式扶贫手段是缺失的，开发式扶贫与社会保障的结合应该是农村扶贫的方向。③ 伴随着对保障性扶贫的呼吁，具有扶贫保障功能的各项社会保障政策在 21 世纪初陆续出台，包括新型农村合作医疗制度、农村最低生活保障制度、免费义务教育制度、新型农村社会养老保险制度等。世界银行 2016 年的分析报告认为，2000 年以来中国的反贫困战略，符合其所定义的"2.5 版"特征，即以经济增长和人力资本投资为主，以社会保障为补充。④

---

① 陈凡：《中国反贫困战略的矛盾分析与重新构建》，《中国农村经济》1998 年第 9 期。

② 朱玲：《制度安排在扶贫计划实施中的作用——云南少数民族地区扶贫攻坚战考察》，《经济研究》1996 年第 4 期。

③ 中国发展研究基金会：《在发展中消除贫困：中国发展报告 2007》，中国发展出版社 2007 年版。

④ Indermit S. Gill, Ana Revenga, Christian Zeballos, 2016, "Grow, Invest, Insure: A Game Plan to End Extreme Poverty by 2030", World Bank Policy Research Working Paper, WPS7892.

### 三 "三轨制"反贫困战略

上述世界银行的研究报告认为，为了实现 2030 年反贫困计划，应当采取"3.0 版"反贫困战略，也就是将社会保障的角色由补充和辅助变为必要的组成部分。实际上，中国的"三轨制"反贫困战略思路与世界银行的几乎一致，而且提出时间其实更早，因此具有创新性。随着保障式扶贫的形成，综合的反贫困途径或战略可以说是经济发展、开发式扶贫和社会保障的"三轨制"或"三管齐下"。研究发现，这个"三轨制"体系并非那么完善，一开始是相对孤立地运行，到了后期又出现各种错位。[1]

"三轨制"反贫困战略之下讨论的一个有价值的问题是从社会保障扶贫向社会保护扶贫的转型。早期针对开发式扶贫的不足而提出的对策建议是实施救助式扶贫。[2] 但是实际的政策取向是社会保障扶贫，在救助救济基础上增加了制度性的保障措施。《打赢脱贫攻坚战三年行动指导意见》中所列的综合保障性扶贫措施包括社会保险、社会救助和社会福利制度，针对的是完全丧失劳动能力和部分丧失劳动能力且无法依靠产业就业帮扶脱贫的贫困人口，因此是改进型的社会保障扶贫措施，与"三轨制"统筹还有不小距离。社会保护的内涵高于社会保障，除了对低收入者的临时救助和津贴，还包括人力资本投资、风险管理以及创造就业机会，实现预防贫困的目的。[3] 可见，社会保护范畴内的各项措施都已经包含在精准扶贫政

---

[1] 张晓山、李周主编：《中国农村改革 30 年研究》，经济管理出版社 2009 年版，第 357—386 页；贺雪峰：《中国农村反贫困战略中的扶贫政策与社会保障政策》，《武汉大学学报》（哲学社会科学版）2018 年第 3 期。

[2] 陈卫平、申学峰：《农村绝对贫困人口：救助式扶贫还是开发式扶贫？》，《财政研究》2006 年第 5 期。

[3] 徐月宾等：《中国农村反贫困政策的反思——从社会救助向社会保护转变》，《中国社会科学》2007 年第 3 期；杨宜勇、吴香雪：《农村反贫困：开发式扶贫与社会保护的协同推进》，《西北人口》2016 年第 3 期。

策体系中，只不过未按社会保障范畴进行分类，有的还没有达到完善的程度。在朱玲等看来，社会保护应在下一步反贫困战略中发挥主导作用。[1]

### 四 生态保护的反贫困战略

中国历来重视生态保护与减贫的关系。相关研究不仅认识到人民公社体制下的生态破坏，也发现改革开放以后，照样存在生态失调与经济发展困难并存的情况。典型的例子是，贵州在实行家庭联产承包责任制后仍然毁林 100 多万亩，其破坏后果堪比"大炼钢铁"和"以粮为纲"，其原因在于落后的观念和素质所滋生的自然经济，及其所导致的进一步落后。[2] 因此，生态环境保护对于减贫与发展的重要性是一种共识，相关研究发现主要包括以下三个方面：

一是贫困山区的发展必须注重生态保护，发展生态农业。20 世纪 80 年代的文献提供了不少这样的案例，甚至改革开放前也能时不时见到类似案例。对此，一个典型的表述是，生态农业对于治理和开发贫困山区有着特别重要的作用，生态农业更适合山区需要。[3] 李周从内在运行机理角度，分别分析了生态敏感地区、自然资源丰富地区和生物多样性丰富地区的贫困问题，指明各自贫困的发生都有独特的现实根源，发展途径是要发挥比较优势，建立竞争性市场。[4]

---

[1] 朱玲、何伟：《工业化城市化进程中的乡村减贫 40 年》，《劳动经济研究》2018 年第 4 期。

[2] 王小强、白南风：《富饶的贫困——中国落后地区的经济考察》，四川人民出版社 1986 年版，第 45 页。

[3] 石山：《谈我国贫困山区的治理与开发》，《科学·经济·社会》1986 年第 6 期。

[4] 李周：《资源、环境与贫困关系的研究》，《云南民族学院学报》（哲学社会科学版）2000 年第 5 期。

二是扶贫移民（生态移民）有重要的生态保护作用。中国大规模的、有组织的扶贫移民在设计之初就是为了应对生态灾害，具有发展迁入地农业、缓解迁出地贫困和保护各地生产环境的目标。在2000年对此进行评估的时候，其结论是初步的改善效果尚不明显。2013年发表的另一份报告显示，宁夏南部山区自2006年以后，生态环境有明显改善，水源地得到保护。[①]

三是绿色减贫理论。生态文明理论、"两山"理论被看作绿色减贫的理论基础。[②] 绿色减贫战略被认为是突破减贫"瓶颈"、实现可持续脱贫的关键，根本方法是在贫困地区走可持续发展道路，守住发展和生态两条底线。[③] 绿色减贫措施主要包括生态环境建设保护、易地扶贫搬迁、绿色产业发展三个方面，但是在绿色产品价值实现、绿色资产回报方面还有完善的空间。[④] 从某种意义上说，绿色减贫理论既是精准扶贫理论的深化，也构成生态文明理论的一部分。

## 第五节　贫困定义与测量研究

中国学术研究中对于贫困的定义经历了从温饱到基本需要、发展、知识、多维的转变，但是官方贫困标准所依据的一直是以温饱为内核的绝对贫困定义。对拓展性贫困定义的研究推动了反贫困战略研究。对贫困标准的研究和评价推动了贫困标准的提高，最新的

---

[①] 李培林、王晓毅：《移民、扶贫与生态文明建设——宁夏生态移民调研报告》，《宁夏社会科学》2013年第3期。

[②] 王晓毅：《绿色减贫：理论、政策与实践》，《兰州大学学报》（社会科学版）2018年第4期。

[③] 雷明：《两山理论与绿色减贫》，《经济研究参考》2015年第64期。

[④] 王晓毅：《绿色减贫：理论、政策与实践》，《兰州大学学报》（社会科学版）2018年第4期。

贫困标准虽然仍属于绝对贫困范畴，但是它的内涵已经具备发展贫困的特征。研究发现，实际的扶贫标准在官方贫困标准基础上附加"两不愁、三保障"福利，已经接近世界银行的高贫困标准。

## 一　贫困定义研究演进

改革启动后，对贫困问题的讨论和分析也随之出现，主要受两类因素影响，一是扶贫和制定贫困标准的需要，二是国际贫困理论的演进。中国较长时间里没有明确的贫困定义，大体上将未解决温饱问题视为贫困，将温饱条件对应的消费水平界定为贫困标准，这是一种基本需要型的贫困界定。例如，1984年湖南某调查中的贫困户是指温饱问题尚未解决、简单再生产难以维持。[1] 中国对贫困定义的研究大体上可区分为两个阶段和两种类型，一是20世纪90年代围绕温饱问题所进行的贫困界定，二是2000年以后所开展的拓展研究。

### （一）基于温饱的贫困定义研究

基本需要型贫困定义，对应着基本需要理论，是最直观的贫困定义。中国的基本需要型贫困定义研究主要集中于20世纪90年代，主要围绕温饱概念展开。其主要目的，一是用于贫困状况评估，二是用于推论反贫困战略。1985年，国家统计局首次对贫困线进行测定时，其所依据的贫困定义是指物质生活困难，一个人或一个家庭的生活水平达不到一种社会可以接受的最低标准，包括供应基本热量的食品需求和其他基本生活需要。[2] 周彬彬在1991年提出，绝对贫困的首要内涵是生存基本需要能否得到满足，其中最重要的是食品消费能否维持健康生理和日常活动的需要。[3] 同期另

---

[1]　湖南常德地区农村办公室经管科调查组：《百户贫困户的调查》，《农业经济丛刊》1984年第1期。

[2]　唐平：《中国农村贫困标准和贫困状况的初步研究》，《中国农村经济》1994年第6期。

[3]　周彬彬：《人民公社时期的贫困问题》，《经济开发论坛》1991年第3期。

一项对贫困线的研究也采取类似的绝对贫困定义,这与前面提到的 20 世纪 80 年代贫困调研中所使用的界定几乎一致。[1] 该研究的一个突出特点是在绝对贫困之下进一步划分出生存贫困,指特困或极端贫困,进而测算特困线。而一般的研究都将绝对贫困等同于极端贫困。

(二) 拓展性贫困定义研究

国际上的贫困定义,大体上有基本需要、社会排斥、能力贫困、权利剥夺等视角。[2] 国内关于贫困定义的研究,对每类定义都有借鉴和阐发。从发展脉络看,国内学术研究对贫困定义呈现出从基本需要型贫困到发展贫困再到福祉缺失性贫困的演变,后一类型都是对前一类型的拓展。对基本需要型贫困的研究受到了世界银行有关研究的深刻影响,对发展贫困及福祉缺失性贫困的研究受到了阿玛蒂亚·森的能力剥夺理论及其衍生的多维贫困理论的影响。拓展性贫困定义代表了中国贫困研究的国际接轨和进步。

1. 知识贫困

知识贫困来源于联合国开发计划署(The United Nations Development Programme,简称 UNDP)人类贫困概念,对其中的知识缺乏维度和指标进行拓展,衡量的不仅仅是教育水平低下的程度,还包括获取、吸收和交流知识能力的匮乏或途径的缺乏。这里的知识是广义的,包括科学与技术、教育与培训、信息与网络。[3] 知识贫困并没有超出能力贫困、多维贫困的范畴,但是对反贫困战略调整的指向性更强,就是要更加重视知识发展战略和消除知识贫困。

2. 发展贫困

《在发展中消除贫困:中国发展报告 2007》提出发展贫困概念,

---

[1] 童星、林闽钢:《我国农村贫困标准线研究》,《中国社会科学》1994 年第 3 期。

[2] 王小林:《贫困测量:理论与方法》,社会科学文献出版社 2012 年版。

[3] 胡鞍钢、李春波:《新世纪的新贫困:知识贫困》,《中国社会科学》2001 年第 3 期。

对比于生存型贫困，借鉴于能力贫困。发展贫困是指贫困人口缺少自身发展和提高自身能力的机会，如缺少受教育机会和必要的医疗条件。① 提出发展贫困的目的，一方面是建立新的贫困标准，另一方面是推动扶贫战略调整。《中国扶贫开发纲要（2011—2020）》提出了"两不愁、三保障"目标，体现了发展贫困的思想。发展贫困标准虽然没有成为现实，但是在"两不愁、三保障"扶贫标准中得到体现。发展贫困既强调贫困人口自身能力的发展，也强调外部发展条件的建立，实际上比能力贫困更具社会性和综合性。

3. 多维贫困

阿玛蒂亚·森的理论认为，贫困是基本能力的剥夺。中国学者对此加以阐释，认为森的能力贫困理论融入了亚当·斯密的基本需要贫困理论，能力不足是根源，福祉缺失是最终表现，而福祉包含多个维度。② 与发展贫困更多地指向外部行动相比，能力贫困更多地指向对贫困人口的福祉关注和多维贫困测量，国内已有众多利用住户调查数据、抽样调查数据开展的多维贫困测量评价。③ 到目前为止，多维贫困指数都采取 MPI 模式，对选取的每个福祉维度指标选取临界指标，低于该指标的为贫困，然后计算贫困维度的数量和比例，因此其结果体现的是发生贫困的维度占总维度的比例。④

---

① 中国发展研究基金会：《在发展中消除贫困：中国发展报告 2007》，中国发展出版社 2007 年版，第 20 页。

② 王小林：《贫困测量：理论与方法》，社会科学文献出版社 2012 年版。

③ 王小林、Sabina Alkire：《中国多维贫困测量：估计和政策含义》，《中国农村经济》2009 年第 12 期；郭建宇、吴国宝：《基于不同指标及权重选择的多维贫困测量——以山西省贫困县为例》，《中国农村经济》2012 年第 2 期；杨龙、汪三贵：《贫困地区农户的多维贫困测量与分解——基于 2010 年中国农村贫困监测的农户数据》，《人口学刊》2015 年第 3 期。

④ Sabina Alkire, 2011, "Multidimensional Poverty and its Discontents", OPHI Working Paper, No. 46.

## 二 贫困标准研究

### (一) 国内比较研究

关于贫困标准的研究，主要有两方面内容，一是标准内涵及其合理性，二是标准的比较。中国政府先后制定了三个以个人收入和消费为基础的贫困标准，尽管实际标准不断提高，内涵不断扩大，但是它们所对应的贫困定义都是基于温饱的绝对贫困。基于它们的内涵，"1978年标准"只能称为生存标准，[①]"2008年标准"可以称为基本温饱标准，"2010年标准"可以称为稳定温饱标准。[②] "2010年标准"与"两不愁、三保障"的扶贫标准内涵一致，被认为是跨入小康的"门槛"。[③] 一些实证研究支持了中国早期贫困标准偏低的判断。1991年，汪三贵通过分析全国和主要贫困省区农民人均纯收入和生活消费支出的资料认为，20世纪80年代中后期中国农村合理的绝对贫困线应比当时的150元官方标准高50元至110元。[④] 2007年，汪三贵又指出，延续使用20多年的"1984年贫困标准"过低，原因在于马丁法低估了贫困人口的非食物消费支出。[⑤] 2011年年初，媒体的关注也使得学者关于贫困标准过低的判断得以表达出来。[⑥]《在发展中消除贫困：中国发展报告2007》测算了发展贫困线，2005年为1147元，分别比"1978年标准"和"2008年标准"高

---

[①] "1978年标准"有时候被称为"1984年标准"，内涵相同，即以1978年物价水平为基数，但是在1984年制定。

[②] 李培林、魏后凯主编：《中国扶贫开发报告 (2016)》，社会科学文献出版社2016年版。

[③] 王萍萍等：《中国农村贫困标准问题研究》，《调研世界》2015年第8期。

[④] 汪三贵：《中国农村的贫困问题》，《农村经济与社会》1991年第6期。

[⑤] 汪三贵：《中国农村贫困标准及低保对象》，《中国社会保障》2007年第12期。

[⑥] 方可成：《我国贫困线有望大幅提高 现行标准仅能维持生存》，《南方周末》2011年4月13日。

67.9%和21.5%，但是比"2010年标准"低34.2%。① 这意味着，发展贫困线的测算仍然是保守的，"2010年标准"已经具备了发展贫困的特征。

（二）国际比较研究

国际比较的对象通常是世界银行的贫困标准。世界银行贫困标准历经调整，已经从1美元"调高"到1.9美元。1美元标准对应的是1985年购买力平价指数（PPP），1.9美元标准对应的是2011年购买力平价指数，其所包含的消费内涵不变。② 中国在采用"2008年标准"以前，一直使用"1978年标准"。由于两个标准悬殊，所以估算的贫困人口规模也相差巨大。例如，1990年的贫困人口数，根据中国标准是8500万人，而依据世界银行标准是6.9亿人。当中国的"2008年标准"出台后，计算发现，中国标准已经很接近世界银行的"每天1美元"标准。③ 中国的"2010年标准"，已经高于世界银行标准，以2005年购买力平价计算，世界银行标准为1.25美元，中国标准为1.6美元；但是与其他发展中国家相比，中国的贫困标准在70多个有数据的国家中处于中下名次。④ 如果加入"两不愁、三保障"扶贫措施的福利含量，那么，按照2011年购买力平价计算，中国扶贫标准已达约3美元，远高于世界银行标准的1.9美元，接近于其3.1美元的高贫困标准。⑤

---

① 中国发展研究基金会：《在发展中消除贫困：中国发展报告2007》，中国发展出版社2007年版，第35页。

② FAQs: Global Poverty Line Update, https://www.worldbank.org/en/topic/poverty/brief/global-poverty-line-faq, September 30, 2015.

③ 王萍萍等：《中国贫困标准与国际贫困标准的比较》，《中国农村经济》2006年第12期。

④ 王萍萍等：《中国农村贫困标准问题研究》，《调研世界》2015年第8期；中国社会科学院农村发展研究所课题组：《中国扶贫标准研究报告》（未刊稿），2017年3月。

⑤ 中国社会科学院农村发展研究所课题组：《中国扶贫标准研究报告》（未刊稿），2017年3月。

## （三） 多重贫困标准研究

世界银行的贫困标准包括高标准和低标准，国际比较研究也常常同时使用多个贫困标准。① 中国的官方贫困标准一般只有1个，只是在2000—2008年还存在一个"低收入标准"，这个标准在2008年被转换为新的贫困标准。中国曾有研究在20世纪90年代提出过一套多层次贫困线，包括对应于生存型贫困的特困线、对应于度日型贫困的温饱线以及对应于温饱生活的发展线（脱贫线）。这里比较有意思的是提出了一条高于贫困线的脱贫线，有一定的发展能力才意味着脱贫，测算结果是比贫困线高70%左右，这时家庭可以有一定的积蓄用于生产投资。② 唐平的同期研究提出了类似观点，即实际的脱贫标准应比贫困线高50%。③ 但是，官方贫困标准只是在统计上有意义，所以贫困线也就是脱贫线。

## 三 贫困测量研究

### （一） 测量方法研究

贫困测量方法有很多种，有研究认为有数十种，常用的有七八种，其中最常用的是马丁法和恩格尔系数法。这两种方法原理是相似的，前提都是测算基本食品消费量和支出额，但是马丁法利用农户数据测算出恩格尔系数，而恩格尔系数法直接规定一个恩格尔系数。④ 马丁法具有实证优势，但是比较而且容易导致贫困标准被低

---

① 王萍萍等：《中国贫困标准与国际贫困标准的比较》，《中国农村经济》2006年第12期。

② 童星、林闽钢：《我国农村贫困标准线研究》，《中国社会科学》1994年第3期。

③ 唐平：《中国农村贫困标准和贫困状况的初步研究》，《中国农村经济》1994年第6期。

④ 杨立雄：《贫困线计算方法及调整机制比较研究》《经济社会体制比较》2010年第5期。

估。[1] 据介绍，中国制定官方贫困标准时，曾在1995年和1998年采用马丁法，其他情况下还是采用恩格尔系数法，一般定为60%。[2] 贫困测量的指标，除了表示贫困规模的贫困发生率、贫困人口数外，还有表示贫困严重程度的贫困深度或缺口指标，FGT指数就是这样一个可分解、可加权的贫困程度指数。国外相关的测量理论和方法在20世纪80年代已经成熟，90年代在中国便有较多研究。[3] 分析贫困深度、贫困缺口等指标，可以发现一段时间里贫困发生率下降但是贫困程度加深，表明贫困人口内部不平等程度的加深。但是后来对贫困人口内部贫困程度的关注是不足的。根据王萍萍等的总结，由于测量方法、指标、数据的不同，一段时间内中国出现了大量不同的贫困估计结果，国内数据与世界银行数据也差别很大。[4]

（二）收入贫困与消费贫困的比较以及贫困的营养摄入量研究

绝对贫困测量可以使用收入指标或消费指标，一般在制定标准时使用消费指标，在外部评价时使用收入指标变量，原因是消费更能代表福利水平，但是收入更为直观和可获得。岳希明和李实对此进行了对比分析，发现收入贫困和消费贫困偏差很大，主要原因在于家庭支出存在的结构性周期规律，总的来说还是消费贫困更合理一些。[5] 不过也有分析认为，消费贫困也存在偏差，从而国家统计局的贫困标准一度采用了双指标法，将消费低于贫困线但是收入在贫困线1.5倍以内、收入低于贫困线但是消费在贫困线1.5倍以内的

---

[1] 汪三贵：《中国农村贫困标准及低保对象》，《中国社会保障》2007年第12期。

[2] 王萍萍等：《中国贫困标准与国际贫困标准的比较》，《中国农村经济》2006年第12期。

[3] 国家统计局农调总队"农村贫困问题研究"课题组：《九十年代中国农村贫困标准研究》，《调研世界》1996年第1期。

[4] 王萍萍等：《中国贫困标准与国际贫困标准的比较》，《中国农村经济》2006年第12期。这种情形直到"2010年标准"出台后才有所改观。

[5] 岳希明、李实：《透视中国农村贫困》，经济科学出版社2007年版，第37—47页。

人口都纳入贫困人口。①

无论收入贫困或消费贫困，其基本依据都是最低营养摄入量的测算。中国最早的温饱标准中，所谓的"吃饱"是指维持基本热量需要的食品消费，折合为 2100 大卡热量。② 贫困人口最低热量摄入数据来源于中国营养学会专家的测算，人均每日摄入热量的正常值为 2400 大卡，最低值为 2000 大卡。2100 大卡是一个比较低的取值，③ 但是一直沿用至最新的贫困标准中。早期对贫困标准的营养标准的分析曾经采取均衡营养的观点，除了热量总量要求，还有根据各类食物的热量转化比例测算的食品结构，即碳水化合物、脂肪和蛋白质都要有一定的数量。④ 但是，后来的贫困标准研究不再细分食品类型。2010 年之前国家贫困标准的测定，只是依据贫困居民一揽子食物消费测算总热量，并不关心其结构。"2010 年标准"在 2100 大卡基础上附加了每天摄入 50 克蛋白质的条件，这就是所谓从"吃饱"到"适当吃好"。⑤

（三）贫困测量中非基本食品支出研究

对于贫困标准中基本食物消费之外的其他消费支出构成有很多的争议，无论是采用马丁法，还是恩格尔系数法均是如此。国家统计局测算，2014 年，现行贫困标准所使用的食物消费比例为 60%，但是贫困人口实际测算比例为 53.5%。建房、教育、医疗等支出对一部分家庭相当巨大，有可能导致贫困家庭负债，或者减少了基本

---

① 王萍萍等：《中国贫困标准与国际贫困标准的比较》，《中国农村经济》2006 年第 12 期。

② 唐平：《中国农村贫困标准和贫困状况的初步研究》，《中国农村经济》1994 年第 6 期。

③ 童星、林闽钢：《我国农村贫困标准线研究》，《中国社会科学》1994 年第 3 期。

④ 童星、林闽钢：《我国农村贫困标准线研究》，《中国社会科学》1994 年第 3 期；周彬彬：《人民公社时期的贫困问题》，《经济开发论坛》1991 年第 3 期。

⑤ 王萍萍等：《中国农村贫困标准问题研究》，《调研世界》2015 年第 8 期。

消费。烟酒消费、在外就餐和住户间"人情往来"转移支付在很多地方都是必要支出，但是都没有纳入贫困标准公式内。① 汪三贵指出，根本性问题在于，几乎所有的贫困线都回避直接确定非食品支出的具体支出项目以及各个项目的比例，取而代之的是使用恩格尔系数，但是这个比例是很难精确的。国家统计局在1990年曾设立课题，对非食品必需品构成进行探索，但是这显然只是个别事例。②

（四）多维贫困测量分析

随着多维贫困测量A-F方法在2007年的提出以及2009年由王小林将其引入国内，关于多维贫困的研究文献逐年快速增加。③ 总的来说，这些研究的思路和方法都是类似的，就是借鉴MPI指数构建贫困的维度并根据中国实际选择相应的指标，借鉴A-F方法对指标的阈值进行设置和测算。这些研究的区别主要在于：数据选择，主要是中国营养健康调查数据（CNHS）或贫困监测数据，目前还没有见过使用建档立卡数据；指标选择及阈值设置多少有区别；时间维度不同，有的使用了多期动态数据。④ 还有研究将时间因素纳入指数内，测算长期多维贫困指数。⑤ 多维贫困测量研究进展与中国的精准扶贫精准脱贫理念和进展是基本保持了一致，但是其成果的意义目前还比较有限。

---

① 汪三贵：《中国农村贫困标准及低保对象》，《中国社会保障》2007年第12期。
② 《中国农村贫困标准》课题组：《中国农村贫困标准研究》，《统计研究》1990年第6期。
③ 王小林、Sabina Alkire：《中国多维贫困测量：估计和政策含义》，《中国农村经济》2009年第12期。
④ 张全红、周强：《中国多维贫困的测度及分解：1989—2009年》；《数量经济技术经济研究》2014年第6期；杨龙、汪三贵：《贫困地区农户的多维贫困测量与分解——基于2010年中国农村贫困监测的农户数据》，《人口学刊》2015年第2期。
⑤ 郭熙保、周强：《长期多维贫困、不平等与致贫因素》，《经济研究》2016年第6期。

# 第十一章

# 生态经济研究

一般而言，生态经济是指在生态系统承载能力范围之内，以绿色生产方式和消费方式为路径，以经济可持续性、生态可持续性以及社会可持续性相统一为原则，实现社会经济高质量发展的一种经济形态。生态经济研究的对象是人与生态系统之间的关系，不同的历史发展阶段，对这种关系的认知程度不同，由此形成了问题导向的阶段性生态经济理论。

尽管早在1966年，美国学者鲍尔丁在《一门科学：生态经济学》一文中就提出了创建生态经济学的倡议，但中国最早创立了生态经济学。1980年8月，时任中国社会科学院副院长、经济研究所所长的许涤新先生在青海省西宁市召开的"全国畜牧业经济理论讨论会"上提出："要研究我国生态经济问题，逐步建立我国生态经济学。"同年9月，许涤新先生主持召开了中国首次生态经济问题座谈会，正式拉开了中国创建生态经济学的序幕。在他的带动下，中国生态经济研究创造了四个世界第一：第一个自然科学界与社会科学界学者紧密合作，开展交叉学科研究的国家；第一个成立生态经济学学会的国家，比国际生态经济学会成立（1989年）早了5年；第一个创办《生态经济》杂志的国家，比 Ecological Economics 的创办早了4年；第一个有组织开展生态经济研究的国家。

尽管中国生态经济研究起源于20世纪80年代初，但新中国成立以来，国家高度关注森林、环境的保护，并采取了相应的政策措施，与此同时，学术界也开展了相应的研究。这些都是生态经济研究的重要内容。基于此，可以将中国生态经济研究划分为如下五个阶段：（1）新中国成立至1980年：前期理论探索阶段；（2）1981—1983年：生态平衡理论阶段；（3）1984—1991年：生态经济协调理论阶段；（4）1992—2000年：可持续发展理论阶段；（5）2001年至今，绿色发展理论阶段。根据上述逻辑，本章重点对五个阶段的理论创新进行系统梳理。

## 第一节 生态经济研究前期的理论探索

新中国成立到改革开放前，在理念上都认为自然生态系统可以为人类社会经济的发展提供"取之不尽、用之不竭"的资源。因此，为了实现社会经济发展目标，最大限度地发挥人的主观能动性，在"征服自然、改造自然"的感召之下，走向探索社会主义建设规律的征程。由于认知的时代局限性，出现过不少失误和错误，有的错误带来的负面影响甚至是全局性、长期性的，尤其是对自然生态系统的影响。党和国家也认识到问题的重要性、严重性，逐渐采取了相应的政策措施，以纠正以往的失误。学术界也开展了相应的探索，尽管在系统性方面有所欠缺，但对实践发挥了很好的指导作用。

### 一 森林资源保护及林业发展

毛泽东同志非常重视林业。早在1934年就指出："森林的培养，畜产的增殖，也是农业的重要部分。"1959年又指出："农、林、牧三者互相依赖，缺一不可，要把三者放在同等地位。"

（一）对森林、林业作用的认识

森林是一个强大的生态系统，在整个生物圈的物质循环和能量交换过程以及保持自然界动态平衡中都占有特殊重要的地位。对保护自然环境、减免天灾、改善气候、保证农牧业生产等具有很大的作用。特别是在水库及河流上游，森林对水源的水质改进有重要的作用。①

华林茂认为，森林是农业生产发展的一种重要保障。积极保护和发展森林资源，能够从根本上改善农业生产的基本条件，保持水土、防风固沙、涵养水源、调节气候，促进农业的稳产和丰收。而林业是国民经济的一个重要组成部分。因此，保护森林，发展林业，是社会主义革命和社会主义建设的需要。②

林业是我国社会主义建设不可缺少的物质生产。森林面积大小，分布是否合适，木材产量多少，供应能否及时，都直接影响国家的基本建设和人民的生产、生活。③

（二）对林业发展路径的探索

新中国成立以来，党和国家开始重视自然保护工作，全国资源都按照社会主义计划经济加以利用。1950年以来执行的"封山育林"就是一种具有保护意义的政策。

20世纪50年代，毛泽东发出了"绿化祖国"和"实行大地园林化"的伟大号召，要求"在自然条件许可和人力可能经营的范围内，绿化荒山荒地。在一切宅旁、村旁、路旁、水旁，只要是可能的，都要有计划地种起树来"。这为林业发展指明了方向。1956年国务院《关于积极保护和合理利用野生动物资源的指示》和1963年颁布的《森林保护条例》及1975年国务院出台的45号文件，对自然保护区的划定和管理都做了相关规定，进一步推动了中国自然保护工作的开展。

中国有着极其丰富的自然资源，为了保护这些自然历史遗产，

---

① 北京林学院：《林木与环境保护》，《河北林业科技》1973年第3期。
② 华林茂：《注意保护森林资源》，《陕西林业科技》1973年第8期。
③ 范福生：《关于实现森林永续经营利用的初步研究》，《东北林学院学报》1964年第3期。

最有效的措施就是建立自然保护区。马建章认为，自然保护区是自然保护事业中的一项重要建设，是研究自然环境及其生态系统最理想的地方，是开展自然保护工作的重要基地，对于保护、恢复、发展和合理利用自然资源，保存自然历史遗产，改善人类环境以及促进市场、文化、教育、卫生、旅游等事业的发展都具有重要意义。[1]阳含熙认为，设立自然保护区的重要目的有三点：一是保存具有代表性的自然景观，作为科学研究的长期基地；二是保护与繁殖稀有的动物和植物；三是可以作为教育、文娱与休养的地点。[2]

## 二 环境保护的重要意义及路径

### （一）对环境保护重要意义的认知

在对资本主义社会存在的环境问题及原因分析之后，方辛认为，我国社会主义建设正在蓬勃发展，正确处理经济发展和环境保护的关系，充分发挥社会主义制度的优越性，做到既高速发展经济，又保护并不断改善环境，这对进行社会主义建设具有重要意义。[3]

社会主义经济的一个重要特征是合理利用资源，而合理利用资源是保护环境的基本要求。"环境问题主要是生产活动中不合理利用资源引起的。多年来，我们并没有很好地认识这一问题。有些生产建设往往是以牺牲环境换取的，一边发展生产，一边破坏生产的资源条件，生产是搞上去了，却付出了高昂的代价。生产建设和环境保护之间平衡发展，是社会主义建设中带有战略意义的大问题。"[4]

茅以升认为，科学与技术是用来改造自然的，如果在改造过程中，不注意环境保护，就会导致污染的产生，这无疑是自然对人类

---

[1] 马建章：《关于加强和建立自然保护区的意见》，《野生动物保护与利用》1979年第1期。
[2] 阳含熙：《关于设立森林保护区的意见》，《林业科学》1959年第2期。
[3] 方辛：《经济发展和环境保护》，《人民日报》1973年6月16日。
[4] 李超伯：《环境保护应纳入经济计划》，《环境保护》1980年第4期。

的一种讽刺。①

(二) 对环境保护路径的探索

认识规律是运用规律解决问题的前提。因此，开展环境保护的生态学研究，进一步认识自然环境的发展规律，能动地改造自然和保护环境，有着很大的作用。② 马世骏认为，"预防为主""综合治理"是劳动人民长期战胜自然灾害的经验总结，也是解决环境保护问题的正确途径。从"预防为主"的指导思想出发，采取综合措施，把"治害"与"管理"有机地结合起来。③

1979年9月，《中华人民共和国环境保护法（试行）》颁布，对环境保护工作的方针、政策、原则、保护对象等做了全面的规定，成为指导中国环境保护工作的行动准则，也标志着中国环境保护工作进入了一个新的历史时期。金鉴明等认为，在进行经济建设的同时，要正确处理发展生产与保护环境的关系，既要有发展生产的观点，又要有生态的观点，把眼前的局部的利益和长远的全局的利益结合起来，做到合理布局，统筹安排。④

陈栋生认为，环境保护的任务是，遵循生态系统的客观规律、调节人类生活与环境的相互关系，既保障当代人的健康，又造福子孙后代；既为当前生产的发展，又为经济的长远发展，保障、提供最基本的物质生产、生活条件。⑤

在这个阶段，学术界还围绕着土地资源保护、水土流失治理与农业发展等相关问题进行了研究。石玉林认为，在开发利用土地时首先要保护它的再生产能力。利用土地必须与保护、培育、改造土

---

① 茅以升：《环境保护现代化》，《环境保护》1978年第5期。
② 金鉴明、周富祥：《关于环境保护的生态学研究的探讨》，《科学通报》1974年第12期。
③ 马世骏：《环境保护与生态系统》，《环境保护》1978年第2期。
④ 金鉴明、张维珍：《保护自然环境和自然资源——学习环境保护法的体会》，《环境保护》1980年第3期。
⑤ 陈栋生：《环境保护和环境经济学的研究》，《重庆环境保护》1980年第3期。

地相结合。在开发利用土地与发展农业生产时要坚持因地制宜原则，宜农则农、宜林则林、宜牧则牧；与此同时，要采取必要的保护措施，即在开发利用时要考虑保护，在保护前提下进行合理的开发利用。[①] 对已经遭受一定程度破坏的土地资源，还要采取必要的改造措施。

## 第二节 生态平衡理论的主要创新

生态平衡理论的核心是发展经济必须遵循经济规律和生态规律。许涤新认为，生态经济学的上述要求是客观存在的，只有遵循这个规律，才能在社会主义现代化建设中，保持生态平衡的相对稳定，才能把局部利益同整体利益结合起来，而以整体利益为主动，才能把眼前利益同长远利益结合起来，而以长远利益为主动。[②] 这体现了生态经济学最初的主要思想。改革开放之初，经济发展作为一个主要目标，生态系统平衡也是一个目标，但后者被认为是实现前者的一个条件。

### 一 生态平衡理论形成的背景

1978年，党的十一届三中全会胜利召开，全会原则通过了《中共中央关于加快农业发展若干问题的决定（草案）》，党的十一届四中全会正式通过了《关于加快农业发展若干问题的决定》（以下简称《决定》）。该《决定》明确指出："过去我们狠抓粮食生产是对的，但是忽视和损害了经济作物、林业、畜牧业、渔业，没有注意保持生态平衡，这是一个很大的教训。"其中，也包含了从滥用资

---

① 石玉林：《关于我国土地资源破坏及保护改造问题》，《环境科学丛刊》1980年第11期。

② 许涤新：《社会主义现代化建设与生态环境》，《学习与思考》1983年第4期。

源、破坏生态环境转为保护自然资源和改善生态环境的内容。如"垦荒不准破坏森林、草原和水利设施，不准妨碍蓄洪泄洪。""工矿企业要认真解决污染问题，防止对水源、大气等自然资源和农业的损害。一切机关、团体、部队、企业和学校，不准随意占用公社和农场的耕地、草牧场和林地。必须进行的基本建设，也要切实节省用地，并尽量不占或少占耕地。""对一切可能绿化的荒山荒地，各地都要从实际出发，订出切实可行的规划，限期绿化。""要广泛推行科学施肥、科学用药，充分发挥化肥和农药的效能，认真研究防治化肥、农药对作物、水面、环境造成污染的有效方法，并且积极推广生物防治。"1983年1月，《当前农村经济政策的若干问题》指出："实现农业发展目标，必须注意严格控制人口增长，合理利用自然资源，保持良好的生态环境。并要求在这三大前提下，走出一条具有中国特色的社会主义的农业发展道路。"

在党的解放思想、实事求是的政治路线指引下，学术界也形成了勇于讲实话的氛围，一大批科学工作者对新中国成立以来由于政策、工作上的失误而带来的一系列严重的生态环境问题进行了深入广泛的调查研究。广大科学工作者对中国生态破坏、环境污染的严峻现实忧心忡忡，大声疾呼，其中，"小兴安岭林海面临危机""西双版纳森林资源亟待拯救"和"长江有变成第二黄河的危险"等呼吁，在社会上产生了巨大的影响。中国生态经济研究也正是在中央提出的"严格控制人口增长、合理利用自然资源、保持良好的生态环境"三大前提下开展起来的。

## 二 对生态平衡内涵及其重要性的认识

1982年9月，胡耀邦同志在党的十二大报告中指出，要"坚决保护各种农业资源，保持生态平衡"。在新宪法第二十六条中，明确规定，"国家保护和改善生活环境和生态环境，防治污染和其他公害"。这充分彰显了党和国家对于保护资源，保持生态平衡和改善生活环境的高度重视。

## （一）对生态平衡内涵的认识

马世骏认为，生态平衡是指一个系统内生物与生物、生物与其生存环境之间的相互关系所表现的稳态，属于生态系统的一个特性。某一地区的生态平衡是由该地区特殊的生物和环境条件决定的，生物与环境所构成的网络体是生态平衡形成的基础。[1] 从生态学意义上来看，在每个生态系统中，都具有由一定生物群体和生物栖居的环境所组成的结构，它们之间进行着物质循环和能量交换。生态系统各部分的结构与功能处于相互适应与协调的状况之中，即生态平衡。

对于自然或人工生态系统，都要注意保持其生态平衡。侯学煜认为，生态平衡是经常的、持久的、必要的，而平衡被打破只是暂时的、过渡的、有条件的。如果我们承认只有在平衡的基础上才能发展的话，就应该讲"平衡—不平衡—平衡"。[2] 对农业生态系统平衡而言，具有典型的矛盾统一体特征，它不是固定不变的，而是不断变化的。叶谦吉认为，平衡是相对的，不平衡是绝对的。它总是循着"平衡→不平衡→新的平衡→新的不平衡"的规律，不断发展，不断变化，循环往复。[3]

事实上，农、林、牧、渔等生态子系统共同构成了一个相互制约的农业生态系统整体，破坏了一个方面也就影响了另一方面；而且这种影响是连续不断的，当前违反了生态平衡规律，将来还会受到惩罚。从区域上看，一个地区破坏了生态平衡，在另一个有关的地区将造成严重的灾害。毁林、毁草、围湖造田短期内推动了农业生产，但破坏了林、牧、渔的生产，反过来最终也会危及农业。[4] 此后，学术界也对生态平衡内涵进行了深入的探索。在农业生产与生态平衡关系中，生物资源的再生能力在人为干预下具有两重性。一

---

[1] 马世骏：《生态平衡的整体观和经济观》，《北京农业科技》1982年第4期。
[2] 侯学煜：《农业生产与生态平衡》，《农业经济问题》1981年第4期。
[3] 叶谦吉：《生态农业》，《农业经济问题》1982年第11期。
[4] 王耕今：《生态平衡和农业发展》，《农业经济问题》1981年第6期。

方面，资源利用过度，就会破坏生物与环境、生物与生物间的结构和比例关系，破坏彼此间相互适应的总体功能，从而也就破坏了它们之间的生态平衡。另一方面，合理养护与利用生物资源，可以提高其再生能力，并可为人类持续不断地提供产品。[1]

(二) 对生态平衡重要性的认识

早在改革开放之初的1980年，许涤新先生就已经敏锐地认识到生态平衡的重要意义。他认为，生态平衡不仅在生态学中具有重大的意义，而且在社会再生产中也具有重大的意义。从整体、长远来看，生态平衡对经济平衡的影响，是极其重大的，生态平衡是经济平衡的一个物质基础。[2]

许涤新认为，生态平衡规律同经济领域中的一些规律，是息息相关的。首先，生态平衡受破坏的结果，必然会使社会主义基本经济规律受到影响。其次，破坏生态平衡的结果，必然会使社会各个生产部门的比例关系受到影响。最后，破坏生态平衡的结果，也会使社会生产某种产品所需要的社会必要劳动量（从整个部门来说）发生变化，使这个部门的商品的价值或价格，因货源减少、供应紧张而发生波动。

许涤新认为，生态经济研究强调生态平衡，但并不是在搞自然主义，让自然环境保持原始状态，而是要求人们在进行生产建设的同时，把生态环境作为一个物质前提来看待。生态平衡如果遭受破坏，社会主义的生产建设和社会主义的物质文明建设，也很难顺利进行。[3]

在如何认识整体利益和长远利益、经济效益和生态效益关系方面，许涤新认为，经济效益是以生态效益作为物质基础的，保护生态效益就是保证经济效益的重要条件，就是保证整体利益和长远利

---

[1] 何廼维、贲克平：《"生态平衡"析》，《农村生态环境》1985年第3期。
[2] 许涤新：《实现四化与生态经济学》，《经济研究》1980年第11期。
[3] 许涤新：《社会主义现代化建设与生态环境》，《学习与思考》1983年第4期。

益的重要条件。①

### 三 对影响生态平衡因素的认识

事实上，破坏生态平衡的因素是多方面的，可以概括为自然因素和人为因素两个方面，其中，人为因素是生态平衡失调的主要原因。人为因素会引发环境因素的改变，进而导致生态平衡失调或破坏。如盲目开荒、滥砍森林、草原过牧、围湖造田等都是导致生态平衡失调的人为因素。

不同的社会经济发展阶段，影响生态平衡的因素表现出一定的差异性。因此，不同年代，学术界对影响生态平衡的因素进行了持续探讨。在物质极度匮乏的年代，目标瞄准单一的政策可能是影响生态平衡的主要人为因素。如，"以粮为纲"的方针不但破坏了粮食和其他经济作物之间的比例关系，而且破坏了农业与林业、牧业及渔业之间的比例关系。为了实现"以粮为纲"，许多地区毁林开荒，毁草开垦，围湖造田。② 陈吉元认为，以粮食生产为主的单一农业生产结构，严重地妨碍了林、牧、副、渔各业和经济作物的发展，抑制了人民生活水平的提高，反过来也会严重影响粮食生产自身的发展。③

除了特定历史条件下的政策之外，还受认识水平的限制。对生态平衡的重要性及内在机理认知不足。"过度放牧就是可供放牧的草地同牲口数量的增长，失掉了平衡。""不考虑草原的载畜能力，盲目追求牲畜的头数，就是一种'竭泽而渔'的做法，就是一种只看见眼前利益而看不见长远利益的做法。在这种情况之下，牲畜与草原之间的生态平衡，牧草与土壤之间的生态平衡，都受到了破坏。"④

---

① 许涤新：《生态经济学要为四化建设服务》，《未来与发展》1983年第1期。
② 许涤新：《生态经济学的几个理论问题》，《生态经济》1987年第1期。
③ 陈吉元：《农村改革十年的理论启示》，《农村经济与社会》1988年第6期。
④ 许涤新：《畜牧业的生态经济与沙漠的问题》，《农业经济问题》1984年第8期。

### 四 对实现生态平衡路径的探讨

选择实现生态平衡适宜的路径，需要对三个层面的问题有个清晰的理解：一是有关生态规律，二是遵循的原则，三是关键因素。

生态经济理论主张把生态规律与经济规律结合起来研究和运用，并认为最终起决定作用的是生态规律，研究经济问题首先要着眼于生态规律，使经济建设符合生态规律。[1]"认识并在生产建设中尊重生态经济学的规律，不仅不会影响我国社会主义现代化建设的进展，而且极有利于我国社会主义现代化建设的健步前进。只要遵守生态规律的要求，我们就能够在大气不发生变化的条件下，保持良好的温度、湿度、水源和净化空气，就能够保持人们的身体健康。只要遵守客观存在的生态规律，我们就能够克服水土流失，克服环境污染，保持资源，进而实现生态平衡。"[2]

生态经济学要求人们算大账、算总账，衡量整个系统的得失。对于任何一个足以影响区域性自然功能的建设项目和改造局部自然生态环境的措施，必须同时运用整体观和经济观，既要考虑经济效益，也要考虑生态效益，并符合如下原则：一是有益于局部，也有利于全局，至少无损于其他；二是有利于当前，照顾到今后，至少无损于未来；三是有助于改善人民生活而无损于人体健康。[3]

农业生态经济系统是一个"人化的"自然系统，人只有正确认识和运用自然规律，才能使得自然更好地服务于人类。人与自然的关系是农业生态经济首先要加以解决的问题。人的主观能动作用不可能是超自然的，任何企图违反自然规律，在自然规律之外去统治自然的活动，都要受到客观规律的惩罚。正确的认识应当是把人的

---

[1] 石山：《我国生态经济的现状和存在问题》，《水土保持通报》1985年第5期。
[2] 许涤新：《社会生产与人类生活中的生态环境问题》，《广西师范大学学报》（哲学社会科学版）1984年第4期。
[3] 马世骏：《生态平衡的整体观和经济观》，《北京农业科技》1982年第4期。

技术行为、经济行为同生态环境看作一个互相制约的统一系统。研究农业生态经济问题的最终目的是改善农业生态经济系统的状况。由于各项改善措施都是要由处于一定经济利益关系中的人的经济行为去完成，所以必须注意研究人们的经济利益关系，特别是在提出各项改造生态环境的战略、规划、措施时，一定要充分考虑在实施过程中的经济利益问题。[①]

停止对生态环境的破坏，打断"越穷越垦、越垦越穷"的恶性循环，逐步恢复生态平衡，是一些贫困地区脱贫首先需要抓住的中心环节，要有一个方针上的转变，即由单纯搞水利建设，转变到同时注意搞水土保持与改善大地植被。选择种草种树作为打破贫困地区生态、生产恶性循环的突破口，是完全必要和正确的。落实种草种树的方针，一方面要处理好种草种树与粮食生产的关系，另一方面也要处理好与群众所需能源的关系。[②]

森林作为陆地生态系统中最丰富的生物资源库，一是人类未来农业、工业、医药事业新原料的源泉，二是维持或重建陆地生态系统平衡，保障人类生活环境质量的关键，三是活跃多种生产经营活动，充分发挥陆地自然生产潜力，形成合理的物质能量流通过程的纽带。可以认为，森林是陆地生态系统平衡的关键。发展林业是中国建设现代化社会主义强国和造福中国人民的根本大计。[③]

森林的作用体现在保护的、生产的（木材生产）和社会的（旅游和休息）三个方面，而第一个方面则是这个利用体系的核心和基础。这种多种利用体系的核心，在于增加林地生产的多样性，并使林业和农业、牧业有机地结合成一个整体，以完成最大限度的产量和地力的保持，从而促使自然界形成新的有利于人类社会的生态平

---

① 王耕今：《研究农业生态经济的基本出发点》，《农业经济问题》1982 年第 12 期。

② 陈吉元：《略论贫困》，《中国农村经济》1987 年第 9 期。

③ 蒋有绪：《对森林生态经济学的再认识》，《农业经济问题》1981 年第 2 期。

衡。实现农业现代化是整个国民经济赖以发展的基础，随着农业的现代化，农业的结构必然会发生重大变化。林业在现代农业结构中占据举足轻重的地位，森林又是保护环境，实现环境净化和监测的物质基础。因此，林业的发展必须摆到重要的议事日程上来，这也是历史赋予我们的光荣使命。[1]

早在1980年，就有学者对实现生态平衡的路径进行了探索，并提出了相应的观点。侯学煜认为，要实现中国农业现代化，首先要正确认识和处理保护和开发、利用和改造、点和面、农林牧副渔业之间的关系，要认识"保护"的目的是更好地"开发"，不合理的"开发"就会破坏生态平衡，造成动植物资源的枯竭，最终受到自然界的惩罚。根据生态规律合理利用自然，就是利用生物措施来改造自然。而单纯利用工程措施来改造自然，其结果造成水土流失，就会破坏生态平衡。"以点代面"，搞"一刀切"，是与自然生态规律相违背的，是违反因地制宜原则的。农、林、牧相互依存，缺一不可，只有因地制宜地全面发展农、林、牧、副、渔业，才有可能充分发挥中国960万平方千米土地和水面的作用，这应该是农业现代化的奋斗目标。[2]

## 第三节 生态经济协调发展理论的创新

党的十三届五中全会提出："我们任何时候都必须坚持从我国的基本国情出发，牢固树立持续、稳定、协调发展的指导思想，坚决防止片面追求过高的发展速度，始终把不断提高经济效益放到经济工作的首要位置上来。"此时，经济发展是一个重要的目标，生态保

---

[1] 张建国：《森林的自然历史地位》，《农业经济问题》1980年第3期。
[2] 侯学煜：《从生态系统观点谈发展我国农林牧副渔业的几个关系问题》，《农业经济问题》1980年第2期。

护也是一个重要目标，而且二者之间处于同等重要的地位。围绕着如何实现两个目标，学术界进行了广泛的研究，并形成了生态经济协调发展理论。

## 一 生态经济协调发展理论形成的背景

1984年2月召开的"全国生态经济科学讨论会暨中国生态经济学会成立大会"上，中国经济学家、生态学家、环境科学家、农学家、林学家等，从不同角度论述了社会经济必须同生态环境相互协调的重要性，并在以生态与经济协调发展的思想指导中国经济建设这一点上达成了共识。这一阶段，生态经济研究的主题，主要集中在生态经济协调发展上，并成为贯穿生态经济理论的主线。

在20世纪80年代后期至90年代初，生态经济协调发展理论成为中国生态经济理论的主流。这一理论的建立和发展，不仅是中国生态经济学科建设中的一项重要成就，也是中国生态经济理论乃至整个经济学理论发展中具有重要意义的大事。1987年9月，许涤新主编、一批生态经济学专家撰写的《生态经济学》的出版，是以生态经济协调发展理论为核心的生态经济学初步形成的标志。这一时期，自然科学与社会科学相关学科的学者，在实践中总结和发展了生态经济协调发展理论，提出了社会经济与自然生态协调发展的新原理。从基础理论、人口、自然资源、生态环境，到农业、森林、草原、渔业、城市、区域、乡镇企业等各个方面均有专著问世，多达150多部。这些丰硕的理论成果，不仅为中国生态经济协调可持续发展理论的最终形成奠定了坚实的理论基础，而且为中国实施生态环境与社会经济可持续发展战略提供了科学依据。

## 二 对生态与经济协调发展必要性的认识

针对中国能否实现四个现代化，以及如何、何时实现四个现代化等问题，邓英淘认为，国民经济新成长阶段所面临的一系列重大选择，要求人们认真地考虑更深远和更广泛的长期问题。特别是新的消费需求直接涉及长期发展方式的选择。因此，有必要对中国长期发展方式的选择问题进行更彻底的探讨。基于上述考虑，邓英淘提出了新发展方式的十条基本原则，即使在新时代都具有重要的指导意义。这十条基本原则如下：

第一，在温饱阶段基本结束时，应注意立即着手控制存量资源消耗的速度，而不要等到面临困境时再迫不得已地进行调整。

第二，在温饱阶段结束前后，应主动地放慢动用存量资源来增加人造物质财富的过程，并以各种非物质财富和非人造财富（如景观、植被）来对其进行替代。

第三，对于各种互补的流量资源（如水）应针对其中的短线约束，保持整个资源的利用水平不致越过短线被破坏的限度。

第四，开发新的流量资源，并对已受到破坏的流量资源进行恢复性的工作。

第五，围绕着新型的流量技术来组织新的技术体系和生活方式、研究方式、教育方式。

第六，按照上述原则（流量资源的短线制约原则）来安排不可重复利用的不可更新资源的消耗，尽可能在充分利用流量资源的同时，压低存量资源的消耗。

第七，对可重复利用的不可更新资源的回收和重复利用，可在经济合理的范围内，尽可能提高重复利用水平，并尽量节约这种资源的使用。

第八，对于基本生活需要满足之后的各种需要进行系统的研究，并提出一系列适度最低标准，对超标消费所耗用的不可更新资源要课以适当的重税，同时抑制供给和需求，并保持生产者和消费者一定的选择自由。

第九，限制人口的增长，长期不懈地提高全民的文化水平和教育水平。

第十，不断提高和增强国民的全球意识，逐步增强与自然和谐相处的意识和能力。

"如果我们能依据上述原则来选择和安排我们的具体发展道路，我们至少能使热力学第二定律发生的不利作用被限制在最小范围里，从而在根本上摆脱工业化社会所面临的困境，使人类社会的长期发展前途充满光明。"①

未来发展方式也是党中央国务院高度关注的重大问题。在重数量速度轻质量效率的问题长期未能解决的背景下，中央提出了转变经济增长方式的方针。这种经济增长方式转变的紧迫性突出表现在以下两个方面：第一，过去长时期的经验证明，以追求数量为主要目的，以增加投入为主要手段的外延粗放型的发展道路，必然反复引起经济过热、通货膨胀和经济调整的剧烈波动，造成不利于经济持续健康发展的损失。第二，随着居民收入水平的提高和需求结构层次的升级，如不改变过去浪费资源型的粗放发展方式为节约资源型的发展方式，中国的资源根本承受不了！我们应当强调人均水平和发展质量上的差距，把世人的注意力引导到这一方面来，特别是把我们自己的努力放到提高经济发展的质量、效率和人均水平上来，而不必在总量增长上大做文章，这样才有利于保持持续健康的发展，符合我们走向现代化的要求。增长方式的转变不是一个局部性而是一个全局性的问题，所以要从方方面面来采取有效的方针措施，把提高智力、效率和效益的要求贯穿体现到中长期发展规划和今后经济工作的各个方面。②

20世纪末进入小康社会，这是建设中国特色社会主义进程中的一个阶段性的重要奋斗目标。在农村小康建设中，经济发展与环境保护存在着辩证统一关系。在一些贫困地区，即使在环境保护方面存在一些亟待解决的问题，也理所当然地把发展经济摆在第一位，以保证人民的生存权；在广大贫困地区，也应把环境保护摆在不容忽视的重要地位。保护环境关系到贫困地区今后能否实现小康，应

---

① 邓英淘：《新发展方式与中国的未来》，大风出版社2012年版，第1页。
② 刘国光：《略论转变经济增长方式》，《管理世界》1996年第1期。

该清醒地认识到破坏环境还是这些地方陷入贫困的一个重要根源。对于经济发展水平高,更接近小康目标的发达地区,处理好经济发展与保护环境的关系就更加重要和迫切。①

### 三 生态经济协调发展理论的建立

可以说,生态经济协调发展理论正是在这种背景下,随着社会经济的发展而建立起来的一个重要生态经济理论。它的建立体现了当代社会经济发展中实现生态与经济协调发展的迫切要求,也指明了生态时代人类社会经济发展的必然方向。王松霈认为,生态与经济协调是社会经济发展的必然趋势,生态经济协调发展理论是经济与生态矛盾运动的产物,是生态经济学的核心理论。②

生态经济协调发展理论,建立在马克思主义的社会发展学说的科学基础之上。人类社会发展的历史,就是生态不断发展,技术不断进步,经济不断发展,生活不断改善的历史。人类社会发展到今天,在现代生态经济系统基本矛盾日益尖锐和不断加深的情况下,越来越要求现代人正确认识和科学运用自然规律和社会规律进行经济活动,使历史进程不仅与自然界的各种生态系统相互协调,而且与生物圈整体联系互相协调,实现人、社会与自然的和谐相处,协调发展。

从上面的分析可以看出,生态与经济协调发展解决了目标定位问题,生态与经济都成为发展目标。但只是提出了生态与经济要协调发展,没有给出实现生态与经济协调发展的路径。

党的十四大报告提出:"农业是国民经济的基础,必须坚持把加强农业放在首位,全面振兴农村经济。树立大农业观念,保持粮食、

---

① 陈吉元:《农村小康建设中需处理好的几个关系》,《中国社会科学院研究生院学报》1997年第2期。

② 王松霈:《中国生态经济学创建发展30年》,中国社会科学出版社2014年版,第108页。

棉花稳定增产，继续调整农业内部结构，积极发展农、林、牧、副、渔各业，努力开发高产优质高效农业。要增强全民族的环境意识，保护和合理利用土地、矿藏、森林、水等自然资源，努力改善生态环境。"在此背景下，中国生态农业的发展，率先探索了将生态与经济协调起来的路径。

### 四　生态与经济协调发展的实现路径

刘思华认为，社会主义经济活动过程，一方面是人与自然之间物质交换的生态过程，另一方面是人与人之间相互交换活动的经济过程。作为生态经济系统的各种发展形式及其内在联系，就是生态过程和经济过程的统一运动过程。所以，反映社会主义制度下生态经济系统的各种发展形式及其内在联系的各种现实的、具体形态，都是生态经济系统的复合形态。在社会主义制度下生态经济系统的生态系统和经济系统相互发展中的生态经济问题和体现的发展关系，都是围绕着这样一些基本形态运动着：生态关系和经济关系及其两者的辩证统一，即生态经济关系；生态平衡和经济平衡及其两者的辩证统一，即生态经济平衡；生态结构和经济结构及其两者的辩证统一，即生态经济结构；生态效益和经济效益及其两者的辩证统一，即生态经济效益；生态目标和经济目标及其两者的辩证统一，即生态经济目标；生态规律和经济规律及其两者的辩证统一，即生态经济规律等。这些就是生态经济协调发展的实现形态。①

发展农业，实现农业生态经济的良性循环，繁荣农村经济，至少要遵循以下原则：一是农业生态经济系统的物质和能量输出与输入大致等量、趋于平衡的原则；二是自然资源增殖、合理开发、有效利用和农村产业结构按比例协调发展的原则；三是农村经济发展的经济目标与生态目标相统一的生态经济目标原则。农业生产中实

---

① 刘思华：《关于生态经济协调发展论的几个问题》，《生态经济》1987年第6期。

现生态与经济协调发展，必须使农村成为具有强大生命力和充满生机活力的生态、经济、社会的综合体。为此，应以控制农村人口为前提、以生物资源保护为核心、以解决农村能源为根本途径、以防止环境污染作为基本措施。[1]

早在 1982 年，就有学者提出生态农业是中国农业的一次绿色革命，也是实现农业生态与经济协调发展的最佳模式。基于此，学术界提出了发展生态农业的 5 个过程及所应遵循的原则。一是生物生长过程，需要遵循发挥生物共生（互利）优势原则、利用生物相克趋利避害原则、生物相生相养的原则；二是劳动生产过程，应遵循最大绿色覆盖原则、最小土壤流失原则、土地资源用养保结合原则、生态环境保护原则；三是经济管理过程，应遵循资源最佳配套原则、劳动力资源充分利用原则、经济结构合理化原则、专业化社会化生产原则；四是综合治理和综合发展过程，应遵循山水田土林路相结合原则、上中下游相结合的流域综合治理和发展的原则、以农畜产品或林产品加工业为核心的生态经济区综合治理和发展的原则、政府与群众相结合的综合治理与发展原则；五是人类生产活动和经济活动的统一过程，应遵循当前与长远结合、微观与宏观结合的原则。[2]

## 第四节　可持续发展理论的创新

党的十五大报告明确提出，中国是人口众多、资源相对不足的国家，在现代化建设中必须实施可持续发展战略。坚持计划生育和保护环境的基本国策，正确处理经济发展同人口、资源、环境的关

---

[1] 刘思华：《对农村生态经济良性循环问题的探讨》，《学习与探讨》1986 年第 4 期。

[2] 叶谦吉：《生态农业》，《农业经济问题》1982 年第 11 期。

系。资源开发和节约并举，把节约放在首位，提高资源利用效率。加强对环境污染的治理，植树种草，搞好水土保持，防治荒漠化，改善生态环境。可持续发展既是追求的一个目标，又是实现现代化战略总目标的重要手段，它具有双重意义，因而就显得更为重要。对可持续发展的追求，强化了转变经济增长方式的迫切性；而积极转变经济增长方式，则是可持续发展的重要保证，二者密不可分。只有同时强化这二者的要求，才能有效地保证中国"三步走"战略目标的实现。[①] 可持续发展不但强调了经济发展，更重要的是生态保护，而且将后者置于优先地位。与此同时，开始把生态系统服务价值定量化，以实现生态价值与经济价值之间的等量，自然再生产与经济再生产的一体化。

## 一  可持续发展理论形成的背景

1992年联合国在巴西里约热内卢召开了环境与发展大会，提出了可持续发展作为全球的共同战略。党中央和国务院批准了外交部、国家环保局《关于出席联合国环境与发展大会的情况及有关对策的报告》。1994年中国在世界上领先提出了《中国21世纪议程——中国21世纪人口、环境与发展白皮书》，明确了"走可持续发展之路，是中国在未来和下一世纪发展的自身需要和必然选择"。[②] "只有将经济、社会的发展与资源、环境相协调，走可持续发展之路，才是中国发展的前途所在。"[③] 同年，中国生态经济学会在山西召开了"全国资源、环境与经济发展学术讨论会"，理事长刘国光同志在其报告中指出："新的形势，给我们学会带来了义不容辞的新任务，要求我们对生态经济的理论与实践都要进一步深化，要从一般的宣传

---

[①] 李成勋：《李成勋学案续编》，知识产权出版社2009年版，第98—100页。

[②] 1994年3月25日国务院第16次常务会议讨论通过：《中国21世纪议程——中国21世纪人口、环境与发展白皮书》，中国环境科学出版社1994年版，第1页。

[③] 同上书，第3页。

工作向扎实做好普及培训工作转变；要从理论概念的研究向参加实践工作转变；要从生态经济向可持续发展转变，将生态、经济、社会统一起来研究，拓展研究面。""可持续发展经济学要尽快形成理论体系，以指导社会经济发展。"

20 世纪 90 年代中期以来，中国生态经济协调发展理论与实践向深度与广度扩展的最重要、最显著的特点就是向可持续发展领域渗透与融合，逐步形成了引起现代社会经济巨大变革的可持续发展经济理论。这个阶段，王松霈主编的《走向 21 世纪的生态经济管理》和刘思华主编的《可持续发展经济学》是典型的代表作。

## 二 可持续发展理论的提出与发展

由于传统发展观完全忽视了现代社会经济的健康、稳定、持续发展的前提条件是要维持自然生态财富的非减性，完全否定了自然资源和自然环境的承载力即生态环境支撑能力的有限性，完全违背了经济不断增加和物质财富日益增加要以生态环境良性循环为基础这一铁的法则，已完全不适应当代人口、经济、社会与资源、环境、生态之间的相互协调与可持续发展。在此背景下，可持续发展观应运而生。

在生态经济协调发展理论的基础上创立可持续发展理论，用以指导社会主义市场经济条件下生态经济协调发展与可持续发展，也是今后生态经济协调发展理论发展与应用的基本任务。人们认识到社会经济可持续发展规律是研究生态经济规律和建立生态经济学理论体系的又一次深化，它进一步丰富和完善了中国生态经济学的理论体系，并为用生态经济学理论指导实践提供了更有力的基础。[①]

可持续发展理论认为，可持续发展经济具有明显的特征。一是可持续发展以生态发展为基础、经济发展为主导、社会发展为根本

---

① 李周：《生态经济理论与实践进展》（续），《林业经济》2008 年第 10 期。

目的，实现三者的有机统一；也是三种可持续性相互联系、相互适应、相互制约、相互作用，共同组成一个可持续发展系统整体。二是可持续发展经济的最佳模式是物质、人力、生态三种资本共同增值。三是可持续发展经济要求体制、技术和生态的创新。其中，制度创新是经济可持续发展的基本保证，技术创新是经济可持续发展的主要动力，生态创新是实现经济可持续发展的不竭源泉，它们相互作用，推动着社会总资本存量增值，实现经济及整个社会可持续发展。[1]

可持续发展理论实现了相应的拓展，不再仅仅局限于生产领域，而逐渐渗透融入消费领域。以经济主义和消费主义为导向的生产方式和消费方式是不可持续的，而转变传统发展模式关键在于能够形成中国特色物质生活简朴、精神文化生活丰富的消费方式。引导可持续消费模式建立应是政府的责任，而改变政策严重缺位的状况是其重要一环。当务之急，政府需要大力营造可持续消费的舆论环境，以多种途径加以教育和宣传，树立科学的消费观。从中长期来看，构建起中国完整的可持续消费政策体系离不开规范和明确的消费规则，需要加快建立和完善与可持续消费相关的法律体系。[2]

### 三　可持续发展理论的重要内容

相对于生态平衡论、生态经济协调论，可持续发展论更注重生态优先，将生态保护作为更重要的发展目标，进而采取一系列生态修复与建设工程，推动了资源的可持续利用，有效地改善了可持续发展的资源环境基础。

党的十六大报告提出，必须把可持续发展放在十分突出的地位，

---

[1] 刘思华：《对可持续发展经济的理论思考》，《经济研究》1997年第3期。
[2] 郑玉歆：《政府引导可持续消费模式的责任与路径》，《学习与实践》2015年第1期。

坚持计划生育、保护环境和保护资源的基本国策。树立全民环保意识，搞好生态保护和建设。要实现全面建设小康社会的目标，可持续发展能力要不断增强，生态环境得到改善，资源利用效率显著提高，促进人与自然的和谐，推动整个社会走上生产发展、生活富裕、生态良好的文明发展道路。

实现农业可持续发展，需要实施大农业发展战略，即建立山区、牧区、农区协调发展的农业生产体系，并使之进入良性循环的轨道。这种战略符合事物发展规律，而且前景诱人。当前的问题在于提高认识，吸取群众中的新经验，打破老框框，把眼光扩大到山区和牧区，认真实施新的发展战略，把中国农业推向一个新的发展阶段。为此，要开展一场大讨论，克服仍占主导地位的小农思想，克服目中无山、目中无草原的片面性思想。①

生态农业是以森林为核心，以保持水土，环境保护，改善绿色植被，合理调整经济结构和作物结构，保护和提供生态平衡状态和水平为目标的农业发展的一项战略思想，是具有中国特色的农业可持续发展之路。生态农业强调"三效益"的综合和统一，其中经济效益是最积极、最活跃的因素，生态效益是基础，社会效益是归宿。② 由此可以看出，生态农业除了更强调和突出生态学原理的指导外，还很好地继承了中国自古以来就独有的正确处理人与自然关系的哲理观念，对可持续发展具有重要的意义。③

资源可持续利用是实现农业农村可持续发展的基础，其内涵包括：一是人们在利用各种资源满足自身需要的同时，不能对社会和其他人的净福利产生负的影响；二是人们在利用资源满足自身需要的过程中，要同时考虑到不能牺牲未来几代人的需要；三是

---

① 石山：《我国资源、环境与农业持续发展》，《中国青藏高原研究会会议论文集》1995年8月。

② 叶谦吉、罗必良：《论经济、生态、社会三效益协同增长——三论生态农业发展阶段》，《农业现代化研究》1988年第2期。

③ 程序等：《可持续农业导论》，中国农业出版社1997年版，第87页。

人类对各种短缺资源的合理保护和有效利用,这是实现资源可持续利用的重要前提条件。人类对资源的利用要具有可持续性,必须满足三个条件:一是利用资源所产生的社会净福利大于零;二是保持资源净经济价值的递增性;三是保持资源利用的高效率及其递增性。①

农业资源利用的有效性,应作为指导农业资源利用的基准点,其基础是生态经济学中生态与经济双重存在的理论,其核心是正确处理利用资源和保护资源的关系。这体现出如下内涵:在经济利用上,要积极而不是消极;在向自然索取上,要节约而不是滥用;在生产加工使用上,要充分而不是浪费。②

## 第五节　绿色发展理论的创新

党的十八届五中全会把绿色发展纳入"创新、协调、绿色、开放、共享"五大发展理念并加以系统化,高度融入长远的发展规划之中,说明绿色发展正得到前所未有的重视。全会提出的坚持绿色富国、绿色惠民,推进美丽中国建设,呈现的不仅是发展理念的新定位、新高度,更是务实可行的发展手段与工具。相对于可持续发展理论,绿色发展理论的逻辑性、系统性更强,成为"十三五"乃至更长时期中国发展的行动指南。此时,生态优先目标更得到强化,为经济高质量发展提供了更加坚实的基础,二者之间也实现了高层次的融合。

---

① 魏后凯:《论资源可持续利用的含义及其衡量方法》,《自然资源学报》1998年增刊。

② 王松霈:《论农业资源利用的有效性》,《自然资源学报》1996年第4期。

## 一 绿色发展理论形成的背景

经过 40 多年的改革，中国在解决生产力与生产关系的矛盾方面取得了令人瞩目的成就。然而，这只是变化的一个方面，变化的另一方面是，地下水位越来越低，水体污染越来越重，农产品质量越来越差，经济系统转换自然资本的能力越来越强，生态系统支撑经济增长的能力越来越弱。循着这个思路不难作出如下判断：深化改革的任务已经由过去的把被生产关系束缚的生产力释放出来，拓展到把被经济系统冲击的生态系统保护好。这是中国提出绿色发展的背景。

绿色作为发展理念之一，有着丰富的内涵和外延，不仅是指生态保护和环境治理，更包含着节约、低碳、循环、清洁、人与自然和谐等方面的内容。绿色理念是以节约资源和保护环境为宗旨的设计理念和方法，它强调保护自然生态，充分利用资源，以人为本，善待环境。绿色理念是在传统发展基础上的一种模式创新，是建立在生态环境容量和资源承载力的约束条件下，将环境保护作为实现可持续发展重要支柱的一种新型发展模式。具体来说，绿色理念的内涵包括如下几个方面：一是要将环境资源作为社会经济发展的内在要素；二是要把实现经济、社会和环境的可持续发展作为绿色发展的目标；三是要把经济活动过程和结果的"绿色化""生态化"作为绿色发展的主要内容和途径。

绿色经济的概念是英国学者皮尔斯等人于 1989 年提出来的。所谓绿色经济，就是经济活动创造的价值必须等于或大于自然资本的损耗。其中，经济活动创造的价值等于自然资本的损耗为弱可持续性，经济活动创造的价值大于自然资本的损耗为强可持续性。

绿色发展以人与自然和谐共处为目标取向，通过绿色发展的规划、标准、技术和体制、机制，使社会经济活动实现绿色低碳循环。绿色发展最初关注的是经济增长所依赖的自然资源供给的可持续性，后来扩展到生态系统的稳定性，以及低能耗、低物耗、低生态环境损害。绿色发展是以效率、和谐、持续为支撑的发展，是最大限度地去除生产和消费过程中的冗余度的发展。这是当今世界越来越多的国家认同绿色发展，并把它当作经济和社会结构转型的目标的重要原因。绿色发展最鲜明的特征是将协调人与人关系拓展到协调人与自然的关系。

2003年，党中央提出了"坚持以人为本，树立全面、协调、可持续的发展观，促进经济社会和人的全面发展"。科学发展观的提出，是中国共产党重大战略思想的一次升华。党的十八大报告提出，大力推进生态文明建设。党的十八届五中全会提出的"五大"新发展理念，开启了绿色发展的新时代，这是中国共产党重大战略思想的又一次升华。

党的十九大报告提出，"建设生态文明是中华民族永续发展的千年大计。必须树立和践行绿水青山就是金山银山的理念，坚持节约资源和保护环境的基本国策，像对待生命一样对待生态环境，统筹山水林田湖草系统治理……""要建设的现代化是人与自然和谐共生的现代化"，"坚持陆海统筹，加快建设海洋强国"。可以说，党的十九大报告为未来中国的生态文明建设和绿色发展指明了方向、规划了路线。

## 二 绿色发展理论的重要内容

2013年5月24日，习近平总书记在中共中央政治局第六次集体学习时强调："要正确处理好经济发展同生态环境保护的关系，牢固树立保护生态环境就是保护生产力、改善生态环境就是发展生产力的理念，更加自觉地推动绿色发展、循环发展、低碳发展，决不以牺牲环境为代价去换取一时的经济增长。""走向生态文明新时代，建设美丽中国，是实现中华民族伟大复兴的中国梦的重要内容。中国将按照尊重自然、顺应自然、保护自然的理念，贯彻节约资源和保护环境的基本国策，更加自觉地推动绿色发展、循环发展、低碳发展，把生态文明建设融入经济建设、政治建设、文化建设、社会建设各方面和全过程，形成节约资源、保护环境的空间格局、产业结构、生产方式、生活方式，为子孙后代留下天蓝、地绿、水清的生产生活环境。"

习近平总书记提出，推动形成绿色发展方式和生活方式，是发展观的一场深刻革命。这就要坚持和贯彻新发展理念，正确处理经济发展和生态环境保护的关系，像保护眼睛一样保护生态环境，像对待生命一样对待生态环境，坚决摒弃损害甚至破坏生态环境的发展模式，坚决摒弃以牺牲生态环境换取一时一地经济增长的做法，让良好生态环境成为人民生活的增长点、成为经济社会持续健康发展的支撑点、成为展现中国良好形象的发力点，让中华大地天更蓝、山更绿、水更清、环境更优美。

改革开放 40 多年来，中国生态环境保护先后经历了污染的警醒与制度建设、经济发展与环境失控的生态代价、经济增长与环境污染的制衡与对抗、生态文明建设的战略推进与制度保障四个阶段，每个阶段环境政策和制度演进以及生态环境状况的驱动因素不同，其形势、政策和制度建设也呈现出不同的特征。党的十九大以来，"绿水青山就是金山银山"理念进入一个认知和实践的新境界，将逐步消除环境负债，促进生态资产保值增值，建设美丽中国，贡献全球生态安全。①

绿色发展是环境与资源可持续的、人与自然和谐相处的、环境作为内在生产力的一种发展模式。在绿色发展中，环境不仅是一种发展生产力，而且也是一种国际竞争力的体现。绿色发展要把环境因素纳入生产率函数中、反映在 GDP 核算中，把环境财富纳入国民财富的核算中。绿色发展是科学发展观的体现，是和谐社会建设的重要组成部分，尤其是人与自然的和谐。从根本上改变了旧有发展模式中环境与发展的对立关系，追求的是环境保护和经济、社会发展的相互融合协同增效。绿色发展的一个重要特征就是认为资源与

---

① 潘家华、庄贵阳：《"绿水青山就是金山银山"的认知迭代与实践进程》，《闽江学刊》2018 年第 6 期。

环境是有价值的,是生产力发展的要素,需要不断投资使其保值而且增值。①

李周认为,绿色发展以人与自然和谐共处为目标取向,通过绿色发展规划、标准、技术和体制、机制,可使社会经济活动实现绿色低碳循环。绿色发展转型,不仅是产业的绿色转型和能源、交通、水利、信息等基础设施的绿色转型,而且是各地区根据自身的资源环境特点和经济社会发展定位进行的各具特色的绿色转型。绿色发展转型的关键是编制绿色发展战略规划,将绿色发展上升到国家战略层面,确立绿色发展的战略目标、战略任务、战略重点,并从法律法规、标准体系、制度安排、政策措施等方面提供保障。②

中华民族伟大复兴的中国梦,必然是美丽中国梦;只有实现美丽中国,党的十九大报告确立的"富强民主文明和谐美丽的社会主义现代化强国"目标才能实现。习近平总书记指出:"人民对美好生活的向往,就是我们的奋斗目标。"良好的生态环境是最普惠的民生福祉。清新的空气、干净的水体、绿色的林草,是生活必需品,也是最公平的。

建设美丽中国的一个基本前提,是我们的社会经济活动不能超出生态系统的承载容量范围。地球资源环境容量是一定的,也就是说,生态供给是固定的,对生态的需求如果超出了地球生态系统的供给能力,生态的退化就不可避免,自然美就会受到破坏。建设美丽中国,使人口资源环境相均衡、经济社会生态效益相统一。③

## 三 绿色发展理论中的几个重要概念及工具

党的十六届三中全会首次提出了"树立全面、协调、可持续的

---

① 王金楠等:《国家绿色发展战略规划的初步设想》,《环境保护》2006年第6期。
② 李周:《中国经济学如何研究绿色发展》,《中国经济学新论》2016年第6期。
③ 潘家华:《与承载力相适应确保生态安全》,《中国社会科学》2013年第5期。

发展观"和"五个统筹"的新发展战略，为中国绿色 GDP 核算提供了宏观的政策背景。党的十八届三中全会明确提出，"健全自然资源资产产权制度和用途管制制度；探索编制自然资源资产负债表，对领导干部实行自然资源资产离任审计"等，表明了党和国家对自然资源资产保护的勇气和决心。生态资产作为自然资源资产的重要组成部分，已写入国家生态文明建设试点示范区指标中。因此，生态资产评估已经成为经济社会可持续发展的重要考评。

（一）生态资产及生态资本

"生态资产是以生物生长繁育为基础，是具有物质及环境生产能力并能为人类提供服务和福利的生物或生物衍化实体，不仅包括生态系统，同时也包括历史时期以生物形态存在、在当前仍能为人类提供服务和福利的不可再生资源，如化石能源，因此生态资产构成的核心是生态系统和化石能源。其价值表现为自然资源价值、生态服务价值以及生态经济产品价值。一种自然资源即使成为生态资产，但也未必能够变成可为其所有者带来收入流的生态资本。只有所有者实现自由有偿地转让生态资产，并能为其获得未来的收入流时，生态资产才会成为生态资本。"[1]

（二）生态系统服务价值核算

生态系统服务有着极高甚至无法计量的价值，与人类福祉关系及其密切。长期以来，由于现有社会经济系统没有充分评价生态系统资产及其生态服务价值，生态系统服务被看成充裕的取之不尽的免费公共服务，导致生态服务供给的稀缺和生态服务的过度消费。为缓解生态服务稀缺，充分评价生态系统服务价值成为生态系统资产化管理、生态补偿、生态服务有偿使用等政策实施的迫切需求，然而生态系统服务价值的鉴别、量化和货币化都很困难。中国是人均生态资产非常稀缺的国家，正在推进的自然资源

---

[1] 高吉喜：《生态资产评估在环评中的应用前景及建议》，《环境影响评价》2014 年第 1 期。

资产化管理、生态补偿等生态文明建设进程，迫切需要对生态服务价值进行评估。[1]

为了保护自然资产，提高生态服务供给能力和合理消费生态服务，需要了解生态资源到底有多少价值。"尽管生态系统服务功能的价值化是非常困难的，目前还没有国际上公认的标准方法，但人们正在利用市场价值法、影子价格法、替代工程法、机会成本法、费用分析法、条件价值法、旅行费用法等去量化生态系统服务的价值。对生态系统的生态服务价值化以后，价值化的结果尽管显得很高，但无疑会反映出被我们忽视掉的或者没有计量的一些生态系统的价值，会使我们认识到生态系统的存在比我们想象到的要更加重要，会反映出生态系统实际提供的价值有多少在市场上实现了，有多少没有实现。"[2]

"生态系统服务功能是人类可持续发展的基础，但是人类在利用生态系统提供自然资源和生存环境两个方面的多种服务功能的同时，也在强烈影响生态系统的服务功能。除部分人类活动有利于生态系统服务功能的稳定与提高外，更多地则导致了一系列危及自身生存与发展的生态环境危机与灾难。"[3]

（三）生态补偿机制

随着中国经济建设过程中环境污染、资源短缺、资源过度开发等生态环境问题的日益突出，生态问题成为理论与实践的关注对象，生态补偿是预防和解决生态环境问题的重要手段，有利于优化国土空间开发格局、促进资源节约、加强生态的恢复与保护、推进生态文明制度建设。[4] 生态补偿是一种使外部成本内部化的环境经济手

---

[1] 谢高地等：《中国生态系统服务的价值》，《资源科学》2015 年第 9 期。
[2] 谢高地：《生态系统服务价值的实现机制》，《环境保护》2012 年第 17 期。
[3] 郑华等：《人类活动对生态系统服务功能的影响》，《自然资源学报》2003 年第 1 期。
[4] 靳乐山、魏同洋：《生态补偿在生态文明建设中的作用》，《探索》2013 年第 3 期。

段，其核心问题包括：谁补偿谁，即补偿支付者和接受者的问题；补偿多少，即补偿强度的问题；以及如何补偿，即补偿渠道的问题。生态补偿的实施应以产权的明晰为基础，补偿额度须以资源产权让渡的机会成本为标准，进而设计生态补偿机制。[1]

中国在建立与完善生态补偿机制中，应充分认识到自然环境条件、生态保护问题、所处的历史阶段以及社会制度核心等方面的特殊性，正确处理政府与市场、中央与地方、综合平台与部门平台、生态付费与破坏补偿、"新账"与"旧账"、生态补偿与扶贫、"造血"与"输血"、流域上游与下游责任、补偿标准与协议补偿、政府资金与社会资金之间的关系，重点建立有利于生态保护的财政转移支付制度、生态友好型的税费制度、基于主体功能区的生态补偿政策、生态环境成本内部化制度、流域生态补偿机制。[2]

广义来讲，森林生态补偿是对森林生态环境本身的补偿；对个人或区域保护森林生态环境的行为进行补偿；对具有重要生态环境价值的区域或对象的保护性投入。狭义来讲，森林生态补偿则只包括公益林森林生态效益补偿基金制度所涵盖的内容，即对重点公益林管护者发生的营造、抚育、保护和管理付出给予一定补助的专项资金。森林生态补偿可以实施"三步走"战略，以完成完备的森林生态效益补偿制度。一是补偿基金完善阶段：建立森林生态效益补偿基金，逐步扩大补偿的规模和范围，建立一整套行之有效的森林生态建设管护制度。二是补偿基金与生态税双轨并行阶段：在运行森林生态效益补偿基金机制的同时，尽快研制实施以税收或税收附加为主要形式的森林生态效益补偿制度，并以法律或法规的形式将其固定下来。三是生态税独立运行阶段。森林生态资源管理逐步走

---

[1] 毛显强等：《生态补偿的理论探索》，《中国人口·资源与环境》2002年第4期。

[2] 王金南等：《关于我国生态补偿机制与政策的几点认识》，《环境保护》2006年第10期。

向规范化、科学化，森林生态效益补偿基金已经完成了历史使命，建立起生态税机制。①

(四) 生态系统生产总值 (GEP) 与绿色 GDP 核算

生态系统产品与服务功能是人类生存与发展的基础。生态系统生产总值 (GEP) 可以定义为生态系统为人类福祉和经济社会可持续发展提供的产品与服务价值的总和，包括生产系统产品价值、生态调节服务价值和生态文化服务价值。生态系统生产总值核算的基本任务有 3 个，即核算生态系统产品与服务的功能量、确定生态系统产品与服务的价格、核算生态系统产品与服务的价值量。生态系统生产总值核算可以用于揭示生态系统为经济社会发展和人类福祉的贡献，分析区域之间的生态关联，评估生态保护成效和效益。生态系统生产总值的核算可以反映生态系统对经济社会发展的支撑作用，并为建立生态系统保护效益与成效的考核机制提供基础。②

(五) 生态安全与生态红线

"生态安全是指生态环境条件与生态系统服务功能可以有效支撑经济发展和社会安定、保障人民生活和健康不受环境污染与生态破坏损害的状态与能力。生态安全是国家安全的重要组成部分，是一个区域与国家经济安全与社会安定的生态环境基础和支撑。"③

为加强生态环境保护，构建区域生态安全格局，2011 年《国务院关于加强环境保护重点工作的意见》（国发〔2011〕35 号）中明确提出："在重要生态功能区、陆地和海洋生态环境敏感区、脆弱区等区域划定生态红线。"这是中国首次提出"划定生态红线"这一重要战略任务，生态保护红线，也因此成为继"18 亿亩耕地红线"

---

① 李文华等：《森林生态补偿机制若干重点问题研究》，《中国人口·资源与环境》2007 年第 2 期。
② 欧阳志云等：《生态系统生产总值核算：概念、核算方法与案例研究》，《生态学报》2013 年第 21 期。
③ 欧阳志云等：《我国生态安全面临的挑战与对策》，《科学与社会》2015 年第 1 期。

后又一条被提到国家层面的"生命线"。党的十八届三中全会把划定生态保护红线作为改革生态环境管理体制、推进生态文明制度建设的最重要举措之一，新修订的《环境保护法》也将划定生态保护红线写入法律，为生态保护红线划定和实施提供了法律依据。2015年，生态保护红线划定工作又被列入中国生态文明建设的纲领性文件和实施方案之中，生态保护红线划定因而进入各级政府实质性推进阶段。

生态保护红线是依法在重点生态功能区、生态环境敏感区和脆弱区等区域划定的严格管控边界，是国家和区域生态安全的底线。生态红线保护区主要保护三大功能：一是保护重要生态功能区，为经济社会可持续发展提供生态支撑；二是保护生态敏感区、脆弱区，减缓与控制生态灾害，构建人居环境生态屏障；三是保护关键物种与生态系统，维持生物多样性，促进生物资源的可持续利用。生态保护红线的划定需要在对区域生态系统功能、生态敏感性等分别进行定量评估的基础上，依据评估单元生态功能的重要性、生态敏感性的强弱以及对生态安全格局的空间重要性等，将最为重要与敏感的区域及当前的保护空缺区纳入生态保护红线区。通过对不同类型生态保护红线进行空间叠加，形成生态保护红线的划定方案。依据划定方案，还需开展地面调查，明确生态保护红线地块分布范围，核定边界，使红线最终落地，并需与国家和地方的各种规划相衔接，与当地的实际生态需求相吻合。最终划定的具有精确边界的生态保护红线区，是维系国家和区域生态安全的核心生态区域。[①]

## 四 农业绿色发展理论

农村改革 40 多年来，农业发展取得了举世瞩目的成效，同时，也付出了巨大的生态代价。特别是在快速工业化、城镇化、农业现

---

① 高吉喜：《探索我国生态保护红线划定与监管》，《生物多样性》2015 年第 6 期。

代化背景下，农业生产的生态基础受到的污染日益严重，进而对农产品的质量安全、国内消费者的健康构成威胁。"经济要发展，但不能以破坏生态环境为代价。""推进健康中国建设，必须建立良好的生态环境。这是人类生存与健康的基本前提。要贯彻食品安全法，完善食品安全体系，加强食品安全监管，严把从农田到餐桌的每一道防线。""用最严谨的标准、最严格的监管、最严厉的处罚、最严肃的问责，确保广大人民群众舌尖上的安全。"习近平总书记的这些论断，对中国农业发展提出了更高的要求，也指明了发展的方向。[①]

党的十八大以来，党中央国务院高度重视社会经济的绿色发展，并做了一系列战略部署，也推动了农业绿色发展。党的十八届五中全会提出了创新、协调、绿色、开放、共享的发展理念，以绿色发展理念为导向，推动农业绿色发展，实现资源集约与高效利用，确保农产品质量安全，是全面贯彻落实习近平总书记新时代中国特色社会主义思想的具体行动。前面已经提到，2016年中央一号文件明确指出"加强资源保护和生态修复，推动农业绿色发展"。2017年中央一号文件提出了"推行绿色生产方式，增强农业可持续发展能力"的指导方针，以及"推进农业清洁生产""集中治理农业环境突出问题"等重点领域。随后，中共中央办公厅、国务院办公厅又印发了《关于创新体制机制推进农业绿色发展的意见》（简称《意见》）。《意见》指出，推进农业绿色发展，是贯彻新发展理念、推进农业供给侧结构性改革的必然要求，是加快农业现代化、促进农业可持续发展的重大举措，对保障国家食物安全、资源安全和生态安全，维系当代人福祉和保障子孙后代永续发展都具有重大意义。

农业绿色发展是实现农产品质量安全的根本途径。习近平总书记指出："我们已进入新的发展阶段，现在的发展不仅仅是为了解决温饱，而是为了加快全面建设小康社会、提前基本实现现代化；不

---

[①] 于法稳：《习近平绿色发展新思想与农业的绿色转型发展》，《中国农村观察》2016年第5期。

能光追求速度，而应该追求速度、质量、效益的统一；不能盲目发展，污染环境，给后人留下沉重负担，而要按照统筹人与自然和谐发展的要求，做好人口、资源、环境工作。"对农业生产而言，产量已经不是追求的唯一目标，农产品质量安全逐渐成为农业发展的主要目标，并且实现数量与质量的双重安全。

众所周知，农业生产最基本的生态资源要素是耕地、水资源。耕地面积及水资源量的多少是影响农产品产量高低的重要因素，而耕地土壤质量、灌溉水资源水质则直接影响农产品的品质。因此，新时代农业绿色发展的核心问题就是耕地资源、水资源的保护，不但要保护一定数量的耕地面积，以及足量的农业生产用水，更重要的是耕地土壤质量、灌溉用水水质的保护。对此必须从战略上给予高度重视，并采取有效措施加以解决。一旦失去这两个核心，农业绿色发展只能是一句空话。[①]

---

[①] 于法稳：《新时代农业绿色发展动因、核心及对策研究》，《中国农村经济》2018年第5期。

# 第十二章

# 城乡关系研究

　　城乡关系研究一直是中国农业农村发展研究的重要领域。新中国成立以来，中国城乡关系研究和思想探索大体可以划分为四个阶段（见表12—1），其中包含了城乡之间产品交换、人口流动、土地资源配置、收入差距、社会事业等领域的关系，其背后是在特定历史阶段形成的互相影响、彼此呼应的学术观点、实践探索以及相应的政策设计。第一个阶段是消除城乡对立研究阶段（1949—1978年）。新中国成立以后，在"消除城乡对立"的共产主义理念指导下，中央政策和学术研究均旨在消除城乡对立，但在经济发展滞后的物质条件下，形成了城乡分割的局面，表现为工农产品"剪刀差"和严格限制人口乡城迁移。第二个阶段是城乡协调发展研究阶段（1979—2002年）。改革开放初期为打破城乡分割局面，中央政策和学术研究积极探索加强城乡联系、促进城乡协调发展，形成了重点发展小城镇、城乡工业协调发展的思想和格局，到20世纪90年代随着东部沿海地区优先跨越式发展，远距离迁移与小城镇优先发展相关政策矛盾突出，城乡差距逐步扩大。第三个阶段是城乡统筹与一体化研究阶段（2003—2012年）。随着城乡差距不断扩大，到20世纪初期，学术界关于城乡统筹发展、农村制度改革、农民工就业和户籍制度改革的呼声越来越高，党的十六大和党的十七大相继提出了统筹城乡发展、城乡发展一体化的思想，与此同时，学术研究和政策设计方面关于城乡要素流动、公共服务均等化的探索不断拓展和深化。第四个阶段是城乡融合发展研究阶段（2013年至今）。随着城镇化快速推进、中国整体进入城市型社会，城乡发展不平衡和农村发展不充分问题凸显，城乡二元结构与城市内部二元结构并存，城乡关系的研究和政策设计以新型城镇化战略和乡村振兴战略为抓手，进入探索城乡融合发展的新阶段。可见，新中国成立以来中国城乡关系研究与思想的演变，体现了马克思主义城乡关系理论在中国的探索、实践与创新，其间难免走了一些弯路，但总体来看，遵循"实践是检验真理的唯一标准"，逐步走上了一条从城乡分割到城乡协调，再到城乡统筹、一体化与融合发展之路。

本章按照总体发展特征和核心理念的转变进行历史阶段划分，回顾不同阶段城乡关系演进的背景、主要观点、政策调整及其实践影响，重点总结各个阶段城乡发展领域中国特色的创新性政策和学术观点。

表12—1　新中国成立以来城乡关系研究的演进及其相关内容

| 阶段 | 核心理念 | 主导力量 | 主要表现 |
| --- | --- | --- | --- |
| 1949—1978年 | 消除城乡对立 | 工农业关系 | 以工业为主导，以农业为基础（工农产品"剪刀差"） |
| | | 限制人口迁移 | 城乡分割（限制人口流动） |
| 1979—2002年 | 城乡协调发展 | 小城镇重点发展 | 小城镇纽带作用加强<br>城乡工业协调发展<br>劳动力"离土不离乡、进厂不进城" |
| | | 东部沿海地区优先发展 | 劳动力远距离迁移增加<br>农地非农化进程逐步加快<br>城乡收入差距逐步扩大 |
| 2003—2012年 | 城乡统筹与一体化发展 | 城乡统筹发展 | 农村劳动力大规模快速转移<br>农地非农化进程加快 |
| | | 城乡一体化 | 城乡各领域一体化<br>城乡收入差距趋稳并逐步缩小 |

续表

| 阶段 | 核心理念 | 主导力量 | 主要表现 |
| --- | --- | --- | --- |
| 2013年至今 | 城乡融合发展 | 新型城镇化、市民化 | 城乡收入差距不断降低<br>城乡各领域融合发展 |
| | | 乡村振兴 | 市民化加快推进<br>城乡要素双向流动 |

## 第一节 改革开放前消除城乡对立研究

新中国成立之初，中国城乡发展是以马克思主义城乡关系理论为指导的，目的是实现《共产党宣言》提出的"把农业和工业结合起来，促使城乡对立逐步消除"。然而，1949—1978年，由于物质基础薄弱，以"消除城乡对立"的共产主义理念为指导的工农城乡发展实践，终究事与愿违。实践中，伴随"以工业为主导，以农业为基础"方针的确立和实施、人口迁移政策的变迁，这一阶段逐渐形成了农业支持工业、农村支持城市、城乡分割的二元结构。

1949年3月5—13日，党的七届二中全会决定，党的工作重心由乡村转移到城市，以恢复和发展生产为工作的中心。报告指出，"从1927年到现在，我们工作重点是在乡村，在乡村聚集力量，用乡村包围城市，然后取得城市。采取这样一种工作方式的时期现在已经完结。从现在起，开始了由城市到乡村并由城市领导乡村的时期。党的工作重心由乡村转到了城市"。1949年9月29日通过的起临时宪法作用的《中国人民政治协商会议共同纲领》，提出"中华人民共和国经济建设的根本方针，是以公私兼顾、劳资两利、城乡互助、内外交流的政策，达到发展生产、繁荣经济的目的"。城乡互助成为新中国的基本经济纲领。

党的七届二中全会到1951年，刘少奇提出了新民主主义时期城乡关系的若干观点，包括促进城乡一体、工农业相互促进、巩固工农联盟等。关于城乡一体，刘少奇指出，中共的工作重心转移到城市以后，要有"城乡一体的观点"，"要以城市工作为重心来领导全党工作"，"现在应当把重心放在城市工业上，并且要把城乡关系搞好"。关于工农业相互促进，刘少奇指出，"只有农业的发展，才能供给工业以足够的原料和粮食，并为工业的发展扩大市场"，并且工业的发展有利于"使农业机器化，并大大地提高人民的生活水平"。关于工农联盟，刘少奇指出，"如果脱离了农民，那么工人的事业一定要失败，所以农民是工人阶级的第一个朋友，第一个同盟军"。①

关于工农关系，1956 年 4 月 25 日，毛泽东在政治局扩大会议上作了《论十大关系》的报告，初步总结了中国社会主义建设的经验，提出了探索适合中国国情的社会主义建设道路的任务。其中，第一大关系便是"重工业和轻工业、农业的关系"。毛泽东指出，"重工业是我国建设的重点"；"我们如今发展重工业可以有两种办法，一种是少发展一些农业、轻工业，一种是多发展一些农业、轻工业。从长远观点来看，前一种办法会使重工业发展得少些和慢些，至少基础不那么稳固，几十年后算总账是划不来的。后一种办法会使重工业发展得多些和快些，而且由于保障了人民生活的需要，会使它发展的基础更加稳固"②。之后，到 1962 年，逐步确立了"以工业为主导，以农业为基础"的国民经济发展方针。③

在此期间，还有一些其他关于缩小城乡差距、消除城乡差别的建议和观点。比如，吴传启认为，1956 年以后，由于在城市实现了

---

① 《刘少奇选集》上卷，人民出版社 1981 年版，第 389 页；《刘少奇选集》下卷，人民出版社 1985 年版，第 5—6 页。

② 1956 年 4 月 25 日，毛泽东在政治局扩大会议上作了《论十大关系》的报告。1976 年 12 月 26 日，经毛泽东生前亲自审定的《论十大关系》在《人民日报》公开发表，随后收入《毛泽东选集》第五卷。1999 年 6 月，收入中央文献研究室编辑的《毛泽东文集》第七卷。

③ 戚义明：《"以农业为基础、以工业为主导"方针的逐步形成和最终确立——基于〈毛泽东年谱（1949—1976）〉的考察》，《毛泽东研究》2016 年第 4 期。

对资本主义工商业的公私合营,农村广大农民走上了合作化的道路,因此,作为造成城乡对立关系的基础,就从根本上消除了。① 进一步地,"三并举"②和"全民办工业"③的方针,为实现农业同工业结合,为消灭旧式分工和消灭城乡之间的差别,提供了"多快好省"的具体途径。厦门大学经济研究所学者认为,在经历土地改革阶段、合作化阶段之后,1958 年的人民公社化运动,将中国城乡关系推进了一个新的阶段,为缩小以致消灭城乡差别开辟了广阔的道路。④ 徐琳认为,在我们国家里,从城市到农村,普遍开展了勤工俭学运动,学校大办工厂农场,人民公社和工厂企业大办学校。这样就使生产和教育、工厂和学校、学校和人民公社、学校和农村结合起来……从消灭"三个差别"这方面来说,我们……大大丰富了马克思列宁主义关于建设社会主义和向共产主义过渡的理论。⑤ 哲人认为,城市支援农村,工业支援农业,加速实现农业机械化,有利于进一步密切城乡关系和巩固工农联盟,为逐渐消灭三个差别(城乡差别、工农差别、体力劳动和脑力劳动的差别)创造有利条件。⑥

可见,新中国成立之初,工农业关系、工农联盟问题是城乡关系的主要内容。"在社会主义制度下,城乡关系,就是工业和农业的

---

① 吴传启:《从乡村办工业看缩小城乡差别的趋势》,《哲学研究》1958 年第 5 期。

② 在重工业优先发展的条件下,工业和农业同时并举;在集体领导、全面规划、分工协作的条件下,中央工业和地方工业同时并举,大型企业和中小型企业同时并举的方针。

③ 在每一个县、乡、社的内部,根据自己的条件和资源,直接举办工业,把"农、林、牧、副、渔"的生产同工业生产融合为统一的生产过程。

④ 厦门大学经济研究所:《人民公社化后城乡关系》,《厦门大学学报》(哲学社会科学版)1960 年第 1 期。

⑤ 徐琳:《从我国社会主义建设实践看消灭城乡差别、工农差别和体力劳动与脑力劳动差别的问题》,《教学与研究》1959 年第 1 期。

⑥ 哲人:《城市支援农村,工业支援农业,加速实现农业机械化,进一步巩固工农联盟》,《江汉论坛》1960 年第 Z1 期。

关系，同时也是工人和农民的阶级关系。它直接关系到工农联盟问题。"① 关于城乡关系的观点，主要以共产主义理念和领导人的思想为指导，坚持"城乡互助""消除城乡对立"的发展理念，但在物质基础匮乏、重点发展重工业的现实情况下，在实践中逐步走向了城乡分割。

当时的城乡分割，一方面表现在工农业产品的"剪刀差"。"剪刀差"是理论界对不合理的工农业产品比价关系的形象概括。② 田善符认为，新中国成立后，党和政府采取了一系列政策、措施，逐步改变了工农产品交换比价，使得农产品能换更多的工业品，逐步缩小了"剪刀差"，但依然存在。③ 武力认为，1949—1978 年中国最根本的问题就是如何解决农业快速发展并为工业化奠定基础和提供保障。④ 叶善符研究发现，从 1952 年到 1977 年，农产品收购价格提高了 72.4%，而农村工业品零售价格上升了 0.1%，但同期工业劳动生产率提高了 161.5%，而农业劳动生产率只提高了 24.8%。在剔除了劳动生产率的影响之后，从等价交换的角度考察，"剪刀差"扩大了 20% 左右。⑤

关于工农业品"剪刀差"问题，值得强调的是，毛泽东在 1956 年《论十大关系》中指出，"苏联的办法把农民挖得很苦……工农业品的交换，我们是采取缩小剪刀差，等价交换或者近乎等价交换的政策……鉴于苏联在这个问题上犯了严重错误，我们必须更多地

---

① 厦门大学经济研究所：《人民公社化后城乡关系》，《厦门大学学报》（哲学社会科学版）1960 年第 1 期。

② 张西营、邢莹：《新时期的"剪刀差"与"剪刀差"研究的新时期——兼评"剪刀差研究误区"论》，《经济研究》1993 年第 5 期。

③ 田善符：《半个世纪以来我国工农业产品价格"剪刀差"的变化》，《财贸经济》1985 年第 5 期。

④ 武力：《1949—2006 年城乡关系演变的历史分析》，《中国经济史研究》2007 年第 1 期。

⑤ 叶善蓬：《新中国价格简史》，中国物价出版社 1993 年版，第 178—179 页。

注意处理好国家同农民的关系。""国家和工厂，国家和工人，工厂和工人，国家和合作社，国家和农民，合作社和农民，都必须兼顾，不能只顾一头。"① 然而，由于农产品统购统销和农业集体生产制度束缚了农民的积极性等原因，工农业产品"剪刀差"在实际中长期存在。

城乡分割还表现在人口迁移政策从自由向严格限制的转变。1949 年的《中国人民政治协商会议共同纲领》和 1954 年第一部《中华人民共和国宪法》（"五四宪法"）均规定，中华人民共和国公民有居住和迁徙的自由。户口管理制度的初衷是对人口迁移进行登记和管理。1951 年政务院批转公安部的《城市户口管理暂行条例》，规定外地进城的人口需要到当地公安局登记。

1953 年至改革开放之前，为了保证优先快速发展工业，制止广大农民自发地向收入和生活条件好的城市流动②，城乡分隔的户口管理制度和人口迁移政策日趋严格。1953—1958 年，政务院、内务部、劳动部等连续发布了多个劝阻和制止农民盲目流入城市的文件。1958 年《中华人民共和国户口登记条例》明确了相对严格的人口迁移管理制度，比如，"公民由农村迁往城市，必须持有城市劳动部门的录用证明，学校的录取证明，或者城市户口登记机关的准予迁入的证明，向常住地户口登记机关申请办理迁出手续"。之后，1975 年《中华人民共和国宪法》删除了"五四宪法"中的"中华人民共和国公民有居住和迁徙的自由"。

---

① 1956 年 4 月 25 日，毛泽东在政治局扩大会议上作了《论十大关系》的报告。1976 年 12 月 26 日，经毛泽东生前亲自审定的《论十大关系》在《人民日报》公开发表，随后收入《毛泽东选集》第五卷。1999 年 6 月，收入中央文献研究室编辑的《毛泽东文集》第七卷。

② 1953 年我国转入大规模经济建设后，许多农村青年为城市的收入和生活条件所吸引，纷纷涌入城市和工矿区，这不仅加剧了城市的失业问题，也增加了农副产品供给的紧张，因此，中共中央和国务院不得不一再发出指示，要求各级政府限制农民进入城市就业，城乡之间的劳动力流动应该有计划地进行。

总体来看，1949—1978 年，学者关于城乡关系的理论研究较少，主要是在共产主义思想指导下，党和国家领导人提出的一系列"消除城乡对立"的理念和举措，一些学者对这一理念做了支持性和解释性研究。虽然相应的举措在当时的历史背景、物质条件下没能达到预期效果，然而在之后的经济社会发展过程中，中国一直坚持并在实践中努力探索"消除城乡对立"。

## 第二节　1979—2002 年城乡协调发展研究

改革开放到 2002 年前后的这个时期，在城乡分割的历史背景下，中国的城乡关系研究和政策导向以加强城乡联系、促进城乡协调发展为重点。以农村土地制度改革提高农业生产率、释放大量农村剩余劳动力为起点，小城镇"作为城乡关系的纽带"得到高度重视，实现了城乡工业协调发展，随着 1992 年之后东部沿海地区快速发展，人口迁移经历了就近迁移为主向远距离迁移为主的过渡，农地非农化开始逐步推进，城乡收入差距不断扩大。

这一时期的改革以农村土地制度改革、形成大量农村剩余劳动力为起点。农村家庭联产承包责任制，提高了农民生产的积极性和农业生产率，形成了大量农村剩余劳动力，为城市（镇）的工业发展创造了"无限"劳动力供给，由此拉开了劳动力迁移的序幕。在此背景下，中共中央在《关于一九八四年农村工作的通知》中明确提出，"允许……农民自理口粮到集镇落户"，"多年之后，蓦然回首，才叫人看得真切，原来数亿中国农民由乡入城的机会之链，第一环就在于此"[①]。由此，城乡工业协调发展、劳动力迁移的方向和政策、各类城市和小城镇的发展以及由此形成的城乡格局，成为这一时期城乡关系研究的重点。

---

① 周其仁：《城乡中国》，中信出版集团 2017 年版，第 80 页。

改革开放初期，为实现城乡协调发展，"小城镇作为城乡关系的纽带"得到重视，费孝通的观点影响较大。自1983年9月发表《小城镇　大问题》的报告之后，费孝通多次发声支持积极发展小城镇，包括《小城镇　再探索》《小城镇　新开拓》《小城镇　苏北初探》[①]等一系列文章。在《小城镇　大问题》中，费孝通在转引胡耀邦1980年云南视察后的年底会议发言[②]后，表示"中央领导早就看到了小城镇问题的意义，要把小城镇建设成为农村的政治、经济和文化的中心，小城镇建设是发展农村经济、解决人口出路的一个大问题"。这些小城镇，"无论从地域、人口、经济、环境等因素看，它们都既具有与农村社区相异的特点，又都与周围的农村保持着不能缺少的联系"。"解决农村剩余劳动力问题要以小城镇为主，大中小城市为辅。小城镇小则三五万人，大则也不超过十万余人。当然，大中城市也是需要的，但不宜多，布局要合理。""小城镇发展不仅同农村有着不可分割的关系，而且与大中城市也有着密切的联系，因为乡镇工业不仅与农业有内在联系，而且与大中城市的经济体系之间关系愈益紧密。"[③] 张雨林也认为，"小城镇是这个网络（城乡协调发展的经济和社会网络）中的一个面广量大的层次。它既是乡村经济和社会生活的集中点，又是城乡和工农业发展的协调点"。"小城镇的发展前景，是成为农村的工业中心，现代化大农业的产前、产中、产后服务中心，农村商品经济、合作经济的中心，同时也是接受大、中城市能量扩散的重要阵地。这样，小城镇就在城乡

---

① 这四篇发在新华社《瞭望》周刊的上的文章，后来被编成一本小书《小城镇四记》。费孝通：《小城镇四记》，新华出版社1985年版。

② 1980年胡耀邦同志到云南视察，看到保山县板桥公社的小集镇破烂不堪，凄凄凉凉。于是就在同年年底的一次会议上，讲到要发展商品经济，小城镇不恢复是不行的。要使农村里面的知识分子不到大城市来，不解决小城镇问题就难以做到。如果我们的国家只有大城市、中城市没有小城镇，农村里的政治中心、经济中心、文化中心就没有腿。

③ 费孝通：《工农相辅发展小城镇》，《江淮论坛》1984年第3期。

协调发展中起着重要的枢纽作用。"他同时还强调了,"并不存在因重视小城镇建设而忽视大、中城市的作用和回避城市化的历史进程的问题"①。

作为城乡关系纽带的小城镇的发展,是以社队工业、乡镇企业发展为支撑的,由此引出城乡工业协调发展问题的探讨。费孝通认为,"'文化革命'后期,从县、镇到公社、大队,各级都在积极办工业,甚至连学校也要办工业"。"十一届三中全会以来,大中城市的工业生产逐步走上正轨。在这种形势下,人们对于社队工业有两种估计:一种看法是社队工业发展是钻了城市工业停滞的空子,所以城市工业的发展将严重威胁社队工业的生存,前途并不乐观。另一种看法认为城市工业与社队工业是相辅相成的,对社队工业的前途不必悲观。这提出了一个共同的问题,怎样认识、处理城市工业与社队工业之间的关系。"②刘士群认为,"如何把乡镇工业与城市工业结合起来,互相促进,共同发展,是现实需要研究的重要课题。如果指导方针对头,措施得当,乡镇工业的大发展会成为城市工业的有效补充,与城市工业相辅相成,达到共同繁荣"③。严英龙和朱晓林认为,"从生产领域考察新的历史条件下的城乡关系、工农关系,在很大程度上已经具体转化为农村经济内部农业和乡镇工业之间的关系以及城市工业与乡镇工业之间的关系。乡镇工业的迅速发展使城乡关系(在流通领域和生产领域④)从内容到形式都发生了

---

① 张雨林:《小城镇建设与城乡协调发展》,《中国社会科学》1986年第4期。
② 费孝通:《工农相辅发展小城镇》,《江淮论坛》1984年第3期。
③ 刘士群:《我国城乡工业必须结合发展》,《社会科学辑刊》1984年第6期。
④ 在流通领域中,除了原有的工业品下乡、农副产品进城的城乡工农产品交换外,增添了工业原料下乡、以农村资源为原料的工业品进城、工业原料的加工进城等新内容,流通渠道形式也由过去国营商业、物资部门的统购包销,改变为多渠道、多形式、多层次的流通。在生产领域中,由过去城乡各自在封闭的经济系统中孤军奋斗,生产要素基本上保持在自己原来的位置上,变为人才、资金、设备、技术、信息的频繁流动和重新组合。新型城乡关系不仅要求城乡之间等价地进行商品交换,而且要求城乡双方发挥各自的优势,联合起来共同发展商品生产。

急剧变化"①。陈乃醒表示，要"以加快小城镇建设步伐作为统一城乡工业合理布局的连接点……有计划的适当发展中小城市，大力发展小城镇。从而形成我国独特的以大城市为中心，以中小城市为网络，小城镇星罗棋布的城镇化体系"②。周叔莲表示，"城乡工业协调发展是建设具有中国特色的社会主义的重要内容，这样才能克服城市先进、农村落后的矛盾，使城乡居民共同富裕起来……"③李佐军认为，"只有在农村工业化、城市化与城市运行机制现代化双重轨迹的运行下，我国才能实现二元结构向现代一元结构的转换，从而实现城乡一体化和整个国家的现代化"④。对这一阶段发展乡镇企业的思路，张晓山评价道，"在改革初期，传统城乡二元经济体制继续从制度上抑制农业剩余劳动力向城市部门转移，……社队企业仍旧要坚持'三就地'原则（就地取材、就地加工、就地销售）。在这样的约束条件下，发展乡镇企业，'离土不离乡、进厂不进城'，实现农业剩余劳动力在农村内部的就地产业转化成为必然选择。如果说，乡镇企业是中国农民的伟大创造，这种创造实际上是在城乡分割二元结构的既定框架内的一种无奈的选择"⑤。

可见，1983年到1992年前后，关于小城镇建设、乡镇企业发展、"离土不离乡"的就近城镇化、城乡工业协调发展的一系列问题，在研究领域中均引起了广泛关注和讨论，同时也在实践中不断探索。费孝通进行了阶段性总结，"20世纪70年代末80年代初，中

---

① 严英龙、朱晓林：《新型城乡关系和城乡工业协调发展》，《农业经济问题》1986年第10期。

② 陈乃醒：《论乡镇工业的崛起及城乡工业的协调发展》，《中国经贸导刊》1992年第4期。

③ 周叔莲：《要重视研究城乡工业协调发展问题》，《中国工业经济》1992年第5期。

④ 李佐军：《从二元结构理论看中国城乡分离与一体化》，《探索》1993年第1期。

⑤ 张晓山：《改革开放四十年与农业农村经济发展——从"大包干"到城乡融合发展》，《学习与探索》2018年第12期。

国农村改革以农村家庭联产承包责任制为突破口迅速推向全国,促使部分地区乡镇企业异军突起。现在,乡镇企业已经成为全国农村经济的一大支柱,在我国整个国民经济中也是一支不可忽视的重要力量,被认为是'达到小康水平的必由之路'。中国城乡发展已找到一条有自己的特色的道路,全国农民绝大多数已经脱贫,走向较高的生活水平"[1]。郭克莎研究也证明了,"改革以来,各地区的城乡工农业关系发生了很大变化。一方面,农业的发展由于受到较大重视及农村改革的推动作用,速度明显加快,工农业关系严重失衡的局面有所改观;另一方面,乡村工业异军突起,发展很快,其增长速度远远超过城市工业"[2]。

其间,学术界对小城镇发展的支持,与顶层设计中城镇体系战略、户口管理政策是一致的。1980 年,在当时城乡分割、大城市基础设施滞后的情况下,全国城市规划工作会议提出了"控制大城市规模,合理发展中等城市,积极发展小城市"的城市发展总方针。这一方针直接体现在"六五计划"中,并延续至"七五计划",到 20 世纪 90 年代的"八五计划"和"九五计划",微调为"严格控制大城市规模、合理发展中等城市和小城市"。其间还发布了若干支持小城镇发展的意见,包括《关于加强小城镇建设的若干意见》(建村〔1994〕564 号)、《关于促进小城镇健康发展的若干意见》(中发〔2000〕11 号)等。为了支持就近城镇化和小城镇发展,在此期间,国家陆续出台了相应的户籍改革政策,包括《国务院关于农民进入集镇落户问题的通知》(国发〔1984〕141 号)、《国务院批转公安部小城镇户籍管理制度改革试点方案和关于完善农村户籍管理制度意见的通知》(国发〔1997〕20 号)、《国务院批转公安部关于推进小城镇户籍管理制度改革意见的通知》(国发〔2001〕6 号)等。

---

[1] 费孝通:《中国城乡发展的道路——我一生的研究课题》,《中国社会科学》1993 年第 7 期。

[2] 郭克莎:《论地区城乡经济的协调发展》,《开发研究》1994 年第 4 期。

以 1992—1993 年为转折点，学术观点、顶层设计与实践表现、发展趋势逐渐偏离。随着 1992 年邓小平南方谈话、党的十四大到 1993 年年底党的十四届三中全会通过《中共中央关于建立社会主义市场经济体制若干问题的决定》，在市场经济导向下，东部沿海地区快速发展，导致跨省外出务工人口不断增加。据有关部门测算，民工最多的年份为 1995 年，达 8000 多万人，1996—1999 年，由于城市国家机构改革、国有企业改革的同时，城市里大量辞退外地民工，有些城市还制定了不少限制外地民工就业的规定。与此同时，小城镇主导的"离土不离乡"城镇化战略和严格的户籍制度，与大规模、远距离跨省迁移的矛盾日益突出。陆学艺认为，"20 世纪 80 年代后期，特别是在 1992 年以后，经济大发展的潮流下，为适应城市经济发展的需要，同时农村的剩余劳力要求寻找出路，有大批农民工涌进城务工，为输入地创造了大量的财富……但因为户籍制度的限制……也还是民工。我们到了必须走出'城乡分治，一国两策'的格局的时候了"[1]。

随着城市发展和城市扩张，拉开了快速土地城镇化和城乡土地资源统筹利用的序幕。在此期间，逐步形成了中国城镇化的制度基础，包括三大支柱（城市土地属于国家所有、经由行政审批设立城市，以及唯有国有土地才可合法出让）和一把利器（征地权）[2]。

与此同时，中国城乡差距在波动中逐步扩大，城乡居民收入比从 1983 年最低时的 1.82，波动上升到 2002 年的 3.11。林毅夫等认为，政府农副产品价格控制、不合理的税费负担、城乡劳动力市场分割、歧视性的社会福利和保障体系等，是城乡收入差距扩大的重要影响因素。[3] 陆铭和陈钊将这一阶段中国城乡收入差距扩大的主要

---

[1] 陆学艺：《走出"城乡分治，一国两策"的困境》，《读书》2000 年第 5 期。
[2] 周其仁：《城乡中国》，中信出版集团 2017 年版，第 171 页。
[3] 林毅夫等：《中国的奇迹：发展战略与经济改革》，上海三联书店、上海人民出版社 1994 年版。

原因归结为城乡分割的行政管理制度、城市偏向型的经济和社会政策。[1] 杜志雄和陈雪原认为这与1997年以后农民收入连续7年低速增长有关。[2]

总体来看，这一阶段的城乡协调发展研究与小城镇主导的城镇化、乡镇企业发展、城乡工业协调发展紧密相关。小城镇作为城乡关系的纽带，得到足够的重视，在1992年之前，对中国（就地就近）城镇化和城乡（工业）协调发展起到了重要促进作用。随着东部沿海地区的快速发展，劳动力跨省迁移的需求与小城镇导向的政策之间的矛盾逐渐显现，城乡收入差距在20世纪90年代后期不断扩大，土地城镇化（农地非农化）进程逐步加快，对21世纪城乡发展提出了新的诉求。

## 第三节　2003—2012年城乡统筹与一体化研究

2003—2012年，在城乡收入差距居高不下的背景下，为提高农民收入，政府出台了一系列鼓励农民外出务工的政策，农村劳动力快速转移、城镇化加速推进，与此同时，城乡关系研究和政策导向方面，也从前一阶段的探索推进城乡协调发展转变为全面的城乡统筹和城乡一体化研究。在一系列举措下，中国城乡收入差距经过一段时期的小幅波动后，于2009年开始不断缩小，为之后协调推进新型城镇化和乡村振兴、促进城乡融合发展打下了良好的经济基础。

---

[1] 陆铭、陈钊：《城市化、城市倾向的经济政策与城乡收入差距》，《经济研究》2004年第6期。

[2] 杜志雄、陈雪原：《"以工促农，以城带乡"实现城乡协调发展》，《铜陵职业技术学院学报》2006年第1期。

随着城乡收入差距扩大到一定程度，寻求改革维系传统城乡关系的制度安排的激励强度越来越大，改革已经迫在眉睫。① 改善城乡关系，统筹城乡发展，打通固化城乡二元结构的关键环节，成为这一阶段学者们的共识。在结合经济学、社会学、城乡规划学等理论与中国国情的实践探索中，中国学者提出了统筹城乡的社会保障制度、统筹城乡的财政政策、统筹城乡的收入分配、统筹城乡的就业政策，以及统筹城乡的贫困治理等一系列具体的对策措施。在深入分析了拉美国家的低水平城镇化与"中等收入陷阱"经验教训后，张红宇强调了城乡统筹的阶段性特征，认为中国在人均 GDP 达到 1000 美元后，初期阶段应重点支持产业发展，注重效率，经济发展实力进一步增强后，城乡统筹的重点则是调整国民收入分配格局，更加注重社会公平。② 陈锡文认为面对中国区域发展差异性强的现实，城乡统筹的重点在于因地制宜地制定以工补农，以城促乡的具体措施，打通城乡分割的市场体系、基础设施、社会事业和社会保障体系等。③ 蔡昉提出建立城乡统筹的劳动力市场制度，作为劳动报酬和劳动生产率同步提高的制度保障，解决收入分配问题。④ 张晓山则认为城乡统筹的关键是利益格局的调整，一方面农民应该享有农村土地增值过程中净收益的索取权，另一方面应将深化农村改革和深化宏观经济体制改革相结合，建立更为公平的国民收入再分配体系。⑤ 汪光焘从城乡规划视角出发，强调注重时间上的阶段性和空间上的层次性⑥；仇

---

① 蔡昉：《城乡收入差距与制度变革的临界点》，《中国社会科学》2003 年第 5 期。
② 张红宇：《关于城乡统筹推进过程中若干问题的思考》，《管理世界》2005 年第 9 期。
③ 陈锡文：《城乡统筹解决三农问题》，《改革与理论》2003 年第 3 期。
④ 蔡昉：《中国劳动力市场发育与就业变化》，《经济研究》2007 年第 7 期。
⑤ 张晓山：《调整国民收入分配格局促进城乡统筹发展》，《管理学刊》2011 年第 5 期。
⑥ 汪光焘：《城乡统筹规划从认识中国国情开始——论中国特色城镇化道路》，《城市规划》2012 年第 1 期。

保兴和倪鹏飞均认为,通过因地制宜地统筹城乡土地[①]、生态以及产业经济等发展规划和总体战略制定[②],有利于解决城乡分割的问题。

顶层设计方面,2002年,党的十六大报告明确将"统筹城乡经济社会发展"作为解决城乡二元结构问题的基本方针。2003年,党的十六届三中全会提出"五个统筹",并将"统筹城乡发展"列为五个统筹之首。此前中国长期以来一直实施"城市偏向"发展政策,至此城乡统筹成为新一轮改革的重点。到2007年,党的十七大报告首次明确提出城乡一体化概念,并指出:"统筹城乡发展、推进社会主义新农村建设,必须建立'以工促农、以城带乡'的长效机制"。并在党的十七届三中全会指出"我国已进入着力破除城乡二元结构、形成城乡经济社会发展一体化新格局的重要时期"。2012年年底,党的十八大报告进一步指出,城乡发展一体化是解决"三农"问题的根本途径,并强调通过完善城乡发展一体化体制机制,形成城乡一体的新型工农、城乡关系。城乡一体化的发展思路,是国家对解决"三农"问题路径的顶层设计,也是关于建立新型工农城乡关系的科学思考。此后,政府主导构建城乡一体化体制机制的进程开始驶入快车道。

顶层设计的提法从"城乡统筹"向"城乡一体化"调整,也引起了学界的呼应。厉以宁在《论城乡一体化》一文中认为,今后30年中国改革的重点是消除城乡二元体制,实现城乡一体化。[③] 并提出加快农村产权制度改革,完善农民承包地流转制度,大力倡导和支持农民创业,切实解决失地农民社会保障等,是国家城乡一体化发展过程中需要解决的几个重点问题,应该"进一步解放思想,朝着

---

① 仇保兴:《城乡统筹规划的原则、方法和途径》,《城市规划》2005年第10期。
② 倪鹏飞:《统筹兼顾:城乡共同繁荣的科学道路》,《求是》2008年第6期。
③ 厉以宁:《论城乡一体化》,《中国流通经济》2010年第11期。

城乡一体化的目标前进"①。陆学艺强调要实现城乡一体化,必须对支撑城乡二元结构的核心体制进行改革：城乡分治的户籍制度、产权不明晰的土地制度以及城乡不平衡的财政制度,并认为现行的制度体系是为计划经济服务的,而农村改革应按照社会主义市场经济体制要求进行改革,才能实现城乡一体化。② 此外,赵燕菁、李阿萌和张京祥、迟福林等学者分别从城乡一体化的物质基础视角,对城乡土地利用、城乡空间统筹、城乡产业协调③,以及城乡基础设施④和城乡公共服务设施布局一体化⑤等展开了大量研究。随着城乡一体化发展的推进,对国家及地区的城乡一体化水平测度和进程评估研究也开始兴起,主要从经济发展水平、农村非农化水平、社会公平和福利、交通及日常联系等方面进行考察,研究结果表明中国城乡一体化发展仍然面临着二元经济扭转速度慢,城乡要素配置短板效应明显,城乡基本公共服务均等化和新农村建设还有较大提升空间等问题。⑥

城乡统筹和一体化的关键是保障要素在城乡之间按照市场机制进行配置。土地资源是农村的重要资源,土地要素逐步市场化的过程,也是城乡二元结构逐步消除的过程。⑦ 这一阶段,学者们从城乡

---

① 厉以宁：《走向城乡一体化：建国 60 年城乡体制的变革》,《北京大学学报》（哲学社会科学版）2009 年第 6 期。

② 陆学艺：《城乡一体化的社会结构分析与实现路径》,《南京农业大学学报》（社会科学版）2011 年第 2 期。

③ 赵燕菁：《理论与实践：城乡一体化规划若干问题》,《城市规划》2001 年第 1 期。

④ 李阿萌、张京祥：《城乡基本公共服务设施均等化研究评述及展望》,《规划师》2011 年第 11 期。

⑤ 迟福林：《城乡基本公共服务均等化与城乡一体化》,《农村工作通讯》2008 年第 24 期。

⑥ 张海鹏、朱钢：《中国城乡发展一体化实现程度、存在问题及政策启示》,《开发研究》2017 年第 2 期。

⑦ 张晓山：《土地：消解城乡二元的突破口》,《人民论坛》2008 年第 1 期。

统筹角度出发对农村土地产权制度改革展开大量研究。党国英认为实现土地要素的城乡统筹，关键在于土地要素的市场化以及市场的城乡统一，打破土地市场的行政垄断，农民将得到与土地相关的多种权利，实现农民土地的财产权。[①] 王小映提出按照城乡统筹总体思路，通过建立城乡统一的建设用地使用权法律制度，城乡统一的建设用地市场监管体系，城乡统一的建设用地取得和供应制度以及城乡统一的土地价税费体系等，逐步建立城乡统一的建设用地市场。[②] 并强调在大城市地区和城镇化快速发展的农地易被占用地区，应尽快建立在城乡统筹的土地利用规划基础上的以土地用途管制为核心的城乡土地统一管理制度。[③] 此外，陶然和徐志刚关注到了农业转移人口"离乡不放土"的迁移模式对农地制度产生的影响，探索性地提出通过给予农民在土地和城镇社会保障之间的选择权，建立起一种可循环机制。[④]

这一阶段，农业剩余劳动力在乡城间的迁移，对缩小城乡收入差距、加强城乡联系，起到了重要的促进作用。户籍制度改革、农民工社会保障和农民工市民化等议题，成为学者关注的热点。庾德昌在20世纪80年代末就对农业剩余劳动力转移的客观必然性和必要性进行了论证。[⑤] 农民工是改革开放过程中成长起来的新型劳动大军，也是平衡城乡、工农差别的新兴力量。[⑥] 叶裕民认为城乡二元的

---

① 党国英：《推进城乡要素平等交换》，《前线》2013年第12期。
② 王小映：《平等是首要原则——统一城乡建设用地市场的政策选择》，《中国土地》2009年第4期。
③ 王小映：《统筹城乡土地政策，促进集体建设用地合法流转》，《首都经济》2003年第9期。
④ 陶然、徐志刚：《城市化、农地制度与迁移人口社会保障》，《经济研究》2005年第12期。
⑤ 庾德昌：《农业劳动力剩余及其转移规律初探》，《中国农村经济》1989年第2期。
⑥ "中国农民工战略问题研究"课题组：《中国农民工现状及其发展趋势总报告》，《改革》2009年第2期。

户籍制度导致农业转移人口无法享受基本的社会保障和相应的居住、子女教育安排，因此无法完成完整的市民化过程。① 陶然和徐志刚的研究则表明户籍制度阻碍了中国的城镇化进程，使中国城镇化滞后于整体国民经济结构的变化。② 蔡昉等认为从改革难易程度来讲，户籍制度改革将会按小城镇、中等规模城市，最后到大城市乃至北京、上海等"传统体制的最后堡垒"的顺序进行。③ 王美艳和蔡昉将全国各地区开展的户籍制度改革归纳为"最低条件，全面开放"的小城镇模式；"取消限额，条件准入"的一般大中城市模式；以及"筑高门槛，开大成门"的北京、上海等特大城市模式。④ 刘建进的研究表明，城乡劳动力市场分割所引起的劳动力市场收入分配扭曲，使得农村外出劳动力带来的额外经济增长的利益在城乡部门间的分配仍不足以校正城乡收入差距扩大的趋势。⑤

外出务工人员对户籍调整的迫切需求与学者的呼吁，与相关政策调整同步推进。"十五"计划决定"取消对农村劳动力进入城镇就业的不合理限制，引导农村富余劳动力在城乡、地区间的有序流动"⑥。"十一五"规划进一步强调"引导富余劳动力向非农产业

---

① 叶裕民：《中国城市化的制度障碍与制度创新》，《中国人民大学学报》2001年第5期。
② 陶然、徐志刚：《城市化、农地制度与迁移人口社会保障》，《经济研究》2005年第12期。
③ 蔡昉等：《户籍制度与劳动力市场保护》，《经济研究》2001年第12期。
④ 王美艳、蔡昉：《户籍制度改革的历程与展望》，《广东社会科学》2008年第6期。
⑤ 刘建进：《中国农村劳动力转移实证研究》，《中国劳动经济学》2006年第10期。
⑥ 主要包括《国务院批转公安部关于推进小城镇户籍管理制度改革意见的通知》（国发〔2001〕6号）、《关于印发做好农村富余劳动力流动就业工作意见的通知》（劳社厅发〔2000〕3号）、《农业部关于做好农村富余劳动力转移就业服务工作的意见》（农政发〔2002〕4号）、《国家计委、财政部关于全面清理整顿外出或外来务工人员收费的通知》（计价格〔2001〕2220号）。

和城镇有序转移，保障进城务工人员合法权益，增加农民务工收入。"2006 年《国务院关于解决农民工问题的若干意见》，突出解决转移培训、权益维护、社会保险、子女入学等农民工最现实的利益问题。2007 年，全国有 12 个省、自治区、直辖市相继取消了农业户口和非农业户口的二元户口性质划分①，统一登记为"居民户口"，各地的户籍制度改革探索方兴未艾。总体来说，这一阶段各地政府进行的户籍制度改革探索，以及劳动力就业、医疗改革、社会保障和福利制度改革等，优化了农村劳动力向城市流动的制度环境，降低了农民到城市的就业成本和居住成本②，进一步完善了具有中国特色的农村劳动力转移道路。③

总体来看，经过近 10 年的发展，城乡统筹、城乡一体化战略思想得到确立，农业农村政策实现了由"取"到"予"的转变，城乡收入差距开始缩小，要素和资源的城乡统筹逐步加强，城乡关系进入了一个新的阶段。然而，在人口乡城迁移背景下，城乡二元体制引致的城乡居民权益不平等、城乡要素配置不平衡、不完全城镇化等问题依然是城乡关系良性发展的掣肘，城乡良性协调互动的有效机制没有根本建立。与此同时，这一阶段"大中小城市和小城镇协调发展"的道路实际表现为追求大城市扩张的偏向④⑤，"空心村"、乡村凋敝等现实问题悄然显现。新的发展阶段、发展环境正促使中国的城乡发展发生更加深刻的变革。

---

① 12 个省、自治区、直辖市包括：河北、辽宁、江苏、浙江、福建、山东、湖北、湖南、广西、重庆、四川、陕西。
② 蔡昉：《中国劳动力市场发育与就业变化》，《经济研究》2007 年第 7 期。
③ 国务院发展研究中心：《农民工市民化进程的总体态势与战略取向》，《改革》2011 年第 5 期。
④ 李培林：《小城镇依然是大问题》，《甘肃社会科学》2013 年第 3 期。
⑤ 魏后凯：《走中国特色的新型城镇化道路》，社会科学文献出版社 2014 年版。

## 第四节　2013年以来城乡融合发展研究

在城乡二元体制下，随着快速城镇化与人口乡城迁移，中国形成了城乡二元结构与城市内部二元结构并存的态势，城乡发展不平衡、农村发展不充分问题日益凸显。2013年至今，在中国总体进入城市型社会背景下，城乡关系研究延续城乡统筹、城乡一体化的思想，以实现城乡全面融合发展为目标，在新型城镇化和乡村振兴两大战略推进中不断拓展和深化。

2011年中国常住人口城镇化率首次突破50%，户籍人口城镇化率只有35%，在步入城市型社会之初，不完全城镇化问题、"两个二元结构并存"问题引起广泛关注。在此背景下，2012年年底党的十八大报告提出，"坚持走中国特色新型工业化、信息化、城镇化、农业现代化道路"，"有序推进农业转移人口市民化"，"推动城乡发展一体化……形成以工促农、以城带乡、工农互惠、城乡一体的新型工农、城乡关系"。这是新时期中国在探索和解决工农、城乡关系方面的又一重大决策。2013年年底，党的十八届三中全会提出"坚持走中国特色新型城镇化道路，推进以人为核心的城镇化"，这是中央文件第一次明确提出"中国特色新型城镇化"的概念。2014年，国家陆续发布了《国家新型城镇化规划（2014—2020年）》《国家新型城镇化综合试点方案》。

学术界的研究对中央提出和推进新型城镇化战略起到了重要的支撑作用。新型城镇化的概念主要是针对以往快速（加速）城镇化阶段出现的问题提出的。关于新型城镇化的内涵，仇保兴认为，新型城镇化区别于传统城镇化，要重点解决六个方面的突破：从城市优先发展的城镇化转向城乡互补协调发展的城镇化、从高能耗的城镇化转向低能耗的城镇化、从数量增长型的城镇化转向质量提高型的城镇化、从高环境冲击型的城镇化转向低环境冲击型的城镇化、从放任式机动化的城镇化转向集约式机动化的城镇化、从少数人先富的城镇化转向社会和谐的城镇化。① 蔡昉认为从经济发展阶段出发,中国城镇化的核心应该是农业转移人口进入并落户于城市,享受基本公共服务的普照之光。② 依托国家社科基金重大项目"走中国特色新型城镇化道路研究",魏后凯系统研究了中国特色新型城镇化的内涵、思路和重点任务,认为新型城镇化从以物为本到以人为本,从"重物轻人"到以人为核心,充分体现了以人民为中心的发展思想和城镇化理念的进步。③④⑤ 另外,倪鹏飞认为,新型城镇化以人口城镇化为核心内容,以信息化、农业产业化和新型工业化为动力,以"内涵增长"为发展方式,以"政府引导、市场运作"为机制保障,走可持续发展道路。⑥ 张占斌认为新型城镇化的本质是为了实现人的全面发展,而不是为了城镇化而城镇化。⑦

在快速城镇化背景下,中国城乡差距在一定程度上得以缓解,但是,市民化滞后(不完全城镇化)等成为新的主要矛盾。2014 年年底全国常住人口城镇化率比户籍人口城镇化率高 18.1 个百分点,以农业转移人口市民化为重点的新型城镇化成为这一阶段城乡关系演进的主导。魏后凯和苏红键在界定农业转移人口市民化的内涵与标准的基础上,从政治参与、公共服务、经济生活、综合素质等方面评价得到 2011 年中国农业转移人口市民化综合程度约为 40%。考

---

① 仇保兴:《新型城镇化:从概念到行动》,《行政管理改革》2012 年第 11 期。
② 蔡昉:《以农民工市民化推进城镇化》,《经济研究》2013 年第 3 期。
③ 魏后凯:《走中国特色的新型城镇化道路》,社会科学文献出版社 2014 年版。
④ 魏后凯等:《中国城镇化:和谐与繁荣之路》,社会科学文献出版社 2014 年版。
⑤ 魏后凯:《坚持以人为核心推进新型城镇化》,《中国农村经济》2016 年第 10 期。
⑥ 倪鹏飞:《新型城镇化的基本模式、具体路径与推进对策》,《江海学刊》2013 年第 1 期。
⑦ 张占斌:《新型城镇化的战略意义和改革难题》,《国家行政学院学报》2013 年第 1 期。

虑到中国农业转移人口规模大、市民化程度低、面临的障碍多，要分层次、分类型、多途径推进农业转移人口市民化。① 市民化与户籍制度改革紧密相关。针对如何推进户籍制度改革，国内学者从多渠道促进农民工进城就业，加快公共服务均等化等角度进行了剖析。蔡昉认为，户籍制度改革表现为三条路径并行，一是吸纳农民工成为城市户籍人口；二是为不具备条件成为市民的农民工群体提供均等化基本公共服务；三是实现社会保障体系对城乡居民的全面覆盖。② 根据大多数学者的共识，户籍制度改革最终能否成功，不仅要根据区域特征、城市类型和农民工群体等分类，关键在于能否建立均等化的基本公共服务体系和城乡一体的体制机制。③ 就城乡关系研究中的公共服务配置来看，城镇地区比农村地区的居民更容易享有服务，服务质量也更好。2014 年以来，以城乡基本养老保险制度并轨为标志，中国城乡基本公共服务均等化的政策体系开始构建，但在提升农村基本公共服务水平、实现城乡基本公共服务均等化方面，仍然任重而道远。④ "进城农民"在社会保险、文化生活、心理接纳及身份认同等方面显著低于"城里人"，促使原来农村与城市的老二元结构转化为城镇内部户籍居民与流动人口的新二元分割。⑤ 应通过改革促进农业转移人口融入城市，为他们提供与城市居民同等的社会服务，确保农村地区获得同质同量的公共服务，促进城镇化的包

---

① 魏后凯、苏红键：《中国农业转移人口市民化进程研究》，《中国人口科学》2013 年第 5 期。

② 蔡昉：《以农民工市民化推进城镇化》，《经济研究》2013 年第 3 期。

③ 魏后凯：《新常态下中国城乡一体化格局及推进战略》，《中国农村经济》2016 年第 1 期。

④ 林万龙：《从城乡分割到城乡一体：中国农村基本公共服务政策变迁 40 年》，《中国农业大学学报》（社会科学版）2018 年第 6 期。

⑤ 陈云松、张翼：《城镇化的不平等效应与社会融合》，《中国社会科学》2015 年第 6 期。

容性。①

为有序推进市民化，2014年3月，第十二届全国人民代表大会政府工作报告指出，今后一个时期，要着重解决好现有"三个1亿人"问题，促进约1亿农业转移人口落户城镇，改造约1亿人居住的城镇棚户区和城中村，引导约1亿人在中西部地区就近城镇化。同年，国务院印发《关于进一步推进户籍制度改革的意见》，决定"建立城乡统一的户口登记制度"。2016年1月1日正式实施《居住证暂行条例》，户籍制度改革方案逐步成熟。2016年以来，户籍人口与常住人口城镇化率的差距稳定在16%。与此同时，国家对外出务工人员返乡创业就业、促进就地就近城镇化的鼓励、引导与支持，从2015年开始，流动人口规模发展出现新的变化，全国流动人口规模从此前的持续转为逐年缓慢下降。②

伴随城镇化的快速推进，城乡发展不平衡、农村发展不充分成为中国不平衡不充分发展的重要方面。为建立健全城乡融合发展体制机制，加快推进农业农村现代化，2017年年底党的十九大提出"实施乡村振兴战略"。围绕"实施乡村振兴战略"，国家陆续发布《中共中央国务院关于实施乡村振兴战略的意见》（2018年中央一号文件）、《乡村振兴战略规划（2018—2022年）》、《中共中央国务院关于坚持农业农村优先发展做好"三农"工作的若干意见》（2019年中央一号文件）。实施乡村振兴战略，建立健全城乡融合发展新机制，就是要打破城乡二元结构，解决城乡发展不平衡、农村发展不充分的现实问题。

乡村振兴战略形成于习近平总书记"三农"思想③，是由中国

---

① 国务院发展研究中心和世界银行联合课题组等：《中国：推进高效、包容、可持续的城镇化》，《管理世界》2014年第4期。

② 国家卫生健康委员会：《中国流动人口发展报告（2018）》，中国人口出版社2018年版。

③ 韩俊：《以习近平总书记"三农"思想为根本遵循实施好乡村振兴战略》，《管理世界》2018年第8期。

的特殊国情,以及未来二三十年发展的阶段性特征所决定①,从城乡关系角度,更侧重通过乡村内生性发展解决问题,是中央关于城乡一体化战略的延续,成为未来一段时间各地农业农村工作的总纲领。相对于2005年党的十六届五中全会提出"新农村建设",乡村振兴更顺应中国特色社会主义进入新时代对农业农村发展的新要求,在内涵上更加丰富,在中央重视程度、实施保障措施的力度等方面也更加突出。②

关于乡村振兴战略的内涵,李周论述了乡村振兴五方面与经济建设、生态建设、文明建设、社会建设和福祉建设的关系。③ 魏后凯认为,乡村振兴是一个综合的概念,有丰富内涵,它不单纯是某一领域、某一方面的振兴,而是既包括经济、社会和文化振兴,也包括治理体系创新和生态文明进步在内的全面振兴。④ 叶敬忠认为,乡村振兴战略以乡村为主体,其目标是在保持乡村独立性和差异化的基础上实现城乡融合,以此消解发展的不平衡性和不充分性。⑤ 此外,刘彦随依据人地关系地域系统学说,从乡村地域系统和乡村综合体角度,认为乡村振兴重在推进城乡融合系统优化重构。⑥

关于推动乡村振兴的政策思路,国内学者重点围绕乡村振兴的五个要求,提出强化人才、土地、资金等要素供给,如韩俊认为乡村振兴要围绕强化"钱、地、人"等要素的供给,推动城乡要素自

---

① 陈锡文:《实施乡村振兴战略,推进农业农村现代化》,《中国农业大学学报》(社会科学版) 2018年第1期。

② 姜长云:《实施乡村振兴战略:关于总抓手和中国特色道路的讨论》,《南京农业大学学报》(社会科学版) 2018年第4期。

③ 李周:《乡村振兴战略的主要含义、实施策略和预期变化》,《求索》2018年第2期。

④ 魏后凯:《如何走好新时代乡村振兴之路》,《人民论坛·学术前沿》2018年第3期。

⑤ 叶敬忠:《乡村振兴战略:历史沿循、总体布局与路径省思》,《华南师范大学学报》(社会科学版) 2018年第2期。

⑥ 刘彦随:《中国新时代城乡融合与乡村振兴》,《地理学报》2018年第4期。

由流动、平等交换。① 叶兴庆认为实施乡村振兴的核心是要抓好"人、地、钱"三个关键，促进乡村人口和农业从业人员占比下降、结构优化，加快建立乡村振兴的用地保障机制，建立健全有利于各类资金向农业农村流动的体制机制。② 罗必良提出实施乡村振兴战略，"人、地、钱"是主线，即注重解决农业劳动力与农村人口问题，处理好农民和土地的关系，配置公共资源优先向'三农'倾斜。③ 在推动城乡人力、土地、资本等要素自由流动和平等交换的同时，还需破除机制体制障碍。张红宇认为实施乡村振兴战略，要强化制度供给，激发乡村发展活力，包括深化农村土地制度改革，完善现代农业经营体系，稳步推进农村集体产权制度改革等方面。④ 张晓山认为，乡村振兴战略近期工作的重点应是探索和构建乡村振兴的制度框架和政策体系，要因地制宜，根据农民需求来补农村基础设施和公共服务设施建设的短板。⑤

经过一系列探索推进，中国城乡发展一体化水平不断提升。根据朱钢等自 2014 年开始发布的"中国城乡发展一体化指数"⑥ 的历年评价结果，中国城乡发展一体化总水平实现程度从 2010 年的 25.06% 提高到 2016 年的 62.80%，年均提高 6.29 个百分点，全国总体和各个省份均表现出快速提高的态势。

协调推进新型城镇化与乡村振兴战略促进城乡融合发展，与推进城乡一体化一脉相承。随着中国经济社会发展进入新阶段，城乡

---

① 韩俊:《以习近平总书记"三农"思想为根本遵循实施好乡村振兴战略》，《管理世界》2018 年第 8 期。

② 叶兴庆:《新时代中国乡村振兴战略论纲》，《改革》2018 年第 1 期。

③ 罗必良:《明确发展思路，实施乡村振兴战略》，《南方经济》2017 年第 10 期。

④ 张红宇:《乡村振兴与制度创新》，《农村经济》2018 年第 3 期。

⑤ 张晓山:《实施乡村振兴战略确保经济持续健康发展》，《经济纵横》2019 年第 1 期。

⑥ 朱钢等:《中国城乡发展一体化指数（2014）》，社会科学文献出版社 2014 年版。朱钢等:《中国城乡发展一体化指数（2018）》，社会科学文献出版社 2018 年版。

关系发展也站在了新的起点，正在进入城乡融合发展的加速期。[1] 为重塑新型城乡关系，走城乡融合发展之路，促进乡村振兴和农业农村现代化，国家出台了《中共中央国务院关于建立健全城乡融合发展体制机制和政策体系的意见》。从统筹城乡发展、城乡发展一体化再到城乡融合发展，既是新时代对城乡关系的一种新的描述，更是新的历史方位下的战略方向。魏后凯认为，中国已经进入全面推进城乡一体化的新阶段，全面推进城乡一体化需要采取系统集成的一揽子方案，建立城乡统一的"四项制度"和"两大体系"，即构建城乡统一的户籍登记制度、土地管理制度、就业管理制度、社会保障制度，以及公共服务体系和社会治理体系。[2] 乡村是经济社会发展的重要基础，城乡融合与乡村振兴战略相辅相成[3]，未来城乡关系会进一步强调乡村振兴与新型城镇化的协调推进。乡村的现代化和振兴以城镇化的充分发展为前提，同时城镇化也离不开乡村人口、土地等要素的融入。蔡继明认为，要同步推进乡村振兴和新型城镇化，就必须让市场在人口和土地资源的空间配置上发挥决定作用。[4] 其中城乡土地制度是要素从城市向农村流动的首要障碍。[5] 张晓山等认为未来城乡融合发展进程将很大程度取决于农村土地资本的分配方式和分配格局，农村土地制度改革将在深化农村改革、统筹城乡发展的制度安排中处于关键位置。[6] 随着党的十九大报告提出的促进城乡融合发展体制机制和政策体系的建立和完善，城乡关系和工农关系

---

[1] 金三林：《新时期推进城乡融合发展的总体思路和重大举措》，《中国经济时报》2019年7月1日第5版。

[2] 魏后凯：《新常态下中国城乡一体化格局及推进战略》，《中国农村经济》2016年第1期。

[3] 刘彦随：《中国新时代城乡融合与乡村振兴》，《地理学报》2018年第4期。

[4] 蔡继明：《乡村振兴战略应与新型城镇化同步推进》，《同舟共进》2018年第12期。

[5] 张海鹏：《中国城乡关系演变70年：从分割到融合》，《中国农村经济》2019年第3期。

[6] 张晓山等：《改革开放40年与农业农村经济发展》，《经济学动态》2018年第12期。

所蕴含的国民收入分配格局将进一步向农业农村调整，全国范围内资源配置格局及基本公共服务的供给将进一步向农业农村倾斜，城乡要素将呈现双向流动、有机结合的良性互动格局。① 总之，新时期促进城乡融合发展要更加注重城乡联动改革②，统筹推进新型城镇化与乡村振兴，加快城乡要素市场一体化，促进公共资源城乡均衡配置，促进城乡经济社会高度融合。

新型城镇化与乡村振兴协同推进城乡融合发展，印证了马克思主义的生产力与生产关系间的相互作用关系。城镇化水平发展到一定阶段后，城乡关系中的种种问题，是生产关系与生产力发展不适应的体现。中国城乡发展战略的不断调整，旨在促进城乡经济社会发展和空间格局优化，以实现城乡发展一体化、"消除城乡对立"。"推进城乡发展一体化，是工业化、城镇化、农业现代化发展到一定阶段的必然要求，是国家现代化的重要标志。"③ 按照马克思关于城乡"同一→对立→融合"的历史辩证法，城乡融合发展具有历史性、阶段性和必然性，将成为未来城乡格局的重要表征。

---

① 张晓山：《改革开放四十年与农业农村经济发展——从"大包干"到城乡融合发展》，《学习与探索》2018 年第 12 期。

② 金三林：《新时期推进城乡融合发展的总体思路和重大举措》，《中国经济时报》2019 年 7 月 1 日第 5 版。

③ 习近平在十八届中央政治局第二十二次集体学习时的讲话（2015 年 4 月 30 日），《人民日报》2015 年 5 月 2 日。

# 第十三章

# 乡村治理研究

从 20 世纪 40 年代后期开始，随着革命政权在各地陆续建立，乡村治理工作已经展开，与乡村治理有关的研究也已开始。近年来关于乡村治理的研究文献更是出现爆发式增长。因为某些历史原因，改革开放前后乡村治理研究的状况迥然不同；大量科学研究工作是在 1978 年改革开放后才逐步展开的。本章对中国乡村治理研究的介绍和评论主要针对后一时期。第一节讨论乡村治理研究的核心问题与研究方法，也为其余各节的评论确定一个范围。第二节评论中国学者关于传统乡村社会的主要研究，以梳理乡村治理研究的基础性认识。第三节将乡村治理研究文献的浩繁内容凝聚为关于乡村治理的公正性目标的研究，以简化文献评论的脉络。第四节评论中国乡村治理基本制度的相关研究。中国学者对中国乡村治理的研究多借鉴国际学者提出的理论，但本章除个别情形之外，不评论、不介绍国外学者的理论。

## 第一节 乡村治理研究的核心问题与方法

"乡村治理"这个术语开始流行于知识界迄今不超过 20 年，但乡村治理的核心问题实际上在 1949 年新中国成立之后就已经受到关注。本节扼要讨论乡村治理研究的基础性问题。

## 一 乡村治理研究的核心逻辑

广义的"乡村治理"是指涉及乡村社会运行的基础制度安排及公共品保障体系，其中包括乡村财产关系的保障制度，乡村组织及居民与政府之间的公共事务往来，以及乡村社会通过非政府组织系统实现的公共事务往来关系。狭义的"乡村治理"是指政府或政府通过其他组织对乡村社会公共品保障做出的制度安排。

社会治理的目标是确立社会公正。社会治理研究的目的是确立实现社会公正的各种条件及其依存关系。社会公正构成的核心要素是效率、平等与社会稳定。社会科学领域对社会公正的讨论很难离开这三项社会演化目标的约束。

社会治理是一个历史范畴，特别在乡村治理的研究中，以历史演化的眼光对乡村社会在不同历史时期所展现的特点做出分析，是乡村治理研究的基础。当乡村治理研究对一个国家显得特别重要的时候，这个国家的乡村本身会是一个重要存在，这意味着这个国家的农业人口比较庞大，农业相对落后。当一个国家农业高度发达时，农业人口规模收缩，乡村治理研究会发生明显分化。此时，因为乡村公共关系与城市公共关系的差别缩小，乡村治理研究的一部分工作转化为一般性的社会治理研究，而另一部分可能转化为农村经济关系的研究。尽管乡村治理研究具有这种历史研究的特征，但不同时期的研究都不能回避关于乡村社会公正性的判断，其中包括对效率、平等与社会稳定的分析。

关于效率、平等与社会稳定的基本定义，社会科学各分支的学者很难取得一致意见，对其所做的理论刻画更是多种多样，但在经济学领域，学者们的研究则有较高的逻辑一致性，研究深度上具有递进性。本章对乡村治理研究的分析主要按经济学的逻辑展开。经济学通常认为，投入者获得适当报酬，应该是公正的第一要素。报酬是要素投入的价格，通常只有市场能决定价格。非市场权威机构定价常常导致掠夺。此项维持效率的社会公正目标，其实已经包含了平等，但这是"起跑线上的平等"。现实社会的问题是，有人上不了起跑线。乡村社会的此种情形，常常被学者看作不平等。这种不平等一旦导致一部分人有了生存之虞，便成了"公共性问题"，因为它影响到一个共同体本身的生存竞争力。这里没有满足效率要求的市场均衡。于是，有了关于公正的第二个要素：用公共权威的力量保障共同体成员的底线平等。

把社会稳定作为社会公正的第三个要素，在不同学者中间有很大争议，需要多费笔墨分析。

可以把社会稳定定义为排斥以成规模的暴力或暴力威胁手段而实现的秩序化的社会公共生活状态。罗尔斯把稳定作为人类的有意义的价值追求。黑格尔说过组织化程度高有利于稳定，罗素把暴力滥行归结为人们对眼前利益与长远利益之间的平衡把握失去判断力，而法国勒庞说集体行动导致"集体无意识"，是冲突的根源。其实，如果离开了对组织或共同体的具体规定，人们不免各执一端。

经济学把社会不稳定看作是一种交易不能自愿达成的状态。因为交易不能通过讨价还价达成，交易的一方会选择用暴力压迫另一方按照自己提出的条件完成利益输送。极端的情形是消灭另一方。暴力之下形成的长期的、成规模的一方对另一方的服从，并不是真正的社会和谐稳定。

把效率、平等与稳定作为人类追求的价值，虽然只有不长的历史，但却有相当高的共识度。与之相反的价值，接近被看作绝对不可取的价值。自由与民主作为实现这些价值的最基本的工具价值，却往往有相对性意义。在实践中，一旦涉及社会活动，自由必然伴随约束，民主必然伴随少数服从多数。约束性制度如何安排，少数与多数的识别依靠什么机制，便构成了改革的空间。中国农村社会治理方式改革也在这个空间展开。

## 二 乡村治理研究的现实观照

中国农村的市场化、现代化，是乡村治理研究的重要参照对象。在很多情况下，研究工作者希望通过乡村治理，实现农业增效、农民增收、农村环境美化、农村社会稳定，以及农村社会经济关系与社会主义市场经济体制相适应。

在上述目标约束下，中国乡村治理研究所碰到的"真问题"如下：

中国乡村社会的实际状况在多大程度上具有传统性？如果存在传统性，如何在理论上刻画这种传统性？或者，近代以来，中国乡村社会的一部分地区已经处在由传统性向现代性的过渡中，特别是1949年前后在革命政权的一系列农村政治经济运动之下，中国农村的传统性在多大程度上获得改变？

中国农村的现代性又如何理解？实现前述诸种社会治理的目标，需要构建一个怎样的农村社会结构？农村社会的现代性究竟需要哪些要素？在经济学之外，主要以一些社会文化学者为核心，主张弘扬农村社会的儒家文化传统，并对农村宗法社会做出基本肯定的评价，那么，这种观念是否与现代性相兼容？

大体确立了农村社会的传统性与现代性认知之后，它们之间如何实现过渡？一个国家的一定时期，不仅会因为地区经济发展的不平衡性，使得传统性与现代性在空间上共存，还可能会存在过渡形态的村庄。在这种格局下，乡村治理的政策需要怎样的多样性？

中国在1988年建立了村民自治制度，这是中国实现乡村善治的重大举措。此后，大量乡村社会研究聚焦于乡村民主政治领域。这个制度建立后，以直接民主选举为核心的村民自治制度的运行似乎不像当初预想的那样。一些学者开始思考，中国乡村社会在多大程度上、在什么条件下能嵌入直接民主选举制度？

近年来，除村民自治制度之外，中央政府提出城乡基本公共服务均等化主张，并出台大量配套政策；地方政府推出政经分开和自治组织设置下沉等改革探索，对乡村治理也具有标志性意义。这几方面虽然也吸引了大量关于乡村治理的研究资源，但相对于研究对象本身的重要性，研究工作的深度及政策针对性仍嫌不足。

观照现实问题研究乡村治理，不可避免地要回答乡村治理本身的最终归宿。农业高度现代化以后，乡村在哪里？特别在小城市均衡分布、所谓"逆城市化"人口只是居住在小城市，而专业农户越来越分散居住的情况下，又怎么区别城市治理与乡村治理？

研究文献对以上关于乡村治理的重大现实问题，都有所回应，并值得总结。在汗牛充栋般的研究文献中，也有不大观照现实问题而满足学者趣味的文献，更有大量解释政策的一般性分析报告。本章将尽可能避免将后两类文献作为评论对象。

### 三 乡村治理研究的方法问题

这里说的方法，是指陈述研究工作的基本语言范式。

在相当长的时期里，中国学者多使用"阶级斗争"理论解释中国社会结构，并认为这个理论是马克思[①]主义的精髓。但这一说法受到部分中国学者的质疑。1978 年之后，因政局及政治主流用语的变化，部分中国学者逐渐从马克思主义经典著作中寻找新的研究语言，对农村社会经济关系有了新的理论刻画。有代表性的研究文献多提及马克思早期关于国家与社会分离的观点。马克思在批判黑格尔国家与社会关系的认识后，提出了自己的理论。他认为，黑格尔关于市民社会与国家关系的观点是错误的，主张应分清现实主体与观念，将社会置于本体地位，消除国家这个社会发展的异化产物，使国家回归社会化。马克思由此确立市民社会决定国家的政治哲学思想。马克思以其所建立的概念系统以及当时社会主义运动的具体语境分析现实社会，将其直接用来框定中国的农村社会改革并不合适。但

---

① 刘英博、刘彤：《农村基层治理也需要马克思主义》，《人民论坛》2018 年第 3 期。

马克思对黑格尔的批判至今仍有启发性。马克思的分析已经包含将社会物品划分为私人物品与公共物品的认识。将警察组织、司法制度从社会中剥离出来，由国家承担职责，是公共物品的一种配置思想。中国政府的文件肯定了广东佛山南海区关于"政经分离"探索的意义，应该说符合马克思的政治哲学思想。

现代经济学，特别是制度经济学和公共选择理论的学术语言范式，对乡村治理研究有重大影响。

从洛克理性思考开始，后有古典主义和新古典主义经济学的思想积累，再到罗尔斯的思想集成，可以大致勾画出一个关于公正的认知。交易成本概念经拓展后被学者用来分析乡村公共品分配[①]。当我们把交易的概念放大，把一切社会契约的达成都看作是交易，那么，交易成本便自然成了社会交易成本。交易成本概念经拓展后，的确成为研究乡村治理的一个很实用的工具。

社会学家利用田野调查方法形成了大量关于乡村社会的研究文献，也提出了诸多关于乡村治理的对策建议。经济学方法的局限性使农村田野调查方法有独特的不可替代的价值。经济学方法的根本缺陷并不在于其通常采用的关于人的逐利性与理性算计的"经济人"假设。如果没有这种假设，经济学就不会建立具有逻辑一致性的理论。导致经济学与其他人文学科龃龉不断的原因，与经济学通常忽略人的差异性有关。经济学在研究人力资本问题时，会对人的差异性有所关注，但在处理经济活动中的一般关系时，通常把人看作是无差异的。这个缺陷使经济学在用于社会治理研究时会忽视现存社会的多样性，不利于研究者提出有现实意义的乡村治理政策建议。与经济学不同，社会学家的田野调查工作尽管过于关注乡村社会的细节，乃至会做出不具有普遍意义的社会类型归纳，但却能始终紧盯农村社会的多样性。社会学的这个特点对于中国乡村治理的研究具有特殊价值，因为中国不同地区的乡村发展的确存在巨大差异，

---

[①] 张五常：《佃农理论》，中信出版社2019年版。

其中农民个体及社区的差异之大，足以影响到乡村社会关系的性质。经济学与社会学之间互相借鉴，对于中国乡村治理研究有重要意义，令人遗憾的是以往这种借鉴非常不够。

## 第二节 传统农村社会性质研究

依照演化经济学的认识，一个社会的变迁在基础结构方面是相当缓慢的。中国乡村治理的起点是改变传统乡村社会。现代要素开始注入传统乡村社会后，固然会对乡村产生影响，但真正改变乡村社会的基础结构，需要一个漫长的过程。所以，可以认为，对传统乡村社会性质的研究，是乡村治理研究的重要组成部分。

### 一 传统农村社会的性质

如果把主要采用人力畜力完成农业耕作、大部分农产品主要满足农民家庭需要的农村社会称为传统农村社会，那么，传统农村社会这个概念对于中国曾具有普遍的现实意义。具体来说，在1949年到1979年前后这个时段，中国乡村社会的传统性比较显著；此后中国乡村社会迅速走上了现代化道路，但滞后于经济发展的乡村习俗和观念，仍在很大程度上保持了某种传统性。

经济学家把传统社会看作是一个没有资本积累的社会。这个理论刻画不无意义，但却不足以描述传统农村社会的多样性，尤其不能反映传统乡村社会内部的依附性和其内部紧张、外观和谐的性质。社会学家对传统乡村社会的研究更具有理论的丰富性和政治影响力。

费孝通先生关于中国传统农村社会的研究，具有清晰的模式化特点。具有开先河意义的《江村经济》[①] 是一部引起很大争议的乡村田野调查著作，其中关于农民在职业选择中具有高水平的经济核

---

① 费孝通：《江村经济》，华东师范大学出版社2018年版。

算能力的判断在当时不失为具有洞察力的研究建树；而主张中国农村解决吃饭问题要靠发展乡村工业的说法，则给无尽的批评留下了把柄。

他认为，社会研究需要承认文化本质的一致，但也要重视文化形式上的差别。区别于村庄研究，对农村社会还要有一种宏观的研究。江村固然不是中国全部农村的"典型"，但不失为许多中国农村所共同的"类型"或"模式"。费孝通先生转向传统农村社会的一般性研究之后，新论迭出，形成对乡土社会的一般判断。[①] 在乡土社会中，人们的社会关系的调节不是靠法律来调节，而是靠"礼"这种社会规范来调节。士绅阶层被看作礼仪制度的支撑力量。对礼仪的作用，古人已有论说。费先生的新说法，是认为当时的司法制度破坏了原有的礼治秩序，不能有效地建立起法治秩序。乡土社会的这种权力明显地不同于横暴权力，也不同于同意（民主）权力，属于一种松弛的、微弱的和无为的权力。他显然把礼仪制度看作是中国乡村社会的一种基础性制度，并倾向于对其做出比较积极的评价。他还认为，革命政权稳固后，基层干部取代了过去的士绅阶层，产生了难以评说的变化。

费先生对中国传统乡村社会的这种认识，基于他对社会发展一般规律的一种特别认识。他认为，乡土社会的人是靠欲望行事，而在现代社会的人会根据他们自己的需要有计划地生活。他认为社会支配力从欲望到需要的变化具有里程碑的意义。但更多的研究表明，费先生的这个看法不具有很好的学理逻辑。农民行为选择当然受欲望影响，但不能认为农民的最终行为选择不会考虑自己的资源状况。同样地，现代人会大体根据自己的预算约束来做出行为选择，但选择的基础是他们的欲望。

费先生的学术研究对中国农村社会治理产生了重要影响。他在

---

① 费孝通：《乡土中国》，华东师范大学出版社 2018 年版；《乡土重建》，中信出版社 2019 年版。

1983 年发表《小城镇 大问题》一文①，也在一定程度上与他的研究定见有关。此后，中国出现了一个乡镇企业蓬勃发展时期。且不论中国乡镇企业兴起及再后来走向衰落的原因，这个过程的结果产生的乡村治理的一系列问题却成了留给学者的研究课题。

相比之下，稍早于费孝通的研究，美国传教士明恩溥对中国传统乡村社会的研究更具有批判性。② 从现有文献看，费先生没有注意到明恩溥的工作。明恩溥认为，中国乡村社会的百姓与西方社会前现代时期并无重要区别。他还认为，控制乡村社会的几种力量，如头面人物、调解人员等，并非是饱含温情的礼仪代表，他们中混杂着乡村痞子。普通农民的行为一旦对乡村控制者的地位形成挑战，后者会显示其权力的凶暴。近年来出现的对传统乡村社会的批判性研究，多少受到了明恩溥的影响。

历史学者孙达人与葛剑雄对农村传统社会的研究更具有宏观性。按他们的观点，中国传统农村社会中权势阶层的人口比之下层百姓，增长会更快。战争和动乱是恢复平衡的路径。平衡的恢复不仅仅是权势阶层与普通百姓在人口数量比例上的变化，还包括人口在华夏大地上的空间移动。从华北到长江中下游地区，再到华南，继而到长江上游，不断地创造"五口百亩之家"这种支撑传统社会的小农基础。一直到清朝，因诸多原因中华民族的地域扩张受到抑制，中国传统社会的痼疾不能再通过人口的地域扩张加以缓解或调整，"五口百亩之家"的比例大幅缩小，因此，从大格局上看，传统社会的气数已尽。③ 至此，黄宗智先生讲的中国农村社会的"内卷化"成为广泛现象。④ 这种现象成为目前讨论乡村治理的重要出发点之一。

在孙达人先生的模型中，"五口百亩之家"这个变量十分重要。

---

① 费孝通：《费孝通论小城镇建设》，群言出版社 2000 年版。
② ［美］明恩溥：《中国的乡村生活：社会学的研究》，陈午晴、唐军译，电子工业出版社 2016 年版。
③ 孙达人：《中国农民变迁论》，中央编译出版社 1996 年版。
④ 黄宗智：《华北的小农经济与社会变迁》，中华书局 2000 年版。

历史上，在"五口百亩之家"这个因素的权重强大时，即小农占地数量较多且较为平均时，至少有这样的社会后果：第一，土地本身的边际产出低，而土地上投入的边际产出高，因而，就影子价格上说，劳动的报酬高，而土地的报酬即地租低。第二，从前一点进一步引申，农民人数较少，又比较富裕，便容易组织起来，公共产品供应的协议较容易达成，农民与政府谈判时，地位也比较优越。因为农民的组织程度高，政府与农民的对话成本也比较低，政府与农民的合作也比较容易，这样，社会也就呈现出一个相对和谐的外貌。第三，强大的"五口百亩之家"意味着社会的剩余较多，能够较容易地承受"公共产品"的过度供应，或者说能够支撑一定程度的剥削。当"五口百亩之家"衰落时，这些条件不复存在，社会合作的条件受到破坏，社会冲突便在所难免了。孙达人先生这个分析，对于乡村治理政策的选择及效果评价研究，具有启发意义。

秦晖、苏文对传统乡村社会的研究有广泛影响。他们认为，传统社会的最大弊端，与其说是剧烈的阶级分化，不如说是等级权力压迫下阶级分化不发达。完全建立在所有制关系上的阶级分化，是封建社会所包含的自我否定因素。封建时代的中国只承认家族财产，不承认个人财产，所有权只是家长权的附属物。更一般地说，不论中国还是西方，纯粹私有权越是退化，"公社""均田制"越是发达，人身依附关系就越强，宗法共同体也就越强大。这种旧时代的遗存很难随着革命政权的消失而消失。秦晖等认为，在一定条件下，乡镇企业发达的一些集体经济会转化为"庄主经济"，成为乡村治理的难题。[①] 在这个相近的研究主题上，秦晖的研究更具有洞察力。

## 二 文化传统与乡村治理

大量中国乡村治理研究文献涉及中国文化传统对乡村社会治理

---

① 秦晖、金雁：《田园诗与狂想曲——关中模式与前近代社会的再认识》，江苏凤凰文艺出版社2019年版。

的功能。

文化学者对文化有多种不同定义，如梁漱溟认为，文化就是吾人生活所依靠之一切。① 按照经济学思想，文化可以被理解为人们在公共领域的交易规则，体现人们在公共活动中的行为规范。在文化问题的研究与讨论中，有的经济学家倾向于把文化等同于社会的非正式制度，认为文化是习惯、宗教、道德和礼仪等社会非正式制度的统称。樊纲大体上持这一观点。②

中国人文社会研究领域有一种相当持久的定见，认为中国儒家文化的根基在农村，且这种传统对农村社会治理有积极意义。近年还有一部分被称为当代儒家的人士，到农村兴办书馆，对农民讲授儒家文化典籍。当然，也有学者对这种研究和实际行动持相反的意见。这类研究虽然未显得阵营强大，但也值得重视。

中国学者许纪霖认为，传统主流文化典籍"以价值判断代替事实判断，搞出来的理论多少偏于炽热的情感，而缺乏客观、冷静的知识论支持"③。朱学勤认为，"以仁为本"的传统伦理价值观被用来诠释政治，结果是"以道德规范代替政治设计"，创立了一个"内圣开外王"的假逻辑。④ 事实上，儒家典籍还有不少与"以仁为本"完全相反的内容，这就牵涉下面一个假命题。朱伯崑先生就曾指出，儒家学说包含了功利主义传统。⑤ 孔子的"性相近也，习相远也"（《论语》，阳货篇），很接近贝克尔关于人的偏好与行为的分析。他的"执柯以伐柯"（《中庸章句》）、"民可使由之，不可使知之"（《论语·泰伯篇》）也很接近马基亚弗里的思想。在儒家学说

---

① 梁漱溟：《中国文化要义》，上海人民出版社2019年版。
② 樊纲：《中华文化、理性化制度与经济发展》，《二十一世纪》1994年第6期。
③ 许纪霖：《儒学在当代的衍化及困境》，载张荣明《道佛儒思想与中国传统文化》，上海人民出版社1994年版。
④ 朱学勤：《老"内圣"开不出新"外王"》，载张荣明《道佛儒思想与中国传统文化》，上海人民出版社1994年版。
⑤ 朱伯崑：《重新评估儒家功利主义》，《哲学研究》1994年第4期。

的后来发展中，有陈亮、叶适、颜元和戴震等人继续发展了功利主义思想，只不过不能占主导地位而已。中国近年主张在乡村治理中导入传统文化典籍的学者，并没有均衡地把握中国传统文化典籍的意义。

从另一方面看，欧洲古代先贤们也不只是注重实证分析而与价值分析无缘。事实上，他们的学说也包含了"以仁为本"的思想。古希腊的柏拉图写了《理想国》，但马克思认为，他的理想国只是埃及种姓制度在雅典的理想化。亚里士多德的《政治学》所提供的东西大体上也是一种规范分析，在科学方法上并不比孔子高明多少。他认为获取利息是非自然的、最坏的行为，完全是从价值观出发得出的结论①，只不过与孔子运用的语言符号不同而已。他的这个结论在后来成为中世纪教会借贷取息的理论武器。

概括地说，中国和欧洲早期学者的思想都有丰富的发展可能性，都有"以仁为本"的思想，也都有实证分析的科学精神。中国与欧洲后来的主流理论走上了不同的发展路径，另有历史原因，这里不做讨论。

### 三 熟人社会理论与乡村社会结构研究

熟人社会这个概念经由费孝通先生的著作《乡土中国》传播，其对农村社会研究领域乃至一般知识界的影响十分巨大，但这个概念尚没有得到很好的学理刻画。

#### （一）关于熟人社会的性质

应该区别传统熟人社会与现代熟人社会，但以往对二者的区别未予重视。传统农村社会的熟人社会，主要是村庄社会。农民以一定规模相聚而居，生产的专业化程度低，导致农民家庭之间必须合作的因素又非常多，农民之间的隐私便很难隐匿。城市里也有熟人圈，但经济活动的专业性已经增加了人们之间的隔膜，又因为货币

---

① ［古希腊］亚里士多德：《政治学》，台海出版社2016年版。

化程度高，私人之间的往来更有可能排除熟人之间的非货币性往来，公共性合作关系也多由政府或专业机构完成，熟人社会只会限于社会经济活动的某个方面。前一种熟人社会还容易与家族共同体联系在一起，多发展成为依附性熟人社会；后一种熟人社会则因为多与兴趣和偏好有关，则更有可能成为城市型熟人社会。

传统型熟人社会的纽带复杂，其中既有宗法血统关系，又有宗教纽带，还有经济依附。在典型的村庄社会，村里的领袖不仅是族长，也是神权的代表，还可能是道德的示范者。

（二）关于熟人社会的功能价值

近年来中国有很多学者批评熟人社会，甚至主张用陌生人社会替代熟人社会。这是一种比较浅薄的认识，但却很有代表性。熟人社会并不必然产生压迫和依附，只是在专业化程度低的熟人社会，其领袖容易控制社会成员的生存资源，导致社会普通成员对领袖的依附。专业化程度高的熟人社会，不易发生此种情形。另外，人的道德养成主要发生在熟人社会，因为熟人社会中的道德错误有更大概率获得反馈。有了道德养成，人们便容易在陌生人社会保留道德习惯。如果能处理好政府与乡村领袖的关系，乡村熟人社会也能发挥降低治理成本的作用。为减少代理人，降低治理成本，防止政府权威滥用，历代王朝统治者的首项措施便是实行无为而治，将农村公共服务和公共建设降至最低限度，同时开辟了官治和民治两条通道。[1] 许纪霖、陈达凯认为：对于乡村的控制，传统中国的行政权力只抵达县一级，县以下基本由地方士绅或宗族大户维持秩序，推行教化。[2]

近年来"能人治村"成为中国乡村治理研究领域的一个常见话题，与学者对熟人社会功能的认识有关。富人能否与道德化身、宗

---

[1] 费孝通：《乡土中国》，华东师范大学出版社 2018 年版；赵秀玲：《中国乡里制度》，社会科学文献出版社 1998 年版。

[2] 许纪霖、陈达凯：《中国现代化史·总论》，上海三联书店 1995 年版。

族领袖和礼仪维护者的身份相统一？一般来说，在传统社会结构较为稳定的情况下，较之穷人，富人更有可能兼具这些身份。在社会动荡时期，或社会结构转变时期，一切人都可能实施机会主义行为，违反道德规则，并通过机会主义行为而致富，此时，富人可能是恶人的同义语。但富人一旦确立了稳定地位，就需要通过维护道统来维护自己的地位，通常的道德行为规范最有利于富人稳固自己的地位。这就是所谓"起点的不道德会引起终点的道德"。这种现象具有普遍性。所以，在相对稳定的传统社会，富人通常是道统的维护者。此外，富有家族通常是望族；富有家族的人口增长速度要大大高于贫穷的家族，所以，富人的族长通常也是同姓家族构成的自然村落的宗法领袖。[①] 宗法领袖当然要维护宗法礼仪；宗法礼仪有利于稳固宗法领袖的统治地位。总之，富人在熟人社会发挥良治作用是有条件的。

从大的社会演化的尺度上看，随着经济生活专业化程度的提高，依附性熟人社会将逐渐转变为城市型熟人社会。到这个水平上，熟人社会将是社会机体的一种微观形态，不会有系统性的害处。在这个转变过程中，农村宗法关系也会显示某种过渡性。古代宗法共同体的其他社会功能在现代社会已经转移给政府和其他类型的社会组织了。所以，也不能夸大宗法组织的作用。这些功能经常可以从一些宗姓家族的"家训"中读到。现代社会同样需要这些行为规范。

（三）关于熟人社会的规模或尺度

国内学者没有注意研究熟人社会的有效尺度问题，而这一点从中国乡村治理实践看非常重要。按人类学最新的研究成果，当人数在 150 人（Dunbar 指数）以下时，不论是社群、公司、社会网络，只要大家都相互认识，彼此可以互通消息，就不需要设立正式的权威机构，不需要制定正式的行为规范，一切公共事务可以通过约定

---

① 葛剑雄：《略论我国封建社会各阶级人口增长的不平衡性》，《历史研究》1982 年第 6 期。

俗成的规矩得到处理。这意味着，在 150 人以下的人类群体中，不必建立政府，自然也不必建立有强制力的公共预算。这个发现，可以帮我们形成这样一个认识：小于 150 人的群体，可以在法律上设定为社团，也即没有必要将一个合法小城市的人口规模的下限设定在 150 人以下。多年来，中国的行政村越来越大，多数行政村包括了多个最小宗法共同体（五服之内的同性血缘宗亲系统）。在规模大于最小共同体的行政村，领导人选举中通常会产生派系竞争。这种竞争若不公开，难免会产生黑幕政治行动；若公开，则与现行制度产生摩擦。官方合理的考虑是对这种政区做实际的干预，很难允许自发选举。对于最小宗法共同体，符合 Dunbar 指数所揭示的规律，无论选举与否，领导人都不会有变化。中国小的自然村或村民小组基本上是最小宗法共同体，官方对这种共同体做或不做干预，意义并无不同。于是，自治体设置在这一层级，在目前体制下是一种易于达成的结果。

## 第三节 乡村治理的公正性目标研究

乡村治理研究文献通常在明确的或隐含的治理目标约束下讨论具体问题，而治理目标的设定在研究者看来自然具有公正性，或者满足公正性的某一方面的要求。如前文讨论，社会治理公正性要求的核心，是实现社会运行中效率、平等与社会稳定的统一。但中国学者发表的多数研究文献在单一目标下讨论治理问题，这种偏差近年才有所改正。

### 一 社会治理中的平等与效率兼顾目标

中国建立革命政权的目标之一是建立社会平等。1949 年之后一个时期，党的主导性意见是通过阶级斗争和土地所有权变革实现社会平等。同时，党的主要文件认为，土地所有权确定之后，经济效率也会得到提高。在经济发展实践中，党的领袖也注意到平等与效率的统一并不容易建立，毛泽东1956年发表的《论十大关系》就反映了这种认识。但总体上看，在以阶级斗争为纲的施政方针之下，效率问题一直难以解决。在有的时期，效率问题非常突出。被毛泽东称为党内"秀才"的知识分子，利用有限的调查研究机会，也凭借他们的理论修养，对党的乡村工作提出过批评，但后来均因这种批评受到了各种不公正打压。

从现有文献看，曾长期在中国科学院经济研究所（后来为中国社会科学院经济研究所）做研究工作的顾准先生，是党内最早对阶级斗争理论做出系统思考和批评的学者。在1959年12月19日的日记中，他明确写道："中国农村的阶级变化，决定于土地所有制者，比重恐不到一半。人口增殖对阶级构成之变化所起的作用，恐远甚于土地所有制。"他在日记中还陈述了农村严重的饥荒情形。[①] 1959年，时任外交部副部长的张闻天在庐山会议上作了长篇发言，对"三面红旗"提出了一整套看法，对"大跃进"以来暴露的严重问题及其后果作了系统的分析，认为领导经济工作"光靠政治挂帅不行，还要根据客观规律办事"。曾在中国科学院经济研究所工作过的王维志在20世纪60年代到一些省去核实人口数据，开始研究农村发生的饥荒情况。

这些早期研究者的分析表明，在极"左"政治路线下，不会发生经济学通常所说的平均（或狭义的平等）与效率替代的情形，表明治理的公正性严重缺失。在这个理论语境中，至今有学者坚持一种似是而非的观点，即认为改革开放40年与此前30年相比，经济效率提高了，但社会平等程度降低了。事实并非如此。学者衡量社会平等程度通常使用基尼系数作为分析工具，但这个分析工具有明显的局限性。在经济发展水平与经济货币化程度很低的情况下，基尼系数并不能反映平等状况；特别在一部分人口因饥饿而有生存之

---

[①] 顾准：《顾准日记》，中国青年出版社2002年版。

虞的情况下，基尼系数基本没有学理分析价值。

改革开放以后，中国经济的货币化程度明显提高，居民收入差异的可观察性增强，基尼系数的使用有了合理性。对改革开放后的农村收入差异状况所做的研究表明，在农村经济效率大幅度提高的背景下，中国农户内部的收入差距、财富占有差距都应小于城市内部及城乡之间的差距。农民收入的基尼系数从1978年的0.21增大到1985年的0.28，到2005年增大到0.375。[①] 据李实的研究，农村内部收入差距的基尼系数从2000年的0.35上升到了2011年的0.39，上升了4个百分点，平均每年上升不到0.4个百分点。[②] 2012年全国居民收入的基尼系数为0.474，高于农村内部的同一数值。这在社会转型时期不算一个很高的水平。如果考虑到收入的"成本"因素，农村的基尼系数还会更低。在土地经营规模相近的情况下，农村种植经济作物的农户与粮食种植农户相比，前者农业收入高，但他们之间每个工作日的收入差别不大。后者通过非农领域的务工收入，增加年收入。综合考虑，农村居民单个工作日所得收入的基尼系数会更低。

财富分配的基尼系数也比较低。笔者依据2010—2012年在部分省区的调查数据，发现样本农户宅基地占有基尼系数为0.328；平原地区农户宅基地面积基尼系数更低，只为0.261。按住房建筑面积计算的农村住房配置的基尼系数略高一点，但也只有0.344。宅基地和住房作为农户最重要的财产配置，其拥有水平应该算比较平等。

以上研究能反映出改革开放以来中国应获得积极的乡村治理公正性评价。

---

[①] 吴国宝：《中国农村扶贫30年》，载张晓山主编《中国农村改革30年研究》，经济管理出版社2008年版。

[②] 李实：《坚持不懈地提高农民收入》，《经济日报》2013年2月7日；岳希明、李实：《我们更应该相信谁的基尼系数?》，2013年，中国收入分配研究院，http://www.ciidbnu.org/news/201301/20130123092800706.html。

使平等与效率相统一的重要机制,是政府及社会组织提供必要的公共品,而让市场在竞争性领域发挥决定性作用。改革开放以后,中国学术界注意到农村与城市之间的公共服务水平的差异,出现大量对城乡二元结构的批评性研究文献。赵丙奇等人较早提出了建立城乡一体化的公共服务供给机制的思路。[1] 张玉林分析了非均衡的财政投入格局下城乡教育水平的差距。[2] 马晓河等建议,应该统筹城乡发展,把乡村公共物品供给负担由原来的"以农民为主"转向"以政府为主"[3]。

在众多相关研究文献中,只有少量文献涉及乡村公共服务的效率问题,而多数文献仅限于对公共服务城乡不平等的批评。前一类研究其实更具有国家政策调整的参考价值。张军等认为,家庭承包责任制改革后,原有乡村公共品供给制度失去了存在的基础,新的有效的供给制度没有得到安排,导致乡村公共品供给效率低于改革前的集体化时期。[4] 陶勇认为,由于信息的不对称、预算的不完整性和行政体制改革滞后,缺乏有效的监督机制等原因,导致农村公共产品供给效率低下、增长无序。[5] 熊巍则发现,政府在农村公共服务的供给方面存在结构性失衡问题,农民迫切需要的公共产品严重不足,农民较少需求的公共产品又过剩。[6] 林万龙认为,农村公共服务的市场化供给不必然带来供给效率的提高,也有可能会对供给的公

---

[1] 赵丙奇:《农民负担与乡村公共产品供给》,《江西财经大学学报》2002年第4期。

[2] 张玉林:《中国城乡教育差距》,《战略与管理》2002年第6期。

[3] 马晓河、方松海:《我国乡村公共品的供给现状、问题与对策》,《农业经济问题》2005年第4期。

[4] 张军、何寒熙:《中国农村的公共产品供给:改革后的变迁》,《改革》1996年第5期。

[5] 陶勇:《农村公共产品供给与农民负担问题探索》,《财贸经济》2001年第10期。

[6] 熊巍:《我国农村公共产品供给分析与模式选择》,《中国农村经济》2002年第7期。

平性造成损害。效率与公平的兼顾，要针对不同的公共品属性，采取差别化的政府与私人合作供给方式。①

对农村公共服务效率的研究，存在一个突出问题是：忽视城乡人口布局的变化趋势对乡村公共服务效率的重大影响。公共服务中的许多项目，例如，学校、医院、供排水系统、标准道路，乃至政府办事机构等，其综合效率均与居民点的人口规模有关系。人口规模过小，设立这些公共机构的维护成本高，服务质量缺乏保障。发达国家农业区的公共服务设施也十分有限，它们主要是通过均衡布局城市来解决农村的公共服务问题。如果农场主距离城市不超过半小时车程，农场主完全可以在附近城市实现公共服务需求。满足这个条件时，城乡公共服务均等化目标可以具体化为农民进入城市与市民共享城市的公共服务，并实现城乡公共服务一体化。中国处在由低城市化率向高城市化率的转变时期，规模较大的村庄还比较多，不可能在短期内建立城乡共享公共服务模式，但从长远看，要在城乡融合发展的背景下合理安排农村公共服务投入，并使政府财政投入适当发挥人口合理布局调整的引导作用，为最终实现城乡社会治理一体化创造条件。中国学术界对实现这一方略的具体行动办法还研究不够。

## 二　农村社会稳定研究

1949 年后的 30 年里，中国实际上没有关于农村社会稳定的充分的学理性研究。当时官方的主导理论把阶级斗争看作一种政治常态。"文化大革命"中张春桥等党内"理论权威"竭力宣传"无产阶级专政下继续革命"口号，严重阻碍了人们对农村社会稳定开展实事求是的研究。

改革开放以后，一些历史学家通过对农民战争的研究，提出了关于农村社会稳定条件的新的认识。随着农村改革的深入推进，农

---

① 林万龙：《农村公共服务市场化供给中的效率与公平问题探讨》，《农业经济问题》2007 年第 8 期。

村社会稳定的条件发生了变化，农村利益冲突导致的群体性事件时有发生。在这种背景下，中国社会学家、政治学家及法学家开始关注农村社会稳定问题，发表了大量研究文献。农村税费征收、土地征收及利益分配、自治选举和干群关系等因素如何影响农村社会稳定，均在这些研究文献中有所反映。总体上看，这些研究对现实问题做了深度报道和分析，有助于国家相关政策的调整。

少数学者应用经济学方法对农村社会稳定问题做了研究。经济学方法的使用，将农村社会稳定问题研究置于国际性的学术语言平台之上，便于研究思想的积累和交流。

群体性事件是有组织的行动，故"组织"这个概念是讨论农村社会稳定的核心概念。而对组织的认识，若不是只做草率讨论，已经离不开交易成本这个基础性概念。

一般来说，私人物品的交易不直接产生权威结构。权威结构的产生实质上是一个涉及秩序和安全这类公共物品的交易成本问题。人们的社会性活动需要稳定的秩序，否则行动者的机会主义倾向就难以制约；如果人人都想通过"搭便车"的办法来享用公共物品，公共物品的供应就会严重短缺；如果行动者给他人造成"外部性"，私人协议又不能克服，整个社会就会处于无序状态。

连续的一次性交易的私人协议的成本通常是巨大的，因为实际社会中充满了无法预见的不确定性因素（信息不充分），一次性交易的私人协议需要不断修改，反复谈判，其成本是非常巨大的。权威结构是否出现，取决于交易成本的比较。在一项权利交易中，假设连续的一次性交易的私人协议所产生的交易成本的现值为 $TCp$，权威结构介入后所产生的交易成本的现值为 $TCo$，如果 $TCp > TCo$，权威结构就会出现；若相反，则不会出现权威结构。

群体性事件中"领袖"的作用也可以通过上述分析的延伸来认识。在中国传统社会，领袖常常出自底层社会，但社会底层的赤贫者或痞子不可能成为领袖；成为领袖的常常是小康人家的个别分子。痞子的特点是随风倒，欺软怕硬，弱肉强食，并往往和官府勾结在一起。这种痞子实际上并没有什么风险，根本上说是旧时官府的爪牙、打手；他们并不敢把穷苦农民组织起来与官府对抗。美国传教士明恩溥在1899年写的《中国乡村生活》曾有关于中国痞子的论述。①成为地痞的第一个便利条件是体格强壮。地痞一般都是穷人，他们没有什么可损失的。农村痞子最常见的恶行是放火，再就是毁坏庄稼。最后是勾结衙门，陷害良民。中国过去的官员"吃了原告吃被告"的行为，就是借痞子的存在来实现的。

真正的乡村领袖不仅要与官府对抗，还要与乡村地痞斗争，所以，中国的乡村社会在近代并不是一个容易产生领袖的土壤。但是，领袖一旦在这里产生，就打上了乡村社会的烙印。一方面他们要有某种牺牲精神，敢冒风险，与最强大的官府力量对抗，另一方面还要与痞子周旋，并多少沾染了一种匪气。从明恩溥的论述中我们可以看出，地痞横行主要是旧时中国社会的特征，因此决定了中国基层社会产生的领袖与欧洲不大相同；欧洲的领袖更多带有绅士风度。

一个人要成为领袖，需要这样几个条件：首先是外部因素，他要面对政治生活极大的不确定性，并存在一个潜在的社会群体通过政治变革或政治革命能得到利益，这个群体构成领袖的社会基础。其次便是领袖的个人条件，这个人要敢于冒风险，并将群体的风险尽可能变为自己个人风险，以换取群体的追随；同时，领袖还要凭借自己的才干在总体上降低群体的风险，使群体有稳定的政治收益。最后，领袖还要靠自己的人格魅力保持他与其他政治伙伴的稳定关系，尽可能减少其他政治伙伴对自己领袖地位的挑战。按这个分析，在中国广大农村地区，因为经济分工水平高，有利于产生民间领袖的条件总体上在弱化，从而使社会稳定的基础好于以往。

---

① ［美］明恩溥：《中国的乡村生活：社会学的研究》，陈午晴、唐军译，电子工业出版社2016年版。

### 三 农村社会公正的保障机制对策研究

中国学者对实现乡村治理公正性目标的对策性研究主要集中于下述领域。

1. 城乡户籍制度改革研究

这方面的研究文献甚多，对推动国家户籍制度改革做出了贡献。2016年，国家发布了户籍制度改革方案，取消了城乡分割的户籍制度，建立了一般性的城乡统一的人口登记制度。目前，少数特大型城市的人口入籍限制已经不专门针对农民。

2. 乡村治理机构设置及功能定位研究

这方面地方政府多有改革探索，吸引了学者的关注。但这方面的改革尚未触及如何打破行政村一级的"政社合一"体制问题，学者的研究对此也关注不够。农村改革之初，国家取消了人民公社制度，使"政社合一"制度在乡镇一级被打破，但在行政村一级，村民委员会或村民小组仍然既担当公共服务职能，又作为集体经济管理的权力行使者，这种情形在经济发达地区产生诸多问题。2018年官方文件明确提出了改革探索要求，但基本没有落实。

3. 村庄规模控制研究

多年来，不同形式的村庄合并成为中国地方政府的一种"改革"探索，也引起学者研究的兴趣。很多学者将批评的重点放在政府"逼迫农民上楼"问题上，对村庄的合理规模问题较少关注。少数地方政府探索村民自治组织设置下沉到村民小组或自然村，取得了良好的治理效果，但此项改革在学者中引发争议。2017年官方文件对此项改革的积极意义做了肯定，并推荐地方政府做出改革探索，但未引起地方政府重视。

4. 国家与村庄关系研究

中国学者在这方面提出多种批评意见，主流观点主张减少政府对村庄事务的干预，扩大村庄自治组织的治理权限。[①] 有的学者提出了"强村、精乡、简县"的改革建议[②]，也有的学者主张在城市化背景下使行政村设置逐步消亡，建立以小城镇为中心的城乡统一的基层社区建制体系。

5. 乡村民主自治制度研究

中国学界在这个领域发表了大量研究文献，内容涉及村民自治制度实施的总体评价、民主选举制度设计的利弊，以及村民自治实践对中国政治发展的影响等。鉴于这方面的研究有一定的独立性，且研究文献所反映的学术见解具有重要的现实影响，本章在下节予以专门讨论。

## 第四节 乡村民主自治研究

中国在 1988 年开始试行村民自治制度，1998 年正式通过《中华人民共和国村民委员会组织法（试行）》，使村民自治制度成为中国农村基层社会治理的一项基本制度。这个制度的建立曾引起国际社会的高度关注，更吸引了中国大量学术研究资源进入这一研究领域。[③] 但总体来看，在这一研究领域，研究工作的学理逻辑不统一，有洞察力的研究文献比较少，学者队伍中的观点对垒比较明显。这一研究领域的文献浩繁，我们很难详述有代表性的研究结论。本节主要按照学理逻辑的统一性对这一领域的基本问题做出陈述。

---

[①] 王春光：《中国乡村治理结构的未来发展方向》，《学术前沿》2015 年第 2 期。

[②] 徐勇：《乡村治理结构改革的走向——强村、精乡、简县》，《战略与管理》2003 年第 4 期。

[③] 肖唐镖等：《如何理解和评价城乡基层民主的新发展？——新近研究的争论与进步》，《江淮论坛》2011 年第 5 期。

## 一 关于乡村自治历史的研究

《中华人民共和国村民委员会组织法（试行）》实施以后，中国乡村自治的历史传统成为研究的一个热点，这种研究对于加深认识现代乡村自治制度不无意义。

在中国不同历史时期，有些政治家曾推行过村民自治制度，如秦汉时期的乡官推举制度、太平天国的乡官制、晚清时期的乡镇自治以及国民革命时期的一些类似做法等。尽管这些做法有类似选举的一些内容，但与现代民主风马牛不相及。中国农村在很长历史时期推行某种形式的乡里制度，成为中国强大的中央集权政府向农村渗透的标志，但总体上未能改变传统农村社会的自治性政治结构，只是这种自治与民主完全无关。[①]

但也有学者指出，在一些历史时期，王权对民间自治有很强大的干预，以致"皇权不下县"在中国并不具有普遍意义。华裔学者萧公权在这方面的研究有代表性，并对中国大陆学者产生很大影响。清代帝政制度下，中国乡村治理并非由社区民众自理；相反地，大部分乡村以及复杂的地方组织，皆由政府设立（如保甲、里甲制度）。中国也有学者从史实研究和学理逻辑上支持了这种观点。[②]

中国学者在乡村自治历史研究中，也存在明显的学理逻辑的不一致问题。有学者将乡村"协商民主"看作民主政治的一种形式，并认为，中国自古以来就有这种民主政治类型。这类说法忽视了公共决策方式的历史演化逻辑，形成概念使用的逻辑困扰。民主政治是一种现代性现象，与现代社会分工日益复杂、利益交换中的"外部性"问题增多有关系。适应这种变化，要求公共决策在必要的范围里应注重"少数服从多数"问题，并创造出识别少数与多数的机

---

① 赵秀玲：《中国乡里制度》，社会科学文献出版社1998年版。
② 秦晖：《传统中华帝国的乡村基层控制：汉唐间的乡村组织》，《中国乡村研究（辑刊）》2003年第1期；姚洋：《村庄民主与全球化》，《读书》2002年第4期。

制，形成政治活动的专业化。协商作为一种决策的具体办法，可以不以识别少数与多数为前提。在农村公共事务决策中，因为决策单位比较小，形成熟人社会社区，道德对决策者的约束作用大于陌生人社会，协商有更大概率不需要票决而建立在多数人意见的基础上。但这种概率的大小取决于很多现实因素。无论如何，所谓协商民主不应该是自古就有的民主政治形态，更不能认为这种形态为中国所独有。

## 二 关于乡村自治选举效能的研究

大量关于村民自治制度的研究文献涉及这一制度的效能评价。温铁军认为无论集权和民主，对小农的作用都不大。① 这个意见把小农社会看作具有某种"原生态"性质的社会，在学术界有一定代表性。但中国农村处于由小农社会向专业化社会的过渡中，此种情况下又需要什么样的公共决策制度？更多学者的研究报告指出了村民自治制度对农村发展的积极意义，也指出了制度运行中的问题。国家民政部基层政权司主持出版的《中国农村基层民主年鉴》、李凡主持编辑的《中国基层民主发展报告》、俞可平主编的《中国地方政府创新案例研究报告》等丛书，均对村民自治制度的实际运行做了多角度的研究，具有重要史料价值。这些研究还对如何改善村民自治工作提出了建议，对后期修订有关法律产生了影响。②

鉴于中国农村发展的显著不平衡性，笼统地判断村民自治制度对中国乡村社会全局有什么影响，似依据不足。更显著的关系可能是经济因素对村民自治制度的有效运行有决定性的影响，而不是相反。至少在村一级社会是这样。如果把农民的政治参与程度看作村民自治制度的近似指标，研究发现：（1）农户家庭年收入与村庄人

---

① 温铁军：《怎样的全球化》，《读书》2001年第8期。
② 周庆智：《中国县级行政机构及其运行：对W县的社会学考察》，贵州人民出版社2004年版；赵树凯：《乡镇治理与政府制度化》，商务印书馆2010年版。

均收入水平对政治参与的影响有显著不同。农户家庭收入与农户政治参与水平几无关系,而村庄的平均收入水平却对农户的政治参与程度有显著影响。这种联系可能反映了人们通常忽视的政治与经济之间的关系。政治参与热情与一个地区的市场化程度有密切关系,而地区的人均收入水平是地区的市场化程度的重要指数。(2)农村居民的受教育水平与政治参与热情之间相关性不强。存在这种联系的原因很多,而比较重要的逻辑可能是,民主政治活动的技术性要求并不高,市民即使不识文字也可以参加投票。民主政治能否推进,关键在于社会精英的态度;如果社会精英主体不认为民主政治可增进自己的利益,它就不会获得发展。(3)农户在本村居住时间与参与村委会选举的热情呈明显负相关。存在这种联系,可能是因为户主在本村居住时间长,多为农业劳动者,其中又多为老人和妇女,他们年龄和性别与政治参与程度相关度低,而他们的职业则与政治参与热情呈现显著的负相关性。农业市场的联系相对简单,在国家政策透明度高的情形下,村级官员的行政自由裁量权对农业生产者的利益影响较小,以致他们的政治意识较弱,对何人当选村干部的关注度较低。[1]

1998年《中华人民共和国村民委员会组织法》正式颁布实施的头两个选举期内,中国四川、深圳和云南等地的个别基层政府探索采用某种形式将直接选举扩大到乡镇一级,吸引了研究者的高度关注,比如:于建嵘[2]、史卫民[3]、张静[4]、肖唐镖[5]、李凡[6]、马戎

---

[1] 党国英、胡冰川:《农村政治参与的行为逻辑》,《中国农村观察》2011年第3期。

[2] 于建嵘:《乡镇自治:根据和路径》,《战略与管理》2002年第6期。

[3] 史卫民:《规范选举:2001—2002年乡级人大代表选举研究》,中国社会科学出版社2003年版。

[4] 张静:《基层政权:乡村制度诸问题》,浙江人民出版社2000年版。

[5] 肖唐镖:《二十年来中国大陆农村的政治稳定状况》,《21世纪》2003年第2期。

[6] 李凡:《中国基层民主发展报告(2005)》,知识产权出版社2006年版。

等。① 这种地方改革探索的范围很小，改革的形式受地方主要领导个人素质影响很大，使得研究者很难对改革的效果做出评价。

### 三 关于乡村民主政治发展趋势的研究

从形式上看，村民自治制度是一种票决民主制度。这种制度是否可以嵌入低度社会分工条件下的村庄社会，并获得进一步发展空间？较多的研究文献肯定了这种嵌入的意义。例如，谭秋成的研究认为，村委会主要成员来自本土，由全体村民投票选举产生，这种投票选举代理人的方式只有当国家利益与农民利益吻合时才可能被真正推行。投票选举可以将乡村社区信任网络纳入国家行政控制体系，可以部分实现对村干部的问责，可以减少基层干部之间的专用性投资和裙带关系，从而降低国家治理乡村的成本。因此，不应以标准的民主和自治制度来审视目前的村级治理，贬低投票选举村委会这一制度的实际价值。②

但也有学者的研究认为，传统乡村社会很难嵌入民主政治。③ 典型的乡村社会为自给自足的社会。这种社会生产方式基本没有变化，相应地，其公共生活也比较简单，通常按惯例习俗处理公共事务，所以很少有需要讨论的新的公共事务。大家都是习俗的接受者，所以，"一致同意"事实上成了公共事务决策的通行原则。"少数服从多数"这种民主政治原则的应用在传统村庄显得奢侈。民主政治更需要在市场化社会运用。在传统社会，在村庄共同体之上，公共事务主要是族群安全，其他公共事务很少，协商一致的决策效率比民主政治的效率高。总体上看，传统社会的全部构造不需要当今时代这种民主政治。现实的中国乡村社会当然不是纯粹的传统社会，但

---

① 马戎等：《中国乡镇组织调查》，华夏出版社2000年版。
② 谭秋成：《论投票选举作为控制乡村代理人的一种方式》，《中国农村观察》2014年第6期。
③ 党国英：《"村民自治"制度是民主政治的起点吗？》，《战略与管理》1999年第1期。

也不是完全市场化的社会。我们大体可以这样认为：中国乡村社会正处于由传统乡村社会向市场化社会的过渡时期，相应地，中国乡村社会对民主政治的需求也处于增长过程之中。落后的乡村更接近传统乡村社会，而发达地区农村则更接近市场化社会，它们对民主政治的需求依次递增。从纵向看，越是高层公共部门，实施民主政治的意义越大。更深入地看，乡村社会越发达，越易蜕变为城市社会；其农业变成了城市化分工体系的一个分支，专业农户也卷入城市经济系统，变成了"城外市民"。所以，当我们说发达的乡村社会才有对民主政治的需求时，其实是指城市社会对民主政治的需求。一个区域，一旦它产生了对民主政治的需求，就意味着它已经是城市化的社会。也许我们仍然按习惯把一个地区称为乡村社会，其实它在本质上已经是一个城市型社会结构。

# 后　　记

《新中国农业农村发展研究 70 年》是中国社会科学院庆祝中华人民共和国成立 70 周年书系"国家哲学社会科学学术发史系列"中的一卷，是中国社会科学院党组交办的重大任务，也是中国社会科学院农村发展研究所集全所各研究室科研人员的力量，共同参与完成的一项集体研究成果。

全书坚持以马克思主义的基本立场观点为指导，对新中国成立 70 年来中国农业和农村发展研究的历程、主要理论创新与学术思想贡献，包括各个时期中国主要领导人的思想观点，做了重点归纳与评述，同时力求真实客观反映 70 年来中国社会科学院学者在农业农村发展研究领域的重要学术成果及其贡献。

全书章节和写作提纲经过全体作者反复多次讨论共同确定，中国社会科学院学部委员、农村发展研究所原所长张晓山提出了重要修改意见。各章执笔人分别为：第一章，总论，魏后凯、苑鹏、芦千文；第二章，农业增长研究，李周；第三章，农业农村现代化研究，任常青；第四章，粮食问题与粮食安全研究，李国祥；第五章，农业和农村产业发展研究，刘长全、韩磊、王术坤、李婷婷；第六章，农业经营组织与制度研究，崔红志、芦千文；第七章，农业支持保护政策研究，胡冰川；第八章，农地产权制度研究，郜亮亮、李登旺；第九章，农村金融研究，孙同全；第十章，农村反贫困研究，檀学文；第十一章，生态经济研究，于法稳；第十二章，城乡关系研究，苏红键、崔凯、李玏；第十三章，乡村治理研究，党国英、卢宪英。各章初稿完成后，农村发展研究所组织全体作者召开会议，讨论书稿修改，朱钢、潘劲、陈劲松应邀参加并提出了修改意见。魏后凯、杜志雄、苑鹏、李周等按照分工对各章第二稿进行审读并提出修改意见，审读专家张晓山学部委员和陈劲松研究员对第三稿提出重要修改意见，各章作者多易其稿，全书最终稿由魏后凯审定。

本书的写作，得到了中国社会科学出版社刘晓红编辑的支持与帮助，特此致谢！

由于作者水平有限，加之写作时间紧张，本书尚存在一些不足和不全面的地方，敬请读者批评指正。

魏后凯

二〇一九年八月三十一日

于北京